■2025年度高等学校受験用

東京農業大学第三高等学校

収録内容一覧

★この問題集は以下の収録内容となっています。また、編集の都合上、解説、解答用紙を省略させていただいている場合もございますのでご了承ください。

（○印は収録、一印は未収録）

入試問題と解説・解答の収録内容			解答用紙
2024年度	第1回	英語・数学・国語	○
	第2回	英語・数学・国語	○
2023年度	第1回	英語・数学・国語	○
	第2回	英語・数学・国語	○
2022年度	第1回	英語・数学・国語	○
	第2回	英語・数学・国語	○
2021年度	第1回	英語・数学・国語	○

★当問題集のバックナンバーは在庫がございません。あらかじめご了承ください。

●凡例●

【英語】

≪解答≫

〔　〕　①別解
②置き換え可能な語句（なお下線は置き換える箇所が2語以上の場合）
（例）<u>I am</u>〔I'm〕glad〔happy〕to～

（　）　省略可能な言葉

≪解説≫

1, 2… 本文の段落（ただし本文が会話文の場合は話者の1つの発言）

〔　〕　置き換え可能な語句（なお〔　〕の前の下線は置き換える箇所が 2 語以上の場合）

（　）　①省略が可能な言葉
（例）「（数が）いくつかの」
②単語・代名詞の意味
（例）「彼（＝警察官）が叫んだ」
③言い換え可能な言葉
（例）「いやなにおいがするなべにはふたをするべきだ（＝くさいものにはふたをしろ）」

//　訳文と解説の区切り

cf.　比較・参照

≒　ほぼ同じ意味

【数学】

≪解答≫

〔　〕　別解

≪解説≫

（　）　補足的指示
（例）（右図１参照）など

〔　〕　①公式の文字部分
（例）〔長方形の面積〕＝〔縦〕×〔横〕
②面積・体積を表す場合
（例）〔立方体 ABCDEFGH〕

∴　ゆえに

≒　約、およそ

【社会】

≪解答≫

〔　〕　別解

（　）　省略可能な語

＿＿　使用を指示された語句

≪解説≫

〔　〕　別称・略称
（例）政府開発援助〔ODA〕

（　）　①年号
（例）壬申の乱が起きた（672 年）。
②意味・補足的説明
（例）資本収支（海外への投資など）

【理科】

≪解答≫

〔　〕　別解

（　）　省略可能な語

＿＿　使用を指示された語句

≪解説≫

〔　〕　公式の文字部分

（　）　①単位
②補足的説明
③同義・言い換え可能な言葉
（例）カエルの子（オタマジャクシ）

≒　約、およそ

【国語】

≪解答≫

〔　〕　別解

（　）　省略してもよい言葉

＿＿　使用を指示された語句

≪解説≫

〈　〉　課題文中の空所部分（現代語訳・通釈・書き下し文）

（　）　①引用文の指示語の内容
（例）「それ（＝過去の経験）が　～」
②選択肢の正誤を示す場合
（例）（ア，ウ…×）
③現代語訳で主語などを補った部分
（例）（女は）出てきた。

／　漢詩の書き下し文・現代語訳の改行部分

東京農業大学第三高等学校

所在地	〒355-0005 埼玉県東松山市大字松山1400-1
電　話	0493-24-4611
ホームページ	http://www.nodai-3-h.ed.jp/
交通案内	東武東上線 東松山駅，JR熊谷駅・吹上駅・鴻巣駅・上尾駅，西武新宿線 本川越駅，秩父鉄道 行田市駅よりスクールバス

普通科

男女共学

くわしい情報はホームページへ

応募状況

年度	募集数	受験数	合格数	倍率
2024	Ⅰ Ⅱ Ⅲ 400名	推薦単願272名	271名	1.0倍
		推薦併願669名	665名	1.0倍
		一般 7名	5名	1.4倍
2023	Ⅰ Ⅱ Ⅲ 400名	推薦単願284名	281名	1.0倍
		推薦併願732名	732名	1.0倍
		一般 15名	11名	1.4倍
2022	Ⅰ Ⅱ Ⅲ 400名	推薦単願268名	268名	1.0倍
		推薦併願662名	657名	1.0倍
		一般 14名	13名	1.1倍

※受験数，合格数とも各コースの合計。
※募集数は内部進学含む。

試験科目　（参考用：2024年度入試）

推薦Ⅰ・Ⅱ：国語・数学・英語(各45分，マーク式)
一般：総合問題(60分，記述式)
※帰国生のみ面接あり

教育方針

次の3つの指針を建学の精神とし，人間尊重の理念のもとに一人ひとりの個性を伸ばし，健全な精神と実行力に富む国際人の育成を目指す。

1．いかなる逆境も克服する不撓《とう》不屈の精神
2．旺盛な科学的探究心と強烈な実証精神
3．均衡のとれた国際感覚と民主的な対人感覚

教育改革

個を尊重した多彩な学びを実現させるため，「大胆なグローバル化」「実学教育の強化」「学内完結型学習体制」を3本の柱として教育改革に取り組んでいる。

コース編成

Ⅰ　進学重視コース
レベルの高い授業と課外講習で実力を養成する。習熟度別クラス編成，先取り授業を実施している。論理的思考を鍛える「理数探求課程」と国際教育を重視した「グローバル課程」を新設。

Ⅱ　文武両道コース
放課後や早朝，長期休暇を利用した講習，受験科目に特化したカリキュラムなど，目標に合わせた学習でクラブ活動と大学合格を両立させる体制となっている。

Ⅲ　スポーツ科学コース
スポーツ科学を追及したプログラムでアスリートに必要な教養を身につけるとともに，効率的なカリキュラムで基礎学力の伸長をはかる。強化クラブ所属の生徒で構成されている。

合格実績

◎2024年度・主な大学合格者数
東京農業大80名(優先入試)，お茶の水女子大1名，東京外国語大1名，東京医科歯科大1名，東京都立大1名，茨城大2名，群馬大7名，秋田大1名，埼玉大3名，早稲田大3名，東京理科大3名，学習院大9名，明治大8名，青山学院大6名，立教大12名，中央大8名，法政大13名，成蹊大5名，成城大6名，日本大20名，東洋大56名，駒澤大16名，専修大9名ほか

編集部注—本書の内容は2024年6月現在のものであり，変更されている場合があります。正確な情報は，学校のホームページ等で必ずご確認ください。

出題傾向と今後への対策　英語

出題内容

	2024		2023		2022	
	1回	2回	1回	2回	1回	2回
大問数	5	5	5	5	5	5
小問数	27	27	27	27	27	27
リスニング	○	○	○	○	○	○

◎第１回，第２回ともに出題パターンはほぼ同じで，放送問題を含めて大問５題，小問数約30問，長文読解２題という構成である。

2024年度の出題状況

《第１回》

1・2 放送問題
3 適語(句)選択
4 長文読解総合─物語
5 長文読解総合─説明文

《第２回》

1・2 放送問題
3 適語(句)選択
4 長文読解総合─物語
5 長文読解総合─説明文

解答形式

《第１回》　記　述／マーク／併　用

《第２回》　記　述／マーク／併　用

出題傾向

各分野からまんべんなくバランスよく出題されている。長文は，物語や説明文を素材とすることが多いが，会話文が出題されることもある。設問は文脈を理解していないと解けないものが多い。文法は，適語補充が中心で，熟語や慣用表現を問う問題も頻出である。放送問題は英文を聞き，その内容に関する質問に答える形式。

今後への対策

教科書で単語，文法を総復習し，基本例文を暗記したら，長文読解に取り組もう。日頃から長文を読み，ストーリー展開や主題に気をつけておくとよい。長文は黙読だけでなく音読すると記憶に残り，発音やアクセント問題の対策ともなる。英作文は，整序結合が頻出なので，基本構文は何度も手書きして，暗記してしまうこと。

◆◆◆◆◆ 英語出題分野一覧表 ◆◆◆◆◆

分野		年度	2022		2023		2024		2025予想※	
			1回	2回	1回	2回	1回	2回	1回	2回
音声	放送問題		■	■	■	■	■	■	◎	◎
	単語の発音・アクセント									
	文の区切り・強勢・抑揚									
語彙・文法	単語の意味・綴り・関連知識				●				△	
	適語(句)選択・補充		●	●	●	●	●	●	◎	◎
	書き換え・同意文完成									
	語形変化									
	用法選択		●		●	●			◎	△
	正誤問題・誤文訂正									
	その他									
作文	整序結合		●	●	●	●	●	●	◎	◎
	日本語英訳	適語(句)・適文選択								
		部分・完全記述								
	条件作文									
	テーマ作文									
会話文	適文選択									
	適語(句)選択・補充									
	その他									
長文読解	内容把握	主題・表題						●		△
		内容真偽	●	●	●	●	●	●	◎	◎
		内容一致・要約文完成				●				△
		文脈・要旨把握	●	●	●	●	●	●	◎	◎
		英問英答		●		●				◎
	適語(句)選択・補充		■	●	●	●	■	●	◎	◎
	適文選択・補充				●	●			△	△
	文(章)整序									
	英文・語句解釈(指示語など)		●	●	●	●	●	●	◎	◎
	その他(適所補充)									

●印：１～５問出題，■印：６～10問出題，★印：11問以上出題。
※予想欄　◎印：出題されると思われるもの。　△印：出題されるかもしれないもの。

出題傾向と今後への対策　数学

出題内容

2024年度

《第１回》　作 証 グ

1は計算問題５問。2は小問集合で，方程式，平面図形，確率，データの活用など計５問。3は関数で，放物線と直線に関するもの。4は平面図形で，円を利用した問題。回転させてできる立体について問うものもある。

《第２回》　作 証 グ

1は計算問題５問。2は小問集合で，方程式の応用，確率，平面図形など計５問。3は関数で，放物線と直線に関するもの。平行四辺形の面積を２等分する直線の式などが問われている。4は空間図形で，正四角錐について問うもの。

2023年度

《第１回》　作 証 グ

1は計算を主とする問題４問と関数に関する問題１問。2は方程式，確率，平面図形，データの活用。3は関数で放物線と直線に関するもの。図形の知識も要する。4は空間図形で，回転体の計量題３問。

《第２回》　作 証 グ

1は計算を主とする問題５問。2は数の性質，方程式，確率，平面図形，データの活用。3は関数で放物線と直線に関するもの。図形の知識も要する。4は平面図形で，円と三角形を利用した計量題４問。特別な三角形について問われた。

作…作図問題　証…証明問題　グ…グラフ作成問題

解答形式

《第１回》　記　述／マーク／併　用

《第２回》　記　述／マーク／併　用

出題傾向

大問４題，総設問18問程度の出題。1と2は，数・式の計算，方程式の計算と応用，数の性質，図形の計量題，確率，データの活用などから，基礎的な問題を中心に出題。1，2で，総設問数の半数以上になる。また，3は関数$y=ax^2$と直線に関する問題，4は，平面図形や空間図形の総合問題で，応用力を試すものも見られる。

今後への対策

まず，教科書の内容を完璧に理解しよう。教科書にある問題は全て解けるようにしたい。解けない問題があれば，教科書に戻って復習をすること。また，あいまいなところは，先生に聞くなどしてなくすように。次に，基本問題集で演習を積もう。そして，入試の直前には過去問題集で練習し，出題傾向をつかんでほしい。

◇◆◆◆◆ 数学出題分野一覧表 ◆◆◆◆◇

分野	年度	2022		2023		2024		2025予想※	
		1回	2回	1回	2回	1回	2回	1回	2回
数と式	計算，因数分解	★	★	★	★	★	★	◎	◎
	数の性質，数の表し方				■				△
	文字式の利用，等式変形								
	方程式の解法，解の利用	■	●	●	●	●		◎	◎
	方程式の応用	●	●	●	●	●	●	◎	◎
関　数	比例・反比例，一次関数								
	関数$y=ax^2$とその他の関数	★	★	★	★	★	★	◎	◎
	関数の利用，図形の移動と関数								
図　形	（平面）計　量	●	★	●	★	★	●	◎	◎
	（平面）証明，作図								
	（平面）その他								
	（空間）計　量	★	●	★			★	◎	◎
	（空間）頂点・辺・面，展開図								
	（空間）その他								
データの活用	場合の数，確率	●	●	●	●	●	●	◎	◎
	データの分析・活用，標本調査	●	■	●	●	●	●	◎	◎
その他	不等式								
	特殊・新傾向問題など						●		
	融合問題								

●印：１問出題，■印：２問出題，★印：３問以上出題。
※予想欄　◎印：出題されると思われるもの。　△印：出題されるかもしれないもの。

出題傾向と今後への対策

国語

出題内容

2024年度

《第１回》

論説文　小説　古文

課題文
一信原幸弘『「覚える」と「わかる」』
二凪良ゆう『わたしの美しい庭』
三兼好法師『徒然草』

《第２回》

説明文　随筆　古文

課題文
一鈴木宏昭『私たちはどう学んでいるのか』
二村上春樹『ヤクルト・スワローズ詩集』
三兼好法師『徒然草』

2023年度

《第１回》

論説文　小説　古文

課題文
一鴻巣友季子『翻訳ってなんだろう？』
二重松　清『バスに乗って』
三『宇治拾遺物語』

《第２回》

説明文　小説　古文

課題文
一河田惠昭『津波災害』
二住野よる『腹を割ったら血が出るだけさ』
三『宇治拾遺物語』

解答形式

《第１回》　記　述／**マーク**／併　用

《第２回》　記　述／**マーク**／併　用

出題傾向

設問は，論理的文章と文学的文章，古文それぞれに10問前後付されている。課題文は，分量・内容ともに標準的で，受験生に比較的親しみやすい内容のものが選ばれている。国語の知識に関する設問は，読解問題に含まれており，いずれも基本的レベルのもので，言語事項に関する出題が目立つ。

今後への対策

基本的な読解力を身につけるために，標準レベルの問題集に取り組むのがよい。その他にも，日頃から読書するように心がけよう。国語の知識については，便覧や参考書を使って，漢字や語句，文学史などを中心に知識の整理をし，最後に確認の意味で基本的な問題集をこなしておけばよいだろう。

◆◆◆◆◆ 国語出題分野一覧表 ◆◆◆◆◆

分野		年度	2022		2023		2024		2025予想※	
			1回	2回	1回	2回	1回	2回	1回	2回
現代文	論説文 説明文	主題・要旨		●	●	●	●	●	◎	◎
		文脈・接続語・指示語・段落関係	●	●	●	●	●	●	◎	◎
		文章内容	●	●	●	●	●	●	◎	◎
		表現		●	●				△	△
	随筆 日記 手紙	主題・要旨						●		△
		文脈・接続語・指示語・段落関係								
		文章内容						●		△
		表現						●		△
		心情								
	小説	主題・要旨				●				△
		文脈・接続語・指示語・段落関係	●	●	●	●	●		◎	◎
		文章内容	●	●	●	●	●		◎	◎
		表現	●	●	●				◎	△
		心情	●	●	●		●		◎	△
		状況・情景								
韻文	詩	内容理解								
		形式・技法								
	俳句 和歌 短歌	内容理解								
		技法								
古典	古文	古語・内容理解・現代語訳	●	●	●	●	●	●	◎	◎
		古典の知識・古典文法	●	●	●	●	●	●	◎	◎
	漢文	(漢詩を含む)								
国語の知識	漢字 語句	漢字	●	●	●	●	●	●	◎	◎
		語句・四字熟語	●		●	●	●	●	◎	◎
		慣用句・ことわざ・故事成語	●		●	●	●	●	◎	◎
		熟語の構成・漢字の知識								
	文法	品詞								
		ことばの単位・文の組み立て								
		敬語・表現技法		●				●		◎
	文学史		●	●	●	●	●	●	◎	◎
作文・文章の構成・資料						●				△
その他										

※予想欄　◎印：出題されると思われるもの。　△印：出題されるかもしれないもの。

合格を勝ち取るための

本書の使い方

本書に掲載されている過去問をご覧になって，「難しそう」と感じたかもしれません。でも，大丈夫。ほとんどの受験生が同じように感じるのです。高校入試の出題範囲は中学校の定期テストに比べて広いですし，残りの中学校生活で学ぶはずの，まだ習っていない内容からも出題されているかもしれません。

ですから，初めて本書に取り組む際には，点数を気にする必要はありません。点数は本番で取れればいいのです。

過去問で重要なのは「間違えること」です。自分の弱点を知るために，過去問に取り組むのです。当然，間違った問題をそのままにしておいては意味がありません。

本書には，長年にわたって高校受験に関わってきたベテランスタッフによる詳細な解説がついています。間違えた問題は重点的に解説を読み，何度も解きなおしてください。時にはもう一度，教科書で復習するのもよいでしょう。

別冊として，抜き取って使える解答用紙を収録しました。表示してあるように拡大コピーをとれば，実際の入試と同じ条件で，何度でも過去問に取り組むことができます。特に記述問題では解答欄の大きさがヒントになる場合があります。そうした，本番で使える受験テクニックの練習ができるのも，本書の強みです。

前のページにある「出題傾向と今後への対策」もよく読んで，本校の出題傾向に慣れておきましょう。

2024年度 東京農業大学第三高等学校(第1回)

【英 語】 (45分) 〈満点：100点〉

1 この問題は、対話を聞き、各質問に対して最も適当な答えを選ぶ形式です。対話はそれぞれ二度くり返されます。解答番号は 1 〜 4 の4題で、解答時間はそれぞれ10秒です。

(編集部注：放送文は未公表のため掲載してありません。)

1 Where are they talking? 解答番号は 1

① At a food store.
② At a library.
③ At a shoe store.
④ At a theater.

2 What is their problem? 解答番号は 2

① The bank is crowded.
② The man forgot his promise.
③ The restaurant is closed.
④ They are waiting at different places.

3 Why did the man go to the hospital? 解答番号は 3

① To do volunteer work.
② To play soccer.
③ To see a doctor.
④ To see his brother.

4 What are they talking about? 解答番号は 4

① A letter Nancy wrote.
② A university in Japan.
③ Nancy's friend coming to Japan.
④ Nancy's stay in New Zealand.

2 この問題は、英文を聞き、各質問に対して最も適当な答えを選ぶ形式です。英文と質問はそれぞれ二度くり返されます。解答番号は 5 ～ 8 の４題で、解答時間はそれぞれ10秒です。

（編集部注：放送文は未公表のため掲載してありません。）

No.1

1 解答番号は 5

① Forty countries.

② Fourteen countries.

③ Seventeen countries.

④ Three countries.

2 解答番号は 6

①

②

③
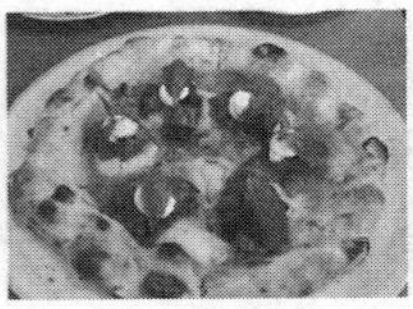

④

No.2

1 解答番号は 7

① The cafeteria.

② The gym.

③ The music room.

④ The school building.

2 解答番号は 8

①
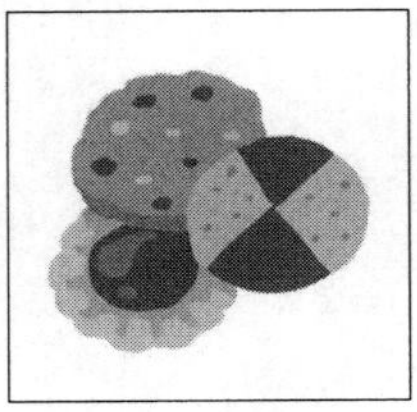

②

③

④

3　各文の（　　　）に入る最も適当なものを選び、その番号をマークしなさい。

1　The cat （　　　） Tama is lying under the table.　　解答番号は 9

① called　② to call　③ was called　④ which called

2　（　　　） you tell me more about the accident ?　　解答番号は 10

① May　② Shall　③ Why　④ Will

3　I （　　　） TV when my father came home.　　解答番号は 11

① has watched　② is watching　③ was watching　④ will watch

4　I am （　　　） tired to study hard.　　解答番号は 12

① much　② so　③ too　④ very

5　I will give （　　　） on your birthday.　　解答番号は 13

① a camera for you　② a camera with you

③ a camera you　④ you a camera

4 次の英文を読み、後の問に答えなさい。

Once upon a time, there lived a jackal in a *dense forest. He was very clever. One day, while he was looking (㋐) food, he found a dead elephant. He wanted to eat the meat, but he couldn't cut through the tough skin of the elephant because his teeth were not strong. So, he waited for someone to come.

After a while, a lion came. The jackal said to him, "Please have a taste of the elephant. I have been guarding it for you." "I only eat fresh animals." said the lion and went on his way. ㋑The jackal became happy. He still had the whole body of the elephant.

Next, a tiger came by. The jackal became (㋒). He thought that the tiger might eat the whole elephant. So, he said to the tiger, "A hunter has killed this elephant with a poisoned arrow. If you eat its meat, you will die because of the poison. I'm guarding it to save the lives of others." The tiger got scared and soon ran into the dense forest.

As soon as the tiger went away, two *vultures came. They sat over the dead body of the elephant. ㋓The jackal (1 did 2 eat 3 not 4 the elephant 5 them 6 to 7 want). So he said to them, "I've hunted this elephant and have sold its skin to two hunters. If they ever see you eating the elephant, they'll kill both of you." The vultures became scared and flew away. But in order to eat the meat, the jackal still needed some animals (㋔) would cut the tough skin of the elephant.

At last, a *leopard came by. The jackal knew that the leopard had sharp teeth. He could cut through the elephant's skin. The jackal said to him, "Friend, you seem to be hungry. Please take a bite of the elephant. It has been killed by a lion. He has gone home to bring his family. When I see them coming, I'll tell you about ㋕that so you can run away."

The leopard agreed. He began to cut open the elephant's skin. As soon as the jackal saw that the leopard had cut through the elephant's skin and was about to eat its meat, he shouted, "Here comes the lion!" The leopard quickly ran into the forest.

The jackal happily enjoyed the meat of the elephant for many days.

dense 密集した　vulture ハゲタカ　leopard ヒョウ

問1　本文中の空欄（ ㋐ ）に入る最も適当なものを次から選び、その番号をマークしなさい。

解答番号は 14

① after　② at　③ for　④ over

問2　下線部㋑の理由として最も適当なものを次から選び、その番号をマークしなさい。

解答番号は 15

① ライオンが象を食べずに去ったから
② ライオンが象の一部分しか食べなかったから
③ ライオンに襲われずに済んだから
④ ライオンが手伝ってくれたから

問3　本文中の空欄（ ㋒ ）に入る最も適当なものを次から選び、その番号をマークしなさい。

解答番号は 16

① angry　② excited　③ happy　④ worried

問4　下線部㋓の（　　）内の語（句）を次の日本語に合うように並べかえるとき、（　　）内で3番目と5番目にくるものとして最も適当な組み合わせを選び、その番号をマークしなさい。

解答番号は 17

「ジャッカルは彼らに象を食べさせたくなかった。」

① 2－4　② 2－7　③ 7－4　④ 7－6

問5　本文中の空欄（ ㋔ ）に入る最も適当なものを次から選び、その番号をマークしなさい。

解答番号は 18

① what　② which　③ whom　④ whose

問6　下線部㋕thatが表している内容として最も適当なものを次から選び、その番号をマークしなさい。

解答番号は 19

① ジャッカルと交代すること
② 象の肉を食べてよいこと
③ ヒョウが鋭い牙を持っていること
④ ライオンが家族を連れて戻ってくること

問7　本文の内容と一致するものを次から選び、その番号をマークしなさい。

解答番号は 20

① The jackal found that the elephant was killed by the lion.

② The jackal told the tiger that the elephant's body had poison in it.

③ The vultures were hunted by the hunter.

④ The leopard was able to eat all of the elephant.

5 次の英文を読み、後の問に答えなさい。

There are some ways of understanding the weather. To study clouds is one of them. No two clouds in the sky are the (㋐), but it is still possible to put clouds into groups and give them names. You can learn about the different kinds of clouds and watch how they move across the sky.

As a rule, when the clouds are higher, the weather is better, but when the clouds are lower, the weather is (㋑). To *predict the weather, you should know three things about clouds: their movements, colors, and how they change.

Clouds can tell you that a storm is on the way. For example, *cirrus clouds are high, thin, and *airy. If they become thick and move lower, this means rain is on the way. ㋒*Cumulus clouds (1 are　2 balls　3 like　4 look　5 of　6 puffy clouds　7 that) cotton. If they get bigger early in the day, then you know it will rain. If there's a sudden cool breeze and a dark thundercloud appears, then a storm is going to happen.

Clouds are not only signs of storms and rain. They may also be a sign of (㋓). For example, when cirrus clouds stay high in the sky and move very slowly, it means it will be nice all day. Fair-weather cumulus clouds are another sign of (㋓).

A deeper understanding of the clouds is important to predict changes in the weather. If you know a little more about ㋔them, you will become "*weather-wise." You will be able to make plans for outdoor activities such as having a picnic.

Being able to read the clouds in the sky can be useful for planning outdoor activities, traveling, and being prepared for any kind of weather. So, the next time you look up at the sky, take a moment to look at the clouds. You may get a better understanding of the weather for the day.

predict　～を予測する　　cirrus cloud　巻雲（けんうん）
airy　空気のような　　cumulus cloud　積雲（せきうん）
weather-wise　天気をよくあてる

問1　本文中の空欄（　㋐　）に入る最も適当なものを次から選び、その番号をマークしなさい。　解答番号は 21

① different　② same　③ together　④ wrong

問2　本文中の空欄（　㋑　）に入る最も適当なものを次から選び、その番号をマークしなさい。　解答番号は 22

① better　② less　③ more　④ worse

問3　天気を予測するために知らなければならない雲の3つの特徴の組み合わせとして最も適当なものを次から選び、その番号をマークしなさい。　解答番号は 23

① 色、動き、大きさ
② 色、動き、変化
③ 色、大きさ、変化
④ 動き、大きさ、変化

問4　下線部㋒の（　　）内の語（句）を次の日本語に合うように並べかえるとき、（　　）内で3番目と5番目に来るものとして最も適当な組み合わせを選び、その番号をマークしなさい。　解答番号は 24

「積雲は、綿の玉のように見える膨らんだ雲です。」

① 3－2　② 3－4　③ 7－3　④ 7－6

問5　本文中の空欄（　㋓　）に共通して入る最も適当なものを次から選び、その番号をマークしなさい。　解答番号は 25

① a hurricane　② a typhoon　③ bad weather　④ good weather

問6　下線部㋔が指す内容として最も適当なものを次から選び、その番号をマークしなさい。　解答番号は 26

① changes　② clouds　③ plans　④ storms

問7　本文の内容と一致するものを次から1つ選び、その番号をマークしなさい。

解答番号は 27

① To look at the clouds is the only way to understand the weather.

② If cirrus clouds become thick and move lower, it is going to be fine.

③ If cumulus clouds get smaller, it will soon rain.

④ A sudden cool breeze and a dark thundercloud tell us that a storm is coming.

【数　学】（45分）〈満点：100点〉

―― 解答の仕方の注意 ――

数学の問題では，次の２通りの答え方がありますから注意しなさい。

(1) 解答群から選んで答える問題

答えを解答群から１つ選び解答カードにマークしなさい。

（例１）５＋３＝ ⑥　　　　（⑥解答番号です）

解答群	[1]　2	[2]　4	[3]　6	[4]　8	[5]　10

例１の答えは８で解答群の [4] が正解ですから，解答カードの解答番号⑥の解答欄の [4] をぬりつぶして答えなさい。

(2) 解答群がなく，数値で答える問題

（例２）$\frac{1}{15}+\frac{3}{15}=\frac{\text{⑪}}{\text{⑨⑩}}$

例２の答えは $\frac{4}{15}$ です。解答群がありませんから

解答番号⑨の解答欄の [1]
解答番号⑩の解答欄の [5]
解答番号⑪の解答欄の [4]
をそれぞれぬりつぶして答えなさい。

また ⑯⑰ のように □ 内に解答番号⑯，⑰がある場合には，答えの数の十の位の数が⑯に，一の位の数が⑰に，それぞれ必ず１つ数字が入ります。

答えが分数になる場合は，必ず約分して答えなさい。

1　次の各問いに答えよ。

(1)　$\{-4^2+(-2)^2\}\div(-3)$ を計算せよ。

解答群	① -12	② $-\frac{20}{3}$	③ -6	④ -4
	⑤ 4	⑥ 6	⑦ $\frac{20}{3}$	⑧ 12

答　①

(2)　$\left(-\frac{2}{3}a^2b\right)\div(-2a)\div\frac{1}{9}ab$ を計算せよ。

解答群	① $-3a$	② $3a$	③ -3	④ 3
	⑤ $-\frac{1}{3a}$	⑥ $\frac{1}{3a}$	⑦ $-\frac{1}{3}$	⑧ $\frac{1}{3}$

答　②

(3)　$\sqrt{6}(5\sqrt{2}-\sqrt{18})\times\frac{24}{\sqrt{3}}$ を計算せよ。

解答群	① 48	② 96	③ -48	④ -96
	⑤ $48\sqrt{3}$	⑥ $96\sqrt{3}$	⑦ $-48\sqrt{3}$	⑧ $-96\sqrt{3}$

答　③

(4)　$a=\dfrac{1}{6}$ のとき，$(3a-4)^2-9a(a-2)$ の値を求めよ。

解答群								
	①	17	②	13	③	−10	④	19
	⑤	15	⑥	23	⑦	−22	⑧	9

答 ④

(5)　$\dfrac{2x-y}{3}-\dfrac{3x-y}{4}+\dfrac{x+y}{6}$ を計算せよ。

解答群						
	①	$\dfrac{x+y}{12}$	②	$\dfrac{19x-5y}{12}$	③	$\dfrac{x-5y}{12}$
	④	$-\dfrac{x+y}{12}$	⑤	$-\dfrac{x+y}{4}$	⑥	$-\dfrac{x-y}{4}$
	⑦	$\dfrac{5x-3y}{4}$	⑧	$-\dfrac{5x-3y}{4}$		

答 ⑤

2 次の各問いに答えよ。

(1) 連立方程式 $\begin{cases} ax+by=5 \\ bx+2y=4 \end{cases}$ の解が $x=2$, $y=-1$ であるとき，a^2-b^2 の値を求めよ。

答 ⑥

(2) ある自然数Nがある。Nを2乗して4ひいた数と，Nを2倍して1たした数の比が3：1となる。このとき，自然数Nを求めよ。

答 N = ⑦

(3) 右の図の四角形ABCDはひし形である。CB=CE，∠EBC＝76°のとき，∠ADEの大きさを求めよ。

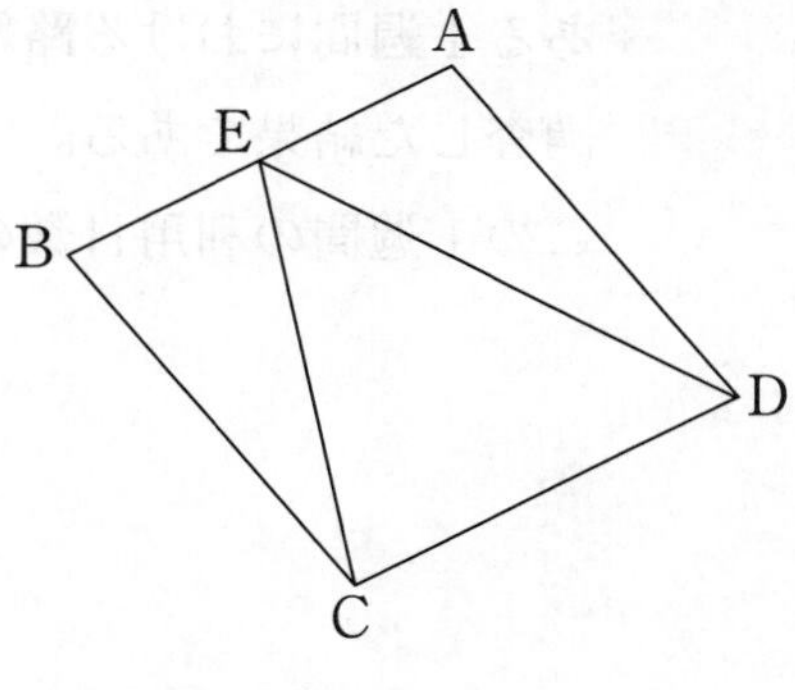

答 ∠ADE＝ ⑧⑨ °

(4)　次の①から④の確率に関する記述について，その確率が間違っているものを1つ選び，その正しい確率を求めよ。

①　3枚の硬貨を同時に投げるとき，すべて表になる確率は $\frac{1}{8}$ である。

②　2個のさいころを同時に投げるとき，目の和が10以上になる確率は $\frac{1}{6}$ である。

③　袋の中に，白玉3個と赤玉2個が入っている。この袋の中から同時に2個玉を取り出すとき，2個とも白玉である確率は $\frac{1}{4}$ である。

④　当たりくじ2本を含む5本のくじがある。このくじを1本ずつ連続で2本引く。引いたくじはもとに戻さないとき，2本とも当たりくじを引く確率は $\frac{1}{10}$ である。

答　間違っているもの　⑩

正しい確率　$\frac{⑬}{⑪⑫}$

(5)　右のヒストグラムは，高校生25人について，ある1週間における路線バスの利用日数を調査した結果である。
この1週間の利用日数の平均値を求めよ。

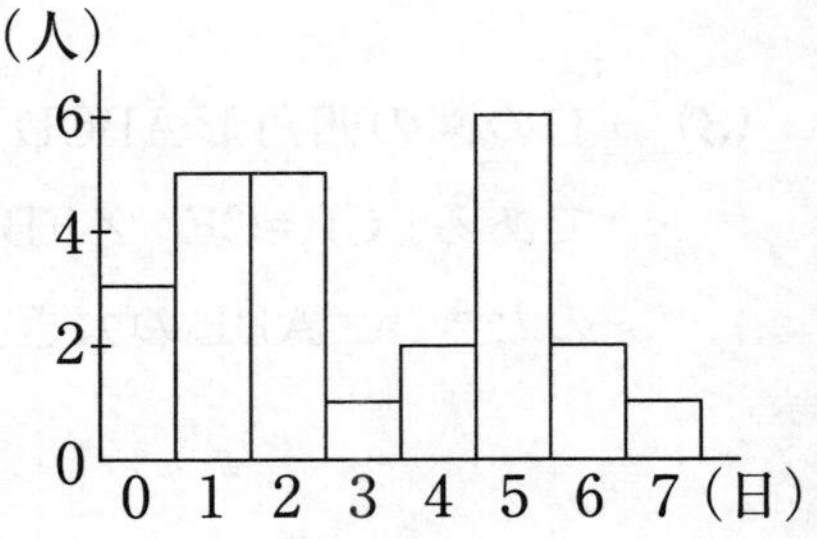

答　⑭

3 右の図のように，放物線 $y=\frac{1}{4}x^2$ ……①，$y=ax^2$（$a<0$）……②がある。①，②上の x 座標が２である点をそれぞれA，Bとする。点Bと原点を結んだ直線と，①との原点以外の交点をCとする。点Cの x 座標が－４であるとき，次の各問いに答えよ。

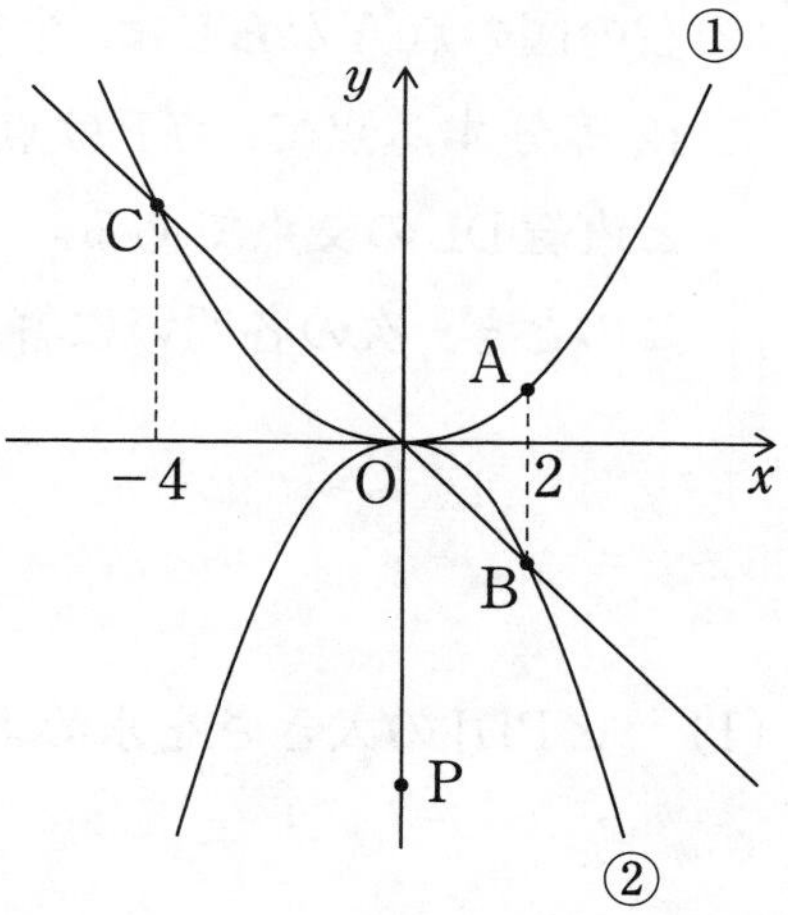

(1)　点Bの y 座標を求めよ。

答　－⑮

(2)　a の値を求めよ。

答　$a=$ $-\frac{⑰}{⑯}$

(3)　y 軸上に y 座標が負である点Pをとる。△AOCと△BOPの面積が等しくなるとき，点Pの y 座標を求めよ。

答　－⑱

4　右の図の点AからLは，半径6の円の円周を12等分する点で，点Pは点Jにおける円の接線と直線DLの交点である。
このとき，次の各問いに答えよ。

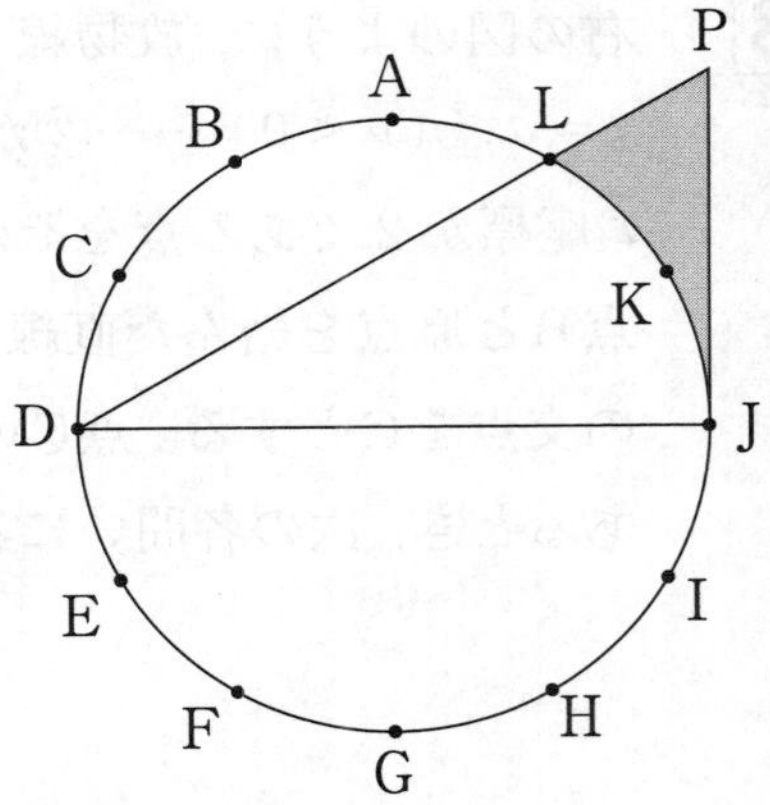

(1)　∠PDJの大きさを求めよ。

答　∠PDJ = ⑲⑳ °

(2)　線分PDの長さを求めよ。

答　㉑$\sqrt{㉒}$

(3)　△PDJを直線PDを軸として1回転させてできる立体の体積を求めよ。

答　㉓㉔$\sqrt{㉕}\pi$

(4)　線分PL，PJと弧JLで囲まれた影のついた部分の面積を求めよ。

答　㉖㉗$\sqrt{㉘}$ − ㉙π

問七　傍線部C「かたはらいたかりき」とあるが、この時の感情を表す語として最も適当なものを次から選び、その番号をマークしなさい。解答番号は31。

① 幸福感
② 安心感
③ 信頼感
④ 不快感
⑤ 恐怖感
⑥ 悲壮感

問八　本文の内容と一致するものとして最も適当なものを次から選び、その番号をマークしなさい。解答番号は32。

① 無能な人の子が史書の内容を深く理解していたので、その熱心さに感心し驚いた
② 身分が高い人の前であったため、人々は琵琶法師の語る物語を真剣に聞くふりをした
③ 身なりや顔立ちのよくない男が、琵琶の柱に適した古い柄杓の柄を見つけ出した
④ 柄杓を要求した男は、琵琶の道に心得がある様子を見せようとしてか、爪を伸ばしていた
⑤ 簡単には折れない柄杓の柄は、琵琶の柱として最適なものであると、ある人が言った

問九　本文の出典である『徒然草』と同じジャンル（分類）の作品を次から一つ選び、その番号をマークしなさい。解答番号は33。

① 枕草子
② 奥の細道
③ 源氏物語
④ 更級日記
⑤ 万葉集

問四　波線部**a**「史書の文を引きたりし」・**b**「いふ」の動作の主体（主語）として最も適当なものをそれぞれ次から選び、その番号をマークしなさい。解答番号は**a**が[27]、**b**が[28]。

①　ある人の子
②　父
③　尊者
④　琵琶法師
⑤　ある男

問五　傍線部**A**「さらずとも」とあるが、どのようなことに対して思ったのか。最も適当なものを次から選び、その番号をマークしなさい。解答番号は[29]。

①　知識があるのに、謙遜《けんそん》して史書を引用したように見せたこと
②　学んだことを父に教えるため、史書を見せたこと
③　勉強していないことを父に隠すために、史書を取り出したこと
④　自分の間違いをごまかすために、父のせいにしたこと
⑤　自分を賢く見せるために、史書の文を引用して話したこと

問六　傍線部**B**「道に心得たるよしにや」の解釈として最も適当なものを次から選び、その番号をマークしなさい。解答番号は[30]。

①　琵琶の道に心得がない様子を見せない方がよいだろう
②　琵琶の道に心得がある様子を見せないつもりだというのか
③　琵琶の道に心得がある様子を見せようというのだろうか
④　琵琶の道に心得がある様子をぜひ見せるべきである
⑤　琵琶の道に心得がない様子を絶対に見せてはならない

（6）爪を生ふしたり…爪をのばす。琵琶を弾く人は、爪弾きするので爪をのばしたという。ただし、雅楽の場合である。

（7）その沙汰にも及ばぬことなり…「沙汰」は処置。柄杓の柄を用いるという特別な処置。盲僧の琵琶を軽くみて、雅楽の琵琶のような処置は不要としたもの。

（8）ひもの木…「檜物木」。わげ物を作る時に用いる下等な檜物。

問一　二重傍線部**ア**「びはほふし」・**イ**「ぢう」の現代仮名遣いの組み合わせとして最も適当なものを次から選び、その番号をマークしなさい。解答番号は **24** 。

① **ア**　びはほおし　―　**イ**　ぢゅう
② **ア**　びはほうし　―　**イ**　ぢゅう
③ **ア**　びわほうし　―　**イ**　じゅう
④ **ア**　びわほおし　―　**イ**　じゅう
⑤ **ア**　びわおふし　―　**イ**　じゅう

問二　二重傍線部**ウ**「あしからず」の語句の意味として最も適当なものを次から選び、その番号をマークしなさい。解答番号は **25** 。

① 入らない
② わるくない
③ よくない
④ 使えない
⑤ わからない

問三　空欄 X に入る語として最も適当なものを次から選び、その番号をマークしなさい。解答番号は **26** 。

① せ（未然形）
② き（終止形）
③ し（連体形）
④ しか（已然形）

三　次の文章を読んで、後の問いに答えなさい。

すべて人は、(1)無智無能なるべきものなり。ある人の子の、見ざまなどあしからぬが、父の前にて、人ともの言ふとて、a(2)史書《ししょ》の文《もん》を引きたりし、賢《さか》しくは聞えしかども、(3)尊者《そんじゃ》の前にては、Aさらずともと覚えしなり。

又ある人の許《もと》にて、ア琵琶法師《びはほふし》の物語《ものがたり》を聞かんとて、琵琶を召し寄せたるに、イ(4)柱《ぢう》のひとつ落ちたりしかば、「作りてつけよ」と言ふに、ある男《をとこ》の、ウ中《なか》にあしからずと見ゆるが、「古きひ(5)さくの柄《え》ありや」などbいふを見れば、(6)爪《つめ》を生《お》ふしたり。琵琶などひくにこそ。めくら法師の琵琶、その(7)沙汰《さた》にも及ばぬことなり。B道に心得たるよしにやと、Cかたはらいたかりき。「ひさくの柄はひ(8)もの木《ぎ》とかやいひて、よからぬものに」とぞ、ある人仰せられ X 。

若き人は、少しの事も、Dよく見え、わろく見ゆるなり。

（『徒然草』による）

（注記）
（1）無智無能…「無智」は学問のないこと。「無能」は芸能を身につけていないこと。「智者は愚者になり、徳人は貧になり、能ある人は無能になるべきなり」（九八段）。
（2）史書の文…『史記』『漢書』など中国の正史の本文。
（3）尊者…身分の尊い、目上の人。
（4）柱…鹿頸《しかくび》と呼ぶ琵琶の先の細くなった所にとりつけた平柱。雅楽用の琵琶には四枚あるが、盲法師の琵琶には五枚ある。
（5）ひさく…柄杓《ひしゃく》。水をくみ取る器。

問七　次は【文章A】と【文章B】のそれぞれに出てくる「良心の呵責」という言葉に着目した、生徒たちの会話である。「良心の呵責」とは、「悪いことをしてしまったことへの罪の意識で、心が苦しむこと」という意味である。本文の内容を正しく捉えたものとして、**適当でないもの**を次から選び、その番号をマークしなさい。解答番号は 23 。

① I子　「【文章A】で同級生たちは、路有の同性愛を理解することができない存在として描かれているから、路有としてもあくまで価値観の異なる存在だと割り切ることができているんだよね。」

② A乃　「それに対して【文章B】の忠志は、路有と同じく同性愛者なんだ。突然路有の元を去ってしまう忠志に対して、かつて統理にかけてもらった言葉を思い出すけれど、同時に忠志の抱える悩みも理解できてしまうという点が【文章A】とは異なる点だね。」

③ D介　「相手に対して悪いことをしているという意識が良心の呵責に繋《つな》がるのだけれど、自分を苦しめるその相手の気持ちも同時に理解できてしまうがゆえに、つらい思いと同時に同情もしてしまうのだね。」

④ O太　「統理という理解者がいたからこそ路有の心が救われたのは間違いないけれど、それでも自分の気持ちを分かってくれるはずであった恋人に突如裏切られた悲しみは、路有を大きく傷つけたことだろうね。」

⑤ N人　「良心の呵責に苛《さいな》まれるのは自分の勝手な都合なのであって、傷つくことになる相手の気持ちも考えて発言しろ、という統理の言葉を受けた同級生たちも、きっと心に響いただろうね。」

問五　傍線部**C**「俺は仁王立ちで震えた」とあるが、この時の路有の心情の説明として、最も適当なものを次から選び、その番号をマークしなさい。解答番号は 21 。

① 忠志が話し合いから逃げ出しただけでなく、中途半端な甘えを見せたことに対する怒り
② 恋人が何の前触れもなく別れの言葉を残し、全ての荷物と共に姿を消してしまった恐怖
③ 毎日のようにお互いの弱みを攻撃したのに、もうその対象がいなくなったことへの憤《いきどお》り
④ 捨てるなら嫌われる覚悟で捨ててほしいが、愛の言葉を残されたことで思い出した喜び
⑤ 同棲する家からいなくなる際の言葉により、命を弄《もてあそ》ばれる姿を想像させられ生じた緊張

問六　傍線部**D**「これが自分なのだ」とあるが、路有が「自分自身」を形作る上で感じてきた「しんどい」思いの内容として、**適当でないもの**を次から選び、その番号をマークしなさい。解答番号は 22 。

① 周囲の人たちと比べて自分は少数派の人間なのだと感じさせられること
② 恋人が家族や世間からの目には勝てずに結局異性との結婚を選んだこと
③ 日常的に本当の自分を抑え続けることの苦しさを理解できてしまうこと
④ よりにもよって日頃から敵対心をもっていた女性に恋人を奪われたこと
⑤ 周りを受け流すことだけ上達しつつも時には心が折れる瞬間もあること

問三　傍線部**B**「それはさっきの『ごめんな？』とは違っていた」とあるが、どういうことか。最も適当なものを次から選び、その番号をマークしなさい。解答番号は **19** 。

① 統理に突然正論を突き付けられ、受け入れることが難しい事実であっても向き合わなければならないと考えを改めて、路有と友達に戻ったということ

② 統理にものすごい勢いで説教されたことで、完全に委縮してしまい、路有に謝罪することで一刻も早くこの場から立ち去りたくなっているということ

③ 統理には自分たちの間違いに気づいているはずだと言われ、納得できないながらも友人に面と向かって反論する勇気もないので、謝罪をしたということ

④ 統理には理解できないなら仕方ないと認めてもらい、自分たちは正しいと再確認できたため、路有に対する思いを堂々と表すことができたということ

⑤ 統理に諭《さと》されて、自分たちが路有の同性愛を理解することができないと改めて自覚した上で、言い訳せずにその事実を伝えるようになったということ

問四　本文中から次の一文が抜けている。本文中の〈①〉～〈⑤〉からこの一文が入る最も適当な場所を選び、その番号をマークしなさい。解答番号は **20** 。

なぜなら、俺の隣には統理という友達がいたからだ。

① 〈①〉

② 〈②〉

③ 〈③〉

④ 〈④〉

⑤ 〈⑤〉

問一　傍線部ⓐ「我に返って」・ⓑ「愁嘆場」の本文中における意味として、最も適当なものを次から選び、その番号をマークしなさい。解答番号はⓐが 16 、ⓑが 17 。

ⓐ「我に返って」 16

① 正気を保って
② はっと気がついて
③ 冷静さを取り戻して
④ 意識をはっきりさせて
⑤ 落ち着きを手に入れて

ⓑ「愁嘆場」 17

① 悲劇的な場面
② 見苦しい場面
③ 激しく争う場面
④ 驚き呆《あき》れる場面
⑤ 移り変わる場面

問二　傍線部A「俺の笑顔は凍りついた」とあるが、なぜか。最も適当なものを次から選び、その番号をマークしなさい。解答番号は 18 。

① 理解されないと考えていた秘密を受け入れてもらえたと思ったら、やはり拒絶されていることに気づいたから
② 普通ではない自分が悪いのだということは理解できるが、数少ない友達まで失われてしまうことは悲しいから
③ 嫌いになったわけではないという言葉に浮足立ったが、しょせん口先だけの慰めだと気づいて寒気がしたから
④ 同性愛について寛容《かんよう》な姿勢を見せてくれたと安心したが、異性を愛するのが世間の常識なのだと勘づいたから
⑤ 自分のせいで友達を失ってしまったと後悔したが、同級生の発言を聞くと相手の人間性が疑わしく思えたから

という書き置きがあり、忠志の荷物が運び出されていた。

メモを手に、C俺は仁王立ちで震えた。捨てるなら、刀を振り下ろす覚悟で捨てていってくれ。下手に首がつながった状態でのたうち回らせないでくれ。ずっと愛してるなんて、おまえの罪悪感をごまかすための言い訳だろうが。甘えるなよ。良心の呵責はおまえの荷物だ。それくらい自分で持ちやがれ。半分がらんとした部屋で、大昔、統理にもらった言葉で自分を守った。

なのに、それでも、やっぱり、忠志の気持ちがわかることが嫌だった。

カミングアウトしていないゲイの日常は、言葉にできないままならなさとの共存だ。恋愛は異性間のみという暗黙の了解で進められる日常会話に笑ってうなずき、彼女いないの？　結婚しないの？　という悪意のない質問を不自然にならないようはぐらかし、たまには合コンなどに参加してストレートに擬態《ぎたい》する。うっすらとまとわりつく抑圧感。大人になるにつれ受け流す技術も磨き抜かれ、けれど弱っているときは気持ちを折られることもある。

忠志を折ったのは親の病気だった。平凡な幸せを求めて仮面結婚に走るゲイは意外と多い。逃げだした先も楽な場所ではないのに、正体のない世間体に負けてしまう。置いてきぼりを食らったパートナーも悲惨だ。女に彼氏を奪われるなんて屈辱《くつじょく》の極みである。思春期のころから苦しい思いをして飲み込んできた葛藤《かっとう》がふたたびせり上がってくる。

——やっぱり女には勝てないのか。

勝ち負けの問題じゃない。なのに、いまさらの愚問《ぐもん》に首根っこをつかまれる。しかし死んでもギブアップなどするものか。散々しんどい思いをしてここまで形作ってきた、Dこれが自分なのだ。白旗は振らない。失恋の悲しみに加えて、マイノリティである自分への自己否定感とも戦わなければいけない。あれは本当にしんどかった。もう二度とごめんだ。今もトワさん(1)といい感じまで行きながら最後で二の足を踏んでしまうのは、絶対に忠志との破局が影響している。

（凪良ゆう『わたしの美しい庭』による）

（注記）

（1）トワさん…路有の経営する移動式の屋台バーの常連。路有とはお互いに惹《ひ》かれ合っていることに気づいているが、その思いを行動に表す最初の一歩は踏み出せずにいる。

一言でも口を開けば、泣いてしまいそうだったのだ。

【文章Ｂ】

あれは俺たちがまだ円満に暮らしていたときのこと、ある日、忠志の父親が倒れたという連絡が入った。忠志はすぐ帰省し、見舞いから帰ってきたあと様子がおかしくなった。システムエンジニアとバー勤めという、お互いに不規則な生活で最初は異変に気づかなかった。

——結婚しようと思うんだ。

そのとき、てっきり俺はプロポーズされたと思った。男同士でも養子縁組《ようしえんぐみ》などその気になれば法的につながる方法はある。忠志のほうが年上だったので、俺が忠志の籍に入ることになる。井上という名字ともお別れかと嬉しいような寂しいような気分になりつつ、ケジメをつける意味で挙式がしたいと夢がふくらんだ。オーソドックスにダブルタキシードか、いや、紋付き袴《はかま》もいい。祝福してくれる友人たちの顔まで脳裏をよぎったのに——。

——こないだ、地元で見合いをしてきた。

意味がわからなかった。他の男に心変わりしたというならまだわかる。けれどなぜ女と見合いになるのだ。すごい勢いで詰め寄る俺に怯《おび》え、忠志は共通のゲイ友宅に避難した。数日後に事情説明のメールがきたが、なんの救いもひねりもない内容だった。

——おまえが嫁さんを連れて帰ってくるまで死なないから安心しろ。

と病床の父親から言われて心が折れたそうだ。ゲイにはよくある理由だし、自分が親から縁を切られているからこそ忠志の気持ちもわかる。かといって、ああ、そうですかと引き下がれない。心を偽って生きても最終的にみんな不幸になると俺は反論したが、

——そんな簡単に割り切れるはずないだろう。

怒鳴りつけられ、俺だって簡単じゃなかったと怒鳴り返したかったが、ここで感情的になってはいけない。なんとかなだめる方向で話をし、忠志も冷静になると俺の意見に同意し、けれどこのまま親が死んだら絶対に後悔する、それは嫌だと言う。

お互い相手の言い分を理解しているので、あとは情への訴えかけになる。ⓑ愁嘆場《しゅうたんば》と修羅場《しゅらば》が交互にやってきて、話し合うほど疲弊《ひへい》して、肝心の相手への気持ちをがりがり削《けず》られ、最後は尖《とが》って槍《やり》みたいになった気持ちで刺し合うという、目を覆いたくなるような悲惨《ひさん》な日々だった。

幾度目かの修羅場を繰り広げた翌日、俺が勤め先から帰ってくると、

『今までありがとう。ごめん。ずっと愛してる』

だからおまえとはもう話さないけど、許してくれよな、ということだ。

なんだそれ。どうせ話さないなら、ごめんなんて言わないでくれ。ああ、でも謝ってもらえるだけマシなのかな。なにがなによりマシなのかわからないけれど、考えることすらもう面倒だ。そもそも普通じゃない俺が悪いんだし、みんな早くこの時間が終わればいいという顔をしているし、そうだな、うん、いいよ、気にするなよ、そう言いかけたときだ。

「それは甘えだろう」

俺を含めたみんなが、えっと統理を見た。

「そんなふうに謝られたら、路有は『いいよ』って許すしかなくなるじゃないか。でも本当はおまえら、自分たちが間違ってることをわかってるんじゃないのか？」

統理はいつものように淡々《たんたん》と話す。

「理解できないならできないでしかたない。だったら黙って通りすぎればいいんだ。なのにわざわざ声かけて、言い訳して、路有に許されることで自分たちが安心したいんだろう。けど良心の呵責《かしゃく》はおまえらの荷物だよ。人を傷つけるなら、それくらいは自分で持て」

俺も含めて、みんなが呆然《ぼうぜん》とした。

統理はそれ以上は言わず、ただ黙って待っている。

言うことは言ったから、あとは自分たちで決めてくれ、というふうに。

「……ごめん」

しばらくすると、友人のひとりが言った。

B
それはさっきの『ごめんな？』とは違っていた。他のやつらもごめん、ごめんと同じ響きの謝罪を口にし、目を合わさないよう俺の横を通りすぎていき、俺と統理だけが残された。〈①〉

理解できないならできないでしかたない。〈②〉

だからみんな黙って通りすぎていった。〈③〉

それがみんなの答えで、そのことに俺は、そうか、ならそれでいいと納得できた。

孤独感からの投げやりな感情ではなく、世の中にはどうしたってわかりあえないことがあって、もうそれでいいじゃないかと思えたのだ。〈④〉

ありがとうとは言えなかった。〈⑤〉

二　次の文章は、凪良《なぎら》ゆうの小説『わたしの美しい庭』の一節である。【文章A】は、高校生であった井上路有《ろう》が、周囲には隠していた同性愛者であるという事実を同級生に知られてしまった翌日の場面である。友人の誰も声を掛けてこない中、同級生の国見統理《とうり》だけが一緒に帰宅しようと誘ってくる。【文章B】は、成人した路有が四年前に別れた藤森忠志《ただし》とのやり取りを回想する場面である。これを読んで、後の問いに答えなさい。

【文章A】

駅前のコンビニに差し掛かったとき、店の前にたまっている友人たちと出くわした。とっさに俺はうつむいた。目を合わせないよう通りすぎようとした。

「路有、ごめん」

えっと振り向くと、ひどく申し訳なさそうな友人たちの顔があった。

「俺ら、路有のこと嫌いになったとかじゃないからな」

俺はぽかんとし、ⓐ我に返って急いでうなずいた。

「あ、うん、うん、わかってる」

何度も小さくうなずく。許してもらえた、と思った。なにを誰に許される必要もないのに、安堵《あんど》と感謝のあまり、俺は媚《こ》びた笑みすら浮かべていたと思う。

「ほんと、ごめん」

「いいよ、そんなの。俺だって――」

また友達同士に戻れるのだと一歩踏み出したときだ。

「けど路有といると、俺らまでホモって思われるかもしれないし」

「でも俺ら、別におまえのこと気持ち悪いとか思ってないから」

「そうだよ。心の中では友達だと思ってる」

A俺の笑顔は凍りついた。

「でも、だから、その、ごめんな？」

申し訳なさそうな友人たちの表情に、俺はようやく理解した。

問九　本文で述べられている筆者の主張として、最も適当なものを次から選び、その番号をマークしなさい。解答番号は 15 。

① 何か物事に対処するときは、その場で柔軟に対応できる力がどれだけ自分にあるかを正しく把握し、それに応じた適度な計画を立てることが重要である

② 人は物事を完遂する過程で、失敗に対する「病的な恐怖」にとらわれてしまいがちだが、それは詳細な計画を立てることで解消することができる

③ トラブルに対応するのに重要なものは試行錯誤しながら修正を繰り返していく力であり、見通しを立ててもその通りに実行できるとは限らないため、事前の計画は必要ない

④ 臨機応変の能力には生まれつき個人差があり、訓練をして伸ばすことは難しいため、臨機応変の能力に応じて計画を立てて、バランスをとる必要がある

⑤ アジャイルはいい加減で成功する確率が低くなりがちだが、緻密な計画を立てるよりも必ず効率的で成功率が高いことが分かっている

問八　本文中の※**1**から※**2**の中に出てくるキーワードの関係図として、最も適当なものを次から選び、その番号をマークしなさい。解答番号は **14** 。

①

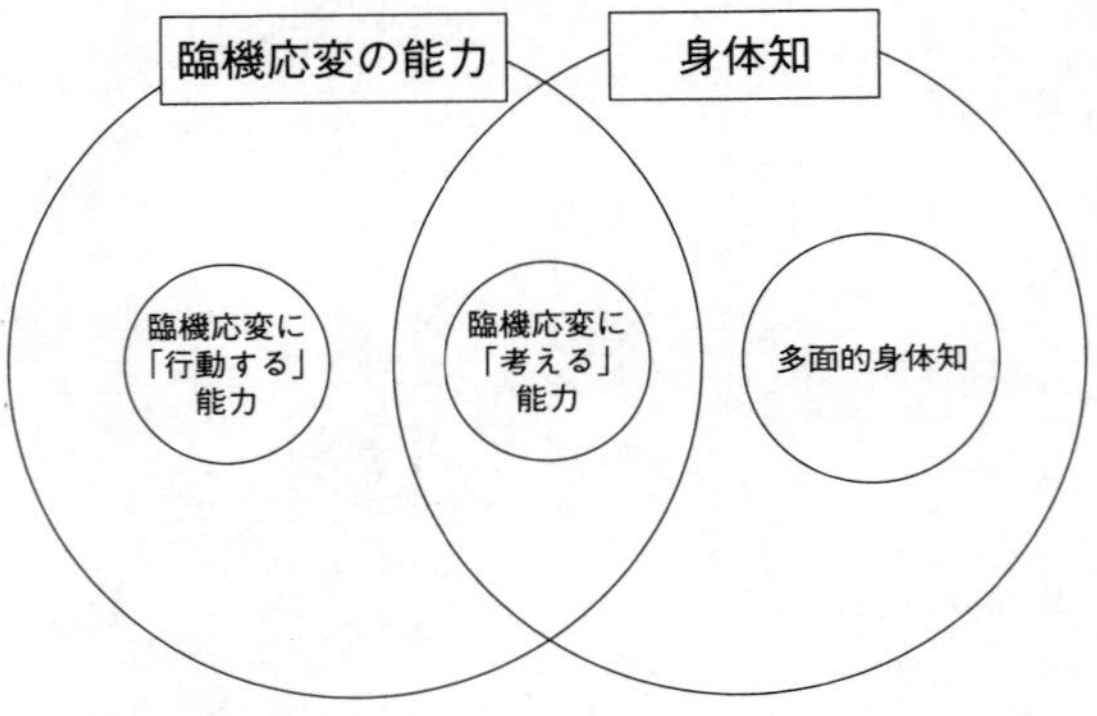

②

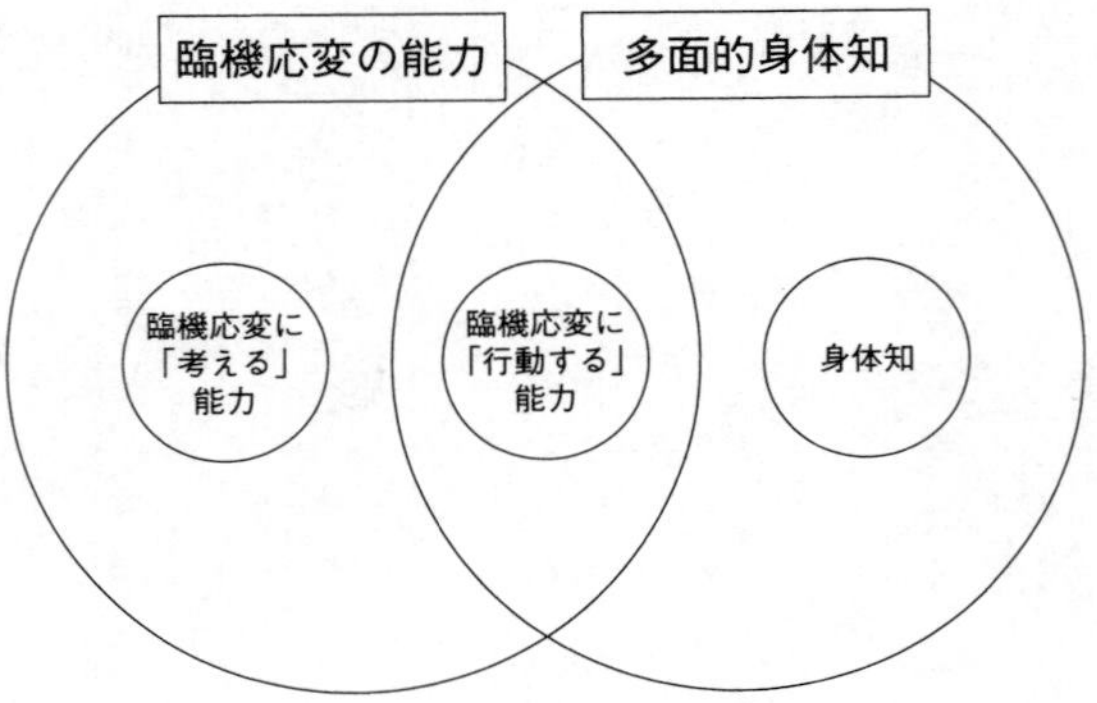

③

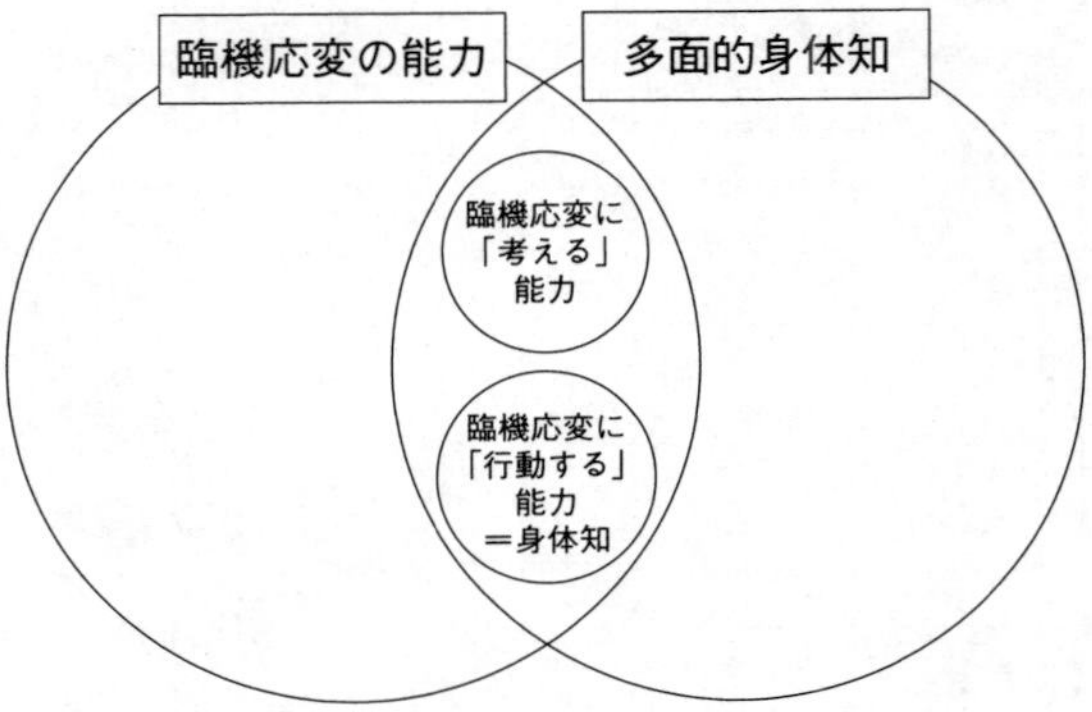

④

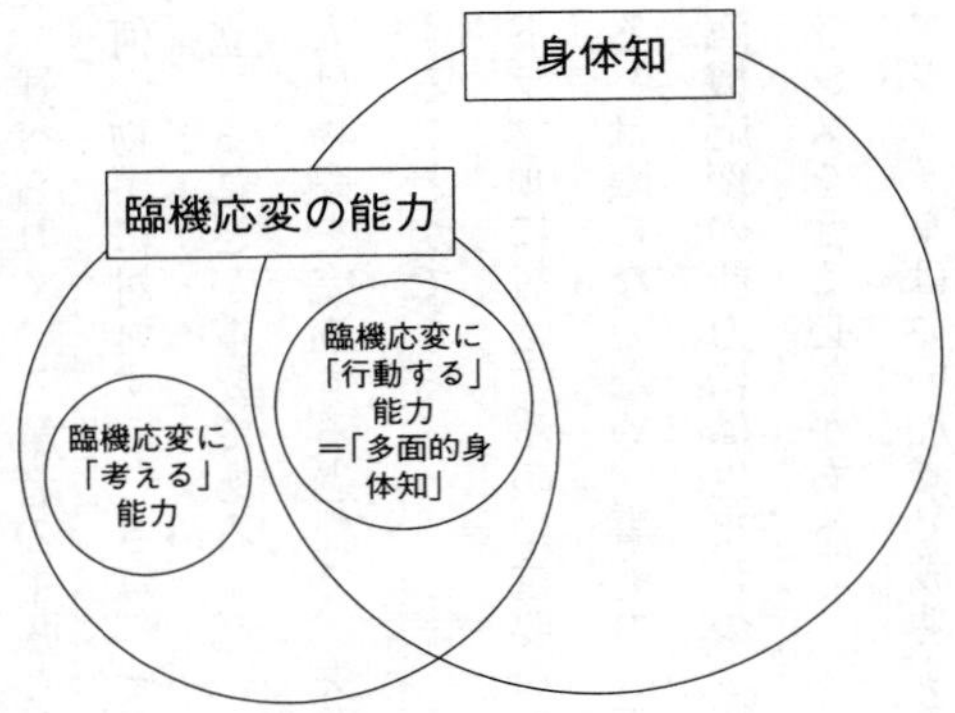

⑤

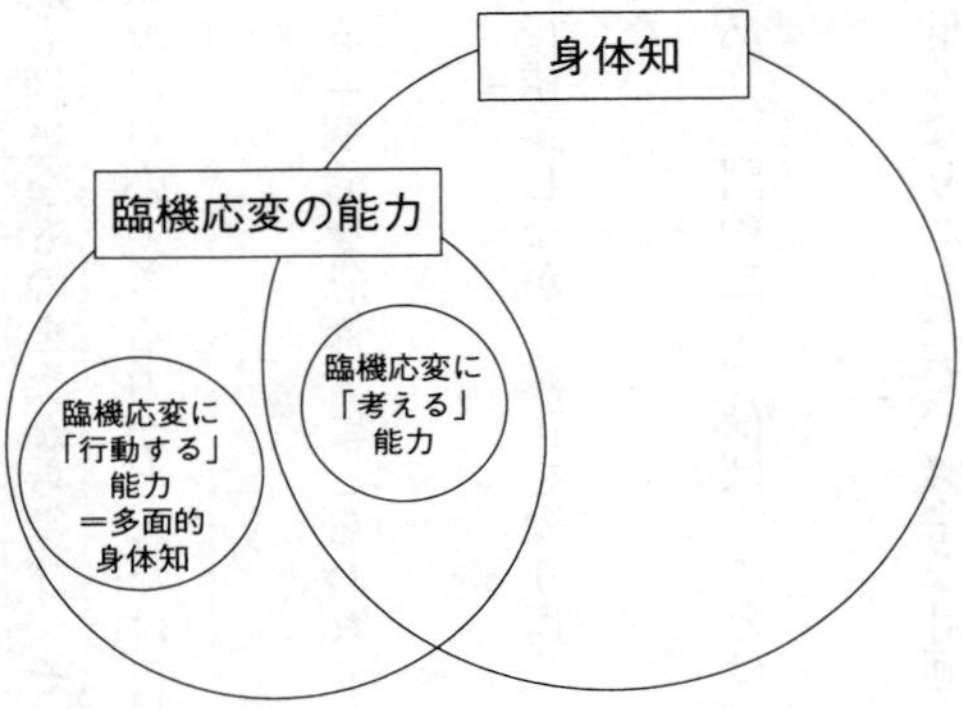

問六　空欄 F ・ G ・ I に入る接続語を次からそれぞれ選び、その番号をマークしなさい。解答番号はFが [10] 、Gが [11] 、Iが [12] 。

①　順接の接続語である「したがって」
②　換言の接続語である「つまり」
③　選択の接続語である「あるいは」
④　添加の接続語である「さらに」
⑤　並立の接続語である「および」
⑥　転換の接続語である「ところで」
⑦　例示の接続語である「たとえば」
⑧　逆接の接続語である「しかし」

問七　傍線部**H**「私はそんなことを思いつきもしなかったので、彼の機転におおいに感心した」とあるが、「彼」は他の人とどのような点が異なっていたのか。最も適当なものを次から選び、その番号をマークしなさい。解答番号は [13] 。

①　以前に日本語や英語が通じないような経験をしていた点
②　自分の言語能力を正しく理解していた点
③　事前に旅行先のレストランについて調べていた点
④　店員に英語が通じないと気付いた点
⑤　日常会話程度の中国語に対して多少の知識があった点

問三　空欄 B にあてはまる内容として最も適当なものを次から選び、その番号をマークしなさい。解答番号は 7 。

① 新しいアイディアを出そう
② 事前に計画を立てよう
③ 情報を共有しよう
④ その場でやりくりしよう
⑤ 失敗しても受け入れよう

問四　傍線部**C**「恐ろしくて飛行機に乗れない人」・傍線部**D**「放射能に汚染された食品……食べられない人」はどのような人の例として挙げられているか。最も適当なものを次から選び、その番号をマークしなさい。解答番号は 8 。

① 危険な状況で被害を避けるために、適切な恐怖を抱いている人
② 危険度が低い状況にもかかわらず、失敗に対して過剰な恐怖に支配されている人
③ 危険な状況を必ず回避するために、失敗の要因を取り除こうとする人
④ あらゆる危険を想定して、事前に有益な行動をとろうとする人
⑤ 非常に危険な状態で、病的な恐怖に侵《おか》され何も行動に移せない人

問五　傍線部**E**「このとき、自転車に乗る身体知をもっていると言えるが、臨機応変の能力をもっているとは言えない」のはなぜか。最も適当なものを次から選び、その番号をマークしなさい。解答番号は 9 。

① 様々な状況の道に対応することができてはじめて臨機応変の能力があると言えるため、舗装された道で自転車に乗れただけではわからないから
② 多様な状況で自転車に乗れるかどうかは、舗装された道で完璧に運転できることがわからないと、判断できないから
③ 臨機応変の能力は身体知とは全く異なるため、舗装された道で自転車に乗れただけでは、他の状況で同じように的確に対処できるかわからないから
④ 舗装された道を走ることが出来ても、自転車に乗るという動作が身についているかどうかは判断できないから
⑤ 自転車に乗れたとしても、混雑した駅でぶつからないように歩いたり、相手に応じて挨拶できたりしないと、臨機応変の能力を測ることはできないから

やるときには、自分の臨機応変の能力を正しく自覚することが重要である。自分には臨機応変に対応する能力があまりないと思えば、アジャイルの部分を減らして、計画の部分を手厚くしなければならない。つまりは、臨機応変の能力を正しくわきまえたうえで、計画とアジャイルのよいバランスをとることが肝心なのである。

（信原幸弘『「覚える」と「わかる」　知の仕組みとその可能性』による）

問一　傍線部**ア**〜**オ**に相当する漢字を含むものを、下の各群の中からそれぞれ一つずつ選び、その番号をマークしなさい。解答番号は【1】〜【5】。

ア　キビン　【1】　①機械　②企画　③奇妙　④気候　⑤食器

イ　コウテイ　【2】　①定番　②程度　③体裁　④訂正　⑤停止

ウ　カクチョウ　【3】　①隔離　②確認　③改革　④拡散　⑤厳格

エ　コクフク　【4】　①副業　②福祉　③復習　④複数　⑤服務

オ　コウシ　【5】　①実行　②交通　③効率　④公平　⑤講義

問二　傍線部**A**「このような考え」とは、どのような考えか。最も適当なものを次から選び、その番号をマークしなさい。解答番号は【6】。

①　詳細がわからない状況で事前に計画を立てずに進めていくと、思い付きで対応することになってしまい、最終的に効率が悪いという考え

②　さまざまな出来事が想定される状況では、複雑で膨大な計画を立てても全てを実行することは難しく、非現実的で効率が悪いという考え

③　事前情報が少ない状況では、あらゆる出来事を想定しながら細かい計画を立てた方が、その場ですぐ対応することができ、効率が良いという考え

④　あらかじめ結果が見通せる状況では、詳細な計画を立てても無駄になってしまうため、簡単な計画を立てた方が、効率が良いという考え

⑤　詳しいことがわからない状況では、事前に細かい計画を立てるのではなく、積極的にその場で対応していく方が、効率が良いという考え

転車に乗る身体知をもっていると言えるが、臨機応変の能力をもっているとは言えない。砂利《じゃり》道でも、芝生の上でも、でこぼこ道でも、それらに対応してうまく自転車に乗ることができてはじめて、臨機応変の能力があると言える。ボンドのような臨機応変の能力は、身体知のなかでも、多様な状況に対応できるようなタイプの身体知、すなわち「多面的身体知」なのである。

私たちは、ボンドには遠く及ばないにせよ、多少なりとも、このような多面的身体知をもっている。混雑した駅では、いろいろな人とさまざまな仕方でぶつかりそうになるが、たいていうまくよけることができる。会社にいけば、上司や同僚など、さまざまな人から挨拶《あいさつ》されるが、相手に応じて適切に挨拶を返すことができる。このような多面的身体知をほとんど無意識的にオコウシすることで、私たちの日々の生活は成り立っている。

ところで、臨機応変の能力には、このように状況に応じて適切に「行動する」能力だけではなく、状況に応じて適切に「考える」能力も含まれる。こちらは身体を動かす能力ではないので、身体知ではないが、臨機応変の能力のひとつである。

［F］、紅葉の季節に「そうだ、京都に行こう」と思い立ち、家を出る。計画と言っても、新幹線で行くというきわめておおまかな計画しか立てていない。駅に着いて、自由席にするか、それとも指定席にするか考える。混み具合を調べてみると、自由席は座れないようだが、指定席は一時間後にしか空いていない。早く行きたい。まあ、座れなくてもいいかと思って、自由席の切符を買う。

こんな調子で、その場、その場で、適当に考えて、やりくりしていく。そうすれば、たいした計画を立てなくても、無事に京都にたどりつける。ここでは、状況に応じて適切に考えるという臨機応変の能力が大きく物を言う。

その場の状況に応じて考える能力も、行動する能力と同じく、訓練や実地経験によって鍛《きた》えることができる。人によって臨機応変の思考能力に違いがあるのも、生まれつきの素質の違いもあるだろうが、訓練や実地経験の違いによるところが大きい。

※2

私が数人の友人と一緒に北京《ぺきん》に行ったとき、夕飯を食べに街中のレストランに入ったことがあった。私たちは誰も中国語ができなかったが、英語が多少通じるだろうと思っていた。［G］、残念ながら、英語もまったく通じなかった。そのとき、一人が紙に漢字を書いて店員に見せたところ、見事に通じた。H私はそんなことを思いつきもしなかったので、彼の機転におおいに感心した。どうしてそんな機転が利いたのかと聞いてみたところ、彼は似たような状況を経験したことがあると言った。

思考における臨機応変の能力も、行動におけるそれも、訓練や実地経験によって育《はぐく》まれる。［I］、訓練や実地経験の違いによって、臨機応変の能力にも個人差がある。自分の臨機応変の能力を見誤ると、その場で適切に対処できず、立ち往生することになる。アジャイルでる。たしかに危険な状況で恐怖を抱くのは適切であり、それは逃げるといった行動を引き起こして、じっさいに害を被《こうむ》ることを防いでくれる。しかし、危険でない状況で恐怖を抱くのは不適切である。それは害の未然の防止に役立たないどころか、有益な行動を妨げもする。飛行機への恐怖は、このような病的な恐怖である。

最近、「正しく恐れよ」とよく言われる。D放射能に汚染された食品であっても、汚染度は低く、健康に影響はないのに、恐ろしくて食べられない人がいる。このような人は、危険度に見合った「正しい恐れ」ではなく、それに見合わない病的な恐怖を抱いているのである。

緻密な計画へのこだわりも、失敗への病的な恐怖に支配されている可能性が高い。緻密な計画を立てなくても、アジャイルでやっていけば、失敗することはほぼないにもかかわらず、失敗を恐れて、可能なかぎり緻密な計画を立てようとする。たとえ計画を立てるのが無駄であり、その場で適当にやってもうまくやれるということを頭でよく理解していても、どうしても失敗への恐怖がなくならない。こうして計画を立てずにはいられないのである。

アジャイルで行くことは、一見、いい加減で、行き当たりばったりのようにみえるかもしれないが、計画を立てるよりも、アジャイルで行くほうが効率的で、成功する確率が高い場合もある。だからこそ、アジャイルで行くのである。私たちがアジャイルではなく、しっかりした計画に向かいがちなのは、アジャイルがいい加減で失敗の可能性が高いからではなく、むしろ失敗への病的な恐怖があるからである。あえてアジャイルで行くことは、そのような病的な恐怖のエコクフクにもつながる。

もちろん、アジャイルが重要だと言っても、計画がいっさい無用だというわけではない。過度に緻密な計画は無用だが、適度な計画は効率の面でも、成功率の面でも、重要である。結局、適度な計画を立て、あとはその場のやりくりに任せることが大切だ。つまり、計画とアジャイルの適切なバランスが何と言っても重要なのである。

※1

アジャイルでやっていくには、その場の状況に応じて的確に対処する能力、つまり臨機応変の能力がなければならない。ヒーローはたいていこの能力に秀《ひい》でている。『007』のジェームズ・ボンドは、ビルの屋上や水上などでじつにスリリングな戦いを見せるが、どんなに窮地《きゅうち》に陥《おちい》っても、手持ちの小道具やその場にある物を巧《たく》みに利用して、きわどく危機を脱していく。そんなに都合よく小道具や物があるわけないだろうと思いつつも、俊敏な対応能力に感心させられる。

このような臨機応変の能力は身体知の一種である。それは身体で覚えた知であり、脳だけではなく、身体にも刻みこまれた知である。ただし、身体知のすべてが臨機応変の能力だというわけではない。たとえば、舗装《ほそう》した道路でしか自転車に乗れないとしよう。Eこのとき、自

二〇二四年度　東京農業大学第三高等学校（第１回）

【国　語】（四五分）〈満点：一〇〇点〉

一　次の文章を読んで、後の問いに答えなさい。

どのような状況になるのかがよくわからないときに計画を立てるのは、起こりうるさまざまな状況を想定しなければならないから、本当にたいへんである。それぞれの状況のもとでいちいちどうするかを決めていかなければならないので、その計画は複雑かつ膨大《ぼうだい》なものとなろう。しかも、想定した状況のほとんどはじっさいには起こらないから、せっかく立てた計画も、その大部分は活用されず、無駄となる。

そうだとすれば、むしろ計画を立てず、その場で対処するほうがよいのではないだろうか。たしかに事前の計画が必要な場合もあるが、積極的にその場の対処に任せるほうがかえって効率がよいことも多い。

Aこのような考えにもとづいて最近よく用いられるようになった言葉が「アジャイル（agile）」である。この言葉は、辞書的には「**ア**キビンな」とか「身軽な」を意味するが、コンピュータのソフトウェアの開発において、従来とは異なる新しい開発手法を表すのに用いられるようになった。すなわち、ソフトウェアを開発するさいに、初めからすべての**イ**コウテイにかんして綿密な計画を立てるのではなく、まずは小さな単位で試しながら、試行と修正を繰り返してソフトウェアの全体を完成させていくという手法である。

このソフトウェアの開発における用法が**ウ**カクチョウされて、「アジャイル」という言葉は、いまでは行動一般にかんして用いられるようになった。すなわち、何らかの行動をしようとするとき、事前にきちんと計画するのではなく、進行中のその時々の状況に応じて適当にどうするかを決め、うまく行かなければ修正を行うといったことを繰り返して、行動全体を完遂《かんすい》するというやり方が「アジャイル」とよばれるようになったのである。

仕事の打合せのなかで「アジャイルで行こう」と言われた場合、それはようするに[B]という意味である。私たちはついつい、しっかりした計画を立てて、絶対に失敗しないようにすべきだと考えがちであるが、そのような緻密《ちみつ》な計画を立てることは、実際上ほとんど不可能であるか、あるいはきわめて効率が悪い。緻密な計画にこだわるのは、失敗にたいする「病的な恐怖」によるところが大きい。

たとえば、**C**恐ろしくて飛行機に乗れない人がたまにいる。そのような人は飛行機の安全性を十分理解していても、飛行機に乗るのを恐れ

英語解答

1 1 ③　2 ④　3 ④　4 ③

2 No.1　1…②　2…①

No.2　1…②　2…③

3 1 ①　2 ④　3 ③　4 ③

5 ④

4 問1 ③　問2 ①　問3 ④

問4 ④　問5 ②　問6 ④

問7 ②

5 問1 ②　問2 ④　問3 ②

問4 ③　問5 ④　問6 ②

問7 ④

1・**2**〔放送問題〕放送文未公表

3〔適語（句）選択〕

1．後ろにisがあるので，The cat ～ Tamaが主語。The cat called Tamaで「タマと呼ばれるネコ」となる。called Tamaが前の名詞The catを修飾する過去分詞の形容詞的用法。lyingはlie「横たわる」の現在分詞（～ing）。　「タマという名前のネコがテーブルの下で横になっている」

2．Will you ～？で「～してくれませんか」という‘依頼’の意味を表せる。　「その事故について私にもっと教えてくれませんか」

3．when以下が「父が帰宅したとき」という過去の内容なので，空所も過去の内容にする。③はwas/were ～ingで「～していた」の意味を表す過去進行形。　「私は父が帰宅したとき，テレビを見ていた」

4．‘too ～ to …’「～すぎて…できない」の構文。　「私は疲れすぎていて一生懸命勉強することができない」

5．「〈人〉に〈物〉を与える」は‘give＋人＋物’または‘give＋物＋to＋人’で表せる。本問は前者の形。「あなたの誕生日にあなたにカメラをあげましょう」

4〔長文読解総合―物語〕

≪全訳≫❶昔々，ある密林にジャッカルが暮らしていた。彼はとても賢かった。ある日，彼が食べ物を探していると，死んだ象を見つけた。彼はその肉を食べたかったが，歯が丈夫ではなかったので，象の硬い皮を切り裂くことができなかった。そこで，彼は誰かが来るのを待った。❷しばらくすると，ライオンがやってきた。ジャッカルは彼に「象を味わってください。私はあなたのためにそれを守ってきたのです」と言った。「私は新鮮な動物しか食べないんだ」とライオンは言い，行ってしまった。ジャッカルは喜んだ。彼にはまだ象の全てが残っていたからだ。❸次に，トラが通りかかった。ジャッカルは心配になった。トラが象を全部食べてしまうかもしれないと思ったのだ。そこで彼はトラに「猟師が毒矢でこの象を殺したんです。もしその肉を食べたら，あなたは毒で死んでしまうでしょう。私は他の者の命を守るためにこの象を守っているのです」と言った。トラは怖くなり，すぐに密林の中に逃げ込んだ。❹トラが去るとすぐに，２羽のハゲタカがやってきた。彼らは象の死体の上に座った。ジャッカルは彼らに象を食べさせたくなかった。そこで彼は彼らに「私はこの象を狩り，その皮を２人の猟師に売った。もし彼らが，お前たちが象を食べているのを見たら，お前たち２人とも殺すだろう」と言った。ハゲタカたちは怖くなり，飛び去っていった。しかし，肉を食べるために，ジャッカルはまだ象の硬い皮を切ってくれる動物が必要だった。❺最後に，ヒョウが通りかかった。ジャッカルはヒョウが鋭い歯を持っていることを知っていた。彼は象の皮を切り裂くことができた。ジャッカルは彼に「友人よ，おなかがすいているようですね。この象を一口食べてください。それはライオンに殺されました。彼は家族を連れてくるために家に帰りました。彼らが来るのが見えたら，あなたが逃げられるようにそのことを教えますよ」と言った。❻ヒョウは同意した。ヒョウはゾウの皮を切り開き始めた。ジャッカルは，ヒョウが象の皮を切り裂き，その肉を食べようとしているのを見るとすぐに，「ほら，ライオンが来た！」と叫んだ。ヒョウはすぐに森に逃げ込んだ。❼ジャッカルは喜んで何日も象の肉を楽しんだ。

問１＜適語選択＞look for ～で「～を探す」。　look after ～「～の世話をする」　look over ～「～にざっと目を通す」

問２＜文脈把握＞ジャッカルが喜んだ理由は，下線部の前後の内容から明らかである。ライオンが象を食べずに帰ったことで，まだ象が丸々残っていたから。

問３＜適語選択＞直後の文参照。ジャッカルは自分が食べたいと思っている象をトラが全部食べてしまうかもしれないと心配した。

問４＜整序結合＞「彼らに象を食べさせたくなかった」を「彼らに象を食べてほしいと思わなかった」と読み換え，‘want＋人＋to ～’「〈人〉に～してほしい」の形を使った過去の否定文にする。　The jackal did not want them to eat the elephant.

問５＜適語選択＞選択肢から関係代名詞が入るとわかる。先行詞が some animals で後ろに(助)動詞が続くので，空欄には‘人以外’を先行詞とする主格の関係代名詞が入る。

問６＜指示語＞that の後の so you can run away は「あなたが逃げられるように」という意味(この so (that)は「～するように」という意味で that は省略可能)。ここから that はヒョウが逃げる必要があるときに伝える内容だとわかる。この前でジャッカルはライオンが戻ってくることを伝えており，その内容が該当する。see them coming は‘see＋目的語＋～ing’「…が～しているのを見る」の形。

問７＜内容真偽＞①「ジャッカルは象がライオンに殺されたことに気づいた」…×　このような記述はない。　②「ジャッカルはトラに象の死体には毒が入っていると話した」…○　第３段落第４文の内容に一致する。　③「ハゲタカは猟師に狩られた」…×　第４段落第５，６文参照。「猟師がハゲタカを狩る」というのはジャッカルの脅しで，これを聞いてハゲタカは飛び去った。　④「ヒョウは象を全て食べることができた」…×　第６段落第３，４文参照。ヒョウは象の皮を切り裂いただけで，食べることはできなかった。

5 〔長文読解総合―説明文〕

≪全訳≫❶天気を理解するにはいくつかの方法がある。雲を観察するのはその１つだ。空にあるどの２つの雲も同じではないが，雲をグループに分けて名づけることはできる。さまざまな種類の雲について学び，雲が空をどう動くかを観察することができる。❷一般に，雲が高くなると天気は良くなるが，雲が低くなると天気は悪くなる。天気を予測するには，雲について３つのことを知っておくべきだ。それは，雲の動き，色，そして雲がどう変化するかだ。❸雲は嵐が近づいていることを教えてくれる。例えば，巻雲は高いところにあり，薄く，ふわりと浮かぶ雲だ。この雲が厚くなり，低いところに来ると，雨が近づいていることを意味する。積雲は，綿の玉のように見える膨らんだ雲だ。それらが日中の早い時間に大きくなれば，雨が降るとわかる。急に冷たい風が吹いて，暗い雷雲が現れたら，嵐が起こる。❹雲は嵐や雨の兆しとなるだけではない。好天の兆しにもなる場合がある。例えば，巻雲が空の高いところにとどまり，とてもゆっくり動くときは，一日中天気が良いことを意味する。晴天積雲は，もう１つの良い天気の兆しだ。❺天候の変化を予測するには，雲についてより深く理解することが大切だ。それらについてもう少し知れば，あなたは「天気をよく当てる」ことができるようになる。ピクニックなど，野外活動の計画も立てられるようになるだろう。❻空の雲を読む能力は，野外活動や旅行の計画を立てたり，あらゆる天候に備えたりするのに役立つ。だから，今度空を見上げるときは，少し雲を見てみよう。その日の天気がより理解できるかもしれない。

問１＜適語選択＞直後にある‘逆接’を表すbutに注目し，その前後の流れを確認する。「雲は同じではないが，グループに分けることは可能だ」とすると，‘逆接’の文脈になる。

問２＜適語選択＞ここも空欄を含む文のbutに注目する。「雲が高いと天気は良くなるが，雲が低いと天気は悪くなる」という‘逆接’の文脈である。worseはbadの比較級(bad－worse－worst)。

問３＜要旨把握＞第２段落第２文参照。their movements, colors, and how they changeとある。

問４＜整序結合＞まず文の骨組みである「積雲は膨らんだ雲です」をCumulus clouds are puffy cloudsとし，残りはthatを主格の関係代名詞として使って，puffy cloudsを先行詞とする関係代名詞節をつくる。「～のように見える」はlook like ～で表せる。　Cumulus clouds are puffy clouds that look like balls of cotton.

問５＜適語句選択＞最初の空欄の直後に続くFor example「例えば」に注目する。for exampleは前で述べられた内容の具体例を導く。For example以降は，巻雲が空の高いところにとどまり，ゆっくり動くと「良い天気」になるという内容である。

問６＜指示語＞themは前に出た複数名詞を指す。前文の(the) cloudsを当てはめると，「雲についてもう少し知れば，天気をよく当てることができる」という自然な内容になる。

問７＜内容真偽＞①「雲を見ることは天気を理解する唯一の方法だ」…×　第１段落第１，２文参照。天気を理解する方法の１つにすぎない。　②「巻雲が厚くなり，低いところに移動したら，天気は良くなるだろう」…×　第３段落第２，３文参照。雨が近づいていることを意味する。　③「積雲が小さくなると，まもなく雨が降るだろう」…×　第３段落第４，５文参照。雨が降るのは積雲が大きくなったとき。　④「突然の冷たい風と暗い雷雲は，私たちに嵐が近づいていることを教えてくれる」…○　第３段落最終文の内容に一致する。

2024年度／東京農業大学第三高等学校（第１回）

数学解答

1 (1) ⑤　(2) ④　(3) ②　(4) ⑤
(5) ①

2 (1) 7　(2) 7
(3) ⑧… 2　⑨… 4
(4) ⑩…③　⑪… 1　⑫… 0　⑬… 3
(5) 3

3 (1) 2　(2) ⑯… 2　⑰… 1
(3) 6

4 (1) ⑲… 3　⑳… 0
(2) ㉑… 8　㉒… 3
(3) ㉓… 9　㉔… 6　㉕… 3
(4) ㉖… 1　㉗… 5　㉘… 3　㉙… 6

1〔独立小問集合題〕

(1)＜数の計算＞与式$=(-16+4)\div(-3)=(-12)\div(-3)=4$

(2)＜式の計算＞与式$=\left(-\dfrac{2a^2b}{3}\right)\times\left(-\dfrac{1}{2a}\right)\times\dfrac{9}{ab}=\dfrac{2a^2b\times1\times9}{3\times2a\times ab}=3$

(3)＜数の計算＞与式$=\dfrac{24\sqrt{6}\,(5\sqrt{2}-\sqrt{3^2\times2})}{\sqrt{3}}=24\sqrt{2}\,(5\sqrt{2}-3\sqrt{2})=24\sqrt{2}\times2\sqrt{2}=48\times2=96$

(4)＜数の計算＞与式$=9a^2-24a+16-9a^2+18a=-6a+16$として，これに$a=\dfrac{1}{6}$を代入すると，与式$=-6\times\dfrac{1}{6}+16=-1+16=15$である。

(5)＜式の計算＞与式$=\dfrac{4(2x-y)-3(3x-y)+2(x+y)}{12}=\dfrac{8x-4y-9x+3y+2x+2y}{12}=\dfrac{x+y}{12}$

2〔独立小問集合題〕

(1)＜連立方程式―解の利用＞$ax+by=5$……①，$bx+2y=4$……②とする。①，②の連立方程式の解が$x=2$，$y=-1$だから，解を①に代入して，$a\times2+b\times(-1)=5$，$2a-b=5$……③となり，②に代入して，$b\times2+2\times(-1)=4$，$2b-2=4$，$2b=6$，$b=3$となる。これを③に代入して，$2a-3=5$，$2a=8$，$a=4$である。よって，$a^2-b^2=4^2-3^2=16-9=7$である。

(2)＜二次方程式の応用＞自然数Nを２乗して４ひいた数はN^2-4，Nを２倍して１たした数は$2N+1$と表せ，この比が$3:1$となるから，$(N^2-4):(2N+1)=3:1$が成り立つ。これを解いて，$(N^2-4)\times1=(2N+1)\times3$，$N^2-4=6N+3$，$N^2-6N-7=0$，$(N+1)(N-7)=0$　$\therefore N=-1, 7$　Nは自然数だから，$N=7$である。

(3)＜平面図形―角度＞右図で，△BCEはCB＝CEの二等辺三角形だから，∠BEC＝∠EBC＝76°である。四角形ABCDがひし形より，AB∥DCだから，∠DCE＝∠BEC＝76°となる。また，CB＝CDだから，CE＝CDとなり，△CDEも二等辺三角形となる。これより，∠CDE＝(180°－∠DCE)÷2＝(180°－76°)÷2＝52°となる。∠ADC＝∠EBC＝76°なので，∠ADE＝∠ADC－∠CDE＝76°－52°＝24°である。

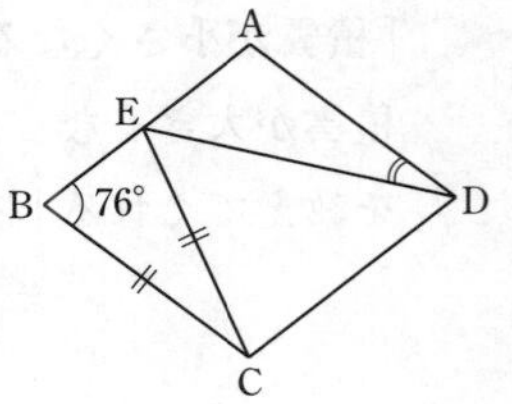

(4)＜確率―正誤問題＞①…正。３枚の硬貨を同時に投げるとき，表，裏の出方は全部で，$2\times2\times2=8$(通り)ある。このうち，３枚の硬貨が全て表となる場合は１通りだから，確率は$\dfrac{1}{8}$である。　②…正。２個のさいころをA，Bとする。２個のさいころA，Bを同時に投げるとき，目の出方は全部で，$6\times6=36$(通り)ある。このうち，目の数の和が10以上となる目の出方は，(A，B)＝(4，6)，(5，5)，(5，6)，(6，4)，(6，5)，(6，6)の６通りだから，確率は$\dfrac{6}{36}=\dfrac{1}{6}$である。　③…誤。袋に入っている３個の白玉をA，B，C，２個の赤玉をD，Eとする。袋の中から同時に２個の玉を取り出

すとき，取り出し方は，(A, B)，(A, C)，(A, D)，(A, E)，(B, C)，(B, D)，(B, E)，(C, D)，(C, E)，(D, E)の10通りある。このうち，2個とも白玉である取り出し方は，下線をつけた3通りだから，確率は$\frac{3}{10}$である。　④…正。くじは5本なので，1本目のくじの引き方は5通りあり，2本目のくじの引き方は，残りが4本だから，4通りある。よって，2本のくじの引き方は全部で，$5\times4=20$(通り)ある。このうち，2本とも当たりくじを引くのは，1本目のくじの引き方が2通り，当たりくじが残り1本より，2本目のくじの引き方が1通りであり，2本とも当たりくじを引く引き方は，$2\times1=2$(通り)ある。よって，確率は$\frac{2}{20}=\frac{1}{10}$である。　以上より，間違っているものは③で，正しい確率は$\frac{3}{10}$となる。

(5)＜データの活用―平均値＞利用日数の平均値は，$(0\times3+1\times5+2\times5+3\times1+4\times2+5\times6+6\times2+7\times1)\div25=75\div25=3$(日)である。

3 〔関数―関数 $y=ax^2$ と一次関数のグラフ〕

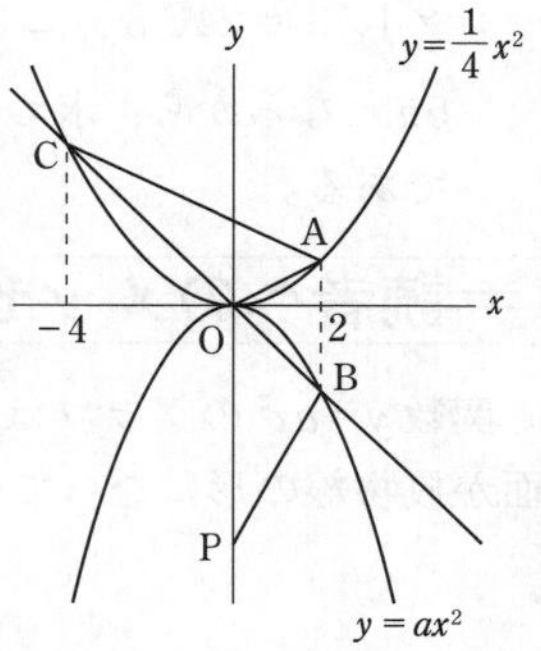

(1)＜座標＞右図で，点Cは関数$y=\frac{1}{4}x^2$のグラフ上の点で，x座標は-4だから，$y=\frac{1}{4}\times(-4)^2=4$より，C$(-4,\ 4)$である。よって，直線OCの傾きは$\frac{0-4}{0-(-4)}=-1$となり，直線OCの式は$y=-x$である。点Bは直線$y=-x$上の点で，$x$座標は2だから，点Bの$y$座標は$y=-2$となる。

(2)＜aの値＞右図で，(1)より，B$(2,\ -2)$である。関数$y=ax^2$のグラフは点Bを通るから，$-2=a\times2^2$が成り立ち，$a=-\frac{1}{2}$である。

(3)＜座標＞右図で，点Aは関数$y=\frac{1}{4}x^2$のグラフ上の点で，x座標は2だから，$y=\frac{1}{4}\times2^2=1$より，A$(2,\ 1)$である。B$(2,\ -2)$だから，AB$=1-(-2)=3$となる。△ACB，△AOBの底辺をABと見ると，2点A，Cのx座標より，△ACBの高さは$2-(-4)=6$，△AOBの高さは2となる。よって，△AOC$=$△ACB$-$△AOB$=\frac{1}{2}\times3\times6-\frac{1}{2}\times3\times2=6$である。これより，△BOP$=$△AOC$=6$である。△BOPは，OPを底辺と見ると，点Bの$x$座標より，高さは2だから，面積について，$\frac{1}{2}\times$OP$\times2=6$が成り立ち，OP$=6$となる。点Pの$y$座標は負だから，$-6$である。

4 〔平面図形―円〕

図1

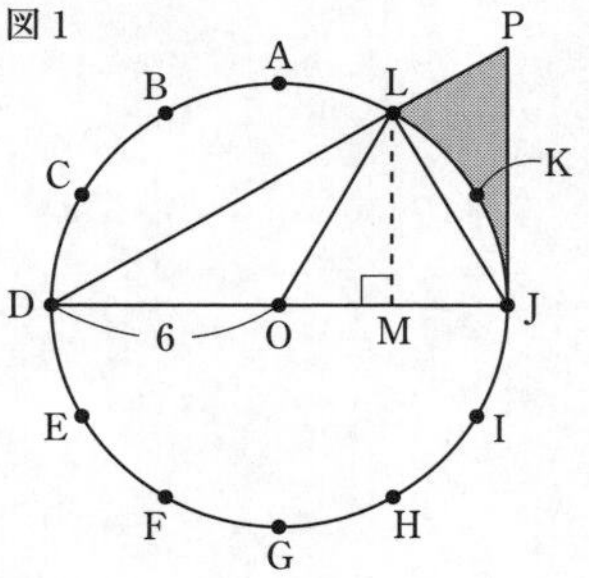

(1)＜角度＞右図1で，∠PDJは$\overset{\frown}{\mathrm{JL}}$に対する円周角である。円の中心をOとし，点Oと2点J，Lを結ぶと，$\overset{\frown}{\mathrm{JL}}$は円Oの周の$\frac{2}{12}=\frac{1}{6}$だから，∠JOL$=360^\circ\times\frac{1}{6}=60^\circ$となる。よって，$\overset{\frown}{\mathrm{JL}}$に対する円周角と中心角の関係より，∠PDJ$=\frac{1}{2}$∠JOL$=\frac{1}{2}\times60^\circ=30^\circ$である。

(2)＜長さ＞右図1で，線分DJは円Oの直径だから，点Oは線分DJの中点であり，DJ$=2$OD$=2\times6=12$となる。また，PJは点Jにおける円Oの接線だから，∠PJD$=90^\circ$である。(1)より，∠PDJ$=30^\circ$だから，△PDJは3辺の比が$1:2:\sqrt{3}$の直角三角形となる。よって，PD：DJ$=2:\sqrt{3}$より，PD$=\frac{2}{\sqrt{3}}$DJ$=\frac{2}{\sqrt{3}}\times12=8\sqrt{3}$である。

(3)＜体積＞右上図1で，2点J，Lを結ぶと，線分DJは円Oの直径だから，JL⊥PDとなる。よって，

△PDJを直線PDを軸として1回転させると，右図2のようになり，底面の半径がJLで，高さがPLとDLの2つの円錐を合わせた立体となる。$\angle$PDJ＝30°だから，△DJLは3辺の比が1：2：$\sqrt{3}$の直角三角形であり，JL＝$\frac{1}{2}$DJ＝$\frac{1}{2}\times12=6$である。したがって，求める立体の体積は，$\frac{1}{3}\times\pi\times\mathrm{JL}^2\times\mathrm{PL}+\frac{1}{3}\times\pi\times\mathrm{JL}^2\times\mathrm{DL}=\frac{1}{3}\times\pi\times\mathrm{JL}^2\times(\mathrm{PL}+\mathrm{DL})=\frac{1}{3}\times\pi\times\mathrm{JL}^2\times\mathrm{PD}=\frac{1}{3}\times\pi\times6^2\times8\sqrt{3}=96\sqrt{3}\pi$となる。

図2

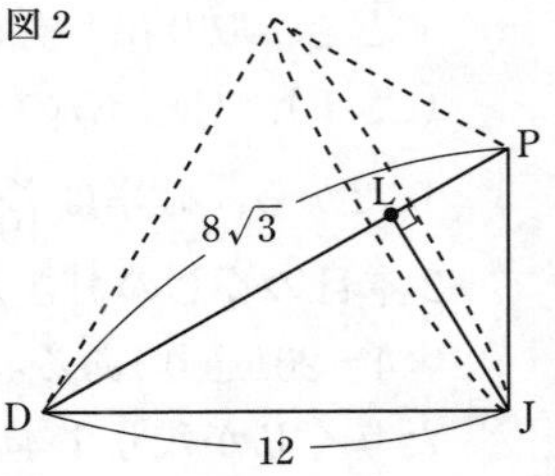

(4)＜面積＞前ページの図1で，影のついた部分は，△PDJから，△ODLとおうぎ形OJLを除いた図形である。△PDJは3辺の比が1：2：$\sqrt{3}$の直角三角形だから，PJ＝$\frac{1}{2}$PD＝$\frac{1}{2}\times8\sqrt{3}=4\sqrt{3}$である。また，点LからDJに垂線LMを引くと，$\angle$JOL＝60°より，△LOMは3辺の比が1：2：$\sqrt{3}$の直角三角形だから，LM＝$\frac{\sqrt{3}}{2}$OL＝$\frac{\sqrt{3}}{2}\times6=3\sqrt{3}$である。よって，△PDJ＝$\frac{1}{2}\times\mathrm{DJ}\times\mathrm{PJ}=\frac{1}{2}\times12\times4\sqrt{3}=24\sqrt{3}$，△ODL＝$\frac{1}{2}\times\mathrm{OD}\times\mathrm{LM}=\frac{1}{2}\times6\times3\sqrt{3}=9\sqrt{3}$，〔おうぎ形OJL〕＝$\pi\times6^2\times\frac{60°}{360°}=6\pi$となるから，求める面積は，△PDJ－△ODL－〔おうぎ形OJL〕＝$24\sqrt{3}-9\sqrt{3}-6\pi=15\sqrt{3}-6\pi$である。

═読者へのメッセージ═

関数$y=ax^2$のグラフは放物線で，英語ではパラボラ(parabola)といいます。パラボラアンテナは，断面が放物線の形になっています。

国語解答

一 問一 ア…① イ…② ウ…④ エ…⑤
オ…①
問二 ⑤ 問三 ④ 問四 ②
問五 ①
問六 Ｆ…⑦ Ｇ…⑧ Ｉ…①
問七 ① 問八 ④ 問九 ①

二 問一 ⓐ…② ⓑ…① 問二 ①
問三 ⑤ 問四 ④ 問五 ①
問六 ④ 問七 ③

三 問一 ③ 問二 ② 問三 ③
問四 ａ…① ｂ…⑤ 問五 ⑤
問六 ③ 問七 ④ 問八 ④
問九 ①

一〔論説文の読解―哲学的分野―人生〕出典：信原幸弘『「覚える」と「わかる」 知の仕組みとその可能性』。

≪本文の概要≫どのような状況になるのかがよくわからないときに，事前に綿密な計画を立てようとすると，あらゆる状況を想定する必要が生じてしまう。むしろ計画を細かく立てず，その場に応じた対処で物事を進めていくアジャイルという手法をとる方が，効率的な場合も多い。このアジャイルを可能にするのは，多様な状況に身体的に対応できる行動力と，状況に応じた適切な判断ができる思考力である。これらの臨機応変の行動力と思考力は，生まれつきの素質もあるが，訓練や実地経験によって養われるところが大きい。訓練や実地経験の違いによって，臨機応変の能力にも個人差があるのであり，アジャイルでやるときには，自らの臨機応変の能力を正しく自覚することが重要である。自分がどれだけ臨機応変にこなせそうかを見定め，計画の部分をどれだけ綿密にするか，ある程度アジャイルでいくか，計画とアジャイルの適切なバランスを取ることが，物事を効率よく進めるうえで大事なのである。

問一＜漢字＞ア．「機敏」と書く。時に応じてすばやく判断し，行動すること。　イ．「工程」と書く。仕事や作業を進めていく順序・段階のこと。　ウ．「拡張」と書く。範囲や勢力・規模などを広げて大きくすること。　エ．「克服」と書く。努力して困難にうちかつこと。　オ．「行使」と書く。実際に用いること。

問二＜指示語＞あらゆる状況を想定した計画を立てることは，困難であり無駄も多い。むしろ綿密に計画を立てることはせず，「積極的にその場の対処に任せるほうがかえって効率がよいことも多い」という考えによって，アジャイルという言葉が用いられるようになった。

問三＜文章内容＞アジャイルという言葉は，今では行動一般について用いられている。アジャイルとは，事前にきちんと計画を立てずに「進行中のその時々の状況に応じて適当にどうするかを決め，うまく行かなければ修正を行う」ということを繰り返して，行動していくやり方である。

問四＜文章内容＞発生する可能性が極めて低い飛行機事故を恐れたり，健康に影響がない程度の放射能汚染を恐れたりする人は，「危険でない状況」で不適切に「病的な恐怖」を抱いており，自身の有益な行動に不要な制約をかけてもいる。

問五＜文章内容＞「舗装した道路でしか自転車に乗れない」のでは，砂利道や芝生，でこぼこ道といったさまざまな状況への対応が不可能であるため，臨機応変の身体知を持っているとはいえない。臨機応変の能力とは，「多様な状況に対応できるようなタイプの身体知」である。

問六＜接続語＞Ｆ．臨機応変の思考力の例として，「おおまかな計画しか立てていない」場合でも，旅行先に無事に「たどりつける」ことが挙げられる。　G．「私」は北京のレストランに行ったとき，「英語が多少通じるだろう」と考えていたが，「英語もまったく通じなかった」のである。

I．臨機応変の行動力と思考力は，「訓練や実地経験によって育まれる」のだから，「訓練や実地経験の違いによって，臨機応変の能力にも個人差」が出る。

問七＜文章内容＞漢字を書いて店員に見せるという「彼」の臨機応変の対応は，海外で言葉が通じないという「似たような状況を経験」していたことによってもたらされた。

問八＜文章内容＞「臨機応変の能力は，身体知のなかでも，多様な状況に対応できるタイプの身体知，すなわち『多面的身体知』」である。しかし，臨機応変の能力には行動力だけではなく，「状況に応じて適切に『考える』能力」も含まれる。ただし「状況に応じて適切に『考える』能力」は，身体を動かす能力とは異なるため，「身体知ではない」のである。

問九＜主題＞効率よく物事を進めるためには，「アジャイルが重要」ではあるが，「計画がいっさい無用」というわけではない。「適度な計画を立て，あとはその場のやりくりに任せることが大切」であり，アジャイルでやるときには，「自分の臨機応変の能力を正しく自覚」し，「計画とアジャイルのよいバランスをとることが肝心」である。

二〔小説の読解〕出典：凪良ゆう『わたしの美しい庭』。

問一ⓐ＜慣用句＞「我に返る」は，他の物事に気を取られていたのが，はっと気がついて本心に戻る，という意味。　ⓑ＜語句＞「愁嘆場」は，嘆き悲しむような悲劇的な場面のこと。

問二＜文章内容＞路有は，友人たちからの謝罪の言葉を聞き，「また友達同士に戻れる」と思った。しかし，友人たちはすぐに，一緒にいて「ホモって思われる」のは困ると，同性愛者を忌避する発言をしたので，路有は，ショックを受けた。

問三＜文章内容＞友人たちは最初，「嫌いになったとかじゃない」と「言い訳」して，同性愛者を避けることを許されようと謝罪した。しかし，統理からの指摘を受けて，友人たちは，どうしても同性愛者の路有を「理解できない」と認めることに覚悟を持ち，「ごめん」と謝罪した。

問四＜文脈＞友人たちは，同性愛に対して理解を示すことなく去っていったが，路有が「世の中にはどうしたってわかりあえないことがあって，もうそれでいいじゃないかと思えた」のは，隣に「統理という友達がいたから」である。

問五＜心情＞メモに残された忠志の「ずっと愛してる」の言葉は，路有を「捨てる」ことからの「罪悪感をごまかすための言い訳」に感じられ，路有は怒りを覚えた。

問六＜文章内容＞「カミングアウトしていないゲイの日常は，言葉にできないままならなさとの共存」で(③…○)，大人になるにつれ，周囲に合わせる技術も磨かれるが，「弱っているときは気持ちを折られることも」ある(⑤…○)。だから，路有は，世間体に負け，「親の病気」を理由に女性との結婚を選んだ忠志の気持ちもわかる(②…○)。これまでも路有は，「マイノリティである自分への自己否定感」と戦ってきた(①…○)。路有は，女性に彼氏を奪われることに「勝ち負けの問題じゃない」という認識も持っており，日頃から女性を敵対視しているわけではない(④…×)。

問七＜文章内容＞同性愛者の路有を「理解できない」罪悪感から「良心の呵責」を抱いて言い訳していることを，統理に指摘されて，友人たちは謝罪した(⑤…○)。それに対し，路有は，「理解できないならできないでしかたない」と割りきった(①…○)。「罪悪感をごまかすための言い訳」を残して去った忠志に対し，路有は，「統理にもらった言葉」で自分を守る一方で，「忠志の気持ちがわかる」自分を嘆いた(②…○)。「忠志との破局が影響」して，路有はしんどい思いは「もう二度とごめんだ」と思っている(④…○)。友人たちも忠志も，路有の立場や思いに配慮することなく，自分たちの都合で路有の元を去った(③…×)。

三〔古文の読解―随筆〕出典：兼好法師『徒然草』第二百三十二段。

≪現代語訳≫総じて人は，学問も芸能もないというふうにしているのがよいことである。ある人の子で，外見などは悪くない子が，父親の前で，客人と話をするということで，史書の本文を引用したりしていたのは，賢そうには聞こえたけれども，目上の人の前では，そのようにしなくても(よいのに)と思ったものである。

またある人のところで，琵琶法師の弾き語りを聞こうと思って，琵琶をお取り寄せになったところ，(琵琶の)柱が一つ落ちていたので，「つくってつけよ」と(家の主人が)言うと，(そこにいた)ある男で，(他の男たちの)中でも(身分が)悪くないと見える男が，「古い柄杓の柄はあるか」などと言うのを見ると，爪を伸ばしていた。琵琶などを弾くのだろう。盲目の法師の琵琶には，その処置は不要である。琵琶の道に心得がある様子を見せようというのだろうかと，みっともなく感じられた。「柄杓の柄は檜物木とかいって，よくないものである」と，ある人がおっしゃっていた。

(老人の目には)若い人は，少しのことであっても，よく見えたり，悪く見えたりするものなのである。

問一＜歴史的仮名遣い＞ア．歴史的仮名遣いの語頭以外のハ行は，現代仮名遣いでは原則として「わいうえお」になるため，「びはほふし」は「びわほうし」になる。　イ．歴史的仮名遣いの「ぢ」は，現代仮名遣いでは「じ」になることが多い。また，「iu」は「yuu」になるため，「ぢう」は「じゅう」になる。

問二＜古語＞「あし」は，悪い，という意味。打ち消しの助動詞「ず」がつくと，悪くない，という意味になる。

問三＜古典文法＞係助詞「ぞ」があると，係り結びの法則により，文末は連体形になる。

問四＜古文の内容理解＞ａ．ある人の子が，中国の古典に書かれている本文を引用しながら話をした。　ｂ．そこにいた男たちの中のある男が，古い柄杓の柄はあるかと言った。

問五＜古文の内容理解＞ある人の子は，中国の古典である『史記』や『漢書』の本文を引用しながら話をした。しかしその話し方は，賢く聞こえはするけれども，目上の人の前ではしない方がよいと，作者は思った。

問六＜現代語訳＞「心得たり」は，心得がある，という意味。「よしにや」の「にや」は，下に「あらむ」が省略された形で，～であろうか，という疑問を表す。古い柄杓の柄があるかきいた男は，爪を伸ばしていて琵琶などを弾く人の見た目をしていたので，作者は，男が琵琶の道に心得があるように見せようとしているのだろうかと思った。

問七＜古文の内容理解＞「かたはらいたし」は，みっともない，という意味。いかにも琵琶に詳しそうにしていながら，誤った知識を披露しているある男の言動を，作者は見苦しく感じた。

問八＜古文の内容理解＞柄杓の柄があるかときいたある男は，爪を伸ばしており，いかにも琵琶などを弾く人の見た目をしていた。

問九＜文学史＞『徒然草』は，鎌倉時代末期に成立した，兼好法師による随筆。『枕草子』は，平安時代中期に成立した，清少納言による随筆。『おくのほそ道』は，江戸時代中期に成立した，松尾芭蕉による俳諧紀行文。『源氏物語』は，平安時代中期に成立した，紫式部による物語。『更級日記』は，平安時代中期に成立した，菅原孝標女による日記。『万葉集』は，奈良時代末期に成立した，現存する日本最古の和歌集。

Memo

2024年度 東京農業大学第三高等学校（第２回）

【英　語】（45分）〈満点：100点〉

1　この問題は、対話を聞き、各質問に対して最も適当な答えを選ぶ形式です。対話はそれぞれ二度くり返されます。解答番号は 1 ～ 4 の４題で、解答時間はそれぞれ10秒です。

（編集部注：放送文は未公表のため掲載してありません。）

1　Where are they talking?　解答番号は 1

① At a bookstore.
② At a department store.
③ At a library.
④ At a museum.

2　Whose computer is Lucy using now?　解答番号は 2

① Her father's.
② Her mother's.
③ Her own.
④ Her sister's.

3　What time does her train leave?　解答番号は 3

① At 7:15.
② At 7:20.
③ At 7:50.
④ At 7:55.

4　What are they mainly talking about?　解答番号は 4

① Baseball players they like.
② How to get baseball tickets.
③ The man's plans for the summer.
④ The man's uncle in Seattle.

2　この問題は、英文を聞き、各質問に対して最も適当な答えを選ぶ形式です。英文と質問はそれぞれ二度くり返されます。解答番号は 5 ～ 8 の４題で、解答時間はそれぞれ10秒です。

（編集部注：放送文は未公表のため掲載してありません。）

No.1

1　　　　解答番号は 5

① At 8:30.

② At 9:00.

③ At 9:30.

④ At 10:00.

2　　　　解答番号は 6

①

②

③

④

No.2

1　　　　解答番号は 7

①

②

③

④

2　　　　解答番号は 8

① To go back to Canada.

② To learn about Japanese culture.

③ To live in Japan.

④ To make movies.

3 各文の（　　　）に入る最も適当なものを選び、その番号をマークしなさい。

1 My family (　　　) in London five years ago.　　解答番号は 9

① have lived　② live　③ lived　④ lives

2 The shoes (　　　) look expensive.　　解答番号は 10

① are wearing　② that are wearing

③ that you are worn　④ you are wearing

3 John is my grandmother's son. He is my (　　　).　　解答番号は 11

① aunt　② brother　③ child　④ uncle

4 Where was my key (　　　)?　　解答番号は 12

① find　② finding　③ found　④ to find

5 Please walk as (　　　) as you can.　　解答番号は 13

① fast　② faster　③ more slowly　④ slower

4 次の英文を読み、後の問に答えなさい。

There was once a baker who had a shop in a small town in America. When people walked down the street, they smelled the baker's wonderful bread, and they walked right into his shop. But not everyone came inside. Some people just stood outside the shop, smelling, and looking in through the windows. The baker didn't like this. "Their stomachs are full of the smell of my bread. I'm giving them a free lunch! And I (㋐) nothing for my hard work," he said to himself.

One winter morning, the baker was in his shop, making bread. He saw someone looking in through the window. ㋑(1 a 2 an 3 it 4 old coat 5 was 6 wearing 7 young man). The man just stood there, closed his eyes, and smelled the fresh bread happily. ㋒The baker was very angry. He opened the door and shouted at the man, "Pay me for the smells that you've stolen." "I've stolen nothing. I'm only smelling the air," said the young man in great surprise. "It's not free when it's full of the smells from my shop," said the baker. "Pay me now, or I'll call the police."

When the young man didn't pay, the baker *grabbed him and took him to the *judge's house. He knocked on the door. After a long time, the judge opened the door in his night clothes. "This man is a thief. He stole the smells from my shop," said the baker. The judge went on listening. When they finished telling their stories, the judge said, "I've decided (㋓) to do. Young man, do you have any money?" The young man put his hand in his pocket and took out a few coins. "Give those coins to me," said the judge. The young man put them into the judge's hand.

"I've listened carefully to both of your stories," said the judge. "It's true that the smells were coming out of the baker's shop. And these smells belonged to the baker. And it's also true that this young man took those smells (㋔) paying for them. So I say that the young man has to pay the baker for the smells that he took." The baker smiled and held out his hand at once for the money. But the judge didn't give him the coins. "Baker, listen carefully," he said. He shook the coins in his hands and they *clinked together. "That can pay for the smells," he said to the baker. "Give me the coins, sir," said the baker, not smiling anymore. "No," said the judge. "I've decided that the (㋕) of money is the best way to pay for the smell of bread." The judge gave the coins back to the poor young man and told him to go home.

grab ～をつかむ　　judge 判事　　clink ちりんと鳴る

問１　本文中の空欄（　㋐　）に入る最も適当なものを次から選び、その番号をマークしなさい。

解答番号は　14

① bring　② cook　③ find　④ get

問２　下線部㋑の（　　　）内の語（句）を次の日本語に合うように並べかえるとき、（　　）内で３番目と５番目にくるものとして最も適当な組み合わせを選び、その番号をマークしなさい。ただし、文頭にくるべき語（句）も小文字になっています。

解答番号は　15

「それは古い上着を着ている若い男の人だった。」

① １－６　② １－７　③ ５－２　④ ５－３

問３　下線部㋒の理由として最も適当なものを次から選び、その番号をマークしなさい。

解答番号は　16

① 若い男の人が店の前でパンを盗んだから
② 若い男の人がパンの匂いをかいでいたから
③ 街の通行人が警察官を呼ぶと主張したから
④ 街の通行人の全員がパンを買ってくれるわけではないから

問４　本文中の空欄（　㋓　）に入る最も適当なものを次から選び、その番号をマークしなさい。

解答番号は　17

① how　② what　③ when　④ which

問５　本文中の空欄（　㋔　）に入る最も適当なものを次から選び、その番号をマークしなさい。

解答番号は　18

① by　② through　③ to　④ without

問６　本文中の空欄（　㋕　）に入る最も適当なものを次から選び、その番号をマークしなさい。

解答番号は　19

① box　② kind　③ smell　④ sound

問7　本文の内容と一致するものを次から選び、その番号をマークしなさい。

解答番号は 20

① In this town, a lot of people ate the baker's wonderful bread for free.

② The young man didn't feel happy because he could not smell the baker's bread.

③ The baker felt angry and took the young man to the judge.

④ The judge thought the young man had to give the baker money for smelling the bread.

5 次の英文を読み、後の問に答えなさい。

The Taiwanese government's *response to Covid-19 has been *praised around the world. That response was *led by Audrey Tang. Tang learned about computers when she was very young. When she was 8, she made a math learning game for her younger brother. She started an IT company in her teens, and she worked with Apple and other companies in the U.S. from the age of 19. But at the age of 33, she retired from business. Two years later, she became Taiwan's *Digital Minister.

Tang's Covid-19 response was based on three Fs: Fast, Fair, and Fun. "Fast" means acting quickly when there is a problem. In early February 2020, people had trouble finding masks in stores. Some people used LINE to share information about stores with masks. An engineer named Howard Wu collected ㋐this information and put it on a website with maps. Tang found Wu's website and thought it was a good idea. She worked with Wu and other *developers using Taiwan's mask database to improve the website. A new website was started in just three days along with Taiwan's new mask policy. The government gave masks to people, and ㋑on the site, (1 able　2 masks　3 people　4 places　5 to buy　6 to find　7 were).

"Fair" means that all people can use the service equally. With Taiwan's new mask policy, people only had to show their *health insurance cards to get masks at drugstores. Some people needed masks but could not get them because of their work schedules or because they did not live near drugstores. Tang listened to their needs and improved the service to help them.

"Fun" means using humor to share information. Tang used fun pictures and jokes to share correct information. The jokes spread faster than the false information in some cases. So, (㋒) false information was shared during the *pandemic.

Tang's excellent response is one reason for Taiwan's very low number of Covid-19 cases. She listened to people and took action, and now the government and people are closer. Today, other countries are learning from her response.

response　対応　　praise　～を称賛する　　lead　率いる
Digital Minister　デジタル大臣　　developer　開発者
health insurance card　健康保険証　　pandemic　世界的な感染爆発

問1　Audrey Tangが何歳の時にデジタル大臣に就任しましたか。最も適当なものを次から選び、その番号をマークしなさい。　解答番号は 21

① 19歳　② 21歳　③ 33歳　④ 35歳

問2　下線部㋐の内容として最も適当なものを次から選び、その番号をマークしなさい。　解答番号は 22

① コロナ感染の情報
② 新しく開発されるマスクの情報
③ Howard Wuさんの個人情報
④ マスクを売っているお店の情報

問3　下線部㋑の（　　）内の語（句）を次の日本語に合うように並べかえるとき、（　　）内で3番目と5番目にくるものとして最も適当な組み合わせを選び、その番号をマークしなさい。　解答番号は 23

「そのサイト上で人々はマスクを買える場所を見つけることができた。」

① 1－2　② 1－4　③ 3－5　④ 3－7

問4　"Fair" についての記述として最も適当なものを次から選び、その番号をマークしなさい。　解答番号は 24

① Taiwan's new mask policy was made for everyone.
② When people needed masks, they didn't have to show their health insurance cards.
③ Only people who lived near drugstores could buy masks.
④ Audrey Tang didn't listen to people's needs to improve the service.

問5　本文中の空欄（ ㋒ ）に入る最も適当なものを次から選び、その番号をマークしなさい。　解答番号は 25

① fewer　② less　③ more　④ much

問6 本文の内容に一致するものを次から選び、その番号をマークしなさい。

解答番号は 26

① The "Three Fs" plan started before the pandemic.
② Tang used LINE to give out masks to Taiwanese people.
③ The government built many drugstores for their mask policy.
④ Jokes were used to give people correct information.

問7 本文の主題として最も適当なものを次から選び、その番号をマークしなさい。

解答番号は 27

① About the IT company Audrey Tang started.
② How Audrey Tang became Taiwan's Digital Minister.
③ How Audrey Tang responded to the pandemic.
④ The effect of masks in the pandemic.

【数　学】（45分）〈満点：100点〉

―― 解答の仕方の注意 ――

数学の問題では，次の２通りの答え方がありますから注意しなさい。

(1) 解答群から選んで答える問題

答えを解答群から１つ選び解答カードにマークしなさい。

（例１）５＋３＝ [⑥]　　　　　　　　（⑥解答番号です）

解答群	1　2	2　4	3　6	4　8	5　10

例１の答えは８で解答群の [4] が正解ですから，解答カードの解答番号⑥の解答欄の [4] をぬりつぶして答えなさい。

(2) 解答群がなく，数値で答える問題

（例２）$\frac{1}{15}+\frac{3}{15}=\frac{\text{⑪}}{\text{⑨⑩}}$

例２の答えは $\frac{4}{15}$ です。解答群がありませんから

解答番号⑨の解答欄の [1]
解答番号⑩の解答欄の [5]
解答番号⑪の解答欄の [4]
をそれぞれぬりつぶして答えなさい。

また [⑯⑰] のように [　] 内に解答番号⑯，⑰がある場合には，答えの数の十の位の数が⑯に，一の位の数が⑰に，それぞれ必ず１つ数字が入ります。

答えが分数になる場合は，必ず約分して答えなさい。

1 次の各問いに答えよ。

(1)　$(-3)^2\times(-2)-5\times(-2^2)$ を計算せよ。

解答群	①	-38	②	38	③	-92	④	92
	⑤	-2	⑥	2	⑦	-4	⑧	4

答 ①

(2)　$(-3a^2b^3)^2\div\left(\dfrac{1}{2}ab^2\right)^3\times\dfrac{1}{6}ab$ を計算せよ。

解答群	①	$3ab^2$	②	$3a^2b$	③	$6ab^2$	④	$6a^2b$
	⑤	$8ab^2$	⑥	$8a^2b$	⑦	$12ab^2$	⑧	$12a^2b$

答 ②

(3)　$\dfrac{3\sqrt{3}}{\sqrt{2}}+\dfrac{2}{\sqrt{6}}-\dfrac{\sqrt{2}}{2\sqrt{3}}$ を計算せよ。

解答群	①	$\dfrac{5\sqrt{6}}{6}$	②	$\dfrac{\sqrt{6}}{6}$	③	$\dfrac{5\sqrt{6}}{3}$	④	$\dfrac{4\sqrt{6}}{3}$
	⑤	$\dfrac{\sqrt{6}}{3}$	⑥	$\dfrac{5\sqrt{6}}{2}$	⑦	$\dfrac{3\sqrt{6}}{2}$	⑧	$\dfrac{\sqrt{6}}{2}$

答 ③

(4)　$a=\frac{1}{2}$，$b=-\frac{1}{3}$ のとき，$8b(b-a)+(2a-b)^2$ の値を求めよ。

解答群								
	①	-1	②	1	③	-4	④	4
	⑤	$-\frac{1}{6}$	⑥	$\frac{1}{6}$	⑦	$-\frac{1}{9}$	⑧	$\frac{1}{9}$

答　④

(5)　$\frac{x-y+3}{5}-\frac{1}{3}\left(\frac{x-1}{2}-y+1\right)$ を計算せよ。

解答群						
	①	$\frac{x+4y+23}{30}$	②	$\frac{x+4y+13}{30}$	③	$\frac{11x-16y+23}{30}$
	④	$\frac{x+4y+23}{15}$	⑤	$\frac{x+4y+13}{15}$	⑥	$\frac{11x-16y+23}{15}$

答　⑤

2 次の各問いに答えよ。

(1)　2つの数 x, y について, $x◎y=xy-x-y+1$ のように計算する。
このとき, $(a◎a)◎3=0$ をみたす正の数 a の値を求めよ。

答　$a=$ ⑥

(2)　ある中学校の昨年度の生徒数は490人であった。今年度の生徒数は昨年度と比べて, 男子は10% 減少, 女子は20% 増加, 全体では20人増加した。今年度の男子の生徒数を求めよ。

答　⑦⑧⑨ 人

(3)　大小2つのさいころを同時に投げるとき, 大きいさいころの出た目の数を a, 小さいさいころの出た目の数を b とする。このとき, 直線 $y=ax+b$ と直線 $y=-x+6$ の交点の座標が x 座標, y 座標ともに自然数となる確率を求めよ。

答　$\frac{⑫}{⑩⑪}$

(4)　右の図のように，点A，B，C，D，E，Fは円Oの円周上にあり，線分ADと線分BEは円Oの直径である。線分ADと線分CFは垂直に交わる。$\overset{\frown}{AB}=\overset{\frown}{EF}$，$\angle CFD=36^\circ$のとき，$\angle x$の大きさを求めよ。

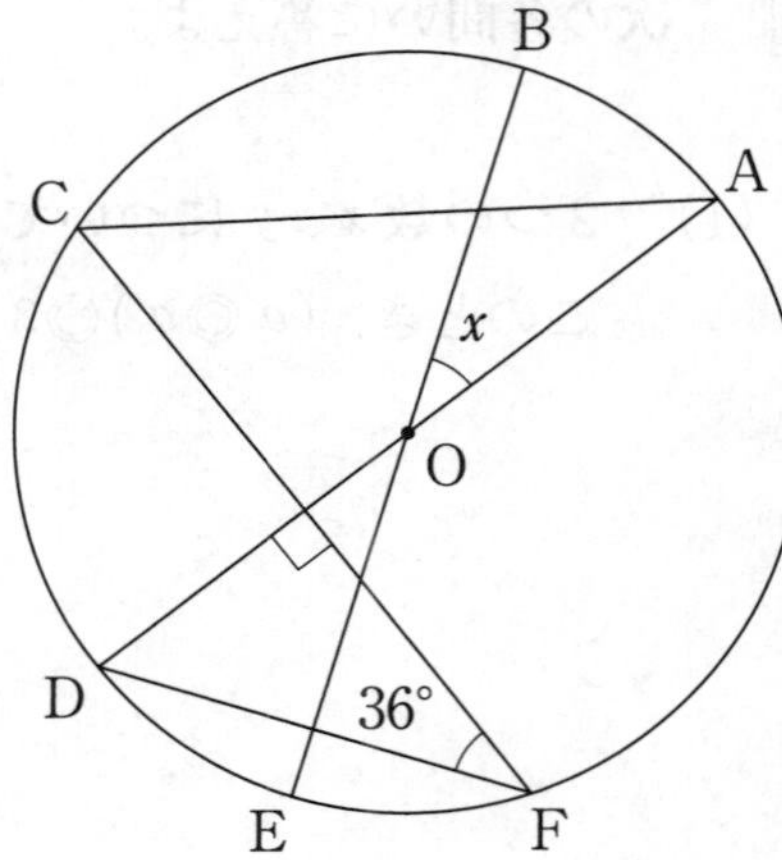

答　$x=$ ⑬⑭ °

(5)　以下の数値は，あるクラスの生徒10人が，1か月間に読んだ本の冊数である。このとき，解答群から，正しいものを1つ選べ。

5，6，2，4，7，6，6，5，4，7　　（単位：冊）

解答群	① 最頻値，平均値，中央値のうち，最も小さいのは中央値である。 ② 最頻値，平均値，中央値のうち，最も大きいのは平均値である。 ③ 最頻値は中央値より小さい。 ④ 中央値は平均値より大きい。

答　⑮

3 右の図のように，放物線 $y=\dfrac{1}{4}x^2$ …① 上に x 座標が正である点Aがあり，放物線 $y=ax^2$ $(a<0)$ 上に２点B, Cがある。点Cを通る直線 $y=4x+9$ と，y 軸との交点をD，放物線①との交点のうち x 座標が負である点をEとする。２点A，Dの y 座標は等しく，四角形ABCDは平行四辺形であるとき，次の各問いに答えよ。

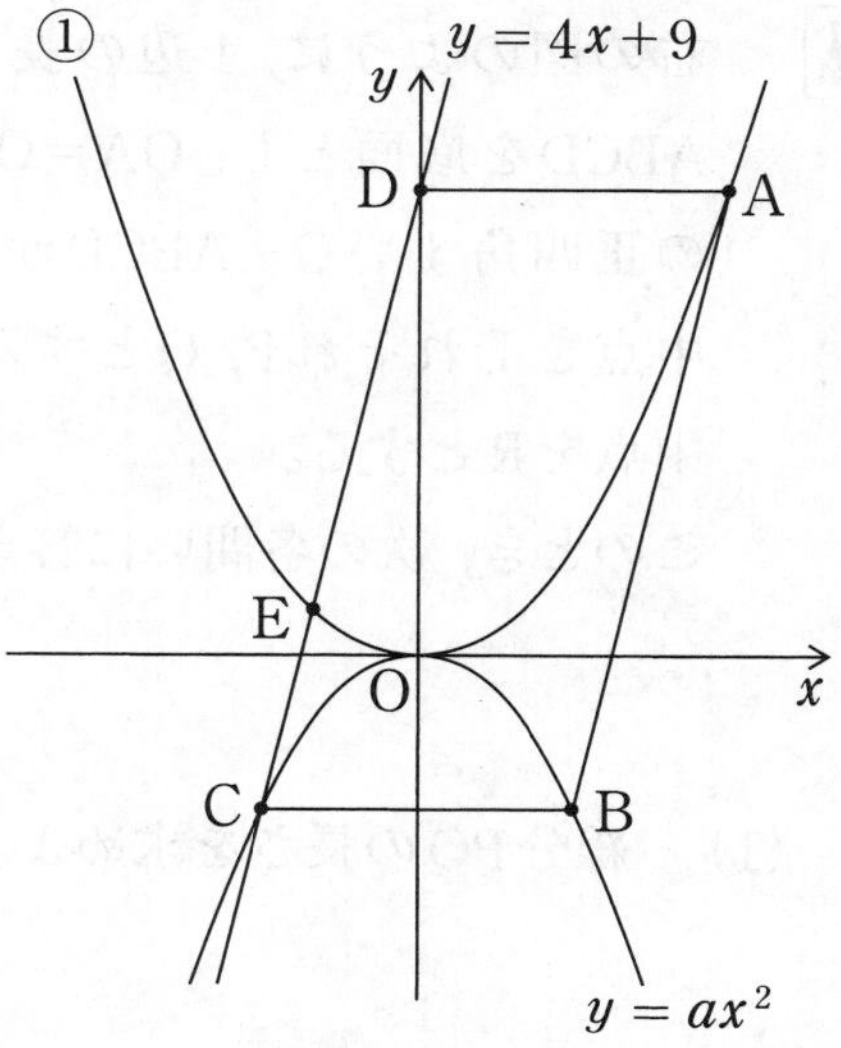

(1)　点Aの x 座標を求めよ。

答　$x=$ ⑯

(2)　a の値を求めよ。

答　$a=-\dfrac{⑱}{⑰}$

(3)　点Eを通り，四角形ABCDの面積を２等分する直線の方程式を求めよ。

答　$y=\dfrac{⑳}{⑲}x+\dfrac{㉒㉓}{㉑}$

4　右の図のように，1辺の長さが4cmの正方形ABCDを底面とし，OA＝OB＝OC＝OD＝6cmの正四角すいO－ABCDがある。辺AB，BCの中点をそれぞれP，Qとする。また，線分OPの中点をRとする。
このとき，次の各問いに答えよ。

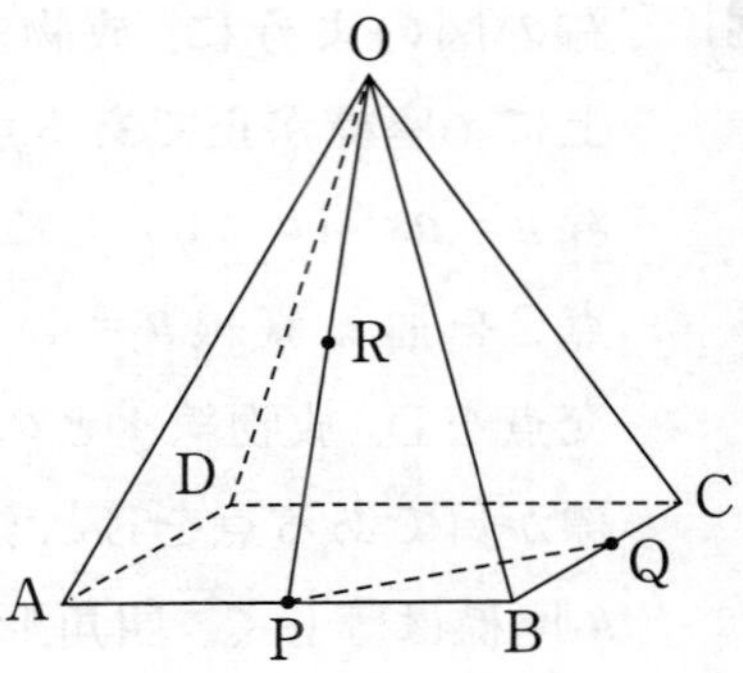

(1)　線分PQの長さを求めよ。

答　PQ＝ $\text{㉔}\sqrt{\text{㉕}}$ cm

(2)　正四角すいO－ABCDの体積を求めよ。

答　$\dfrac{\text{㉗㉘}\sqrt{\text{㉙}}}{\text{㉖}}$ cm^3

(3)　四面体R－PBQの体積を求めよ。

答　$\dfrac{\text{㉛}\sqrt{\text{㉜}}}{\text{㉚}}$ cm^3

問十一　次のア～エについて、本文の内容に一致するものには①を、一致しないものには②をそれぞれマークしなさい。解答番号は 37 ～ 40 。

ア　37　禅尼は自らの手で障子の破れを張り替えていたが、その行動の背景には、若い人に対して手本を示そうという意図があった

イ　38　禅尼が破れた障子を張り替えているのを見た兄の義景は、その作業は自分の方で引き受けると禅尼に助言した

ウ　39　障子の破れたところだけを張り替えることに徹していた禅尼は、後々すべてを張り替えることなどまったく考えていなかった

エ　40　作者は禅尼の取った行動に対しては高く評価する一方で、人物的には禅尼のことを変わり者と捉《とら》えており、偏見を抱いている

問十二　本文の出典である『徒然草』と並び、「三大随筆」と言われる作品を次から一つ選び、その番号をマークしなさい。解答番号は 41 。

① 太平記
② 無名抄
③ 宇治拾遺物語
④ 十訓抄
⑤ 方丈記

問八　傍線部**F**「いとありがたかりけり」の心情を表す語として最も適当なものを次から選び、その番号をマークしなさい。解答番号は **34** 。

① 焦燥
② 期待
③ 満足
④ 感心
⑤ 不安
⑥ 失望

問九　本文の主旨を踏まえた上で、空欄 Y に入る語として最も適当なものを次から選び、その番号をマークしなさい。解答番号は **35** 。

① 礼儀
② 精進
③ 智恵
④ 倹約
⑤ 正直
⑥ 無常

問十　傍線部**G**「天下を保つ程の人を、子にて持たれける」は誰のことを指しているか。最も適当なものを次から選び、その番号をマークしなさい。解答番号は **36** 。

① 相模守時頼
② 松下禅尼
③ 城介義景
④ なにがし男
⑤ 作者

問六　傍線部**D**「皆を張りかへ候はんは、はるかにたやすく候ふべし」の解釈として最も適当なものを次から選び、その番号をマークしなさい。解答番号は **32** 。

①　切り張りではなくすべてを張り替える方が、ずっと容易でしょう

②　全体を張り替えるためには、より手軽にできる方法がよいでしょう

③　皆で力を合わせて張り替えれば、かなり楽になるでしょう

④　全部を張り替えるとなると、そう簡単にはいかないでしょう

⑤　全面を張り替えるのでないならば、相当余裕があるでしょう

問七　傍線部**E**「今日ばかりは、わざとかくてあるべきなり」とあるが、そのようにした目的は何か。最も適当なものを次から選び、その番号をマークしなさい。解答番号は **33** 。

①　新しい物を導入する際は、部分的に取り替えていくのではなく、一気にすべてを新しくする方が印象としてよくなるということを若者に教えるため

②　壊れた物を修理する場合、手間がかかる大きな箇所は後回しにして、細かいところから先に取り掛かる方が効率的だということを若者に伝えるため

③　物を新しくするかどうかの判断基準は、破損の程度ではなく、新品のときからどれくらい時間が経過しているかによるということを若者に示すため

④　壊れた物を直すときは、いかなる破損状態においても、完璧に修繕《しゅうぜん》できる確かな技量を身につけることが重要だということを若者に意識させるため

⑤　物が破損した場合、はじめからすべてを取り替えるのではなく、まずは壊れた箇所を修繕して使うことが大切だということを若者に気づかせるため

問三　傍線部**B**「さやうの事に心得たる者」の具体的な内容を表しているものとして最も適当なものを次から選び、その番号をマークしなさい。解答番号は **28** 。

①　障子の破れ具合を理解している者
②　障子が破れた理由を知っている者
③　障子を張ることを得意とする者
④　障子張りの名人に心当たりがある者
⑤　障子を張らせる指導ができる者

問四　波線部**a**「申されければ」・**b**「張られけるを」の動作の主体（主語）として最も適当なものをそれぞれ次から選び、その番号をマークしなさい。解答番号は**a**が **29** 、**b**が **30** 。

①　相模守時頼
②　松下禅尼
③　城介義景
④　なにがし男
⑤　作者

問五　傍線部**C**「よもまさり侍らじ」の解釈として最も適当なものを次から選び、その番号をマークしなさい。解答番号は **31** 。

①　きっとまさっていることでしょう
②　かろうじてまさっているでしょうか
③　もしかしたらまさっているかもしれない
④　絶対にまさっていなければなりません
⑤　まさかまさっていることはないでしょう

（6）その日のけいめいして候ひける…その日の準備につとめて控えていた
（7）細工…細かい手仕事
（8）一間…障子の桟の一こま
（9）さはさはと…さっぱりと

問一　傍線部**A**「相模」と隣接している国として最も適当なものを次から選び、その番号をマークしなさい。解答番号は **26** 。

① 越後
② 信濃
③ 常陸
④ 三河
⑤ 武蔵

問二　空欄 X に入る語として最も適当なものを次から選び、その番号をマークしなさい。解答番号は **27** 。

① けら（未然形）
② けり（終止形）
③ ける（連体形）
④ けれ（已然形）

三　次の文章を読んで、後の問いに答えなさい。

A(1)相模守時頼《さがみのかみときより》の母は、(2)松下禅尼《まつしたのぜんに》とぞ申し［X］。守《かみ》を(3)入れ申さるる事ありけるに、すすけたる明《あか》り障子《さうじ》のやぶればかりを、禅尼手づから、小刀《こがたな》して(4)切りまはしつつ張られければ、兄《せうと》の(5)城介義景《じやうのすけよしかげ》、(6)その日のけいめいして候《さうら》ひけるが、「給《たま》はりて、なにがし男《をのこ》に張らせ候はん。Bさやうの事に心得たる者に候ふ」とa申されければ、「その男、尼が(7)細工《さいく》にCよもまさり侍《はべ》らじ」とて、なほ(8)一間《ひとま》づつb張られけるを、義景、「D皆を張りかへ候はんは、はるかにたやすく候ふべし、まだらに候ふも見苦しくや」とかさねて申されければ、「尼も、後は(9)さはさはと張りかへんと思へども、E今日《けふ》ばかりは、わざとかくてあるべきなり。物は破《やぶ》れたる所ばかりを修理《しゆり》して用ゐる事ぞと、若き人に見ならはせて、心づけんためなり」と申されける、Fいとありがたかりけり。

世を治《をさ》むる道、［Y］を本《もと》とす。女性《によしやう》なれども聖人《せいじん》の心にかよへり。G天下《てんか》を保つ程《ほど》の人を、子にて持たれける、誠《まこと》に、ただ人《びと》にはあらざりけるとぞ。

（『徒然草』による）

（注記）
（1）相模守時頼…鎌倉幕府第五代執権、北条時頼
（2）松下禅尼…秋田城介景盛の娘。北条時氏に嫁いで時頼を生む
（3）入れ申さるる…招待する
（4）切りまはしつつ…あちらこちらを切り取って
（5）城介…秋田城介。出羽国の秋田城を管理した国司

問十　次は本文について話した生徒たちの会話である。本文の内容を正しく捉えたものとして最も適当なものを次から選び、その番号をマークしなさい。解答番号は **25** 。

① 生徒Ａ ― 「僕」とヤクルト・スワローズとのつながりは、長期的でなおかつ深いみたいだね。この出会いに対して「守護星」・「天文学的な」・「宇宙規模」という壮大な言葉が使われているから、きっと運命を感じていたんだよ。

② 生徒Ｂ ― 「僕」は判官贔屓《ほうがんびいき》のような気持ちでヤクルト・スワローズを応援していたと思う。弱い方を応援したくなるのは共感できるな。球団の名前を付けた詩集を自費で出版して、小説家という立場で応援していたんだよ。

③ 生徒Ｃ ― 「僕」は大学進学のために上京したことをきっかけにヤクルト・スワローズを応援し始めたけど、球場の雰囲気が「僕」の性分にあっていたり、奇跡的な日本シリーズ制覇の年が「僕」の人生の転機に重なっていたりしたことも、長期的な支援者になった理由だよね。

④ 生徒Ｄ ― 「僕」はヤクルト・スワローズのおかげで「負け」に慣れることができたんだよ。負けても最後まであきらめない選手たちを見て、勇気づけられていたと思うよ。だから小説家になることを諦めなかったんだ。日本シリーズを制覇したときは感無量だったろうね。

⑤ 生徒Ｅ ― 関西育ちで阪神タイガースを応援していた「僕」にとって、応援する球団をヤクルト・スワローズに変えることは大きな決断だったろうね。その時、覚悟を決めたから、ヤクルト・スワローズがたくさん負けても球場に足を運ぶことをやめなかったし、「忠実なファン」であり続けたんだよ。

問七　傍線部**G**「正確に物差しで測ったみたいに　君のちょうど三メートル背後に落ちる。　宇宙の端っこを木槌で軽く叩いたみたいに　ことんと、乾いた音を立てて。」に用いられている表現技法を次から二つ選び、その番号をマークしなさい。解答番号は **21** と **22** 。
（順不同）

① 倒置法
② 擬人法
③ 直喩法
④ 隠喩法
⑤ 対句法
⑥ 省略法

問八　空欄 H に入る語句として最も適当なものを次から選び、その番号をマークしなさい。解答番号は **23** 。

① 腹を立てる
② 腹を痛める
③ 腹を固める
④ 腹を決める
⑤ 腹を据える

問九　傍線部**I**「毛」はどのようなもののたとえか。最も適当なものを次から選び、その番号をマークしなさい。解答番号は **24** 。

① 存在が感じられるもののたとえ
② 実体を持たないことのたとえ
③ 普通とは異なるさまのたとえ
④ 不思議なことのたとえ
⑤ ごくわずかな物事のたとえ

問四　傍線部**D**「ささやかな縁のようなものを感じないわけにはいかなかった」とあるが、筆者はどのようなことに「縁」を感じたのか。最も適当なものを次から選び、その番号をマークしなさい。解答番号は 18 。

①　一九七八年、リーグ優勝を遂げた年に、偶然千駄ヶ谷に住んでいたこと
②　暇さえあれば試合を見に行っていた年に、初優勝をしたこと
③　初優勝の年にヤクルト・スワローズというチーム名に変わったこと
④　弱小チームが創設二十九年目という異例の早さで日本シリーズを制覇したこと
⑤　ヤクルト・スワローズのリーグ優勝、日本シリーズ制覇の年に「僕」が新人賞をとったこと

問五　空欄 E に入る語句として最も適当なものを次から選び、その番号をマークしなさい。解答番号は 19 。

①　今日もまた勝った
②　今日もまた負けた
③　今日こそ勝つだろう
④　今日は負けるだろう
⑤　人生は勝つことが多い

問六　傍線部**F**「暇つぶし」の言葉の意味として、最も適当なものを次から選び、その番号をマークしなさい。解答番号は 20 。

①　休暇をとること
②　忙しい中、無理して時間を作ること
③　あり余る時間を適当に過ごすこと
④　物事の合間に、空き時間を見つけ出すこと
⑤　自ら仕事を辞めること

問二　傍線部**B**「心穏やかで謙虚な球場」とは、どのような球場か。最も適当なものを次から選び、その番号をマークしなさい。解答番号は **16** 。

① 熱狂的なファンで集客力を世間に誇る球場
② 満員で入場できないということを誇らない球場
③ 近所の公園では愛想のよい猫に出会える球場
④ 観客がまばらで混みあっていない球場
⑤ 世界中探し回っても類を見ない美しい球場

問三　傍線部**C**「どのような宇宙を横切った末に、そのような儚く薄暗い星を――夜空で位置を探りあてるのに人より余分に時間がかかるような星を――自らの守護星とすることになったのだろう?」とあるが、その解釈として最も適当なものを次から選び、その番号をマークしなさい。解答番号は **17** 。

① どのような人生を歩んだ結果、当時人気のなかったヤクルト・スワローズと神宮球場を応援し、その「忠実なファン」になったのだろう、ということ
② どのような人生を歩んだ結果、当時世間でブームとなっていたプロ野球に熱中し、その「献身的なファン」になったのだろう、ということ
③ どのような人生を歩んだ結果、歴史のあるサンケイ・アトムズの「熱狂的なファン」となり、野球帽やグラブを持って神宮球場へ足を運ぶようになったのだろう、ということ
④ どのような人生を歩んだ結果、常に閑散としている気の毒な神宮球場を気に入り、野球の「献身的なファン」になったのだろう、ということ
⑤ どのような人生を歩んだ結果、当時日本シリーズを制覇して人気の絶頂だったヤクルト・スワローズを応援し、その「忠実なファン」になったのだろう、ということ

宇宙規模の謎だ。

これをはたして詩と呼んでいいのかどうか、僕にはわからない。これを詩と呼んだら、本物の詩人たちは［H］かもしれない。僕をつかまえて、そのへんの電柱に吊《つる》したいと思うかもしれない。そんなことをされても、とても困る。しかしじゃあ、なんと呼べばいいのだろう。適当な呼び名があったら教えていただきたい。だから僕はこれをとりあえず詩と呼ぶことにした。詩人たちが怒りたいのなら、好きなだけ怒っていればいい。そしてそれらを集めて、『ヤクルト・スワローズ詩集』として刊行することにした。それが一九八二年のことだ。長篇小説『羊をめぐる冒険』を書き上げる少し前、いちおう（曲がりなりにも）小説家としてデビューして三年が経過していた。

もちろん大手出版社は賢明にも、そんなものを出版することに毛ほども興味を示さなかったから、半ば自費出版というかたちで出すことにした。幸い友だちが印刷所を経営していたので、わりに安く作ることができた。簡素な造本、ナンバー入りの五百部、全部にきちんとサインペンで署名した。村上春樹、村上春樹、村上春樹……。でも予想したとおり、ほとんど誰にも相手にされなかった。そんなものをお金を出して買う人間は、よほどの物好きだ。実際に売れたのはせいぜい三百部くらいだろう。あとは友だちや知り合いに記念品として配った。それが今では貴重なコレクターズ・アイテムになり、驚くほど高い値段がついている。世の中はまったくわからないものだ。僕の手元には二部しか残っていない。もっとたくさんとっておけば金持ちになれたのに。

（村上春樹『ヤクルト・スワローズ詩集』による）

問一　傍線部**A**「テレビで野球中継を見るのはそれほど好きじゃない」とあるが、なぜか。最も適当なものを次から選び、その番号をマークしなさい。解答番号は［15］。

①テレビの前では、野球帽をかぶり、贔屓《ひいき》球団の応援をしても無意味だから
②テレビ中継では、実際にホームランボールをキャッチするのは不可能だから
③テレビで試合を見ていると、いちばん大事なプレーを見逃してしまうから
④テレビの画面からは、胸を高鳴らせるような感動は伝わってこないから
⑤テレビ中継では、箇条書きのような解説が挟《はさ》まれ、試合の進行が遅れるから

それが君の職業だ。
僕は右翼外野席の後方で
少し生ぬるくなったビールを飲んでいる。
いつものように。
相手チームのバッターは右翼フライを打ち上げる。
簡単なポップ・フライ。
大きく上がって、スピードもない。
風も止んでいる。
太陽も眩《まぶ》しくない。
いただきだ。
君は両手を軽く上げ
三メートルほど前に進む。
オーケー。
僕はビールを一口飲み、
ボールが落ちてくるのを待つ。
ボールは
G
正確に物差しで測ったみたいに
君のちょうど三メートル背後に落ちる。
宇宙の端っこを木槌《きづち》で軽く叩いたみたいに
ことんと、乾いた音を立てて。
僕は思う。
どうしてこんなチームを僕は
応援することになったのだろう。
それこそなんというか

にして初めて小説らしきものを書き上げた。『風の歌を聴け』という作品で、それは「群像」の新人賞をとり、僕はそのときからとりあえず小説家と呼ばれるようになった。もちろんただの偶然の一致に過ぎないけれど、それでも僕としては、そういうところにDささやかな縁のようなものを感じないわけにはいかなかった。

　でもそれはずっとあとのことだ。そこに至るまでの、一九六八年から七七年にかけての十年間、僕は実に膨大な、（気持ちからすれば）ほとんど天文学的な数の負け試合を目撃し続けてきた。言い換えれば「E」という世界のあり方に、自分の身体を徐々に慣らしていったわけだ。潜水夫が時間をかけて注意深く、水圧に身体を慣らしていくみたいに。そう、人生は勝つことより、負けることの方が数多いのだ。そして人生の本当の知恵は「どのように相手に勝つか」よりはむしろ、「どのようにうまく負けるか」というところから育っていく。「我々の与えられたそういうアドバンテージは、君らにはまず理解できまい！」、僕は満員の読売ジャイアンツ応援席に向かって、よくそう叫んだものだ（もちろん声には出さなかったけれど）。

　長いトンネルをくぐるようなその薄暗い歳月、僕は一人で神宮球場の外野席に座り、試合を観戦しながら、F暇つぶしに詩のようなものをノートに書き留めていた。野球を題材にした詩だ。野球はサッカーとは違って、プレーとプレーの間にしょっちゅう隙間が空くし、少しグラウンドから目を離して、ボールペンを紙に走らせていても、その間にゴールが決まってしまうなんていうこともない。かなりのんびりとした競技なのだ。そして僕がそういうものを書いていたのはだいたい、やたら投手交代の多い退屈な負け試合だった（ああ、そういう試合がどれほど頻繁にあったことか）。

　ちなみに詩集の最初に収められた詩はこんなものだ。この詩には短いヴァージョンと長いヴァージョンがあって、これは長い方。あとから少し手を加えてある。

右翼手

その五月の午後、君は
神宮球場の右翼守備についている。
サンケイ・アトムズの右翼手。

探りあてるのに人より余分に時間がかかるような星を——自らの守護星とすることになったのだろう? それについて語り始めると、わりに長い話になる。でもまあこの際だから、少しその話をしてみよう。あるいはそれは、僕という人間の簡潔な伝記みたいになるかもしれない。

僕は京都生まれだが、生まれて間もなく阪神間に移り、十八歳になるまでそこで暮らした。夙川《しゅくがわ》と芦屋《あしや》。暇があれば自転車に乗って、あるときは阪神電車に乗って、甲子園球場まで試合を見に行った。小学生の頃は当然ながら「阪神タイガース友の会」に入っていた（入ってないと学校でいじめられる）。甲子園球場は誰がなんと言おうと、日本でいちばん美しい球場だ。入場券を手に握りしめ、蔦《つた》の絡まる入場口から中に入り、薄暗いコンクリートの階段を足早に上っていく。そして外野の天然芝が目に飛び込んでくるとき、その鮮やかな緑の海を唐突に前にするとき、少年である僕の胸は音を立てて震えた。まるで一群の元気なこびとたちが、僕のささやかな肋骨《ろっこつ》の中でバンジージャンプの練習をしているみたいに。

グラウンドで守備練習をしている選手たちのまだ汚れひとつないユニフォーム、目を射る純白のボール、ノックバットがボールを芯《しん》で捉える幸福な響き、ビールの売り子のきりっとしたかけ声、試合開始直前のまっさらなスコアボード——そこにはこれからほどかれるべき筋書きの予感が満ち、歓声やため息や怒号が怠《おこた》りなく用意されていた。そう、そのようにして僕の中で、野球を見ることと球場に足を運ぶことは、疑問をさしはさむ隙間もなく、ぴったり一体化されていったのだ。

だから十八歳で阪神間を離れ、大学に通うために東京に出てきたとき、僕はほとんど当然のこととして、神宮球場でサンケイ・アトムズを応援することに決めた。住んでいる場所から最短距離にある球場で、そのホームチームを応援する——それが僕にとっての野球観戦の、どこまでも正しいあり方だった。本当は神宮球場よりも後楽園球場の方が少しばかり近かったと思うんだけど……でも、まさかね。人には護《まも》るべきモラルというものがある。

〈中略〉

一九七八年の初優勝の年、僕は千駄ヶ谷に住んでいて、十分も歩けば神宮球場に行けた。だから暇さえあれば試合を見に行った。その年、ヤクルト・スワローズは（その頃にはもうヤクルト・スワローズというチーム名に変わっていたわけだけど）球団創設二十九年目にして初めてリーグ優勝を遂げ、余勢を駆って日本シリーズまで制覇してしまった。まさに奇跡的な年だった。そしてその年、僕はやはり二十九歳

二　次の文章を読んで、後の問いに答えなさい。但し、問題の都合により、問題文を一部改変してあります。

　最初にお断りしておきたいのだが、僕は野球が好きだ。それも実際に野球場に足を運び、目の前で展開されるナマの試合を見るのが好きだ。野球帽をかぶり、内野席ならファウル・フライを、外野席ならホームラン・ボールをキャッチするためのグラブを携《たずさ》えて行く。Aテレビで野球中継を見るのはそれほど好きじゃない。テレビで試合を見ていると、いつも何かいちばん大事なものを見逃してしまっているような気がする。（略）テレビの画面で見る野球からは、ほんとうに心を躍らせるものが失われている。僕はそのように感じてしまう。箇条書きにしてその理由を説明しろと言われても困るけど。

　具体的に言うなら、僕はヤクルト・スワローズのファンだ。熱狂的・献身的なファンとまでは言えないけれど、まずまず忠実なファンと言っていいだろう。少なくともこのチームを応援している年月だけは長い。チームがまだサンケイ・アトムズと呼ばれていた時代から、頻《ひん》繁《ぱん》に神宮球場に通っていた。そのために球場の近くに住んでいたことだってある。というか、実を言えば今もそうだ。神宮球場まで歩いて行けるというのが、僕が東京で住まい探しをするときの重要なポイントになる。もちろんチーム・ユニフォームもキャップも何種類か持っている。

　神宮は昔から一貫して、集客力を世間に誇ることのない、B心穏やかで謙虚な球場だ。より率直な表現を許していただければ、だいたいいつも閑散としている。球場まで行ってみたけど満員で入場できなかったということは、よほどのことがない限りない。「よほどのことがない限り」と僕が言うのは、たとえば夜に散歩していてたまたま月蝕《げっしょく》に巡り会うとか、近所の公園で愛想の良い雄の三毛猫に出会うとか、それくらいの確率を意味している。正直なところ、そういう人口密度のまばらさも僕としては少なからず気に入っていた。僕は子供の頃から何によらず混み合っている場所があまり好きでないのだ。

　とはいえもちろん僕は、球場が常に閑散としているという理由だけでヤクルト・スワローズのファンになったわけではない。だってそれではヤクルト・スワローズ球団があまりにかわいそうではないか。気の毒なヤクルト・スワローズ。気の毒な神宮球場。だってほとんど常に、ホームチームであるヤクルト・スワローズの応援席よりは、ビジターチームの応援席の方が先に埋まってしまうのだ。そんな野球場って、世界中探しまわっても他に見当たらないだろう。

　それでは僕は、どうしてそんなチームのファンになったのだろう？　いったいどのような長く曲がりくねった道を辿《たど》って、僕はヤクルト・スワローズと神宮球場の長期的支援者になったのだろう？　Cどのような宇宙を横切った末に、そのような儚《はかな》く薄暗い星を——夜空で位置を

問六　空欄 E に入る語として、最も適当なものを次から選び、その番号をマークしなさい。解答番号は 12 。

①　協働
②　精進
③　活気
④　発展
⑤　成長

問七　傍線部**F**「知識の生産者になれ」とあるが、知識を生産するまでの過程を説明したものとして、最も適当なものを次から選び、その番号をマークしなさい。解答番号は 13 。

①　歴史を学び、そこから得たことを新しい物事にあてはめて考える
②　集団の中で、それぞれが持つ知識を用いて問題を解決しようとする
③　積極的に情報を収集し、さまざまな事柄と結びつけて考えを展開させる
④　自分ひとりでは立ち向かえない問題の解決策を、書籍から探し出す
⑤　答えがわからない問題の解き方を人から教わり、正解を導き出す

問八　本文の内容に一致するものとして、最も適当なものを次から選び、その番号をマークしなさい。解答番号は 14 。

①　知識や技能は適切な方法を使えば、誰かに渡したり誰かから受け取ったりすることができる
②　伝統的な哲学では、知識はより多くの関連した知識と結びつきを作るものであると言われる
③　構成される知識は人によって少しずつ異なるため、他者の知識は注意深く取り扱わなければならない
④　私たちは意識しなくても、それまでに貯えてきた知識と他の知識を結びつけて考えることができる
⑤　未知の問題に立ち向かうためには、それに関する専門的な知識を備えておかなければならない

問四　傍線部**C**「このように知識を捉えると」に関する次のⅰ・ⅱの問いに答えなさい。

ⅰ　筆者は「知識」をどのようなものであると捉えているか。最も適当なものを次から選び、その番号をマークしなさい。解答番号は **9** 。

①これまでの経験と関連しており、他の人にわかりやすく教えることができるもの

②他の知識と結びつきを作り、誰もが客観的な事実に基づいて正しく理解できるもの

③必要とされる場面で発動され、あらゆる人の経験に役立つことができるもの

④正しい情報として人から人へと伝えられ、誰もが信用して活用することができるもの

⑤一般性を持ち、必要となる場面で他の知識と関連付けて考えることができるもの

ⅱ　筆者の捉える「知識」の例として、最も適当なものを次から選び、その番号をマークしなさい。解答番号は **10** 。

①ロシアの文豪トルストイは『イワンの馬鹿』という民話小説を書いた

②目の前のクレジットカードの上にＵＳＢメモリーがある

③『赤と黒』はフランスの小説家のスタンダールの作品である

④重力加速度９・８ｍ／s^2を用いて物体を落としたときの速度を考える

⑤ウガンダ共和国の首都カンパラはアフリカ東部の赤道直下にある

問五　傍線部**D**「知識というものは『属人的』なものなのだ」とあるが、どういうことか。最も適当なものを次から選び、その番号をマークしなさい。解答番号は **11** 。

①知識は、たくさんの人たちと関係をもつことで他の知識との結びつきを作ってくれるものであるということ

②知識は、さまざまな人たちとの出会いや経験によって確かな情報として成り立つものであるということ

③知識は、その人自身がこれまで経験してきたことや貯えた他の知識によって構成するものであるということ

④知識は、生活環境の異なる人々が集団のなかで人間関係を構築しながら作り出すものであるということ

⑤知識は、物事を無意識に自分で考えられるようになることで他者に伝達可能なものになるということ

問一　二重傍線部**a**～**e**に相当する漢字を含むものを、下の各群の中からそれぞれ一つずつ選び、その番号をマークしなさい。解答番号は 1 ～ 5 。

a　コンキョ　1　①虚構　②証拠　③許可　④距離　⑤快挙

b　コリツ　2　①自己　②個人　③連呼　④断固　⑤孤高

c　ヨウイ　3　①西洋　②溶岩　③容器　④用法　⑤重要

d　ハンイ　4　①犯人　②同伴　③判定　④規範　⑤繁栄

e　トジョウ　5　①登山　②意図　③徒歩　④渡米　⑤用途

問二　空欄 Ⅰ ～ Ⅲ に入る語の組み合わせとして、最も適当なものを次から選び、その番号をマークしなさい。解答番号は 6 。

①　Ⅰ　一方で　Ⅱ　つまり　Ⅲ　だから

②　Ⅰ　つまり　Ⅱ　一方で　Ⅲ　そして

③　Ⅰ　そして　Ⅱ　ところが　Ⅲ　つまり

④　Ⅰ　だから　Ⅱ　そして　Ⅲ　ところが

⑤　Ⅰ　ところが　Ⅱ　だから　Ⅲ　一方で

問三　空欄 A ・ B に入る語として、最も適当なものを次からそれぞれ選び、その番号をマークしなさい。解答番号はAが 7 、Bが 8 。

①　信念

②　情報

③　知識

④　技能

⑤　記憶

いくつか補足しておきたい。「自分で考えて」と言ったが、それは何も意識的に考えることだけを意味するわけではない。私たちには無意識の働きというものがある。これが勝手に、それまでに貯えたいろいろな他の知識との結びつきを作ってくれるし、それが働く場所も勝手に見つけてくれる場合も多々ある。頭を抱えて「この知識はどこで使えるのだ、他とどんな関係があるのだ」と悩まなくてもよいことも多い。そういう意味で「知識は創発する」と言ってもよいだろう。

もう一つは伝えられたことについてすぐに「なるほど」と思えるようなケースについてである。この場合は、伝えられた情報、あるいはその記憶から知識を構成するために十分な経験や関連した知識が存在している。［Ⅱ］努力している人へのアドバイスは、すぐに伝わるように見えるのだ。ちなみにこうしたことが自動的に行われる経験が、知識が伝達可能であるという信念を支えているのだと思う。［Ⅲ］何もやっていない人には、同じことを言っても何も伝わらない。せいぜい記憶にとどまるだけだ。

最後の一つは、では記憶はなんの意味もないのか、ということについてである。それは「ある」、というか「ある時もある」というのが答えだ。さっぱり経験のない段階で何かのことを教わっても、ほとんどそれは意味がない。しかし、あなたは成長する、経験を重ねる。こうした段階になると、昔はちんぷんかんぷんだったことが意味を持つようになることがある。だから情報の伝達、その記憶が意味がないというわけではない。

子供も含めた学習eトジョウの人間が知識を作るなどという大それたことなどできるはずはないと考える人たちはたくさんいると思う。しかし、そうではないことは人間の歴史が証明している。未知の問題を解決しようと努力している科学者たちは、その途中では誰も解はわかっていない。解決に必要な知識も十分ではないというか、何が必要な知識かもわからない。しかし集団の力でそれを作り出してきたのだ。同じことはより小さな組織、学級、会社などにおいても実際に起きている。だから子供は成長するし、会社は事業を続けるし、人類は進歩する。ここでは［E］、つまり集団の力というものが大きい。

人材開発、組織開発分野の研究で大活躍している中原淳は、「知識の消費者からF知識の生産者になれ」と述べている。私もその通りだと思う。教えてもらったことを覚えて、それを適当な場面で使うという考え方は放棄した方がよい。

（鈴木宏昭『私たちはどう学んでいるのか』による）

（注記）

（1）属人…人を基本にして考えること。

ただ私はここでそういう知識を取り上げたいわけではない。有用な知識について考えてみたいのだ。役立つ、意味のある知識といってもよい。というのも、右の定義で言うと「私の目の前のクレジットカードの上にＵＳＢメモリーがある」というのも知識になるからだ（証拠として写真を載せてもいいのだが、インクの無駄になるのでやめておく）。これは私以外の人にはなんの役にも立たないし、意味もない。つまり、有用ではないからだ。

　さて、有用性を持つ知識というのは、以下に述べる３つの性質を持っていなければならないと思う。１つめは一般性である。一般性とは簡単に言うといろいろな場面で使えるという性質を指す。ウガンダの首都は多くの日本人にとって使う場面はほとんどない。せいぜい早押しクイズのような場面でしか使えない。そうしたものは一般性を持つとは言えない。重力加速度が９・８ｍ／s^2ということを覚えるだけであれば、小学生でもできるだろう。しかしそれは知識ではない。それを用いて考えることができないからだ。

　もう１つの性質は関係性である。ｂコリツした知識はほとんど何の役にも立たない。知識というのは他の知識とリッチな関係を持っていなければならない。昔日曜日の朝早く電車に乗っていたら、これから塾に行く小学生たちが、「イワンの馬鹿」、「トルストイ」、「赤と黒」、「スタンダール」などと言い合っていた。これは本当に意味がない。イワンの馬鹿がどんな小説であり、トルストイがどんな人物であるのか、どんな時代に生きたのか、なぜトルストイはそんな小説を書いたのか、原題となったものは何か、そういうことが繋《つな》がらなければ、クイズ王くらいにしかなれない。

　最後は場面応答性である。知識はそれが必要とされる場面において発動、起動されなければならないというのが場面応答性である。重力加速度についての知識は、それが必要となる場面で、例えば落下物体の速度を求めるという場面で起動しなければならない。恋人のことを考える時、テレビのチャンネルを変える時にそれが発動しても役に立たない。

Ｃ　このように知識を捉えると、ある事柄が伝えられた途端、知識として定着することは原則的にないことがｃヨウイに理解できるだろう。伝えられた事柄、本で読んだ事柄がどのようなｄハンイをカバーするのか、それは他の知識とどう関係するのか、そしてどこで使われるのか、そうしたことを考える作業を行わない限り、その事柄は単に記憶としてしか存在せず、知識とはならないのだ。

　こういう考え方を構成主義（constructivism）と言う。相手からの情報、その記憶が知識となるためには、それらの素材を用いて知識として構成していかなければならないのだ。構成するのはもちろんあなただ。あなたのこれまでの経験は人と異なるだろうし、これから出会いそうな場面も異なるだろうから、構成される知識は人によって少しずつ異なってくる。より多くの関連した知識と結びつきを作ったり、その知識がカバーする事柄をたくさん経験した人が構成する知識は、単にクイズのように覚えた人のそれとはまったく異なったものとなる。難しい言葉で言えば、Ｄ知識というものは①「属人的」なものなのだ。

二〇二四年度 東京農業大学第三高等学校（第２回）

【国　語】（四五分）〈満点：一〇〇点〉

［一］　次の文章を読んで、後の問いに答えなさい。但し、問題の都合により、問題文を一部改変してあります。

　多くの人には「知識なり、技能なりは伝えることができる」という信念があると思う。先生なり師匠なりが、何らかの適切な方法を使えば、彼らの中にある知識、技能が、生徒、弟子に伝わるはずだ、と考えている。つまり、知識は持ち運んだり、誰かに渡したり、誰かから受け取ったりできることを意味する。実際、何かを教わってできるようになった経験は誰にでもあるだろうから、知識は受け渡しが可能であると考える人は多いと思う。

　こうした信念の表れは「図書館は知識の宝庫だ」、「本は知識の泉だ」などという言葉にも表れている。書籍には先人が発見した、獲得した知識が記載されており、それを読むことで知識が得られると考える。また学校では知識や技能を教えると言われる。先生は教科書を使い、さまざまな事柄を教える。漢字の読み方、北斗七星の現れる場所と時期、因数分解の仕方、ブレトン・ウッズ体制、さらには給食の食べ方まで、いろいろな種類、構造の知識を伝えようとして努力されている。これは知識は誰かから誰かへ伝わると信じているからだ。

　［Ⅰ］、残念ながらそうではない。書物は知識を文字に表したものであり、それ自身は知識ではない。「リンゴ」という文字、言葉が、本物のリンゴではないのと同じことだ。だから書物を読んでも、そこから知識を得ることはできないのだ。それが表すのは「情報」であり、もしそれを覚えたとすれば「記憶」となる。同様に、先生たちは知識を教えているのではない。それは右の例と同じ理由だ。先生が伝えるのは［Ａ］で、運良く生徒がそれを覚えればその生徒の［Ｂ］となる。しかしそれらは伝えられただけであり、もしそのままならば単に［Ｂ］、［Ａ］としてとどまるだけなのだ。

　ここまで読んでこられた読者は、「お前の言う知識とはなんなんだ」と言いたくなると思う。伝統的な哲学では、「正当化された、真なる信念」と言われる。キーワードが３つあり、それが知識の３つの条件となっている。第一に、「真なる」という言葉が示すように、それは真、つまり正しくなくてはならない。第二に、「信念」というわけだから、それを信じていなくてはならない。そして最後に、「正当化された」とあり、それは真であるａコンキョが存在するということである。

2024年度／東京農業大学第三高等学校（第２回）

英語解答

1　1　③　　2　④　　3　②　　4　③

2　No. 1　1…④　2…①

No. 2　1…②　2…③

3　1　③　　2　④　　3　④　　4　③

5　①

4　問１　④　　問２　①　　問３　②

問４　②　　問５　④　　問６　④

問７　③

5　問１　④　　問２　④　　問３　②

問４　①　　問５　②　　問６　④

問７　③

1・**2**〔放送問題〕放送文未公表

3〔適語（句）選択〕

1．five years ago「５年前」という明確に過去を表す語句があるので，過去形にする。現在完了形‘have/has＋過去分詞’は明確に過去を表す語句とともに使うことはできない。　「私の家族は５年前にロンドンに住んでいた」

2．The shoes you are wearing で「あなたが履いている靴」となる。これは目的格の関係代名詞が省略された‘名詞＋主語＋動詞’の形。　「あなたが履いている靴は高価そうに見える」

3．「祖母の息子」は uncle「おじ」である。　aunt「おば」　「ジョンは祖母の息子だ。彼は私のおじだ」

4．前に be動詞の was があるので進行形（‘be動詞＋～ing’）か受け身（‘be動詞＋過去分詞’）になるが，鍵は「見つけられる」ものなので受け身の文にする。　find－found－found　「私の鍵はどこで見つかったのですか」

5．‘as＋形容詞〔副詞〕の原級＋as …’「…と同じくらい～」の形。この fast は副詞で「速く」の意味。　‘as ～ as＋主語＋can’「できるだけ～」　「できるだけ速く歩いてください」

4〔長文読解総合―物語〕

≪全訳≫❶昔，アメリカの小さな町に店を構えるパン屋がいた。人々が通りを歩いていると，そのパン屋のすばらしいパンのにおいがするので，彼らはまっすぐに彼の店に入っていった。しかし，誰もが店内に入ったわけではなかった。ただ店の外に立ち，においをかいだり，窓から中をのぞいたりする人もいた。パン屋はこれが気に入らなかった。「彼らの胃袋は私のパンのにおいでいっぱいだ。私は彼らにただで昼食を与えている！　そして私は自分の努力の対価を何も得ていない」と彼は心の中で思った。❷ある冬の朝，パン屋は店でパンをつくっていた。彼は窓から誰かがのぞいているのを見た。それは古い上着を着ている若い男だった。その男はただそこに立って目を閉じ，幸せそうに焼きたてのパンのにおいをかいでいた。パン屋はとても怒った。彼はドアを開け，男に「お前が盗んだにおいの代金を払え」と叫んだ。「私は何も盗んでいません。私はただ空気のにおいをかいでいるだけです」と若い男はとても驚いて言った。「私の店のにおいでいっぱいの場合は無料ではない」とパン屋は言った。「今払え，さもないと警察を呼ぶぞ」❸若い男が払わなかったので，パン屋は彼をつかみ，判事の家に連れていった。彼はドアをノックした。長い時間の後，寝間着を着た判事がドアを開けた。「この男は泥棒です。彼は私の店からにおいを盗んだのです」とパン屋は言った。判事は聞き続けた。彼らが自分たちの話をし終えると，判事は「何をすべきか決めた。若者よ，お金はあるか？」と言った。若い男はポケットに手を入れ，数枚の硬貨を取り出した。「私にその硬貨を渡しなさい」と判事が言った。若い男はそれを判事の手の中に置いた。❹「君たち両方の話はよく聞いた」と判事は言った。「においがパン屋の店から出ていたのは本当だ。そしてこのにおいはパン屋のものだった。そしてこの若者がその代金を払わずににおいを取ったのも本当だ。だからこの若者はパン屋に彼が取ったにおいの代金を払わなければならない」 パン屋はほほ笑んで，すぐにその金をもらおうと手を差し出した。しかし判事は彼に硬貨を渡さなかった。「パン屋よ，よく聞きなさい」と彼は言った。彼が手の中で硬貨を振ると，ちゃりんと鳴った。「これでにおいの代金が払えるな」と彼はパン屋に言った。「私に硬貨をください，判事」とパン屋は言った。彼はもうほほ笑んでいなかった。「だめだ」と判事は言った。「私は，お金の音はパンのにおいの代金を払うのに最善の方法だと判断したんだ」 判事は硬貨を貧しい若い男に返し，彼に家に帰るように言った。

問１＜適語選択＞前文からの流れを考え，「ただで昼食を与えているのに，何も得ていない」という文脈を読み取る。

問２＜整序結合＞「それは～だった」なのでIt wasで文を始める。「古い上着を着ている若い男の人」は，‘名詞＋現在分詞(～ing)＋語句’の語順でa young man wearing an old coatと表せる。wearing an old coatが前のa young manを修飾する現在分詞の形容詞的用法。 It was a young man wearing an old coat.

問３＜文脈把握＞直前で若い男がパンのにおいをかいでいたのを見たからパン屋は怒ったのである。第１段落後半で，パン屋はにおいをかがれることが気に入らなかったことが書かれている。

問４＜適語選択＞空欄を含む部分は‘疑問詞＋to不定詞’の形。この形は疑問詞に応じて「何を〔いつ，どこで，どのように〕～すべきか」といった意味を表す。I've decided what to do.で「何をすべきか決めた」となる。

問５＜適語選択＞若い男はにおいをかぐのにお金を払っていない。これは「お金を支払わずににおいを取った」ということ。 without ～ing「～せずに」

問６＜適語選択＞この前で判事は，手の中の硬貨を振ってちゃりんと鳴らし，That can pay for the smells「これでにおいの代金が払える」と述べている。このThatはちゃりんと鳴ったコインの音を指している。つまり，パンのにおいの代金は，硬貨の「音」で払えるということである。

問７＜内容真偽＞①「この町では，多くの人々がパン屋のすばらしいパンを無料で食べていた」…× このような記述はない。 ②「若い男はパン屋のパンのにおいをかぐことができなかったので，幸せな気分にはなれなかった」…× 第２段落第４文参照。若い男は幸せそうにパンのにおいをかいでいる。 ③「パン屋は腹を立て，若い男を判事のところに連れていった」…○ 第３段落第１文の内容に一致する。 ‘take＋人＋to＋場所’「〈人〉を〈場所〉に連れていく」 ④「判事は，若い男はパン屋にパンのにおいをかいだことに対してお金を渡さなければならないと考えた」…× 第４段落後半参照。判事は，お金の音がパンのにおいの代金を払う最善の方法だと言って，若い男に硬貨を返している。

5 〔長文読解総合―説明文〕

≪全訳≫❶Covid-19(新型コロナウイルス感染症)に対する台湾政府の対応は世界中で称賛されている。その対応はオードリー・タンによって率いられた。タンは幼い頃にコンピューターについて学んだ。彼女は８歳のとき，弟のために算数の学習ゲームをつくった。彼女は10代でIT企業を立ち上げ，19歳からはアメリカでアップルやその他の企業で働いた。しかし33歳のとき，彼女はビジネスから引退した。その２年後，彼女は台湾のデジタル大臣になった。❷タンのCovid-19への対応は３つのF，Fast「速い」，Fair「公正な」，Fun「楽しい」に基づいていた。「Fast」は，問題があったときにすばやく行動することを意味する。2020年２月初旬に，人々は店頭でマスクを見つけるのに苦労した。マスクのある店に関する情報を共有するためにLINEを使う人もいた。ハワード・ウーというエンジニアはこの情報を収集し，それを地図とともにウェブサイトに掲載した。タンはウーのウェブサイトを見つけ，それがいいアイデアだと思った。彼女は台湾のマスクのデータベースを使い，そのウェブサイトを改良するために，ウーや他の開発者たちと協力した。新しいウェブサイトは，台湾の新しいマスク政策とともに，わずか３日で開始した。政府は人々にマスクを配布し，そのサイト上で人々はマスクを買える場所を見つけることができた。❸「Fair」は，全ての人が平等にサービスを利用できることを意味する。台湾の新しいマスク政策では，ドラッグストアでマスクを買うのに健康保険証を見せるだけでよかった。マスクが必要なのに，仕事のスケジュールやドラッグストアの近くに住んでいないという理由でマスクが手に入らない人もいた。タンは彼らの要望を聞き，彼らを助けるためにサービスを改善した。❹「Fun」は，情報を共有するためにユーモアを使うことを意味する。タンは正しい情報を共有するために，楽しい絵やジョークを使った。ジョークは，場合によっては誤った情報より速く広まった。そのため，世界的な感染爆発の間，誤った情報が共有されることは少なかった。❺タンのすばらしい対応は，台湾のCovid-19の感染者数がとても少なかった理由の１つである。彼女は人々の声を聞き，行動し，今では政府と人々はより密接になっている。今日，他の国々も彼女の対応から学んでいる。

問１＜要旨把握＞第１段落最後の２文参照。33歳のときにビジネスから引退し，その２年後にデジタル大臣になった。

問２＜指示語＞ここに当てはめて意味が通る情報を前から探す。前文にあるinformation about stores with masksが該当する。

問３＜整序結合＞「人々は見つけることができた」は，people were able to findとまとまる(be able to ～で「～することができる」)。「マスクを買える場所」は「マスクを買うための場所」と読み換え，to不定詞の形容詞的用法を用いてplaces to buy masksとする。... on the site, people were able to find places to buy masks.

問４＜要旨把握＞第３段落第１文参照。Fairは「全ての人が平等にサービスを利用できること」を意味するとある。①「台湾の新しいマスク政策は全ての人のためにつくられた」は，この内容に該当する。

問５＜適語選択＞直前のSo「だから」に注目し，前文からの流れを考える。「タンが正しい情報を共有するために使ったジョークが誤った情報より速く広まったので，より少ない誤った情報が共有された(→共有された誤った情報は少なかった)」という文脈を読み取る。lessはlittleの比較級(little－less－least)。

問６＜内容真偽＞①「『３つのＦ』の計画は世界的な感染爆発の前に始まった」…×　いつ始まったかに関する具体的な記述はないが，本文全体の内容からCovid-19の世界的爆発を受けての対応であることが読み取れる。　②「タンはLINEを使って台湾の人々にマスクを配った」…×　第２段落第４文にマスクがある店の情報をLINEで共有する人がいたという記述はあるが，タンがLINEでマスクを配ったとは述べられていない。　give out ～「～を配る」　③「政府はマスク政策のために多くのドラッグストアを建設した」…×　このような記述はない。　④「人々に正しい情報を与えるためにジョークが使われた」…○　第４段落第２文の内容に一致する。

問７＜主題＞本文全体を通し，タンのCovid-19に対する対応が説明されている。③「オードリー・タンがどのように世界的な感染爆発に対応したか」は，その内容を表している。

2024年度／東京農業大学第三高等学校（第２回）

数学解答

1 (1) ⑥　(2) ⑧　(3) ③　(4) ④
(5) ②

2 (1) 2　(2) ⑦…2　⑧…3　⑨…4
(3) ⑩…3　⑪…6　⑫…5
(4) ⑬…3　⑭…6　(5) ④

3 (1) 6　(2) ⑰…3　⑱…1
(3) ⑲…7　⑳…4　㉑…7　㉒…1
㉓…5

4 (1) ㉔…2　㉕…2
(2) ㉖…3　㉗…3　㉘…2　㉙…7
(3) ㉚…3　㉛…2　㉜…7

1〔独立小問集合題〕

(1)＜数の計算＞与式＝$9\times(-2)-5\times(-4)=-18-(-20)=-18+20=2$

(2)＜式の計算＞与式＝$9a^4b^6\div\frac{1}{8}a^3b^6\times\frac{1}{6}ab=9a^4b^6\times\frac{8}{a^3b^6}\times\frac{ab}{6}=\frac{9a^4b^6\times8\times ab}{a^3b^6\times6}=12a^2b$

(3)＜数の計算＞与式＝$\frac{3\sqrt{3}\times\sqrt{2}}{\sqrt{2}\times\sqrt{2}}+\frac{2\times\sqrt{6}}{\sqrt{6}\times\sqrt{6}}-\frac{\sqrt{2}\times\sqrt{3}}{2\sqrt{3}\times\sqrt{3}}=\frac{3\sqrt{6}}{2}+\frac{2\sqrt{6}}{6}-\frac{\sqrt{6}}{2\times3}=\frac{9\sqrt{6}}{6}+\frac{2\sqrt{6}}{6}-\frac{\sqrt{6}}{6}=\frac{10\sqrt{6}}{6}=\frac{5\sqrt{6}}{3}$

(4)＜数の計算＞与式＝$8b^2-8ab+4a^2-4ab+b^2=4a^2-12ab+9b^2=(2a)^2-2\times2a\times3b+(3b)^2=(2a-3b)^2$となる。これに$a=\frac{1}{2}$，$b=-\frac{1}{3}$を代入して，与式＝$\left\{2\times\frac{1}{2}-3\times\left(-\frac{1}{3}\right)\right\}^2=(1+1)^2=2^2=4$である。

(5)＜式の計算＞与式＝$\frac{x-y+3}{5}-\frac{1}{3}\times\frac{x-1-2y+2}{2}=\frac{x-y+3}{5}-\frac{x-2y+1}{6}=\frac{6(x-y+3)-5(x-2y+1)}{30}=\frac{6x-6y+18-5x+10y-5}{30}=\frac{x+4y+13}{30}$

2〔独立小問集合題〕

(1)＜特殊・新傾向問題─約束記号＞$x◎y=xy-x-y+1$より，$a◎a=a\times a-a-a+1=a^2-2a+1$となるので，$(a◎a)◎3=(a^2-2a+1)◎3=(a^2-2a+1)\times3-(a^2-2a+1)-3+1=3a^2-6a+3-a^2+2a-1-3+1=2a^2-4a$である。よって，$(a◎a)◎3=0$より，$2a^2-4a=0$となる。これを解くと，$a^2-2a=0$，$a(a-2)=0$より，$a=0$，2となり，$a$は正の数であるから，$a=2$である。

(2)＜連立方程式の応用＞昨年度の男子の生徒数をx人，女子の生徒数をy人とする。昨年度の生徒数は490人だから，$x+y=490$……①が成り立つ。また，今年度は，昨年度と比べ，男子は10％減少したから，$x\times\frac{10}{100}=\frac{1}{10}x$（人）減少し，女子は20％増加したから，$y\times\frac{20}{100}=\frac{1}{5}y$（人）増加している。全体では20人増加したから，増加した人数について，$-\frac{1}{10}x+\frac{1}{5}y=20$が成り立ち，$-x+2y=200$……②となる。①×2－②で$y$を消去すると，$2x-(-x)=980-200$，$3x=780$，$x=260$となる。よって，今年度の男子の生徒数は，$x-\frac{1}{10}x=\frac{9}{10}x=\frac{9}{10}\times260=234$（人）である。

(3)＜確率─さいころ＞大小２個のさいころを同時に投げるとき，それぞれ６通りの目の出方があるから，目の出方は全部で$6\times6=36$（通り）あり，a，bの組も36通りある。また，直線$y=-x+6$上でx座標，y座標がともに自然数となる点は，(1，5)，(2，4)，(3，3)，(4，2)，(5，1)だから，直線$y=ax+b$と直線$y=-x+6$の交点のx座標，y座標がともに自然数となるとき，直線$y=ax+b$は，5点(1，5)，(2，4)，(3，3)，(4，2)，(5，1)のいずれかの点を通る。点(1，5)を通るとき，$5=a+b$だから，a，bの組は[a，b]＝[1，4]，[2，3]，[3，2]，[4，1]の４通りある。点(2，4)を通るとき，$4=2a+b$だから，a，bの組は[a，b]＝[1，2]の１通りある。点(3，3)を通るとき，$3=3a+b$

となり，これを満たす a，b の組はない。点(4，2)，点(5，1)を通るときもない。よって，直線 $y=ax+b$ と直線 $y=-x+6$ の交点の x 座標，y 座標がともに自然数となるのは $4+1=5$(通り)だから，求める確率は $\frac{5}{36}$ である。

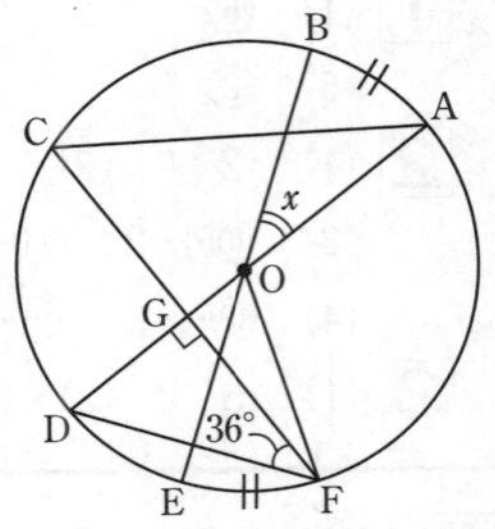

(4)＜平面図形—角度＞右図で，線分ADと線分CFの交点をGとし，点Oと点Fを結ぶ。△DFGの内角の和より，$\angle ADF=180^\circ-\angle DFG-\angle DGF=180^\circ-36^\circ-90^\circ=54^\circ$ であり，$\overset{\frown}{AF}$ に対する円周角と中心角の関係より，$\angle AOF=2\angle ADF=2\times54^\circ=108^\circ$ となる。また，$\overset{\frown}{AB}=\overset{\frown}{EF}$ より，$\angle AOB=\angle EOF$ だから，$\angle x=\angle AOB=(180^\circ-\angle AOF)\div2=(180^\circ-108^\circ)\div2=36^\circ$ である。

(5)＜データの活用—正誤問題＞①…誤。生徒10人の読んだ本の冊数は，小さい順に，2，4，4，5，5，6，6，6，7，7となる。最も多いのは，3人の6冊だから，最頻値は6冊である。また，平均値は，$(2+4+4+5+5+6+6+6+7+7)\div10=52\div10=5.2$(冊)である。中央値は小さい方から5番目の5冊と6番目の6冊の平均値となるから，$(5+6)\div2=5.5$(冊)である。最頻値，平均値，中央値のうち，最も小さいのは平均値の5.2冊である。　②…誤。①より，最頻値，平均値，中央値のうち，最も大きいのは最頻値の6冊である。　③…誤。最頻値の6冊は中央値の5.5冊より大きい。④…正。中央値の5.5冊は平均値の5.2冊より大きい。

3 〔関数—関数 $y=ax^2$ と一次関数のグラフ〕

≪基本方針の決定≫(3)　平行四辺形の面積を2等分する直線は，対角線の交点を通る。

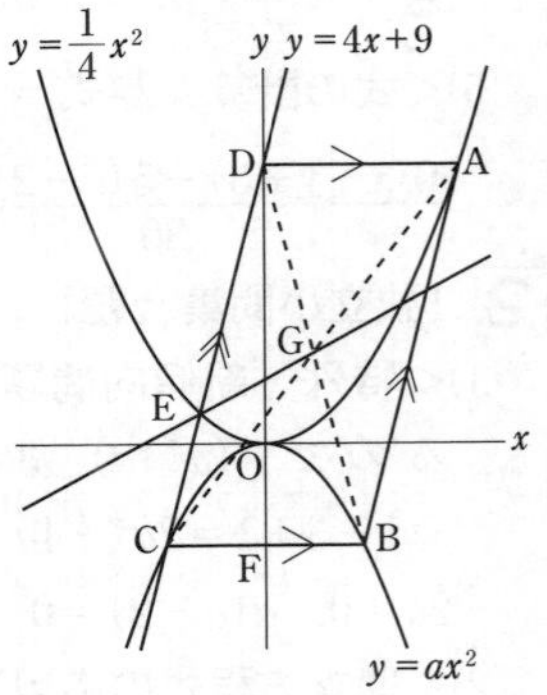

(1)＜x 座標＞右図で，点Dは直線 $y=4x+9$ と y 軸の交点であり，切片が9だから，D(0，9)である。点Aと点Dの y 座標が等しいので，点Aの y 座標も9である。点Aは放物線 $y=\frac{1}{4}x^2$ 上にあるから，$9=\frac{1}{4}x^2$，$x^2=36$ より，$x=\pm6$ となり，点Aの x 座標は正なので，6である。

(2)＜比例定数＞右図で，(1)より，A(6，9)，D(0，9)だから，$AD=6-0=6$ である。四角形ABCDは平行四辺形であるから，$BC=AD=6$ となる。また，ADは x 軸と平行であるから，BCも x 軸と平行である。2点B，Cは放物線 $y=ax^2$ 上にあるので，y 軸について対称な点となる。よって，BCと y 軸の交点をFとすると，$BF=CF=\frac{1}{2}BC=\frac{1}{2}\times6=3$ だから，点Bの x 座標は3，点Cの x 座標は -3 である。点Cは直線 $y=4x+9$ 上の点だから，$y=4\times(-3)+9=-3$ となり，C$(-3，-3)$である。点Cは放物線 $y=ax^2$ 上の点だから，$-3=a\times(-3)^2$ より，$a=-\frac{1}{3}$ となる。

(3)＜直線の式＞右上図で，▱ABCDの対角線AC，BDの交点をGとすると，▱ABCDは，点Gについて点対称な図形だから，▱ABCDの面積を2等分する直線は点Gを通る。点Eは放物線 $y=\frac{1}{4}x^2$ と直線 $y=4x+9$ の交点だから，$\frac{1}{4}x^2=4x+9$，$x^2-16x-36=0$，$(x-18)(x+2)=0$ より，$x=18$，-2 となり，点Eの x 座標は -2 である。$y=\frac{1}{4}\times(-2)^2=1$ となるから，E$(-2，1)$である。また，点Gは線分ACの中点だから，A(6，9)，C$(-3，-3)$より，点Gの x 座標は $\frac{6+(-3)}{2}=\frac{3}{2}$，$y$ 座標は $\frac{9+(-3)}{2}=3$ となり，G$\left(\frac{3}{2}，3\right)$である。よって，直線EGの式を $y=bx+c$ とおくと，点Eを通ることより，$1=b\times(-2)+c$，$-2b+c=1$……①となり，点Gを通ることより，$3=b\times\frac{3}{2}+c$，$3b+2c=$

6……②となる。①，②を連立方程式として解くと，①×2−②より，$-4b-3b=2-6$，$-7b=-4$，$b=\frac{4}{7}$となり，これを①に代入して，$-2\times\frac{4}{7}+c=1$，$c=\frac{15}{7}$となるから，求める直線の式は$y=\frac{4}{7}x+\frac{15}{7}$である。

4 〔空間図形—正四角錐〕

≪基本方針の決定≫(2)　三平方の定理を利用して，高さを求める。

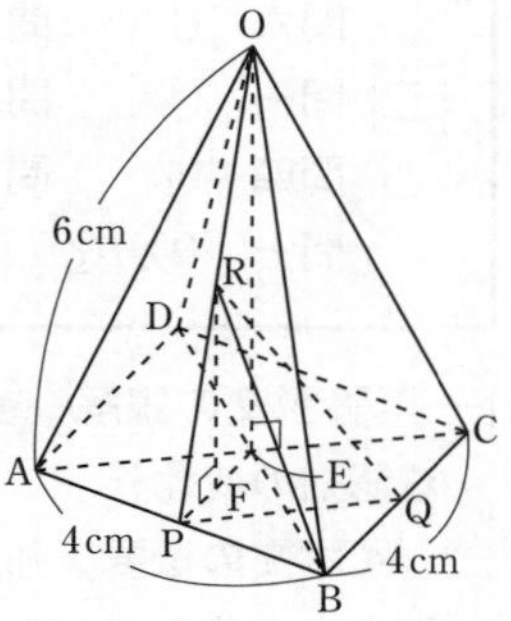

(1)＜長さ＞右図で，２点P，Qはそれぞれ辺AB，BCの中点だから，$BP=BQ=\frac{1}{2}AB=\frac{1}{2}\times4=2$である。$\angle PBQ=90^\circ$なので，△PBQは直角二等辺三角形であり，$PQ=\sqrt{2}BP=\sqrt{2}\times2=2\sqrt{2}$(cm)となる。

(2)＜体積＞右図で，点Oから面ABCDに垂線OEを引くと，立体O-ABCDは正四角錐だから，点Eは正方形ABCDの対角線AC，BDの交点と一致する。△ABCは直角二等辺三角形だから，$AC=\sqrt{2}AB=\sqrt{2}\times4=4\sqrt{2}$となり，$AE=\frac{1}{2}AC=\frac{1}{2}\times4\sqrt{2}=2\sqrt{2}$である。よって，△OAEで三平方の定理より，$OE=\sqrt{OA^2-AE^2}=\sqrt{6^2-(2\sqrt{2})^2}=\sqrt{28}=2\sqrt{7}$となるから，〔正四角錐O-ABCD〕$=\frac{1}{3}\times$〔正方形ABCD〕$\times OE=\frac{1}{3}\times4^2\times2\sqrt{7}=\frac{32\sqrt{7}}{3}$($cm^3$)である。

(3)＜体積＞右上図で，点Rから面ABCDに垂線RFを引くと，四面体R-PBQは，底面を△PBQ，高さをRFとする三角錐である。RF⊥〔面ABCD〕，OE⊥〔面ABCD〕より，RF∥OEであるから，点Fは線分EP上の点となる。このとき，△RPF∽△OPEとなり，点Rが線分OPの中点より，RF：OE＝RP：OP＝１：２である。よって，$RF=\frac{1}{2}OE=\frac{1}{2}\times2\sqrt{7}=\sqrt{7}$である。$\triangle PBQ=\frac{1}{2}\times BP\times BQ=\frac{1}{2}\times2\times2=2$だから，〔四面体R-PBQ〕$=\frac{1}{3}\times\triangle PBQ\times RF=\frac{1}{3}\times2\times\sqrt{7}=\frac{2\sqrt{7}}{3}$($cm^3$)である。

═読者へのメッセージ═

「＋」が加法を表す記号として初めて使われたのは，1514年，オランダの数学者ファンデル・フッケの著書であったとされています。それ以前も加法という概念はありましたが，最も基本的な計算だったこともあり，ただ単に数字を並べるだけで加法を表していたようです。

国語解答

一　問一　a…②　b…⑤　c…③　d…④　e…⑤
問二　⑤　問三　A…②　B…⑤
問四　i…⑤　ii…④　問五　③
問六　①　問七　②　問八　④

二　問一　④　問二　④　問三　①
問四　⑤　問五　②　問六　③
問七　①，③　問八　①　問九　⑤
問十　③

三　問一　⑤　問二　③　問三　③
問四　a…③　b…②　問五　⑤
問六　①　問七　⑤　問八　④
問九　④　問十　②
問十一　ア…①　イ…①　ウ…②　エ…②
問十二　⑤

一〔論説文の読解―哲学的分野―哲学〕出典：鈴木宏昭『私たちはどう学んでいるのか　創発から見る認知の変化』。

≪本文の概要≫知識は伝達可能だという信念を持っている人は，多い。しかし，例えば書物は，知識を文字化したものではあるが，書かれている内容自体は，単なる情報にすぎない。たとえ書物の内容を覚えたとしても，それはただの記憶である。先生から教わる事柄も，同様である。情報や記憶とは異なり，有用な知識には，いろいろな場面で使える一般性，他の知識との関係性，必要なときに効果を発揮する場面応答性という三つの性質が備わっている。伝えられた情報や事柄は，それらについて考えをめぐらせ，他の知識と関連づけたり，実際に役立てようとしたりする人間の努力があってはじめて，知識となるのである。学習途上の人間が知識をつくることはできないと，考える人たちは多い。しかし，人間は，これまでの歴史において，未知の問題に対処するために，集団の力によって多くの知識を生み出してきた。伝達された情報を覚え，それを適当な場面で使うという受け身の姿勢ではなく，知識を自らつくり出しにいく積極性を持つことが，重要である。

問一＜漢字＞a．「根拠」と書く。物事が存在するための理由となるもののこと。　b．「孤立」と書く。一つだけ他から離れていて，つながりや助けのないこと。　c．「容易」と書く。たやすいこと。　d．「範囲」と書く。ある一定の限られた広がりのこと。　e．「途上」と書く。進行している途中であること。

問二＜接続語＞Ⅰ．「知識は受け渡しが可能」で，書物や学校は，知識の伝達ができるとされているが，「そうではない」のである。　Ⅱ．「なるほど」と思える場合は，伝えられた情報や記憶から知識を構成できる「十分な経験や関連した知識が存在している」ので，努力している人へのアドバイスが「すぐに伝わるように」見える。　Ⅲ．「努力している人」には，アドバイスが「すぐに伝わるように見える」のに対し，「何もやっていない人」には，同じことが「伝わらない」のである。

問三＜文章内容＞A．先生が伝えるのは，書物の例と同様に，知識を文字や言葉という形で表した「情報」である。　B．先生が伝えた情報を生徒が覚えれば，書物の例と同様に，それは「記憶」となる。

問四＜文章内容＞i．有用な知識には，いろいろな場面で使えるという「一般性」と，他の知識との「関係性」，そして必要とされる場面で発動する「場面応答性」という三つの性質がある。　ii．単なる事実を表したものではなく，「例えば落下物体の速度を求めるという場面で起動」されるというように，実際に使うことができたり，役立ったりする知識が，有用な知識である。

問五＜文章内容＞仮に同じ情報が与えられたとしても，個々人で経験や他の知識との結びつけ方がさまざまであるため，構成される知識は「人によって」異なるのである。

問六＜文章内容＞人間が未知の問題を解決してきたのには，協力してはたらく「集団の力」によるところが大きい。

問七＜文章内容＞人間は，「集団の力」によって，未知の問題を解決するための知識を「作り出してきた」のである。

問八＜要旨＞人が知識を身につけるとき，意識的に思考をしなくても，「無意識の働き」が，「それまでに貯えたいろいろな他の知識との結びつきを作ってくれる」のである。

二〔随筆の読解―自伝的分野―回想〕出典：村上春樹『ヤクルト・スワローズ詩集』（『一人称単数』所収）。

問一＜文章内容＞テレビの画面越しに見ている野球からは，「ほんとうに心を躍らせるものが失われている」ため，「僕」は，野球場に足を運び，「ナマの試合を見るのが好き」なのである。

問二＜文章内容＞より率直にいえば，神宮球場は「だいたいいつも閑散として」いる。

問三＜表現＞「僕」は，ヤクルト・スワローズの「まずまず忠実なファン」であるが，人生という宇宙をどう歩いた末に，「球場が常に閑散として」いて人気があるとはいいがたい，目立たない「ヤクルト・スワローズと神宮球場の長期支援者になったのだろう」と考えている。

問四＜文章内容＞ヤクルト・スワローズが初のリーグ優勝と日本シリーズ制覇をした「奇跡的な年」に，「僕」もまた，『風の歌を聴け』という作品で新人賞を取り，「小説家と呼ばれるように」なった。その「偶然の一致」に，「僕」は不思議な縁を感じた。

問五＜文章内容＞十年間もの間，数多くの「負け試合」を目にしてきたということは，「僕」は，当たり前のように負けを味わうことに，徐々に慣れていったということである。

問六＜語句＞「暇つぶし」は，特にするべきことのない空き時間を，適当に過ごすこと。

問七＜表現技法＞「正確に～落ちる。　宇宙の端っこを～立てて。」は，通常とは文の順序が逆であり，「倒置法」が用いられている。また，「測ったみたいに」と「叩いたみたいに」は，「みたいに」という比喩であることを示す言葉が使われており，「直喩」が用いられている。

問八＜慣用句＞「腹を立てる」は，怒る，という意味。「腹を痛める」は，子を産む，また，自分の金で負担する，という意味。「腹を固める」は，はっきりと考えを定める，という意味。「腹を決める」は，覚悟する，決心する，という意味。「腹を据える」は，覚悟を決める，という意味。

問九＜語句＞「毛ほど」は，打ち消しの語を伴って，（毛のように）ほんのわずか，という意味。

問十＜要旨＞「僕」は，上京したとき，住んだ場所から近い神宮球場をホームグラウンドにしているヤクルト・スワローズを応援し始めた。神宮球場は人がまばらで，ヤクルト・スワローズは人気があるとはいえなかったが，人が多い場所を好まない「僕」には，それがかえって魅力的でもあった。一九七八年にヤクルト・スワローズが初のリーグ優勝と日本シリーズ制覇をしたとき，「僕」もまた，新人賞を取って小説家としての一歩を踏み出したという「偶然の一致」もあり，「僕」は，ヤクルト・スワローズに「縁のようなもの」を感じて，長い間ファンでい続けている。

三〔古文の読解―随筆〕出典：兼好法師『徒然草』第百八十四段。

≪現代語訳≫相模守時頼の母は，松下禅尼と申した。（家に）相模守を招待なさることがあったとき，すすけている明かり障子の破れたところだけを，松下禅尼が自らの手で，小刀であちらこちらを切り取っては張りなさっていたので，（松下禅尼の）兄である城介義景が，その日の準備に勤めて控えていたのだが，「（それはこちらで）お引き受けしまして，なにがしという男に張らせましょう。そのようなことに心得のある者でございます」と申し上げなさったところ，「その男は，尼の細かい手仕事にまさか勝っていることはないでしょう」と（松下禅尼は）答えて，やはり障子の桟の一こまずつを張りなさっていたのを，義景が，「（切り張りではなく）全てを張りかえる方が，ずっと容易でしょう，まだらになりますのも見苦しくはないでしょうか」ともう一度申し上げなさったところ，「尼も，後にはさっぱりと張りかえようと思うけれども，今日ばかりは，わざとこのようにしておくのがよいのです。物は壊れたところだけを修理して用いることだと，若い人に見習わせて，気づかせようとするためなのです」と申し上げなさったのは，本当にめったにないほど立派だったことよ。／世を治める道は，〈倹約〉を基本とする。(松下禅尼は)女性だけれども聖人の心に通じている。天下を治めるほどの人を，子としてお持ちになっている(松下禅尼は)，実に，ただ者ではなかったということである。

問一＜古典の知識＞「相模」は，現在の神奈川県に相当する。「武蔵」は，現在の東京都と埼玉県全部と神奈川県北東部。「越後」は，現在の新潟県。「信濃」は，現在の長野県。「常陸」は，現在の茨城県。「三河」は，現在の愛知県東部。

問二＜古典文法＞係助詞「ぞ」があると，係り結びの法則により，文末は連体形になる。

問三＜古文の内容理解＞松下禅尼が自ら障子を張りかえているのを見て，城介義景は，障子を張りかえることに心得のある者にやらせることを提案した。

問四＜古文の内容理解＞a．城介義景は，松下禅尼に，障子の張りかえを自分が引き受け，障子を張りかえることに心得のある，なにがしという男に張らせましょうと言った。　b．自分より障子の張りかえが勝っていないだろうと言って，松下禅尼は，自ら障子を一こまずつ張りなさった。

問五＜現代語訳＞「よも」は，多く打ち消し推量を表す「じ」を伴って，まさか，という意味。松下禅尼は，その男が自分より障子の張りかえがまさか優れていることはないでしょうと言った。

問六＜現代語訳＞「たやすし」は，容易だ，簡単だ，という意味。城介義景は，松下禅尼が障子を一こまずつ張りかえているのを見て，皆を張りかえる方がはるかに容易でしょうと言った。

問七＜古文の内容理解＞松下禅尼は，一こまずつ張りかえられた障子を若い人である相模守時頼に見せ，物が壊れたときには，壊れたところだけを修理して用いることを学ばせようとしたのである。

問八＜古文の内容理解＞松下禅尼が障子を一こまずつ張りかえていたのは，物を修理しながら使うことの重要性を相模守時頼に教育するためであった。作者は，こうした松下禅尼の思慮深さをめったにないほど立派なことだと感心しているのである。

問九＜古文の内容理解＞松下禅尼は，壊れたところだけを修理しながら物を大事に使い，無駄や浪費をなるべく抑えるという政治の基本を，相模守時頼に学ばせようとした。出費をできるだけ減らし，浪費しないことを，「倹約」という。

問十＜古文の内容理解＞天下を治めるほどの人である相模守時頼を子に持つ松下禅尼は，並はずれた人物であると，作者は高く評価している。

問十一＜古文の内容理解＞ア．松下禅尼は，障子をあえて一こまずつ張りかえることで，相模守時頼に壊れたところだけを修理して物を使うことの大事さを学ばせようとした(…○)。　イ．松下禅尼が自らの手で障子を張りかえていたので，城介義景はその作業を引き受け，他の器用な者にやらせると提案した(…○)。　ウ．松下禅尼は，後にはさっぱりと張りかえるつもりだが，今日ばかりは相模守時頼に学ばせるために，一こまずつ障子を張りかえていた(…×)。　エ．作者は，松下禅尼の教育姿勢や倹約を大事とする徳の高さを評価し，並はずれた人物であると賞賛している(…×)。

問十二＜文学史＞『徒然草』は，鎌倉時代末期に成立した兼好法師による随筆。『方丈記』は，鎌倉時代初期に成立した鴨長明による随筆で，『枕草子』，『徒然草』とともに日本三大随筆として扱われる。『太平記』は，南北朝時代に成立した軍記物語。『無名抄』は，鎌倉時代初期に成立した鴨長明による歌論書。『宇治拾遺物語』は，鎌倉時代初期に成立した説話集。『十訓抄』は，鎌倉時代中期に成立した説話集。

2023年度 東京農業大学第三高等学校(第１回)

【英　語】 (45分) 〈満点：100点〉

1 この問題は、対話を聞き、各質問に対して最も適当な答えを選ぶ形式です。対話はそれぞれ二度くり返されます。解答番号は [1] 〜 [4] の４題で、解答時間はそれぞれ10秒です。

(編集部注：放送文は未公表のため掲載してありません。)

1 Which is true about Sakura?　　解答番号は [1]

① She has known Lucas for ten years.

② She is Laura's sister.

③ She likes playing tennis.

④ She sometimes plays basketball.

2 How much will the woman pay?　　解答番号は [2]

① $10.

② $12.

③ $16.

④ $20.

3 What time will the train leave?　　解答番号は [3]

① At 9:00.

② At 9:10.

③ At 9:20.

④ At 9:30.

4 What does the woman wonder about?　　解答番号は [4]

① How people will find the books they want.

② How people will get to the new library.

③ How people will read the local newspaper.

④ How people will use the library's computers.

2

この問題は、英文を聞き、各質問に対して最も適当な答えを選ぶ形式です。英文と質問はそれぞれ二度くり返されます。解答番号は 5 ～ 8 の4題で、解答時間はそれぞれ10秒です。

（編集部注：放送文は未公表のため掲載してありません。）

1　　　解答番号は 5

① Three cats.
② Three dogs.
③ Two cats and a dog.
④ Two dogs and a cat.

2　　　解答番号は 6

① A large village far from London.
② A large village near London.
③ A small village far from London.
④ A small village near London.

3　　　解答番号は 7

①

②

③

④

4　　　解答番号は 8

①

②

③
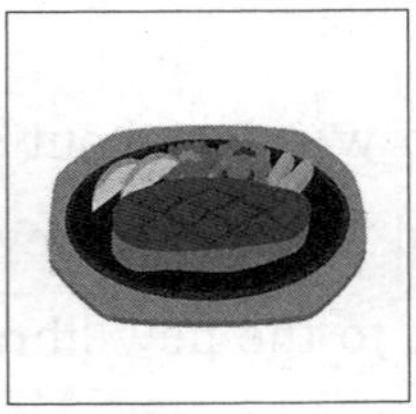
④

3 各文の（　　　）に入る最も適当なものを選び、その番号をマークしなさい。

1　He is known (　　　) everyone.　　解答番号は 9

① at　② for　③ on　④ to

2　Have you finished your homework (　　　)?　　解答番号は 10

① before　② either　③ since　④ yet

3　This is the watch (　　　) by Ken.　　解答番号は 11

① break　② breaking　③ broke　④ broken

4　I had breakfast, (　　　) I'm hungry.　　解答番号は 12

① but　② for　③ or　④ so

5　I don't know where (　　　).　　解答番号は 13

① Emi lives　② did Emi live　③ does Emi live　④ is Emi living

4 次の英文を読み、後の問に答えなさい。

I entered a restaurant to have dinner. There were some people, but it was very quiet. I took a seat near an old couple. I could not see their faces well because it was dark there and I sat back to back with them. While I was (㋐) what to eat, I heard the man's voice. It was loud in the comfortable, quiet restaurant. "How beautiful these flowers on the table are! Purple, yellow, and white. There is a tiny candle. It's so cute! Oh, here comes the salad. Lettuce and tomato. The tomatoes are bright red. What's this? It is something white, like powder snow on green lettuce. Oh, I see, it is cheese! It looks tasty!" He talked a lot but his wife didn't say anything. He continued talking to her in a loud voice. "Which should I use, chopsticks or a fork? ㋑I think (1 easier 2 eat 3 for 4 is 5 it 6 me 7 to) this salad with chopsticks."

㋒The man talked to his wife like we do to a child. Why was he saying so much and saying it so loudly? I felt so ㋓irritated that I stood up to tell him to be quiet.

At that moment, I saw something white beside the table. It was a walking stick. I soon understood the reason he talked to her so much. He was her eyes! I also understood why the other people were so quiet. ㋔They didn't want to interrupt the couple's dinner. If other people were noisy, she couldn't 'see.'

"What's the matter?" the man asked me because I suddenly stood up behind her. "Oh, excuse me. Where is the restroom?", I asked. "Over there.", he pointed with a smile. When I walked to the restroom, I saw many people smiling at them.

I went to the restroom just to wash my hands and came back to my seat. The man was cutting a steak into small pieces. He said to her, "open your mouth... it's so good, isn't it? This steak is cooked so well and smells good!" His voice was loud but sounded very gentle.

They finished their dinner. He took her hand and walked to the exit with her. I saw a ladies' handkerchief on their table. It was hers. So I took it and ran to them. "Excuse me, is this your handkerchief? This blue handkerchief is like a beautiful sky and matches your blue dress!", I said. She replied "Thank you so much." with a smile on her face, and her husband said to her, "(㋕)"

問１　本文中の空欄（　㋐　）に入る最も適当なものを次から選び、その番号をマークしなさい。

解答番号は 14

① think　　② thinking of　　③ thought　　④ thought of

問２　下線部㋑の（　　）内の語を次の日本語に合うように並べかえるとき、（　）内で３番目と５番目にくるものとして最も適当な組み合わせを次から選び、その番号をマークしなさい。

解答番号は 15

このサラダは箸のほうが食べやすいと思う。

① １－２　　② １－６　　③ ５－３　　④ ５－６

問３　下線部㋒の意味として最も適当なものを次から選び、その番号をマークしなさい。

解答番号は 16

① 男性は妻に子ども好きだということを話した。
② 男性は妻に子どもに話すような感じで話した。
③ 男性は妻に子どものためにやっていることを話した。
④ 男性は妻に好きな子どものことについて話した。

問４　下線部㋓irritatedに最も近い意味のものを次から選び、その番号をマークしなさい。

解答番号は 17

① angry　　② happy　　③ sorry　　④ surprised

問５　下線部㋔の意味として最も適当なものを次から選び、その番号をマークしなさい。

解答番号は 18

① 二人は周りの人たちの食事を邪魔したくなかった。
② 二人は周りの人たちから食事を見られたくなかった。
③ 周りの人たちは二人の食事を邪魔したくなかった。
④ 周りの人たちは二人から食事を見られたくなかった。

問６　本文中の空欄（　㋕　）に入る最も適当なものを次から選び、その番号をマークしなさい。

解答番号は 19

① He is your eyes, too.　　② I am your eyes, too.
③ It is your eyes, too.　　④ They are your eyes, too.

問7　本文の内容と一致しないものを次から一つ選び、その番号をマークしなさい。

解答番号は 20

① The old couple couldn't see and talked loudly.

② The old woman couldn't see.

③ The other people in the restaurant understood they should be quiet for the old woman.

④ The writer wanted to tell the man to be quiet but he didn't.

5 次の英文を読み、後の問に答えなさい。

When people think of animals in Australia, they usually think of kangaroos or koala bears. So it is surprising to learn that there are also a lot of wild camels in the country. In fact, ㋐there are more wild camels in Australia than in any other country in the world.

Camels were first taken to Australia in the middle of the 19th century. They were brought from places like Africa and India. Camels can travel up to 70 kilometers a day and survive without water for a long time. Because of this, people often used them in the deserts of central and western Australia. The weather is very hot and dry there. They rode the camels and used them ㋑to carry goods over long distances.

This changed in the 1920s. At that time, cars and trucks were becoming more common, so the camels were no longer (㋒). Most of them were *released in the desert by their owners. Because there were no local animals that killed camels for food, their number grew very quickly. Some experts say that ㋓there (1 about 2 are now 3 in 4 living 5 one million 6 wild camels) Australia, and their number is growing each year.

In the past, when there were fewer camels, they did not cause (㋔) problems. Now, however, they have begun to damage trees and plants. Also, when they move to areas of farmland, they drink water and eat grass that is used for cows and sheep. For these reasons, the Australian government wants to control their number. One way to do this is to catch them and keep them on farms to be sold for their meat. However, many of the camels will stay in the desert and continue to be a part of Australia's interesting wildlife.

release ～を解放する、放す

問１　下線部㋐に最も近い意味の英文を次から選び、その番号をマークしなさい。

解答番号は 21

① Any other country in the world has a larger number of wild camels than Australia.

② Any other country in the world has the same number of wild camels as Australia.

③ Australia has the largest number of wild camels in the world.

④ Australia has the smallest number of wild camels in the world.

問２　ラクダがオーストラリア中西部で利用されていた理由として最も適当なものを次から選び、その番号をマークしなさい。

解答番号は 22

① ラクダは、アフリカ人やインド人によって人間の代わりに働くよう調教されていたから。

② ラクダは、過酷な環境でも働くことができたから。

③ ラクダは、19世紀中頃のオーストラリアには有り余るほど多くいたから。

④ ラクダは、水や餌なしでも70日間ほど生きることができたから。

問３　下線部㋑to carryと同じ用法の不定詞を含む文を次から選び、その番号をマークしなさい。

解答番号は 23

① George told me he had nothing to do in the morning today.

② When my father was a child, his dream was to be a pilot.

③ Our teacher always says it is important to study English every day.

④ The student studied very hard to pass the test.

問４　本文中の空欄（　㋒　）に入る最も適当なものを次から選び、その番号をマークしなさい。

解答番号は 24

① discovered　　② grown　　③ loved　　④ needed

問５　下線部㋓の（　　　）内の語（句）を次の日本語に合うように並べかえるとき、（　　　）内で３番目と５番目にくるものとして最も適当な組み合わせを次から選び、その番号をマークしなさい。

解答番号は 25

現在オーストラリアにはおよそ100万頭の野生のラクダが生息している。

① ４－２　　② ４－５　　③ ５－２　　④ ５－４

問6　本文中の空欄（　㋔　）に入る最も適当なものを次から選び、その番号をマークしなさい。　解答番号は 26

① few　② little　③ many　④ much

問7　オーストラリア政府がラクダの数を制限しようとしている理由として最も適当なものを次から一つ選び、その番号をマークしなさい。　解答番号は 27

① 食用としてのラクダの肉質を改善しようと考えたため。
② ラクダがオーストラリアの環境や家畜に害を与えるのを防止するため。
③ ラクダに襲われるコアラやカンガルーを保護するため。
④ ラクダの代わりとなる自動車の使用が増えたため。

【数　学】（45分）〈満点：100点〉

1　次の各問いに答えよ。

(1)　$(8-3)\div\frac{5}{3}-2^2$ を計算せよ。

解答群	①	$\frac{13}{3}$	②	$\frac{37}{3}$	③	7	④	$\frac{85}{3}$
	⑤	$\frac{13}{5}$	⑥	$\frac{53}{5}$	⑦	-1	⑧	$-\frac{35}{3}$

答　①

(2)　$(3+\sqrt{5})^2-(2-\sqrt{5})(7+3\sqrt{5})$ を計算せよ。

解答群	①	$13+\sqrt{5}$	②	$13-5\sqrt{5}$	③	$13+5\sqrt{5}$
	④	$15-7\sqrt{5}$	⑤	$15+7\sqrt{5}$	⑥	$15+3\sqrt{5}$
	⑦	$95+7\sqrt{5}$	⑧	$-27+5\sqrt{5}$		

答　②

(3)　$a=-\frac{1}{2}$，$b=\frac{1}{2}$ のとき，$(12a^2b-6ab^2)\div(-3ab)^2$ の値を求めよ。

解答群	①	$\frac{1}{3}$	②	$\frac{4}{3}$	③	$-\frac{4}{3}$	④	0
	⑤	1	⑥	2	⑦	3	⑧	4

答　③

(4)　$\dfrac{4a-3b}{2}-\dfrac{2a-b}{3}-\dfrac{3a-4b}{4}$ を計算せよ。

解答群	① $\dfrac{41a-34b}{12}$	② $\dfrac{25a-26b}{12}$	③ $\dfrac{23a-10b}{12}$
	④ $\dfrac{7a-2b}{12}$	⑤ $-\dfrac{25a-26b}{12}$	⑥ $-\dfrac{23a-10b}{12}$
	⑦ $-\dfrac{5a-2b}{6}$	⑧ $-\dfrac{41a-34b}{6}$	

答　④

(5)　次の式が表すグラフのうち，x 座標と y 座標がともに負となる点を通らないものを１つ選べ。

解答群	① $y=x$	② $y=\dfrac{1}{2}x+1$	③ $2x-y=3$
	④ $y=-3x^2$	⑤ $y=\dfrac{10}{x}$	⑥ $xy=-6$
	⑦ $x=-\dfrac{2}{5}$	⑧ $y+4=0$	

答　⑤

2　次の各問いに答えよ。

(1)　x についての2次方程式 $x^2 - ax + 24 = 0$ の2つの解が，ともに整数となるような定数 a のうち，2番目に大きい値を求めよ。

答　$a =$ ⑥⑦

(2)　2けたの自然数 N は十の位の数が一の位の数の3倍より1大きくなる。また，N の各位の数の和を8倍すると，もとの数と等しくなる。このとき，自然数 N を求めよ。

答　$N =$ ⑧⑨

(3)　右の図のように，袋Aには1から5，袋Bには6から10までの自然数が1つずつ書かれた玉が入っている。2つの袋からそれぞれ1つずつ玉を取り出したとき，玉に書かれている数の和が3の倍数となる確率を求めよ。

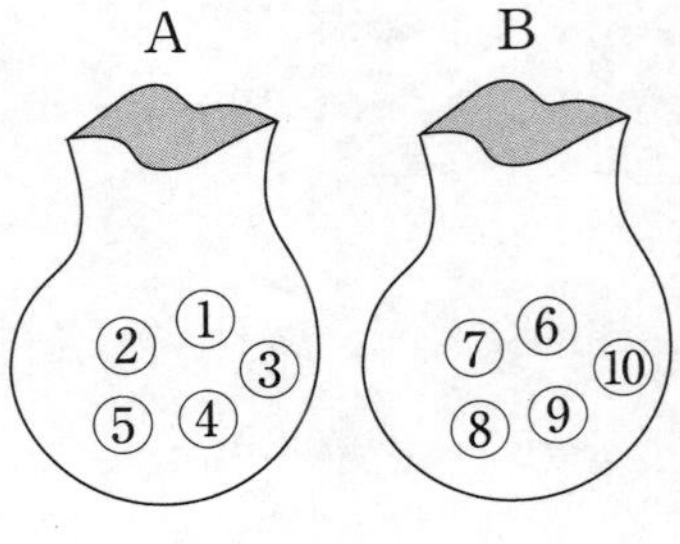

答　$\dfrac{⑫}{⑩⑪}$

(4)　右の図のように，円Oの円周上に5つの点A，B，C，D，Eがあり，線分BEは円Oの直径である。線分ACと線分BDとの交点をFとする。$\angle AFB = 67°$，$\angle DCF = 52°$ のとき，$\angle x$ の大きさを求めよ。

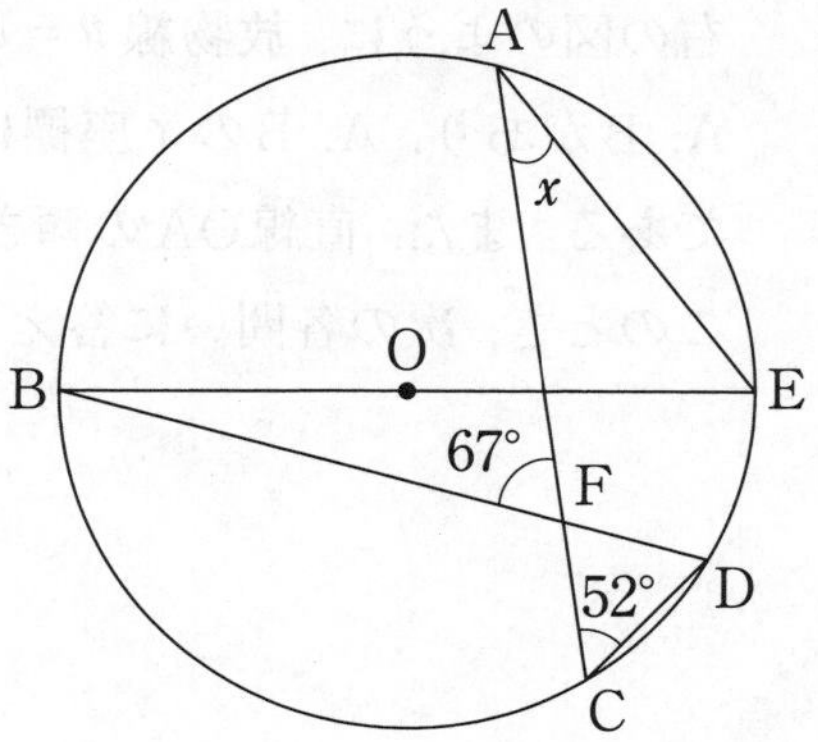

答　$x =$ ⑬⑭ °

(5)　右の表は，ある中学校の生徒30人が1か月に読んだ本の冊数を，度数分布表にまとめたものである。このとき，生徒30人が1か月に読んだ本の冊数の平均値を求めよ。

階級(冊)	度数(人)
0以上～4未満	7
4 ～ 8	8
8 ～ 12	12
12 ～ 16	2
16 ～ 20	1
計	30

答　⑮.⑯ 冊

3 右の図のように，放物線 $y=ax^2$ 上に2点A，Bがあり，A，Bの x 座標はそれぞれ -3，1である。また，直線OAの傾きは -3 である。このとき，次の各問いに答えよ。

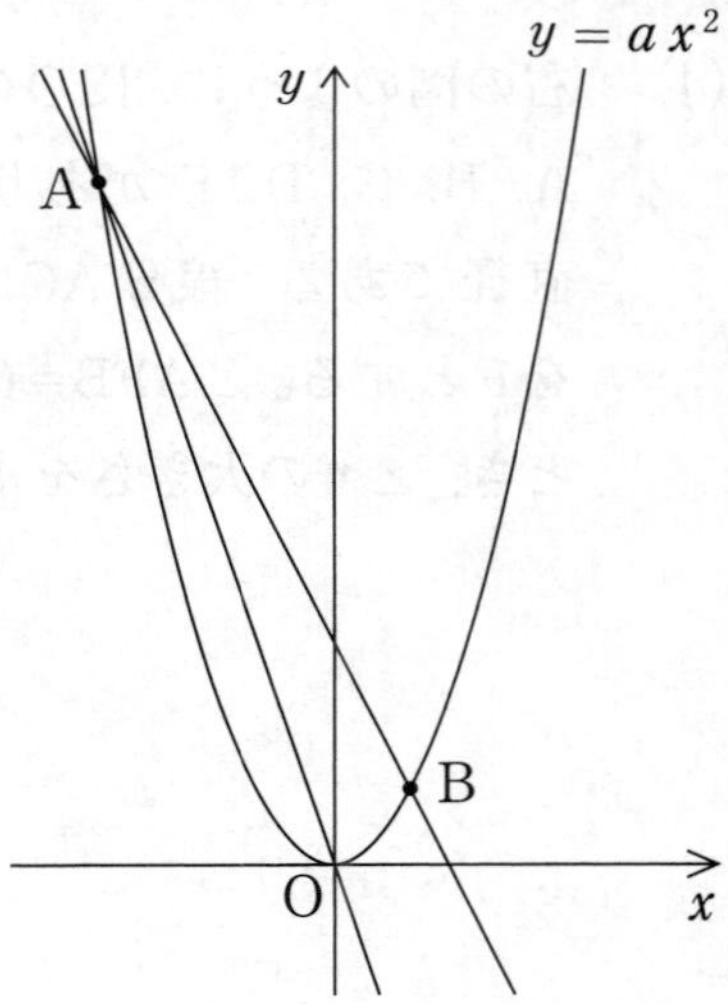

(1)　a の値を求めよ。

答　$a=$ ⑰

(2)　直線ABの方程式を求めよ。

答　$y=-$ ⑱ $x+$ ⑲

(3)　x 軸上に x 座標が負となる点Dをとる。四角形OBADの面積が60のとき，点Dの x 座標を求めよ。

答　$-$ ⑳㉑

(4)　(3)のとき，点Oを通り四角形OBADの面積を2等分する直線と線分ADの交点をEとする。このとき，AE：EDを最も簡単な整数の比で表せ。

答　AE：ED＝ ㉒ ： ㉓

4　右の図のように，直角三角形ABCとおうぎ形を組み合わせた図形がある。直線ADを軸として，この図形を１回転させてできる立体㋐について，次の各問いに答えよ。

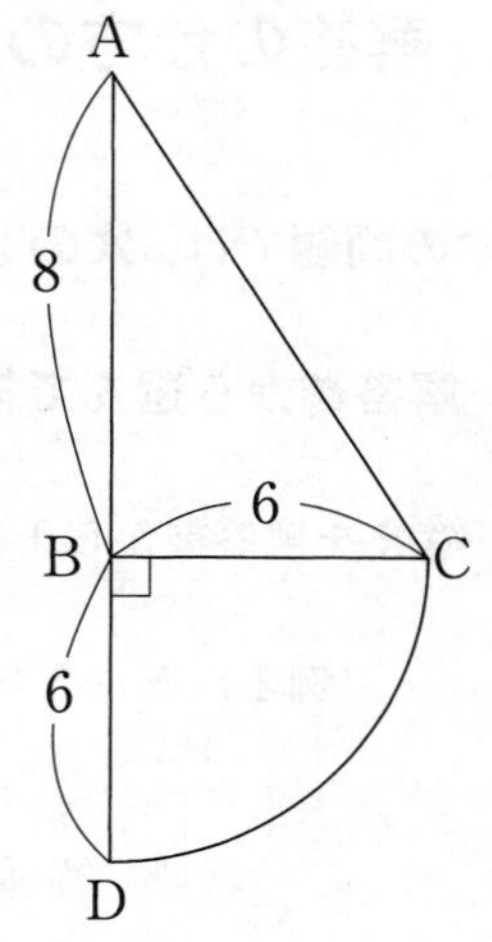

(1)　立体㋐の体積を求めよ。

答　㉔㉕㉖ π

(2)　立体㋐と同じ体積となる高さが10の円柱の底面の半径を求めよ。

答　㉗ $\sqrt{㉘}$

(3)　立体㋐の表面積を求めよ。

答　㉙㉚㉛ π

── 解答の仕方の注意 ──

数学の問題では，次の２通りの答え方がありますから注意しなさい。

(1) 解答群から選んで答える問題

答えを解答群から１つ選び解答カードにマークしなさい。

（例１） 5 + 3 = [⑥]　　　　（⑥解答番号です）

解答群	1　2	2　4	3　6	4　8	5　10

例１の答えは８で解答群の [4] が正解ですから，解答カードの解答番号⑥の解答欄の [4] をぬりつぶして答えなさい。

(2) 解答群がなく，数値で答える問題

（例２） $\frac{1}{15}+\frac{3}{15}=$ [⑪ / ⑨⑩]

例２の答えは $\frac{4}{15}$ です。解答群がありませんから

解答番号⑨の解答欄の [1]
解答番号⑩の解答欄の [5]
解答番号⑪の解答欄の [4]
をそれぞれぬりつぶして答えなさい。

また [⑯⑰] のように [　　] 内に解答番号⑯，⑰がある場合には，答えの数の十の位の数が⑯に，一の位の数が⑰に，それぞれ必ず１つ数字が入ります。

答えが分数になる場合は，必ず約分して答えなさい。

問八　傍線部**G**「夢取る事はげにかしこき事なり」とあるが、それはなぜか。その理由として最も適当なものを次から選び、その番号をマークしなさい。解答番号は **34** 。

① 国守を継ぐことができたのに、自分の代で跡継ぎが途切れてしまったから
② 天皇に認めてもらえたのに、恋人に夢中になり出世することができなかったから
③ 人気の夢解き師に占ってもらったのに、結果を残すことができなかったから
④ 大臣になれたはずなのに、結果として役職にもつくことができなかったから
⑤ お告げ通りに学問を深めたが、試験に合格することができなかったから

問九　本文の内容と合致するものとして最も適当なものを次から選び、その番号をマークしなさい。解答番号は **35** 。

① 備中国の郡司は夢合わせの後、雑談をしていたところ国守の子が夢解きに来たので、夢をとってやろうと考え、部屋の奥に隠れた
② 国守の子は御供を連れて夢解きにやってきたが、女に騙されてしまい夢を諦めることを余儀なくされてしまった
③ 夢解きの女は任期終了後に帰京する国守よりも、この国に長らく仕える郡司が出世した方が良いという主張を受け入れた
④ 郡司の子は元から才能があったが夢に向かってさらに学問をし続けたことによって、天皇に認められ、大臣にまで出世することができた
⑤ 夢を取って悪事を働こうとする者がいるから、夢は人に聞かせてはいけないものだと言い伝えられている

問十　本文の出典である『宇治拾遺物語』と同じジャンル（分類）の作品を次から一つ選び、その番号をマークしなさい。解答番号は **36** 。

① 方丈記
② 源氏物語
③ 今昔物語集
④ 雨月物語
⑤ 奥の細道

問五　傍線部**D**「こそ」は係助詞である。文末の結びの活用形として最も適当なものを次から選び、その番号をマークしなさい。解答番号は **31** 。

① 未然形
② 連用形
③ 終止形
④ 連体形
⑤ 已然形
⑥ 命令形

問六　傍線部**E**「その語られつる夢を露も違はず語り給へ」の解釈として最も適当なものを次から選び、その番号をマークしなさい。解答番号は **32** 。

① あの男が人から聞いた夢を、わずかでも間違えることなく語り継いでください
② あの男が語った自身の夢を、少しも間違えることなくお話しになってください
③ あの男が見た自身の夢を、わずかばかりですがお話しいたしましょう
④ 自分が最初に語った夢を、少し間違えても構わないのでお話しになってください
⑤ 自分が思い描いている夢を、わずかな希望でも構わないのでお話しになってください

問七　傍線部**F**「大臣までになされりにけり」とあるが、天皇は誰を大臣まで昇進させたのか。最も適当なものを次から選び、その番号をマークしなさい。解答番号は **33** 。

① 郡司の子
② 国守の御子
③ 御供の侍
④ 夢解きの女
⑤ かの君

問二　傍線部**A**「夢」に対する夢解きの結果として正しいものを次から選び、その番号をマークしなさい。解答番号は 28 。

① 唐での活躍を天皇に称賛される誇らしい夢
② 容姿のすぐれた女性と結婚するうれしい夢
③ 見識を深めて学者になるめでたい夢
④ 父の跡を継いで一家繁栄する喜ばしい夢
⑤ 立身出世が約束されているすばらしい夢

問三　傍線部**B**「人に語り給ふな」とあるが、女がこのように言った理由として最も適当なものを次から選び、その番号をマークしなさい。解答番号は 29 。

① 実現の見込みがない夢だったので、聞かなかったことにしようと思ったから
② 自分以外の人に話をしてしまうと、かけたまじないの効果が切れてしまうから
③ 誰かに聞かせてしまうと、せっかくの縁起の良い夢が台無しになる可能性があるから
④ 夢の内容を広めてしまうと、実現しなかった時に男が恥をかくと心配したから
⑤ 多くの人に語ることで、言葉の力が弱まり夢が叶わなくなってしまうから

問四　傍線部**C**「衣を脱ぎて女に取らせて帰りぬ」の意図は何か。最も適当なものを次から選び、その番号をマークしなさい。解答番号は 30 。

① 夢占いの結果が良かったので、褒美《ほうび》として女に与えた
② 気持ちが高ぶったので、開放感を得るために脱ぎ捨てた
③ 女の発言に気分を害したので、嫌がらせに置いていった
④ お金が無かったので、代わりに着物を謝礼として贈った
⑤ 女が欲しがっていたので、仕方なく報酬として渡した

唐《もろこし》へ、「物よくよく習へ」とて遣《つか》はして、久しく唐にありて、さまざまの事ども習ひ伝へて帰りたりければ、(6)御門《みかど》かしこき者に思《おぼ》し召して、次第になしあげ給ひて、F大臣までになされにけり。

されば、G夢取る事はげにかしこき事なり。かの夢取られたりし備中守の子は、司《つかさ》もなき者にてやみにけり。夢を取られざらましかば、大臣までもなりなまし。されば、夢を人に聞かすまじきなりと言ひ伝へける。

（『宇治拾遺物語』による）

（注記）

（1）備中国…現在の岡山県西部

（2）郡司…国守のもとで郡の行政を行った役人

（3）夢解き…夢占い

（4）国守…国司の長官

（5）・（6）おほやけ・御門…天皇

問一　波線部**a**～**e**の語の歴史的仮名遣いと現代仮名遣いの組み合わせとして**正しくないもの**を次から選び、その番号をマークしなさい。解答番号は27。

① ゐたる ― いたる

② おはする ― おわする

③ 心ばへ ― 心ばえ

④ いふやう ― いうやう

⑤ おほやけ ― おおやけ

三　次の文章を読んで、後の問いに答えなさい。

昔、(1)備中国《びっちゅうのくに》に(2)郡司《ぐんじ》ありけり。それが子にひきのまき人《ひと》といふありけり。若き男にてありける時、夢を見たりければ、あはせさせんとて、(3)夢解《ゆめと》きの女のもとに行きて、夢あはせて後、物語してaゐたる程に、人々あまた声して来《く》なり。(4)国守の御子の太郎君のbおはするなりけり。年は十七八ばかりの男にておはしけり。c心ばへは知らず、かたちは清げなり。人四五人ばかり具《ぐ》したり。「これや夢解きの女のもと」と問へば、御供の侍《さぶらひ》、「これにて候《さぶら》ふ」といひて来れば、まき人は上の方の内に入りて、部屋のあるに入りて、穴より覗《のぞ》きて見れば、この君入り給ひて、「A夢をしかじか見つるなり。いかなるぞ」とて語り聞かす。女聞きて、「世にいみじき夢なり。必ず大臣までなり上《あが》り給ふべきなり。返す返すめでたく御覧じて候ふ。あなかしこあなかしこ、B人に語り給ふな」と申しければ、この君うれしげにて、C衣《きぬ》を脱ぎて女に取らせて帰りぬ。

その折、まき人部屋より出《い》でて、女にdいふやう、「夢は取るといふ事のあるなり。この君の御夢、我らに取らせ給へ。国守は四年過ぎぬれば帰り上《のぼ》りぬ。我は国人《くにひと》なれば、いつも長らへてあらんずる上に、郡司の子にてあれば、D我をこそ大事に思はめ」といへば、女、「のたまはんままに侍るべし。さらば、おはしつる君のごとくにして入り給ひて、Eその語られつる夢を露《つゆ》も違《たが》はず語り給へ」といへば、まき人悦《よろこ》びて、かの君のありつるやうに入り来て、夢語《ゆめがた》りをしたれば、女同じやうにいふ。まき人いとうれしく思ひて、衣《きぬ》を脱ぎて取らせて去りぬ。

その後、文を習ひよみたれば、ただ通りに通りて、才《ざえ》ある人になりぬ。e(5)おほやけ聞し召して、試みらるるに、まことに才深くありければ、

問九　空欄 V に入る語句として最も適当なものを次から選び、その番号をマークしなさい。解答番号は 26 。

1 すうっと
2 ぎゅっと
3 ずっと
4 ぐぐっと
5 しっかりと

問七　傍線部**E**「全然とんちんかんな答え方をしていたことに気づいた」とあるが、どういう点が「とんちんかん」なのか。最も適当なものを次から選び、その番号をマークしなさい。解答番号は **24** 。

① 親切にアドバイスしてくれたのに、いい加減に答えてしまったこと
② きちんと答えなくてはいけなかったのに、かぼそい声で答えてしまったこと
③ 定期券の方が安いことは知っていたのに、回数券を買うと答えてしまったこと
④ 子供にやさしく教えてくれたのに、嘘を答えてしまったこと
⑤ 値段のことを言われたのに、病院に行く目的を答えてしまったこと

問八　傍線部**F**「それでまた、悲しみがつのった」理由を説明したものとして、最も適当なものを次から選び、その番号をマークしなさい。解答番号は **25** 。

① 最初は混みあっていたバスの車内に一人取り残されたために泣いてしまい、さらにその情けない姿を苦手意識のある河野さんに見られてしまうことになるから
② 一人でバスに乗ることに対する不安を母親に悟られないように気丈にふるまっていたが、よりによってバスの運転手が思いやりのない河野さんだったから
③ 最後の回数券を使うと母親の入院が長引いてしまうと泣きそうだったのを、なんとか堪《こら》えていたのに、そんな時に限っていつも意地悪な河野さんが優しかったから
④ 大切にとっておいた回数券を使いたくないため、バスの運転手に交渉しようと思っていたが、そんな時に限って融通《ゆうづう》のきかない河野さんが運転手だったから
⑤ 最後の回数券を使う前に母親に退院してほしいという願いが叶《かな》わなかった上に、その大切な回数券を渡す相手がよりによって無愛想な河野さんだったから

問四　傍線部**B**「釘を刺される」とあるが、「釘を刺す」と同じ意味の語句として最も適当なものを次から選び、その番号をマークしなさい。解答番号は 21 。

① あらためる
② いましめる
③ おとしめる
④ しずめる
⑤ ふくめる

問五　傍線部**C**「ほんとうは訊きたくない質問だった」とあるが、なぜか。最も適当なものを次から選び、その番号をマークしなさい。解答番号は 22 。

① 回数券を複数冊買うということが、毎日通わなくてはいけなくなるので面倒だから
② 回数券を複数冊買うということは、母親の入院が長引くことになるのがわかってしまうから
③ 回数券を一冊だけ買うことが、母親の退院を早めることになるかもしれないから
④ 回数券を一冊買うよりも、定期を買うほうが母親の見舞いに行きやすくなるから
⑤ 回数券を複数冊買うのは、余ってしまって経済的に損することになるから

問六　傍線部**D**「胸がすぼまった」とあるが、どういう意味か。最も適当なものを次から選び、その番号をマークしなさい。解答番号は 23 。

① 胸が熱くなる
② 心がワクワクする
③ 気持ちが重くなる
④ 気分が悪くなる
⑤ 息が苦しくなる

問一　空欄［Ⅰ］・［Ⅱ］・［Ⅲ］に当てはまる語句の組み合わせとして最も適当なものを次から選び、その番号をマークしなさい。解答番号は［18］。

① Ⅰ　しかし　　Ⅱ　そして　　Ⅲ　きちんと
② Ⅰ　それで　　Ⅱ　けれども　Ⅲ　そこに
③ Ⅰ　だから　　Ⅱ　でも　　　Ⅲ　やっと
④ Ⅰ　せめて　　Ⅱ　それでも　Ⅲ　それで
⑤ Ⅰ　いつも　　Ⅱ　しかし　　Ⅲ　すぐに

問二　傍線部**A**「父は怒らず、かえって少し申し訳なさそうに『だから、たぶん、だけどな』と言った」とあるが、この時の父の気持ちとして最も適当なものを次から選び、その番号をマークしなさい。解答番号は［19］。

① 母親の入院が長引くことはすでに決まっていたが、そのことを息子に知られてはいけないという気持ち
② 母親の入院が長引く可能性はあるが、とりあえず息子を安心させなくてはならないという気持ち
③ 息子の母親を思う気持ちはわかるが、あまりにしつこいのでとにかくこの場を収めようという気持ち
④ 母親から息子には心配かけないようにと言われていたので、嘘をついてでも言い聞かせようという気持ち
⑤ 母親が入院していることで不安定になっている息子に、本当のことを言ってはいけないという気持ち

問三　空欄［Ⅳ］に入る語句として最も適当なものを次から選び、その番号をマークしなさい。解答番号は［20］。

① 寂しいんだ
② 楽しいんだ
③ 苦しいんだ
④ 悲しいんだ
⑤ 嬉しいんだ

バスが停まる。運賃箱の前まで来ると、運転手が河野さんだと気づいた。Fそれでまた、悲しみがつのった。こんなひとに最後の回数券を渡したくない。

整理券を運賃箱に先に入れ、回数券をつづけて入れようとしたとき、とうとう泣き声が出てしまった。

「どうした?」と河野さんが訊いた。「なんで泣いてるの?」——ぶっきらぼうではない言い方をされたのは初めてだったから、逆に涙が止まらなくなってしまった。

「財布、落としちゃったのか?」

泣きながらかぶりを振って、回数券を見せた。

じゃあ早く入れなさい——とは、言われなかった。

河野さんは「どうした?」ともう一度訊いた。

その声に V 手を引かれるように、少年は嗚咽《おえつ》交じりに、回数券を使いたくないんだと伝えた。母のこともしゃべった。新しい回数券を買うと、そのぶん、母の退院の日が遠ざかってしまう。ごめんなさい、ごめんなさい、と手の甲で目元を覆《おお》った。警察に捕まってもいいから、この回数券、ぼくにください、と言った。

河野さんはなにも言わなかった。かわりに、小銭が運賃箱に落ちる音が聞こえた。目元から手の甲をはずすと、整理券と一緒に百二十円、箱に入っていた。もう前に向き直っていた河野さんは、少年を振り向かずに、「早く降りて」と言った。「次のバス停でお客さんが待っているんだから、早く」——声はまた、ぶっきらぼうになっていた。

次の日から、少年はお小遣いでバスに乗った。お金がなくなるか「回数券まだあるのか?」と父に訊かれるまでは知らん顔しているつもりだったが、その心配は要《い》らなかった。

三日目に病室に入ると、母はベッドに起き上がって、父と笑いながらしゃべっていた。会社を抜けてきたという父は、少年を振り向いてうれしそうに言った。

「お母さん、あさって退院だぞ」

(重松　清『カレーライス』「バスに乗って」による)

「……お見舞い、だから」
かぼそい声で応え、そのまま、逃げるようにステップを降りて外に出た。E全然とんちんかんな答え方をしていたことに気づいたのは、バスが走り去ってから、だった。

夕暮れが早くなった。病院に行く途中で橋から眺める街は、炎が燃えたつような色から、もっと暗い赤に変わった。帰りは夜になる。最初の頃は帰りのバスを降りるときに広がっていた星空が、いまはバスの中から眺められる。病院の前で帰りのバスを待つとき、いまはまだかろうじて西の空に夕陽が残っているが、あとしばらくすれば、それも見えなくなってしまうだろう。

買い足した回数券の三冊目が――もうすぐ終わる。

少年は父に「迎えに来て」とねだるようになった。車で通勤している父に、会社帰りに病院に寄ってもらって一緒に帰れば、回数券を使わずにすむ。

「今日は残業で遅くなるんだけどな」と父が言っても、「いい、待ってるから」とねばった。母から看護師さんに頼んでもらって、面会時間の過ぎたあとも病室で父を待つ日もあった。

それでも、行きのバスで回数券は一枚ずつ減っていく。最後から二枚目の回数券を――今日、使った。あとは表紙を兼ねた十一枚目の券だけだ。

明日からお小遣いでバスに乗ることにした。毎月のお小遣いは千円だから、あとしばらくはだいじょうぶだろう。

ところが、迎えに来てくれるはずの父から、病院のナースステーションに電話が入った。

「今日はどうしても抜けられない仕事が入っちゃったから、一人でバスで帰って、って」

看護師さんから伝言を聞くと、泣きだしそうになってしまった。今日は財布を持って来ていない。回数券を使わなければ、家に帰れない。

母の前では涙をこらえた。病院前のバス停のベンチに座っているときも、必死に唇を噛《か》んで我慢した。でも、バスに乗り込み、最初は混み合っていた車内が少しずつ空《す》いてくると、急に悲しみが胸に込み上げてきた。シートに座る。窓から見えるきれいな真ん丸の月が、じわじわとにじみ、揺れはじめた。座ったままうずくまるような格好で泣いた。バスの重いエンジンの音に紛らせて、うめき声を漏《も》らしながら泣きじゃくった。

『本町一丁目』が近づいてきた。顔を上げると、車内には他の客は誰もいなかった。降車ボタンを押して、手の甲で涙をぬぐいながら席を立ち、ウインドブレーカーのポケットから回数券の最後の一枚を取り出した。

初めてバスに一人で乗った日に叱《しか》られた運転手だった。その後も何度か、同じ運転手のバスに乗った。まだ二冊目の回数券を使いはじめたばかりの頃、整理券を指に巻きつけて丸めたまま運賃箱に入れたら、「数字が見えないとだめだよ」と言われた。叱る口調ではなかったが、それ以来、あのひとのバスに乗るのが怖くなった。たとえなにも言われなくても、運賃箱に回数券と整理券を入れてバスを降りるとき、いつもムスッとしているように見える。

嫌だなあ、運が悪いなあ、と思ったが、回数券を買わないわけにはいかない。『大学病院前』でバスを降りるとき、「回数券、ください」と声をかけた。

運転手は「早めに言ってくれないと」と顔をしかめ、足元に置いたカバンから回数券を出した。制服の胸の名札が見えた。「河野《こうの》」と書いてあった。

「子ども用のでいいの?」

「……はい」

「いくらのやつ?」

「……百二十円の」

河野さんは「だから、そういうのも先に言わないと、後ろつっかえてるだろう」とぶっきらぼうに言って、一冊差し出した。「千二百円と、今日のぶん、運賃箱に入れて」

「あの……すみません、三冊……すみません……」

「三冊も?」

「はい……すみません……」

大きくため息をついた河野さんは、「ちょっと、後ろのお客さん先にするから」と少年に脇《わき》にどくよう顎《あご》を振った。

少年は頬《ほお》を赤くして、他の客が全員降りるのを待った。お父さん、お母さん、お父さん、お母さん、と心の中で両親を交互に呼んだ。助けて、助けて、助けて……と訴《うった》えた。

客が降りたあと、河野さんはまたカバンを探り、追加の二冊を少年に差し出した。

代金を運賃箱に入れると、「かよってるの?」と、さっきよりさらにぶっきらぼうに訊かれた。「病院、かようんだったら、定期のほうが安いぞ」

わかっている、そんなの、言われなくたって。

「……もうちょっと、って？」

「もうちょっとは、もうちょっとだよ」

「来月ぐらい？」

「それは……もうちょっと、かな」

「だから、いつ？」

父は少年から目をそらし、「医者じゃないんだから、わからないよ」と言った。

二冊目の回数券が終わった。使いはじめるとあっけない。一往復で二枚ずつ――一週間足らずで終わってしまう。

まだ母が退院できそうな様子はない。

「回数券はバスの中でも買えるんだろ。お金渡すから、自分で買うか？」

「……一冊でいい？」

Cほんとうは訊《き》きたくない質問だった。父も答えづらそうに少し間をおいて、「面倒だから二冊ぐらい買っとくか」と妙におどけた口調で言った。

「定期券にしなくていい？」

「なんだ、おまえ、そんなのも知ってるのか」

「そっちのほうが回数券より安いんでしょ？」

定期券は一カ月、三カ月、六カ月の三種類ある。父がどれを選ぶのか、知りたくて、知りたくなくて、「定期って長いほうが得なんだよね」と言った。

「ほんと、よく知ってるんだなあ」父はまたおどけて笑い、「まあ、五年生なんだもんな」とうなずいた。

「……何カ月のにする？」

「お金のことはアレだけど……回数券、買っとけ」

父はそう答えたあと、「やっぱり三冊ぐらい買っとくか」と付け加えた。

次の日、バスに乗り込んだ少年は前のほうの席を選び、運転席をそっと覗《のぞ》き込んだ。あのひとだ、とわかると、D胸がすぼまった。

運転手に強い声で言われた。「転んだらケガするし、他のひとにも迷惑だろ」——まだ若い運転手は、制帽を目深《まぶか》にかぶって前をじっと見つめたまま、少年のほうには目も向けなかった。

数日後、父からバスの回数券をもらった。「十回分で十一回乗れるから、こっちのほうが得なんだ」——十一枚綴《つづ》りが、二冊。

「だいじょうぶだよ」父はコンビニエンスストアの弁当をレンジに入れながら、少年に笑いかけた。「これを全部使うことはないから」

「ほんと?」

「ああ……まあ、たぶん、だけど」

足し算と割り算をして、カレンダーを思い浮かべた。再来週のうちに使いきる計算になる。

「ほんとに、ほんと?」

低学年の子みたいにしつこく念を押した。A父は怒らず、かえって少し申し訳なさそうに「だから、たぶん、だけどな」と言った。

電子レンジが、チン、と音をたてた。

「よーし、ごはんだ、ごはん。食べるぞっ」

父は最近おしゃべりになった。なにをするにもいちいち声をかけてくるし、ひとりごとや鼻歌も増えた。

お父さんも Ⅳ 、と少年は思う。

回数券の一冊目を使いきる頃には、バスにもだいぶ慣れてきた。

「毎日行かなくてもいいんだぞ」

父に言われた。「宿題もあるし、友だちとも全然遊んでないだろ? 忙しいときや友だちと遊ぶ約束したときには、無理して行かなくてもいいんだからな」——それは病室で少年を迎える母からの伝言でもあった。

母は自分の病気より、少年のことのほうをずっと心配していた。自転車でお見舞いに行きたくても、交通事故が怖いからだめだと言われた。バスで通っていても、病室をひきあげるときには必ず「降りたあと、すぐに道路を渡っちゃだめよ」とB釘《くぎ》を刺されるのだ。

「だいじょうぶだよ、べつに無理してないし」

少年が笑って応《こた》えると、父は少し困ったように「まだ先は長いぞ」とつづけた。「昼に先生から聞いたんだけど……お母さん、もうちょっとかかりそうだって」

二

次の文章を読んで、後の問いに答えなさい。

生まれて初めて、一人でバスに乗った。

家族でデパートに買い物に行くときに、いつも使う路線だ。ものごころついた頃から、月に一度は乗っていた。五年生になってからは親と一緒にいるところを友だちに見られるのが嫌だったので、バス停でも車内でも、わざと両親と離れて――一人で乗っていた。

Ⅰ、だいじょうぶだ、と思っていた。だいじょうぶじゃないと困るんだ、とも自分に言い聞かせていた。もう五年生の二学期なんだから。同級生の中には、バスどころか電車にも一人で乗って進学塾に通っているヤツもたくさんいるんだから。

Ⅱ、いままでの「一人」と今日の「一人」は違っていた。『本町一丁目』のバス停に立っているときから緊張で胸がどきどきして、おしっこをがまんしすぎたあとのように、下腹が落ち着かない。

Ⅲバスが来た。後ろのドアから乗り込んで、前のドアから降りる。手順はすっかり覚え込んでいるはずだったのに、整理券を取り忘れそうになった。

『本町一丁目』の整理券番号は7。運転席の後ろにある運賃表で確かめると、整理券番号19の『大学病院前』までは、子ども料金で百二十円だった。家族で買い物に行くときは、いつも17番の『銀天街入り口』で降りる。子ども料金は百円。四年生までは、バスに乗り込むとすぐに整理券を母に渡し、母が少年のぶんもまとめて運賃箱に小銭を入れていた。五年生になってからは、バスに乗る前に百円玉を一つ渡されていた。「落としても、お母さん、知らないからね」といたずらっぽく笑う母の顔を思いだした。二人掛けのシートの肩の部分にある取っ手を、強く握り直した。

バスはスピードを上げたかと思うと、すぐにバス停に停まる。そのたびに少年は停留所の名前を確かめて、『大学病院前』まであといくつ、と頭の中で数字を書き換える。降車ボタンを押しそびれてはいけない。整理券をなくしてはいけない。運賃箱の前でもたもたしてはいけない。財布から取り出すときにお金を落としてはいけない。いまのうちに出しておこうか。百円玉一つに、十円玉二つ――コインが一つから三つに増えただけで、握り込んだ手のひらに力をグッと込めないとお金が落ちそうな気がする。

バスは中洲《なかす》のある川に架《か》かった橋を渡って、市街地に入る。西にかたむいた太陽が街ぜんたいを薄いオレンジ色に染めている。

次は大学病院前、大学病院前、と車内アナウンスが聞こえた。お降りの方はお手近のボタンを押して……とつづく前に、ボタンを押した。急いで通路を前に進み、バスがまだ走っているうちに運賃箱のそばまで来た。

「停まってから歩かないと」

(2) 空欄 X に入る四字熟語として、最も適当なものを次から選び、その番号をマークしなさい。解答番号は 17 。

1 取捨選択
2 二者択一
3 二律背反
4 唯一無二
5 表裏一体

問八　波線部「翻訳には『正解の訳文』というものはありませんが、『的確な訳文』というものは存在します」について、次のような課題が出された。後の文章は課題に対する生徒の解答である。以上を踏まえて各問いに答えなさい。

課題　波線部について、どのように解釈しますか。あなたの考えを述べなさい。

《生徒の解答》

国語辞典で「正解」と「的確」の意味を調べると、「正解」とは「正しく解答すること」であり、「的確」とは「的を外さないで確かであること」とあった。

辞書の意味をふまえて、二つの言葉が与える印象をそれぞれ考えてみる。「正解」は対に「不正解」があるように、正誤が明確に判断できるときに使う言葉だと感じた。一方、「的確」は「いくつかの候補がある中で、最も正確であるもの」に対して使う印象を受けた。つまり、他の候補も間違ってはいないが、最も良いわけではないということだ。

筆者は直前に「より良い翻訳をするためには地道な読解が大切だ。」という主張をしている。ここで、「正しい翻訳」ではなく「より良い翻訳」と述べている点に筆者の意思があると思う。翻訳とは、正しい・間違っているという X の基準で判断するものではない。地道な作業を積み重ねて、原作を表現するために最も適した言葉を選び、より優れた訳文を目指していくものである、ということをこの部分では述べている。

(1)　《生徒の解答》の文章構成の説明として、最も適当なものを次から選び、その番号をマークしなさい。解答番号は 16 。

① 自分の体験を述べて、言葉の用例を印象づけてから意見を述べている
② 結論を先に述べてから、自分の意見を述べている
③ 具体例を先にあげ、最後に結論を述べている
④ 客観的な事実をあげてから、自分の意見を述べて結論につなげている
⑤ 最初と最後に結論を述べている

問五　傍線部**C**「言うなれば、サービス業ですね」とあるが、それはどうしてか。最も適当なものを次から選び、その番号をマークしなさい。解答番号は[9]。

① 翻訳は原作を評価する人達の要求に応えるために存在し、外発的な後押しがあって初めて生まれる表現行為だから

② 翻訳は原作の背景を知らない人達の要求に応えるために存在し、きめ細かい配慮を必要とする表現行為だから

③ 翻訳は原作で語学を学ぼうとしている人達の要求に応えるために存在し、間違いのない語法や文法を心がける表現行為だから

④ 翻訳は原作の言語を理解できない人達の要求に応えるために存在し、作品を求めている他者に届けることで成立する表現行為だから

⑤ 翻訳は原作を全く知らない人達の要求に応えるために存在し、無償で作品の魅力を伝えるための表現行為だから

問六　傍線部**D**「コミットする」とあるが、本文中の意味として最も適当なものを次から選び、その番号をマークしなさい。解答番号は[10]。

① 正解をだす

② 結果をだす

③ 疑問を持つ

④ 意味を込める

⑤ 関わりを持つ

問七　次のア〜オについて、本文の内容に一致するものには①を、一致しないものには②をそれぞれマークしなさい。解答番号は[11]〜[15]。

ア [11] 翻訳において重要なものは、原文に真摯《しんし》に向き合う姿勢とそれに基づいた精密な読解であり、文章のセンスは全く必要ない

イ [12] より良い訳文を書くためには、地味な作業をいとわずにやり遂げようという根気強さが求められる

ウ [13] 翻訳は、原文を持たない不特定多数の需要があって初めて成り立つものであり、読者と原作の仲立ちとなるものだ

エ [14] 習熟度を測ることが主な目的である「英文和訳」において、独創的かつ芸術的なセンスを評価することは難しい

オ [15] 翻訳において大切なものは語彙力であり、より良い翻訳をするためには母国語の知識を深めることが必要だ

問二　空欄［Ⅰ］～［Ⅳ］に入る語の組み合わせとして、最も適当なものを次から選び、その番号をマークしなさい。解答番号は［6］。

① Ⅰ　しかし　Ⅱ　たしかに　Ⅲ　つまり　Ⅳ　さらに
② Ⅰ　しかし　Ⅱ　さらに　Ⅲ　つまり　Ⅳ　たしかに
③ Ⅰ　つまり　Ⅱ　たしかに　Ⅲ　しかし　Ⅳ　さらに
④ Ⅰ　さらに　Ⅱ　つまり　Ⅲ　たしかに　Ⅳ　しかし
⑤ Ⅰ　たしかに　Ⅱ　しかし　Ⅲ　さらに　Ⅳ　つまり

問三　傍線部**A**「作品そのものを書く」とはどういうことか。その説明として最も適当なものを次から選び、その番号をマークしなさい。解答番号は［7］。

① 原文を自らの読解と言葉ですべて書き換え、独立した作品として完成させること
② 原文の中で表現されている世界観を正確に解釈して、その作品にのめり込むこと
③ 原文に隠された作者の意図を読み取り、その仕組みをわかりやすく説明すること
④ 原文の直訳をするだけでなく、その作品の歴史的な価値も見出して表現すること
⑤ 原文を精読して、一語一句を正確に解釈し、その上で高い芸術性を実現すること

問四　傍線部**B**「『他者の言葉を生きる』スリル」とは何か。最も適当なものを次から選び、その番号をマークしなさい。解答番号は［8］。

① 作品の登場人物に自分自身を投影させることで得られる楽しさ
② 自分の翻訳によって原作の印象が左右されてしまうという不安
③ 自分は原作者の一番の理解者であるという翻訳者としての自負
④ 原作の言語を学ぶことで、新しい知識が得られるという充実感
⑤ 原作の作者になりきり、翻訳することによって生まれる責任感

いでしょうか。

日本には「翻訳者黒子《くろこ》神話」というのが根強くあります。あるいは、翻訳者は空っぽの「導管《ダクト》」のようなもので、なにも考えずにその中に原文を通すのが理想である、といった言い方をしますが、これは一種、翻訳者のあこがれの境地を表現した幻のゴールなのです。たしかに翻訳に熟練してくると、「原文の会話が日本語で聞こえてくる」という域《ゾーン》に達したり、無意識のうちに訳文が出てくる気がしたりしますが、これもサッカク(e)です。当然ながら、訳文の一語一句は自分の脳が考えだしたものです。あなたという「思考する主体」なしには、訳文が書かれるはずがないのです。

ただ、仲介者の存在をあまり感じさせない翻訳を目指して努力することは可能です。

翻訳者はかたよった主観を排して作業することが望ましいのですが、「訳者が前面に出ないこと」イコール「主体性を捨てること」(D)「思考停止すること」ではありません。かたよった主観をなくして、忠実に翻訳するためにも、能動的に読むこと、原文にコミットする必要があります。受動的に読み、機械的に文字移植をするような翻訳では、読者になにも伝わりません。忠実な翻訳を実現するには、むしろ訳者が原文と能動的に関わっていく必要があります。

たとえば、先ほども挙げた人称の問題、言葉遊び、微妙な語調の変化、アイロニーや、原文にふくまれている暗示など、原文が出している「サイン」を読みとる力が必要です。

そうした丹念な「読み」から良い訳文は作られます。

（鴻巣友季子『翻訳ってなんだろう？　—あの名作を訳してみる』による）

問一　二重傍線部**a**〜**e**に相当する漢字を含むものを、下の各群の中からそれぞれ一つずつ選び、その番号をマークしなさい。解答番号は[1]〜[5]。

a　ニンシキ　[1]　①標識　②組織　③職員　④公式　⑤敷居

b　シュシ　[2]　①思案　②要旨　③姿勢　④屈指　⑤資材

c　ケイタイ　[3]　①包帯　②絶対　③貸与　④事態　⑤招待

d　リュウイ　[4]　①建立　②隆起　③保留　④粒子　⑤流行

e　サッカク　[5]　①互角　②覚悟　③資格　④比較　⑤画策

指導者や審査者です。ここには、不特定多数の読者は存在しないことになります。翻訳と英文和訳の二つめの違いは「読者の有無」です。

翻訳とは、もともとその原文の言葉が理解できない人たちのために存在するものですから、あらかじめ「読者＝他者の目」を想定した表現行為です。この世に存在する芸術的な表現行為には、詩や小説や絵画や音楽や舞踊などたくさんの分野とcケイタイがありますが、多くは作り手の内的な要請、つまり内発的な表現欲求がベースになっています。

しかし翻訳はいくら芸術分野の翻訳でも、他者の需要と目があって初めて発生し存在しうる、というのが基本です。人と人の「仲立ち」が本分ですから、つねに「読者に伝える」ということを念頭におかなくてはなりません。C言うなれば、サービス業ですね。自分がまず作品のことをわかっている必要がありますが、自分だけがわかっていてもだめなのです。

翻訳の目的は、あなたの知らない不特定多数の他者に訳文を届けること。

そして三つめの大きな違いは、読む人が原文を持っているかどうかです。翻訳書の一般読者は原文を傍《かたわ》らに置いて読んだりしません。つまり、原文抜きで、訳文だけで独立した表現として完結している必要があります。

原文を持っていない見知らぬ不特定多数の他者に言葉を届ける。これは思いのほかむずかしい行為です。

では、より良い翻訳をするために大事なこととはなんでしょうか？

「翻訳って結局は日本語の問題だよね」とか、「いちばん大事なのは、やっぱり日本語力でしょう」とよく言われます。そのため、「わたしは日本語の語彙《ごい》が少ないので、良い訳文がつくれません」と悩む人も出てきます。

最初にも言いましたが、翻訳でいちばん重要なのはいかに読むかで、わたしは翻訳講座などでも、「日本語力」「文章センス」はそんなに求めません。翻訳でそういうものが役に立つとしたら、十割のうち最後の一割ぐらいのものでしょう。

では、なにが大事なのか？　というと、ひたすら語学力です。語学力といっても、TOEICスコアが何点というようなものだけではありません。原文の意味と意図をくみとる力です。単語をたくさん知っているとか、文法をよくわかっているとか、そうした能力はもちろん大切ですが、それだけではなく、異文化に対する知識、もっと重要なのは興味。また、わからないことが出てきたときのリサーチ力、もっと重要なのは調べようとする地道さ。どれだけ地味な作業ができるか、です。先ほどから言っているように、翻訳作業の九割がたは、「読む」作業なのです。翻訳には「正解の訳文」というものはありませんが、「的確な訳文」というのは存在します。的確な翻訳をするには、まず的確に読む必要がある。良い翻訳者になるには、良い読者になる必要がある。逆に言えば、よく読めれば、自然とよく訳せます。

翻訳者も読者のひとりですが、ふつうの読者と違うのは、次の読者に作品を手渡す仕事があるということですね。今風に言うと、その本の「エンドユーザー」ではないということです。訳者が読み取ったものをよりよく次の読み手に伝えるには、どんな点にdリュウイしたらいくわけです。だから翻訳とは〝体を張った読書〟だと言えるでしょう。翻訳とはその作品の当事者、実践者になりながら読むこと。「批評が作品へのかぎりない接近だとすれば、翻訳はその作品を体験することである」と言ったのは、フランスの有名な翻訳学者アントワーヌ・ベルマンでした。この**B**「他者の言葉を生きる」スリルは精読するだけでは味わえないものです。声優さんの仕事の楽しさと少し似ているかもしれません。

　さらに言えば、作品のテクスト（書かれている文章とその内容）を、翻訳を通して「体感」することで、自分にとってよくわかる部分、わからない部分が、より明確に見えてくる効用もあると思います。原文や訳文を読んでいるとき、「なんだか妙な表現でひっかかる」とか「さっきとつじつまが合わない」などと思いながらも、読み進めることがありませんか？　翻訳では、そうした箇所も飛ばすわけにはいかないので、そのわからなさをまじまじと見つめることになります。［Ⅲ］、その英文を日本語という別な言語に移す行為を通すと、その作家の文体の癖が浮き彫りになったり、かくれた意図（皮肉、ジョーク、あるいは気遣い……）が現れてきたり、作中人物の意外な性格が露《あら》わになったりするでしょう。

（中略）

　では、英文和訳と翻訳の違いとはなんでしょうか？　翻訳の授業などで尋ねると、こんな答えが返ってきます。

「翻訳は、英文和訳のような単語レベルの置き換えではなく、文章の**b**シュシを読みやすく伝えるもの」

たしかに、英単語を辞書の中から機械的に選んだ日本語に置き換えただけでは用をなしませんね。他にはどんな違いがあるでしょう？

こんな答えもありました。

「翻訳は、特に小説だと全体の流れを見て、人称なども考慮しないといけない」

　これは、人称代名詞の種類がずば抜けて多い日本語ならではの難問ですね。一人称だけでも、わたし、ぼく、おれ、わし、吾輩《わがはい》、おいら、あたし、あちき等々、方言《ほうげん》や古語《こご》も入れたら数えきれないぐらいの代名詞があります。

　翻訳も英文和訳も、突き詰めればやるべきことは同じだとわたしは思うのですが、あえて「翻訳」ではなく「英文和訳」と呼ぶときには、学習要素が強く全面に出ている印象があります。どちらが上とか下とかいう問題ではなく、たんに目的が違うということが一つ。英文和訳というのは、たいてい授業や試験で行うものを指しますね。その目的とは、「自分の学習のため」あるいは、試験などで「習ったことをわたしはよく理解していますよ」と教師や採点者に明示するためです。あまり独創的なフリースタイルで訳すと、評価する側も困ることになるかもしれません。［Ⅳ］、あなたと教師や採点者との間のやりとりですね。むこうはあなたの訳文を読みますが、「読者」というより、

二〇二三年度　東京農業大学第三高等学校（第1回）

【国　語】（四五分）〈満点：一〇〇点〉

一　次の文章を読んで、後の問いに答えなさい。

いきなりですが、翻訳とはどんなものでしょうか？

文芸翻訳の授業や講座でこう尋ねると、いろいろな答えが返ってきます。

「外国語を日本語に忠実に移し替えること」

もちろん、そのとおりですね。

「原文の意味だけではなく、ニュアンスやリズムなども日本語で表現する行為」

高度な回答ですが、そのとおりです、そこまで意識してのぞんでこそ翻訳と言えますね。

「原文に劣らない文学性や表現力をもつ日本語に仕上げること」

おっと、翻訳者への要求がどんどん高くなってきました。［Ⅰ］、「翻訳とは原文と等価であるにとどまらず、独創性や批評性、より高い芸術性をもつべし」という a<u>ニンシキ</u>が、世界の文学界に広まっています。まったくもって、そうありたいものです。

いま右に挙げた回答はどれも、翻訳の主な作業は訳文を「書く」ことだと解釈しているようです。しかし、みなさん、ひとつ忘れていないでしょうか？　訳文を書く前に、することがあります。そうです、原文を読むことです。じつは翻訳とは、「原文を読む」部分の重要性が八割か、九割ぐらいではないかと、わたしは思っています。一語一句を訳すには、一語一句を精読し、的確に解釈しなくてはなりません。

つまり、翻訳というのは大部分が「読むこと」であり、精密な読書、あるいは深い読書のことなのです。

研究者や評論者は作品を読んで、自分の論文なり批評なりを書きますが、翻訳者も原文を読みこんで解釈をします。翻訳とは一種の批評なのです。［Ⅱ］翻訳者が書くのは、その作品の論評ではありません。A<u>作品そのものを書くのです</u>。他者が書いた文章を読んでインプットするだけでなく、それを今度は自分の言葉でアウトプットする。原文の一語一句をあなたの読解と日本語を通して、まるごと書き直してい

2023年度／東京農業大学第三高等学校（第１回）

英語解答

1　1 ③　2 ③　3 ④　4 ①

2　1 ④　2 ④　3 ③　4 ①

3　1 ④　2 ④　3 ④　4 ①　5 ①

4　問1 ②　問2 ②　問3 ②　問4 ①　問5 ③　問6 ①　問7 ①

5　問1 ③　問2 ②　問3 ④　問4 ④　問5 ④　問6 ③　問7 ②

1・2〔放送問題〕放送文未公表

3〔適語(句)選択〕

1．be known to ～ で「～に知られている」の意味。be known for ～ は「～で知られている」の意味になるので，ここでは不適切。　「彼は皆に知られている」

2．「もう終えましたか」という文だと考え，④の yet を選ぶ。yet は否定文では「まだ」，疑問文では「もう」の意味で普通は文末に置く。　「あなたはもう宿題を終えましたか」

3．「腕時計はケンによって壊される」と考え，過去分詞の④ broken を選ぶ。broken by Ken は過去分詞の形容詞的用法で the watch を後ろから修飾している。　「これはケンによって壊された腕時計だ」

4．「朝食を食べた」と「おなかがすいている」は相反する‘逆接’の関係である。　「私は朝食を食べたが，おなかがすいている」

5．間接疑問(‘疑問詞＋主語＋動詞’)の文。疑問詞 where の後は肯定文の語順‘主語＋動詞 ～’になる。　「私はエミがどこに住んでいるか知らない」

4〔長文読解総合─物語〕

≪全訳≫❶私は夕食をとるためにレストランに入った。数人の人がいたが，とても静かだった。私はある老夫婦の近くに座った。そこは暗く，私は彼らと背中合わせに座ったので，彼らの顔はよく見えなかった。私が何を食べようかと考えていると，男性の声が聞こえた。快適で静かなレストランでは大きな声だった。「テーブルの上のこれらの花はなんてきれいなんだ！　紫，黄，白の花があるよ。小さなろうそくがある。とてもかわいらしい！　ああ，サラダがきた。レタスとトマトだ。トマトは真っ赤だな。これは何だろう？　緑のレタスにかかった粉雪のような白いもの。ああ，なるほど，チーズだ！　おいしそうだよ！」　彼はたくさん話したが，彼の妻は何も言わなかった。彼は大きな声で彼女に話しかけ続けた。「箸とフォーク，どっちを使えばいいんだろう？　このサラダは箸のほうが食べやすいと思うな」❷その男性は私たちが子どもにするように妻に話しかけた。なぜ彼はそんなに多くのことを，しかも大声で言っているのだろう？　私はとてもいらいらしたので，彼に静かにするように言うために立ち上がった。❸そのとき，テーブルのそばに白いものが見えた。それは杖だった。私はすぐに彼が彼女にそんなにたくさん話しかけていた理由がわかった。彼は彼女の目だったのだ！　他の人がとても静かな理由もわかった。彼らは夫婦の夕食を邪魔したくなかったのだ。他の人が騒々しいと，彼女は「見る」ことができなかったのだ。❹「どうかしましたか？」と男性は私に尋ねた。私が突然彼女の後ろで立ち上がったからだ。「ああ，すみません。トイレはどこですか？」と私は尋ねた。「あちらですよ」と彼は笑顔で指さした。私がトイレに歩いて向かうとき，多くの人が彼らにほほ笑みかけているのが見えた。❺私はただ手を洗うためにトイレに行き，席に戻った。男性はステーキを細かく切っていた。彼は彼女に「口を開けて…とてもおいしいよね？　このステーキはとてもうまく調理されていて，いいにおいがするよ！」と言った。彼の声は大きかったが，とても優しく聞こえた。❻彼らは夕食を終えた。彼は彼女の手を取り，一緒に出口まで歩いていった。彼らのテーブルの上に女性用のハンカチがあるのが見えた。それは彼女のものだった。それで私はそれを持って彼らに駆け寄った。「すみません，これはあなたのハンカチですか？　この青いハンカチはきれいな空のようで，あなたの青いドレスにぴったりです！」と私は言った。彼女は顔に笑みを浮かべて「どうもありがとう」と答え，夫は彼女に「㋕彼も君の目だね」と言った。

問１＜適語(句)選択＞「何を食べるべきか考えていた」という意味になると考え，think of ～「～のことを考える」の過去進行形にする。

問２＜整序結合＞語群から，形式主語の文‘It is ～ for … to ―’「…にとって―することは～だ」にする。　I think it is easier for me to eat this salad with chopsticks.

問３＜英文解釈＞ここでの like は「～のように」という意味の接続詞。do には前の動詞の代わりをするはたらきがあり，ここでは同じ文の前半にある talk の代わりをしている。

問４＜単語の意味＞下線部を含む文は，‘so ～ that …’「とても～なので…」の構文で，日本語に訳すと「私はとても(　)感じたので，彼に静かにするように言うために立ち上がった」となる。レストランで他の客に静かにするように言うとき，どのような感情なのかを考える。irritated は「いらいらした，怒った」という意味。

問５＜英文解釈＞第３段落第１～４文から，男性が大声で物を描写していたのは目の見えない妻のためであったことがわかる。周りの人々は静かにすることで，男性の声の妨げにならないようにしていたと考えられる。interrupt は「～を邪魔する」の意味。

問６＜適文選択＞直前の文で筆者は，老夫婦の夫のようにハンカチやドレスについて細かく描写している。ここから，筆者も老夫婦の妻の目のはたらきをしたと考えられる。

問７＜内容真偽＞①「老夫婦は目が見えなかったので，大声で話した」…×　第３段落第１～４文参照。目が見えないのは妻のみで，夫は妻の目の役割を果たしていた。　②「老女は目が見えなかった」…○　第３段落第１～４文に一致する。　③「レストランにいる他の人たちは，老女のために静かにすべきだと理解していた」…○　第３段落第５～７文に一致する。　④「筆者は男性に静かにするよう言いたいと思ったが，言わなかった」…○　第２～４段落参照。筆者は，男性が目の見えない妻のために大声で話していたことを理解し，静かにするようにとは言わずにトイレの場所を尋ねた。

5 〔長文読解総合―説明文〕

≪全訳≫❶オーストラリアの動物を考えるとき，人はたいていカンガルーやコアラを思い浮かべる。そのため，この国に野生のラクダもたくさんいることを知るのは驚きだ。実際，オーストラリアには世界のどの国よりも多くの野生のラクダがいる。❷ラクダは19世紀半ばに初めてオーストラリアに持ち込まれた。それらはアフリカやインドのような場所から連れてこられた。ラクダは１日に最大70キロメートル移動でき，水なしで長い間生き延びることができる。このため，人々はオーストラリア中西部の砂漠でよくそれらを使っていた。そこはとても暑く，乾燥している。彼らはラクダに乗り，商品を長い距離運ぶのに使った。❸これは1920年代に変化した。その当時，乗用車やトラックがより一般的なものになってきていたので，ラクダはもはや必要とされなくなった。それらのほとんどは，所有者によって砂漠に放された。食べるためにラクダを殺すその地域の動物がいなかったので，その数は急速に増加した。現在オーストラリアにはおよそ100万頭の野生のラクダが生息しているという専門家もおり，その数は年々増加している。❹昔，ラクダの数が少なかったとき，それらはあまり問題を引き起こさなかった。しかし現在，それらは木や植物に害を与え始めている。また，農地に移動すると，それらは水を飲み，牛や羊に使われる草を食べる。これらの理由から，オーストラリア政府はそれらの数を管理したいと考えている。これを行う１つの方法は，それらを捕まえ，肉として販売するために農場で飼育することだ。しかし，ラクダの多くは砂漠にとどまり，オーストラリアの興味深い野生生物の一部であり続けるだろう。

問１＜英文解釈＞下線部は‘比較級＋than any other＋単数名詞’「他のどの～より…」に準じた形で，「オーストラリアには世界のどの国よりも多くの野生のラクダがいる」という意味。これに最も近いのは，③「オーストラリアには世界で最も多くの野生のラクダがいる」。

問２＜文脈把握＞第２段落参照。ラクダは長い間水なしで生き延びることができるので，暑く乾燥したオーストラリア中西部の砂漠で長距離の商品輸送に使われた。

問３＜用法選択＞下線部は‘目的’を表す副詞的用法で，これと同じ用法を含むのは④「その生徒は試験に合格するために一生懸命勉強した」　①nothing を修飾する形容詞的用法。　「ジョージは今朝何もすることがないと私に言った」　②文の補語になる名詞的用法。　「私の父が子どもだったとき，彼の夢はパイロットになることだった」　③‘It is ～ to …’「…することは～だ」の構文の真主語となる名詞的用法。　「私たちの先生はいつも毎日英語を勉強することが大切だと言う」

問４＜適語選択＞空所を含む文にある so に着目。この so は「だから，その結果」の意味で，その前後が‘理由’→‘結果’の関係になる。乗用車やトラックが一般的になった結果，ラクダがどうなったかを考える。no longer ～ で「もはや～ない」の意味。

問５＜整序結合＞下線部の最初にある there から，There is/are ～.「～がある〔いる〕」の形だと考える。‘There is/are＋名詞＋分詞’のように名詞の後に分詞を続けると，「～している〔されている〕…がある〔いる〕」または「…が～している〔されている〕」の意味になる。ここでは名詞の後に現在分詞(～ing形)が続く形にする。　Some experts say that there are now about one million wild camels living in Australia, and …

問６＜適語選択＞「ラクダが少ないときはあまり問題を引き起こさなかった」と考え，③の many を選ぶ。not many ～ で「あまり～ない」の意味になる。①few はそれ自体で「ほとんど～ない」という否定の意味を含み，否定文では使わないので不適切。②little「少しの」，④much「たくさんの」は後に‘数えられない名詞’が続くので不適切。

問７＜文脈把握＞第４段落第２～４文参照。第４文にある For these reasons の these reasons とは，その前の２文で述べた，ラクダが植物に損害を与えていること，家畜用の草を食べていることを指す。

数学解答

1 (1) ⑦　(2) ⑤　(3) ⑧　(4) ④
(5) ⑥

2 (1) ⑥…１　⑦…４
(2) ⑧…７　⑨…２
(3) ⑩…２　⑪…５　⑫…８
(4) ⑬…２　⑭…９
(5) ⑮…７　⑯…６

3 (1) １　(2) ⑱…２　⑲…３
(3) ⑳…１　㉑…２
(4) ㉒…４　㉓…５

4 (1) ㉔…２　㉕…４　㉖…０
(2) ㉗…２　㉘…６
(3) ㉙…１　㉚…３　㉛…２

1〔独立小問集合題〕

(1)＜数の計算＞与式 $=5\div\frac{5}{3}-4=5\times\frac{3}{5}-4=3-4=-1$

(2)＜式の計算＞与式 $=9+6\sqrt{5}+5-(14+6\sqrt{5}-7\sqrt{5}-15)=14+6\sqrt{5}-(-1-\sqrt{5})=14+6\sqrt{5}+1+\sqrt{5}$ $=15+7\sqrt{5}$

(3)＜数の計算＞与式 $=(12a^2b-6ab^2)\div9a^2b^2=\frac{12a^2b}{9a^2b^2}-\frac{6ab^2}{9a^2b^2}=\frac{4}{3b}-\frac{2}{3a}=\frac{4a-2b}{3ab}=(4a-2b)\div3ab$ となる。よって，$a=-\frac{1}{2}$，$b=\frac{1}{2}$ のとき，与式 $=\left\{4\times\left(-\frac{1}{2}\right)-2\times\frac{1}{2}\right\}\div\left\{3\times\left(-\frac{1}{2}\right)\times\frac{1}{2}\right\}=(-2-1)\div\left(-\frac{3}{4}\right)=-3\times\left(-\frac{4}{3}\right)=4$ となる。

(4)＜式の計算＞与式 $=\frac{6(4a-3b)-4(2a-b)-3(3a-4b)}{12}=\frac{24a-18b-8a+4b-9a+12b}{12}=\frac{7a-2b}{12}$

(5)＜関数―グラフ＞座標平面は，右図のように，x 軸，y 軸の２本の座標軸によって分けられる，x 座標，y 座標ともに正の領域を第１象限，x 座標は負，y 座標は正の領域を第２象限，x 座標，y 座標ともに負の領域を第３象限，x 座標は正，y 座標は負の領域を第４象限という。これより，x 座標と y 座標がともに負となる点を通らないグラフは，第３象限を通らないグラフである。①$y=x$ のグラフは，原点を通る右上がりの直線で，第１，３象限を通る。②$y=\frac{1}{2}x+1$ のグラフは，切片１の右上がりの直線で，第１，２，３象限を通る。③$2x-y=3$ は $y=2x-3$ と変形できるので，そのグラフは切片 -3 の右上がりの直線で，第１，４，３象限を通る。④$y=-3x^2$ のグラフは，原点を頂点とする下に開いた形の放物線で，第３，４象限を通る。⑤$y=\frac{10}{x}$ のグラフは，比例定数10の反比例のグラフで，第１象限と第３象限を通る双曲線となる。⑥$xy=-6$ のグラフは，比例定数 -6 の反比例のグラフで，第２象限と第４象限を通る双曲線となる。⑦$x=-\frac{2}{5}$ のグラフは，点 $\left(-\frac{2}{5},\ 0\right)$ を通り y 軸と平行な直線で，第２，３象限を通る。⑧$y+4=0$ は $y=-4$ と変形できるので，そのグラフは点 $(0,\ -4)$ を通り x 軸と平行な直線で，第３，４象限を通る。よって，条件に当てはまるのは⑥$xy=-6$ である。

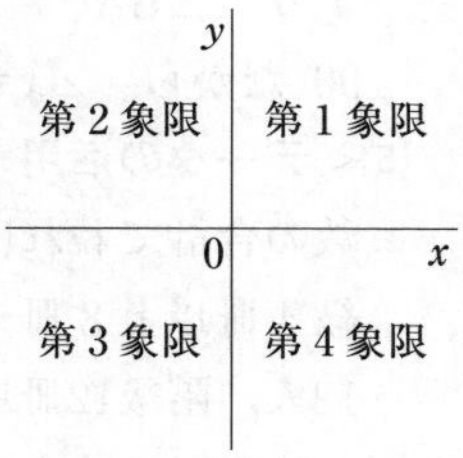

2〔独立小問集合題〕

(1)＜二次方程式―解の利用＞二次方程式 $x^2-ax+24=0$ の２つの解を α，β とする。$x=\alpha$，β を解とする二次方程式は $(x-\alpha)(x-\beta)=0$ であり，左辺を展開すると，$x^2-(\alpha+\beta)x+\alpha\beta=0$ となる。よって，$a=\alpha+\beta$，$24=\alpha\beta$ と表せ，α，β がともに整数であるとき，定数 a のうち２番目に大きい

値を求めるので，$0<\alpha<\beta$ として考える。$24=1\times24=2\times12=3\times8=4\times6$ より，$\alpha=1$，$\beta=24$ のとき，$a=1+24=25$，$\alpha=2$，$\beta=12$ のとき，$a=2+12=14$，$\alpha=3$，$\beta=8$ のとき，$a=3+8=11$，$\alpha=4$，$\beta=6$ のとき，$a=4+6=10$ となる。よって，定数 a のうち，2番目に大きい値は，2つの解が $x=2$，12のときの $a=14$ である。

(2)**＜連立方程式の応用＞**2けたの自然数 N の十の位の数を x，一の位の数を y とすると，$N=10x+y$ と表せる。自然数 N の十の位の数が一の位の数の3倍より1大きくなることより，$x=3y+1$……㋐が成り立つ。また，N の各位の数の和を8倍すると，もとの自然数 N と等しくなることより，$8(x+y)=10x+y$ が成り立ち，これを整理すると，$8x+8y=10x+y$，$2x=7y$……㋑となる。㋐を㋑に代入すると，$2(3y+1)=7y$，$6y+2=7y$　$\therefore y=2$　これを㋐に代入して，$x=3\times2+1$，$x=7$ となる。よって，求める自然数 N は72である。

(3)**＜確率―玉＞**袋Aから取り出した玉に書かれている自然数を a，袋Bから取り出した玉に書かれている自然数を b とすると，$(a,\ b)$ の組合せは，a が1から5までの5通り，b が6から10までの5通りあるから，全部で $5\times5=25$(通り)ある。このうち，$a+b$ が3の倍数となるのは，$a+b$ の最小値が $1+6=7$，最大値が $5+10=15$ だから，$a+b=9$，12，15となる場合である。$a+b=9$ の場合，$(a,\ b)=(1,\ 8)$，$(2,\ 7)$，$(3,\ 6)$ の3通り，$a+b=12$ の場合，$(a,\ b)=(2,\ 10)$，$(3,\ 9)$，$(4,\ 8)$，$(5,\ 7)$ の4通り，$a+b=15$ の場合，$(a,\ b)=(5,\ 10)$ の1通りあり，$3+4+1=8$(通り)ある。よって，求める確率は $\frac{8}{25}$ である。

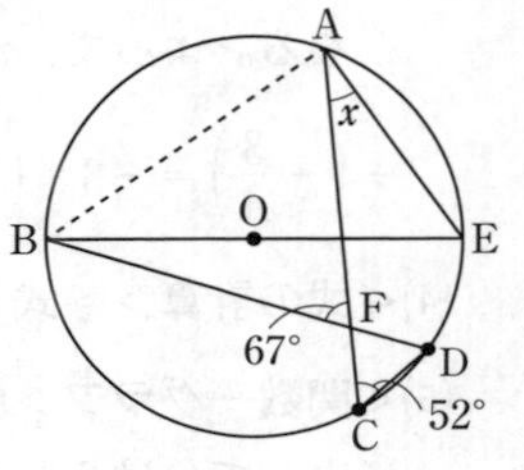

(4)**＜平面図形―角度＞**右図で，対頂角より，$\angle CFD=\angle AFB=67°$ だから，$\triangle CDF$ の内角の和より，$\angle FDC=180°-(\angle CFD+\angle DCF)=180°-(67°+52°)=180°-119°=61°$ である。点Aと点Bを結ぶと，$\overset{\frown}{BC}$ に対する円周角より，$\angle BAC=\angle BDC=61°$ となる。よって，BEが直径より，$\angle BAE=90°$ だから，$\angle x=\angle BAE-\angle BAC=90°-61°=29°$ となる。

(5)**＜データの活用―平均値＞**度数分布表から平均値を求めるときは，各階級値と度数の積の合計を度数の合計でわればよい。度数分布表より，階級0冊以上4冊未満の階級値は2冊で度数は7人，階級4冊以上8冊未満の階級値は6冊で度数は8人，階級8冊以上12冊未満の階級値は10冊で度数は12人，階級12冊以上16冊未満の階級値は14冊で度数は2人，階級16冊以上20冊未満の階級値は18冊で度数は1人となる。よって，求める平均値は，$(2\times7+6\times8+10\times12+14\times2+18\times1)\div30=228\div30=7.6$(冊)である。

3　**〔関数―関数 $y=ax^2$ と一次関数のグラフ〕**

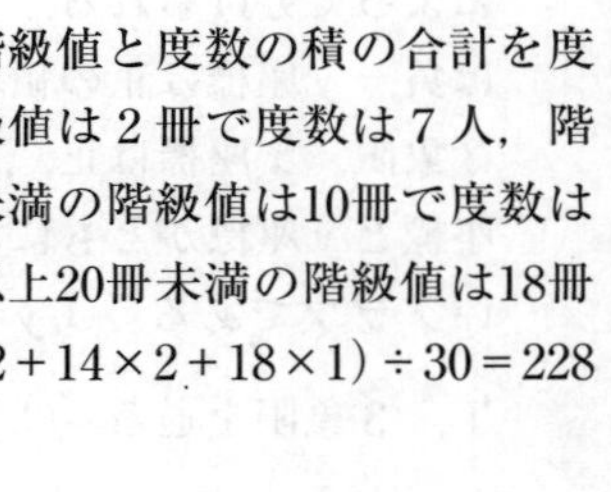

(1)**＜比例定数＞**右図で，直線OAは原点Oを通る傾き -3 の直線だから，その式は $y=-3x$ である。よって，この直線上の点Aの x 座標が -3 であることから，y 座標は，$y=-3\times(-3)=9$ であり，$A(-3,\ 9)$ となる。したがって，放物線 $y=ax^2$ は $A(-3,\ 9)$ を通るので，$x=-3$，$y=9$ を代入して，$9=a\times(-3)^2$ より，$9=9a$，$a=1$ である。

(2)**＜直線の式＞**(1)より，点Bは放物線 $y=x^2$ 上にあり，x 座標が1だから，y 座標は $y=1^2=1$ となり，$B(1,\ 1)$ である。2点 $A(-3,\ 9)$，$B(1,\ 1)$ を通る直線の傾きは $\frac{1-9}{1-(-3)}=-2$ だから，その式は $y=-2x+b$ とおける。$B(1,\ 1)$ を通るので，$y=-2x+b$ に $x=1$，$y=1$ を代入すると，$1=-2\times1+b$，$1=-2+b$，$b=3$ となる。よって，直線ABの式は $y=-2x+3$ である。

(3)＜x座標＞前ページの図のように，直線ABとy軸の交点をCとすると，(2)で直線ABの切片が3より，OC＝3である。△AOB＝△AOC＋△BOCとして，△AOC，△BOCの底辺をOCと見ると，高さはそれぞれ点Aのx座標より3，点Bのx座標より1だから，△AOB＝$\frac{1}{2}\times3\times3+\frac{1}{2}\times3\times1=\frac{9}{2}+\frac{3}{2}=\frac{12}{2}=6$となる。さらに，〔四角形OBAD〕＝△ADO＋△AOBだから，〔四角形OBAD〕＝60のとき，60＝△ADO＋6より，△ADO＝54となる。よって，△ADOの底辺をDOと見ると，高さは点Aのy座標より9だから，$\frac{1}{2}\times$DO$\times9=54$，9DO＝108，DO＝12となり，点Dのx座標は－12である。

(4)＜長さの比＞前ページの図で，直線OEは四角形OBADの面積を2等分するので，△EDO＝$60\times\frac{1}{2}=30$となり，△AEO＝△ADO－△EDO＝54－30＝24となる。よって，△AEOと△EDOの底辺をそれぞれAE，EDと見ると，高さが等しいので，底辺の比は面積の比と等しく，AE：ED＝△AEO：△EDO＝24：30＝4：5である。

4〔空間図形―回転体，円錐と半球〕

(1)＜体積＞与えられた直角三角形ABCとおうぎ形BCDを組み合わせた図形を，直線ADを軸として1回転させてできる立体㋐は，右図のような，点Bを中心とする半径BCの円を底面とする頂点Aの円錐と，中心がBの半径BCの半球を組合せた立体となる。よって，その体積は，$\frac{1}{3}\pi\times6^2\times8+\frac{4}{3}\pi\times6^3\times\frac{1}{2}=96\pi+144\pi=240\pi$である。

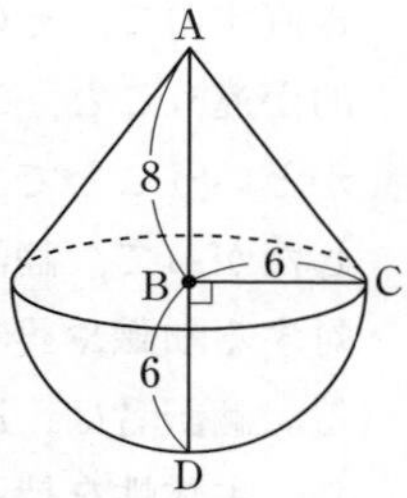

(2)＜長さ＞高さ10の円柱の底面の半径をrとおくと，この円柱の体積は$\pi\times r^2\times10=10\pi r^2$と表せる。これが(1)で求めた立体㋐の体積$240\pi$と同じになるので，$10\pi r^2=240\pi$が成り立つ。これを解くと，$r^2=24$，$r=\pm\sqrt{24}$，$r=\pm2\sqrt{6}$となり，$r>0$より，$r=2\sqrt{6}$となる。よって，求める底面の半径は$2\sqrt{6}$である。

(3)＜面積＞右上図の△ABCで三平方の定理より，AC＝$\sqrt{\text{AB}^2+\text{BC}^2}=\sqrt{8^2+6^2}=\sqrt{100}=10$となる。また，立体㋐の表面積はACを母線とする円錐の側面積と，半径6の球の表面積の$\frac{1}{2}$の和となる。円錐の側面は，点Aを中心とする半径ACのおうぎ形であるから，その中心角を$a°$とおくと，このおうぎ形の弧の長さは，半径6の円周の長さと等しいので，$2\pi\times\text{AC}\times\frac{a°}{360°}=2\pi\times6$が成り立つ。これより，$\frac{a°}{360°}=\frac{6}{\text{AC}}=\frac{6}{10}=\frac{3}{5}$となる。よって，円錐の側面積は，$\pi\times\text{AC}^2\times\frac{a°}{360°}=\pi\times10^2\times\frac{3}{5}=60\pi$となり，球の表面積の$\frac{1}{2}$は，$4\pi\times6^2\times\frac{1}{2}=72\pi$となるので，立体㋐の表面積は，$60\pi+72\pi=132\pi$である。

国語解答

一 問一 a…① b…② c…④ d…③ e…②
問二 ⑤ 問三 ① 問四 ①
問五 ④ 問六 ⑤
問七 ア…② イ…① ウ…① エ…① オ…②
問八 (1)…④ (2)…②

二 問一 ③ 問二 ② 問三 ①
問四 ② 問五 ② 問六 ③
問七 ⑤ 問八 ⑤ 問九 ①

三 問一 ④ 問二 ⑤ 問三 ③
問四 ① 問五 ⑤ 問六 ②
問七 ① 問八 ④ 問九 ③
問十 ③

一〔論説文の読解―芸術・文学・言語学的分野―文学〕出典；鴻巣友季子『翻訳ってなんだろう？―あの名作を訳してみる』。

≪本文の概要≫翻訳は，一語一句を精読し，的確に解釈しなければならないので，原文を読む部分に重要性がある。翻訳者は，他者が書いた文章の一語一句を自分の読解と日本語を通して，丸ごと書き直すので，その作品の当事者，実践者として作品を体験する。英文和訳と翻訳の違いは，一つは目的が違うこと，二つ目は不特定多数の読者の有無，そして三つ目は読む人が原文を持っているかどうかということである。つまり，翻訳は，原文を持っていない見知らぬ他者に訳文を届ける行為である。したがって，翻訳で必要なのは，原文の意味と意図をくみとる語学力である。そのために，異文化に対する知識や興味，わからないことが出てきたときのリサーチ力と調べようとする地道さが必要である。翻訳者は，次の読者に作品を手渡すという仕事があるため，的確に読む良い読者になる必要があり，主体性を持って原文と能動的に関わる姿勢を持つべきである。

問一＜漢字＞a.「認識」と書く。 b.「趣旨」と書く。 c.「形態」と書く。 d.「留意」と書く。 e.「錯覚」と書く。

問二＜接続語＞Ⅰ. 翻訳は「原文に劣らない文学性や表現力をもつ日本語に仕上げること」という回答のとおり，翻訳は「原文と等価」である以上に，「独創性や批評性，より高い芸術性をもつべし」という認識が文学界に広まっている。 Ⅱ.「翻訳とは一種の批評」であるけれども，「翻訳者が書くのは，その作品の論評では」ない。 Ⅲ. 翻訳では，原文の「わからなさをまじまじと見つめること」になり，そのうえで，翻訳という行為を通すと，「その作家の文体の癖」や「かくれた意図」や「作中人物の意外な性格」が表面化する。 Ⅳ. 英文和訳は「授業や試験で行うもの」を指し，その目的は試験などで自分の習熟度を「教師や採点者に明示する」ことであるということは，要するに，英文和訳は「あなたと教師や採点者との間のやりとり」であるということである。

問三＜文章内容＞翻訳とは，「原文の一語一句をあなたの読解と日本語を通して，まるごと書き直していく」ことである。

問四＜文章内容＞翻訳とは，「その作品の当事者，実践者になりながら読むこと」であり，「その作品を体験すること」であるため，翻訳の仕事には，「声優さんの仕事の楽しさ」と少し似た「スリル」がある。

問五＜文章内容＞翻訳とは，「もともとその原文の言葉が理解できない人たちのために」存在しているので，「いくら芸術分野の翻訳でも，他者の需要と目があって初めて発生し存在しうる」のである。したがって，常に「読者に伝える」ことを念頭に置いて行わなければならないという点で，翻訳は「サービス業」であるといえる。

問六＜語句＞「コミット」は，深く関わり合うこと。

問七＜要旨＞翻訳の作業の大部分は「精密な読書」であり，「日本語力」や「文章センス」は，そんなに求められるものではなく，「十割のうちの最後の一割ぐらい」しか役に立たない(ア…×)。英文和訳の目的には，試験などで習ったことを「よく理解して」いることを教師や採点者に示すというのがあり，「あまり独創的なフリースタイルで訳すと，評価する側も困る」ことになってしまう(エ…○)。それに対して，翻訳は「原文を持っていない見知らぬ不特定多数の読者に言葉を届ける」ことが行為の目的で，「他者の需要と目があって初めて発生し存在しうる」のであり，「人と人の『仲立ち』」が翻訳の本分である(ウ…○)。翻訳で大事なものは「ひたすら語学力」で，「原文の意味と意図をくみとる力」が必要である(オ…×)。単語や文法の能力も大切だが，もっと重要なのは，わからないことを「調べようとする地道さ」や「どれだけ地味な作業ができるか」であり，そのような原文と能動的に関わる「丹念な『読み』」から良い訳文はつくられる(イ…○)。

問八⑴＜表現＞「国語辞典」での「正解」と「的確」の意味という客観的事実をふまえて，「的確」は，いくつかの候補の中で「最も正確であるもの」について使う言葉だと思うという意見が述べられ，筆者が「より良い翻訳」と述べている点に筆者の意思があるという結論につなげられている。

⑵＜四字熟語＞「二者択一」は，二つあるもののうち，どちらか一方を選択すること。

二〔小説の読解〕出典；重松清『バスに乗って』(『カレーライス　教室で出会った重松清』所収)。

問一＜接続語＞Ⅰ．少年は，これまでも，「バス停でも車内でも」両親と離れて「一人で乗っていた」のだから，「生まれて初めて，一人でバスに乗った」ときも，「だいじょうぶだ」と思った。　Ⅱ．少年は，今までもわざと両親と離れた席に一人でバスに乗っていたし，今日もそれと同じようなものなのだから「だいじょうぶだ」と思っていたのに，「いままでの『一人』と今日の『一人』は違って」いた。　Ⅲ．一人で「緊張で胸がどきどき」しながらバス停でバスを待っているうちに，ようやく「バスが来た」のである。

問二＜心情＞父は，少年に，「十一枚綴り」のバス回数券を「二冊」渡してから，「これを全部使うことはないから」と言った。しかし，少年に「ほんとに，ほんと？」と念を押されると，二冊の回数券を使いきるまでに少年の母親が退院できる確証はなく，入院が長引く可能性もあり，父は，断言できないのを申し訳なく思いながらも，少年を安心させようと「たぶん，だけどな」と答えた。

問三＜心情＞父が「最近おしゃべり」になって，「なにをするにもいちいち声をかけてくる」のも，「ひとりごとや鼻歌」が増えたのも，父なりに寂しさを紛らわせるためなのだろうと，少年は思った。

問四＜慣用句＞「釘を刺す」は，相手が約束を破らないようにあらかじめ念を押す，という意味。「いましめる」は，「戒める」と書き，前もって注意する，という意味。

問五＜文章内容＞買うべきバス回数券は「一冊でいい？」という質問に，父が複数冊買うようにと答えたら，それは，少年が母を見舞うのに，その冊数分の回数券が必要になるほど母の入院が長引くことを意味することになる。そのため，少年は，その答えを恐れて，バス回数券の冊数を確認する質問をしたくなかったのである。

問六＜表現＞回数券を買わなければならないのに，乗ったバスの運転手が「初めてバスに一人で乗った日に叱られた運転手」で，その後も注意されたことがあったため，また何か言われるのではないかと思い，少年は，「嫌だなあ，運が悪いなあ」と，胸がすぼまるように気が重くなった。

問七＜文章内容＞運転手は，「病院，かようんだったら，定期のほうが安いぞ」と値段のことを言った。しかし，少年は，「お見舞い，だから」と，病院に通う目的だけを答えた。少年は，病気の母の見舞いで病院に通っているので，定期を買うことは，少なくともこの先一か月以上は母を見舞いに通い続けるという見通し立てることになる。早く母に退院してもらいたい自分としては，定期の方が安くても，心情的に定期を買いたくないという事情を説明しなければ通じないのに，病院に通う目的だけを答えてしまったことを，少年は，我ながら「とんちんかん」だったと思ったのである。

問八＜文章内容＞結局，最後の回数券を使ってしまうまで母は退院はできず，見舞いのためのバスの回数券を使いきる前に，母に退院してほしいという少年の願いはかなわなかった。そのことだけでも少年には耐えがたい悲しみなのに，よりによって帰りのバスの運転手が，いつもぶっきらぼうで，叱られたこともあって印象の悪い「河野さん」だったので，「こんなひとに最後の回数券を渡したくない」と思い，悲しみが増したのである。

問九＜表現＞河野さんは，少年に「ぶっきらぼうではない言い方」で泣いている訳を尋ね，少年が回数券を見せても，「早く入れなさい」とは言わずに，「どうした？」ともう一度きいてくれた。少年は，その声に優しく導かれるように，自然に，事情と自分のつらい心情を話し始めた。

三〔古文の読解―説話〕出典；『宇治拾遺物語』巻第十三ノ五。

≪現代語訳≫昔，備中の国に郡司がいた。その人の子でひきのまき人という者がいた。（まき人が）若い男であったとき，夢を見たので，夢合わせをさせようとして，夢占いの女のもとに行って，夢合わせをした後，世間話をしていたうちに，人々がたくさん話し声をして来るのが聞こえる。（その人々の中には）国守の御子のご長男がいらっしゃったのであった。年は十七，八くらいの男でいらっしゃった。心のありようはわからないが，容貌はきれいである。人を四，五人ほど連れている。（国守の御子が）「ここが夢占いの女のところか」ときくと，お供の侍が，「ここでございます」と言って来たので，まき人は奥の方の中に入り，そこにある部屋に入って，穴からのぞいて見たところ，この君（＝国守の御子）がお入りになって，「夢をしかじか見たのだ。（この夢は）どうだ」と言って語り聞かせる。女が（国守の御子の夢の話を）聞いて，「実にすばらしい夢です。必ず（あなたは）大臣にまで出世なさるはずです。どう考えてもすばらしく（夢を）ご覧になりました。決して決して，（この夢を）人に語りなさいますな」と申したところ，この君はうれしそうな様子で，（着ていた）服を脱いで女に与えて帰った。／そのとき，まき人が部屋から出て，女に言ったことには，「夢は取るということがあるそうだ。さっきの方の御夢を，私に取らせてください。国守は四年過ぎてしまうと帰京してしまう。私は（備中の）国の人だから，ずっとここにいるだろううえに，郡司の子であるので，私の方を大事に思うのがよい」と言ったところ，女は，「おっしゃるとおりにいたしましょう。では，（さっき）いらっしゃった君のようにして（部屋に）入りなさって，その語りなさった夢を少しも間違えることなくお話しになってください」と言うので，まき人は喜んで，（さっきの）君がしたように入ってきて，夢語りをしたところ，女も（さっきと）同じように言う。まき人はとてもうれしく思って，（着ていた）服を脱いで（女に）取らせて去った。／その後，（まき人は）漢文で書かれた書物を学んだところ，どんどん進みに進んで，（学問の）才覚のある人になった。天皇が（まき人のうわさを）お聞きになって，試験をなさったところ，本当に才覚が深かったので，中国へ，「文物をしっかり学んで来よ」と言って派遣させて，（まき人は）長い間中国にいて，さまざまのことを習い伝えて帰ってきたので，天皇は（まき人を）立派な者だとお思いになって，だんだん出世させなさって，大臣にまでなされたのであった。／だから，夢を取ることは実に恐ろしいことだ。あの夢を取られた備中の守の御子は，官職もない者で終わってしまった。もし夢を取られなかったならば，

(この備中の守の御子こそが)大臣にまでもきっとなったであろうに。だから，夢を人に聞かせてはならないのだと言い伝えている。

問一＜歴史的仮名遣い＞歴史的仮名遣いの「ゐ」は，現代仮名遣いでは「い」になる。語頭以外のハ行は，原則として「わいうえお」になる。音が「au」と連続するときは，「ou」と読む(④…×)。

問二＜古文の内容理解＞国守の御子が夢占いの女のもとへ来て，夢を語り聞かせると，女は，実にすばらしい夢で，「必ず大臣まで」出世なさるはずだと言った。

問三＜古文の内容理解＞「夢は取るといふ事」があるので，不用意に他人に夢を聞かせると，聞いた人に夢を取られてしまい，せっかくの良い夢がだめになってしまうかもしれないので，夢占いの女は，国守の御子に，その夢を他人に語りなさるなと言った。

問四＜古文の内容理解＞国守の御子は，夢占いの女が自分の見た夢を「必ず大臣までなり上り給ふべき」良い夢だと占ってくれたので，うれしくなり，女への褒美として着ていた服を脱いで与えたと考えられる。

問五＜古典文法＞係助詞「こそ」があると，受ける文節の末尾の活用語は，「已然形」をとる。このような古典文法上の規則を，係り結びの法則という。

問六＜現代語訳＞「その語られつる夢を」は，「おはしつる君」である国守の御子がさっき語った夢を，という意味。「露も」は，下に打ち消しの語を伴って，少しも，という意味。「給へ」は，尊敬の補助動詞「給ふ」の命令形。

問七＜古文の内容理解＞必ず大臣にまで出世なさるという国守の御子の夢を取った「郡司の子」を，帝は，大臣に昇進させた。

問八＜古文の内容理解＞「必ず大臣までなり上り給ふべき」という良い夢を見た国守の御子は，その夢を「郡司の子」に取られたために，「司もなき者」で終わってしまったので，夢を取るということは，実に恐ろしいことなのである。

問九＜古文の内容理解＞備中国の郡司の子である「ひきのまき人」は，夢合わせをした後，世間話をしているうちに，国守の御子がお供を連れて夢占いの女のもとに来たので，女の家の奥の方にある部屋に入って穴から様子をうかがった(①…×)。国守の御子が夢占いの女のところにやってきて，夢の内容を話すと，女は，「必ず大臣まで」出世なさるという良い夢だと占った(②…×)。夢占いの女は，郡司の子に，国守は四年過ぎれば帰京してしまうが，「我は国人」だからずっとここにいるだろううえに，「郡司の子にてあれば，我をこそ大事に」思うのがよいと言われ，その言葉を受け入れて，国守の御子の夢を取る方法を教えた(③…○)。郡司の子は，国守の御子の夢を取った後，書物を学んで「才ある人」になり，遣唐使に派遣され，帰国すると天皇に立派な者だと思われ，大臣にまで出世した(④…×)。大臣にまでなるという良い夢を取られたために，官職も得られないまま終わってしまったという例もあるのだから，夢は人に聞かせてはならないものだと言い伝えられている(⑤…×)。

問十＜文学史＞『宇治拾遺物語』は，鎌倉時代に成立した説話集。『今昔物語集』は，平安時代末期までに成立した説話集。『方丈記』は，鎌倉時代に鴨長明が著した随筆。『源氏物語』は，平安時代に紫式部が著したつくり物語。『雨月物語』は，江戸時代に上田秋成が著した読本。『おくのほそ道』は，江戸時代に松尾芭蕉が著した俳諧紀行文。

2023年度 東京農業大学第三高等学校(第２回)

【英　語】（45分）〈満点：100点〉

1 この問題は、対話を聞き、各質問に対して最も適当な答えを選ぶ形式です。対話はそれぞれ二度くり返されます。解答番号は［1］～［4］の４題で、解答時間はそれぞれ10秒です。

（編集部注：放送文は未公表のため掲載してありません。）

1　Where are they talking?　解答番号は［1］

① At a hotel.
② In a car.
③ On a plane.
④ On a train.

2　When did Ken visit Canada?　解答番号は［2］

① In 2008.
② In 2010.
③ In 2012.
④ In 2014.

3　What will the man probably do next?　解答番号は［3］

① He will check out of the hotel.
② He will eat breakfast.
③ He will go out for dinner.
④ He will go to the second floor.

4　How much will the woman pay?　解答番号は［4］

① $14.
② $16.
③ $18.
④ $20.

2 この問題は、英文を聞き、各質問に対して最も適当な答えを選ぶ形式です。英文と質問はそれぞれ二度くり返されます。解答番号は［ 5 ］～［ 8 ］の４題で、解答時間はそれぞれ10秒です。

（編集部注：放送文は未公表のため掲載してありません。）

1　　解答番号は［ 5 ］

①

②

③
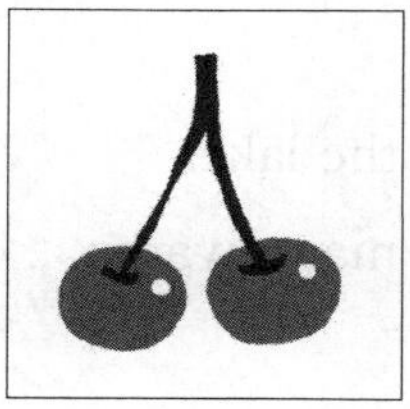

④

2　　解答番号は［ 6 ］

① Two days.
② Three days.
③ Five days.
④ Six days.

3　　解答番号は［ 7 ］

①
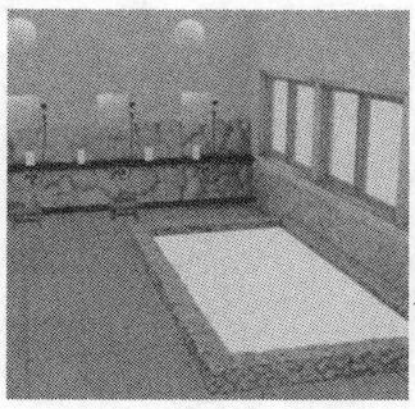

②

③

④

4　　解答番号は［ 8 ］

① Come and Buy Our Fresh Fruits
② Come to Our Fruit Festival
③ Enter Our Contest
④ Help on Our Fruit Farm

3 各文の（　　　）に入る最も適当なものを選び、その番号をマークしなさい。

1　We should (　　　) to old people.　解答番号は 9

① be kind　② being kind　③ do kind　④ kind

2　I asked Yumi (　　　) me with my homework.　解答番号は 10

① help　② helped　③ helping　④ to help

3　There is (　　　) in the lake.　解答番号は 11

① few water　② many water　③ much water　④ much waters

4　I read the book (　　　) in English yesterday.　解答番号は 12

① write　② writing　③ written　④ wrote

5　Ken runs fastest (　　　) the three.　解答番号は 13

① from　② in　③ of　④ with

4 次の英文を読み、後の問に答えなさい。

Long ago in India there was an old village. The old houses, streets and shops were empty. The windows were open and the stairs were broken. It was a very fine place for mice ㋐to run around.

In fact, the mice lived happy lives in this area for many years. They made tunnels all through the old homes and buildings and formed great *mazes. They had good times with their many dinner parties, festivals and weddings.

One day, some elephants moved through the village on their way to a big lake in the west. All the elephants were thinking about how good it would be to jump in the lake for a cool swim. They did not know that when they moved through the village, their big elephant feet *stomped down on the mazes and tunnels the mice had made.

The mice quickly had a meeting. "If the elephants come back this way again, all of our community will be destroyed!" cried one mouse. There was only one thing to do. The mice followed the elephants' *footprints to the lake. There they found the leader of the elephants and said to him, "Our mice community is not far from here. It's in that old village you passed through. Do you remember it?" "Of course I remember ㋑it," said the leader of the elephants. "But we did not know a mice community was there." "You stomped on many of the homes which we have lived in for many years. If you return the same way, it will surely be the end of us! Would you find another way to go home? Someday we can help you, too." ㋒The leader of the elephants smiled. "Imagine. How could small mice ever help an elephant?" But he felt sorry the elephants had *crushed the mice's village. He said, "(㋓) I will lead the elephants home another way."

Hunters knew that the elephants came from far to jump in the big lake to swim, so they made traps near the lake. As soon as the elephants came near the lake, they were caught in the traps. They were all tied to the trees in the forest, but one elephant was (㋔) because she did not go near the lake. The leader of the elephants told her that she must go to the old village and bring back the mice who lived there.

When the mice found out the trouble that the elephants were in, they hurried to the lake. When they saw the elephants tied up, they quickly ran over to the ropes and began chewing them. They chewed and chewed as quickly as they could. Soon, the ropes were chewed all the way through and the elephants were saved.

The elephants found a new way home and the mice community lived on for many years.

mazes　迷路（ここではネズミのすみか）　stomp　足で踏みつける
footprints　足あと　crush　押しつぶす

問１　下線部㋐to run aroundと同じ用法の不定詞を含む文を次から選び、その番号をマークしなさい。　解答番号は 14

① I went to the supermarket to buy some eggs.
② My dream is to travel around the world.
③ The teacher told us to clean the classroom.
④ There was no friend to talk to.

問２　次の質問の答えとして、最も適当なものを次から選び、その番号をマークしなさい。　解答番号は 15

Why did the elephants go to the lake ?

① They went to the lake to destroy the village.
② They went to the lake to make friends with the mice.
③ They went to the lake to run away from hunters.
④ They went to the lake to swim.

問３　下線部㋑が指すものとして最も適当なものを次から選び、その番号をマークしなさい。　解答番号は 16

① the community　② the mice　③ the village　④ the way

問４　下線部㋒の理由として最も適当なものを次から選び、その番号をマークしなさい。　解答番号は 17

① 小さなネズミたちといっしょに湖で遊ぶことができると思ったから。
② 小さなネズミたちといっしょに古い村で暮らすことができると思ったから。
③ 小さなネズミたちの願いをかなえてあげられてうれしく思ったから。
④ 小さなネズミたちが大きな象を助けられるはずがないと思ったから。

問5　本文中の空欄（ ㊁ ）に入る最も適当なものを次から選び、その番号をマークしなさい。

解答番号は 18

① You don't have to worry about it.
② You must worry about it.
③ You should worry about it.
④ You will worry about it.

問6　本文中の空欄（ ㊂ ）に入る最も適当なものを次から選び、その番号をマークしなさい。

解答番号は 19

① free　② killed　③ small　④ tied

問7　本文の内容と一致するものを次から選び、その番号をマークしなさい。

解答番号は 20

① 古い村ではネズミが人間と仲良く幸せな暮らしを送っていた。
② 象たちが古い村を通過した後、ネズミのすみかは壊滅し、暮らせなくなった。
③ 狩猟者たちはたまたま湖にいる象たちを見つけ、捕らえることができた。
④ ネズミが象のロープをかみちぎり、象たちは家に帰ることができた。

5 次の英文を読み、後の問に答えなさい。

Washi paper is one of the most basic and important products in Japan. From its history, there are many interesting things to learn. It is said that Chinese paper-making techniques were brought to Japan through Korea in the early 600s. At that time, washi paper was mainly used for writing *Buddhist scriptures.

Japanese people had improved the techniques for a long time. (㋐), they began to add *materials from plants, such as **kozo* and *gampi*. These materials kept washi paper in good condition for a long time. So, it was really good for Japanese calligraphy and paintings. Washi paper was also used for *paper screens in windows, doors and lamps because light easily passes through ㋑it.

In the past, Japanese paper-making techniques depended (㋒) natural materials. Washi paper only needed a little wood, so whole trees didn't have to be cut. This was very eco-friendly. Also, washi paper was *chemical free. However, ㋓(1 chemicals 2 is often 3 needs 4 paper 5 used today 6 which).

The best season to make washi paper was winter. There were some reasons for this. First, it was too cold for farmers to grow rice and vegetables in winter. Second, people who produced washi paper were able to use very pure water from snow. The pure water did not change the color of the washi paper.

Handmade washi paper was widely used until the Meiji period (1868 − 1912). However, as Japan developed, other types of paper began to be used because they were made by machines which produced a lot of paper. Washi paper was a handmade product and more expensive than other types of paper. From this period, people stopped using washi paper for everyday *usage. Washi paper is stronger than other types of paper so it keeps its shape longer. It is used for gift-wrapping paper, origami, and more recently, for shutters and blinds.

In 2014, three kinds of washi-making techniques received *UNESCO Intangible Cultural Heritage status. They were *Honminoshi* (Gifu), *Sekishubanshi* (Shimane), and *Hosokawashi* (Saitama). UNESCO wrote: "The people living in these areas take pride in their tradition of washi-making and see it as a symbol of their culture." If you want to learn more about *Hosokawashi*, you should visit *Washi no Sato* in Saitama, a short day-trip from Tokyo. The *craftsmen make washi with unique tools and traditional paper-making techniques.

Washi paper may not be the only paper in Japan these days, but it's still going strong. In 2021, the Tokyo Olympic and Paralympic Games were held. Athletes who finished in the top eight in their events received *certificates printed on washi paper.

Buddhist scriptures　仏教の経典　　materials　材料
kozo and *gampi*　楮（こうぞ）、雁皮（がんぴ）、和紙の原料の１つ
paper screens　障子　　chemical　化学物質　　usage　用途
UNESCO Intangible Cultural Heritage status　ユネスコ世界無形文化遺産
craftsmen　職人　　certificates　表彰状

問１　本文中の空欄（　㋐　）に入る最も適当なものを次から選び、その番号をマークしなさい。　　解答番号は 21

① By the way　② Clearly　③ For example　④ However

問２　下線部㋑it が指す内容として最も適当なものを次から選び、その番号をマークしなさい。　　解答番号は 22

① ink　② lamp　③ washi paper　④ window

問３　本文中の空欄（　㋒　）に入る最も適当なものを次から選び、その番号をマークしなさい。　　解答番号は 23

① at　② for　③ in　④ on

問４　下線部㋓の（　　　）内の語（句）を次の日本語に合うように並べかえるとき、（　　　）内で３番目と５番目にくるものとして最も適当な組み合わせを次から選び、その番号をマークしなさい。　　解答番号は 24

今日、よく使われている紙は、化学物質を必要とする。

① ２－３　② ２－５　③ ３－２　④ ３－６

問5　次の書き出しに続く英語として最も適当なものを次から選び、その番号をマークしなさい。　解答番号は 25

A：Why do some Japanese people still use washi paper？

B：Because ＿＿＿＿＿＿＿＿＿＿＿＿＿＿.

① it can keep its shape longer than other types of paper

② it is easier to make than other types of paper

③ it is lighter than other types of paper

④ washi paper is easily damaged when people use it

問6　次の書き出しに続く英語として最も適当なものを次から選び、その番号をマークしなさい。　解答番号は 26

According to the passage, washi paper was ＿＿＿＿＿＿＿＿＿＿＿.

① cheaper than other types of paper

② produced a lot by machines around the 600s

③ too expensive for farmers to buy

④ used for certificates in the Tokyo Olympic and Paralympic Games

問7　本文の内容と一致しないものを次から1つ選び、その番号をマークしなさい。　解答番号は 27

① Around the 600s, people used washi paper to write Buddhist scriptures.

② Farmers were not able to grow rice and vegetables in winter.

③ The color of washi paper was easily changed by using water from snow.

④ People can see how *Hosokawashi* is made with unique tools in Saitama.

【数　学】（45分）〈満点：100点〉

1　次の各問いに答えよ。

(1)　$\{1+(-2)^2\div(3-4^2)\}\div 3$ を計算せよ。

解答群	① $\frac{23}{57}$	② $-\frac{23}{57}$	③ $\frac{17}{39}$	④ $-\frac{17}{39}$
	⑤ $\frac{5}{19}$	⑥ $-\frac{5}{19}$	⑦ $\frac{3}{13}$	⑧ $-\frac{3}{13}$

答 ①

(2)　$\sqrt{\frac{1}{3}}-\sqrt{75}+\sqrt{12}+\frac{2\sqrt{3}-\sqrt{27}}{3}$ を計算せよ。

解答群	① $7\sqrt{3}$	② $-7\sqrt{3}$	③ $3\sqrt{3}$	④ $-3\sqrt{3}$
	⑤ $\frac{7\sqrt{3}}{3}$	⑥ $-\frac{7\sqrt{3}}{3}$	⑦ $\frac{4\sqrt{3}}{3}$	⑧ $-\frac{4\sqrt{3}}{3}$

答 ②

(3)　$3x^3y\div x^5y^5\times(-3x^3y^2)^2$ を計算せよ。

解答群	① $27x^{14}y^{10}$	② $-27x^{14}y^{10}$	③ $27x^4$	④ $-27x^4$
	⑤ $\frac{9x}{y^2}$	⑥ $-\frac{9x}{y^2}$	⑦ $\frac{1}{3x^5y^8}$	⑧ $-\frac{1}{3x^5y^8}$

答 ③

(4)　2次方程式 $(x+2)(x-2)=2(x-3)(x+4)$ を解け。

解答群	① $x=1\pm\sqrt{21}$	② $x=-1\pm\sqrt{21}$	③ $x=1\pm\sqrt{29}$
	④ $x=-1\pm\sqrt{29}$	⑤ $x=2\pm\sqrt{21}$	⑥ $x=-2\pm\sqrt{21}$
	⑦ $x=2\pm\sqrt{29}$	⑧ $x=-2\pm\sqrt{29}$	

答　④

(5)　$-1<x<0$ とする。x, $-x$, $\frac{1}{x}$, $-\frac{1}{x}$, x^2 の大小を不等号を用いて表したとき，正しいものを1つ選べ。

解答群	① $-\frac{1}{x}<-x<\frac{1}{x}<x<x^2$	② $-\frac{1}{x}<-x<x^2<x<\frac{1}{x}$
	③ $-x<-\frac{1}{x}<\frac{1}{x}<x<x^2$	④ $-x<-\frac{1}{x}<x^2<x<\frac{1}{x}$
	⑤ $x^2<x<\frac{1}{x}<-x<-\frac{1}{x}$	⑥ $\frac{1}{x}<x<x^2<-x<-\frac{1}{x}$
	⑦ $x^2<x<\frac{1}{x}<-\frac{1}{x}<-x$	⑧ $\frac{1}{x}<x<x^2<-\frac{1}{x}<-x$

答　⑤

2　次の各問いに答えよ。

(1)　$\sqrt{54n}$ と $\sqrt{n+25}$ がともに整数となる最小の自然数 n の値を求めよ。

答　$n =$ ⑥⑦

(2)　150 円の商品を x 個，250 円の商品を y 個買う予定だったが，150 円の商品と 250 円の商品の個数を逆にして買ってしまったため，支払った金額は予定より 600 円高くなった。支払った金額が 6300 円のとき，150 円の商品は何個買う予定だったか求めよ。

答　⑧⑨　個

(3)　大小 2 個のさいころを同時に投げるとき，出た目の和が 8 とならない確率を求めよ。

答　$\dfrac{⑫⑬}{⑩⑪}$

(4)　右の図のように，△ABCの辺AB，BC上にそれぞれ点D，Eがあり，AC＝AE＝DE＝DBを満たす。∠BAC＝80° のとき，∠x の大きさを求めよ。

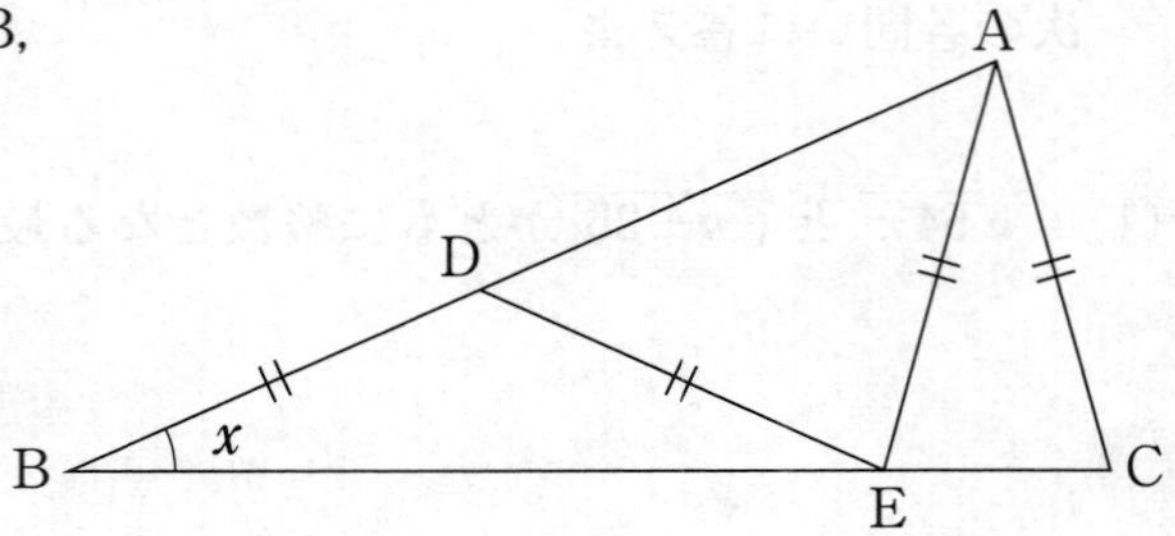

答　x＝ ⑭⑮ °

(5)　下の表は，生徒10人のテストの点数について，45点を基準として，基準との差を表したものである。このとき，生徒10人のテストの平均点を求めよ。

生徒	A	B	C	D	E	F	G	H	I	J
基準との差	＋2	＋10	−1	＋3	0	＋5	−7	−8	＋12	−5

答　⑯⑰．⑱　点

3　右の図のように，放物線 $y=ax^2$ 上に異なる3点A(２，２)，B，Cがある。点Bの x 座標は正であり，２点B，Cの y 座標は等しい。
このとき，次の各問いに答えよ。

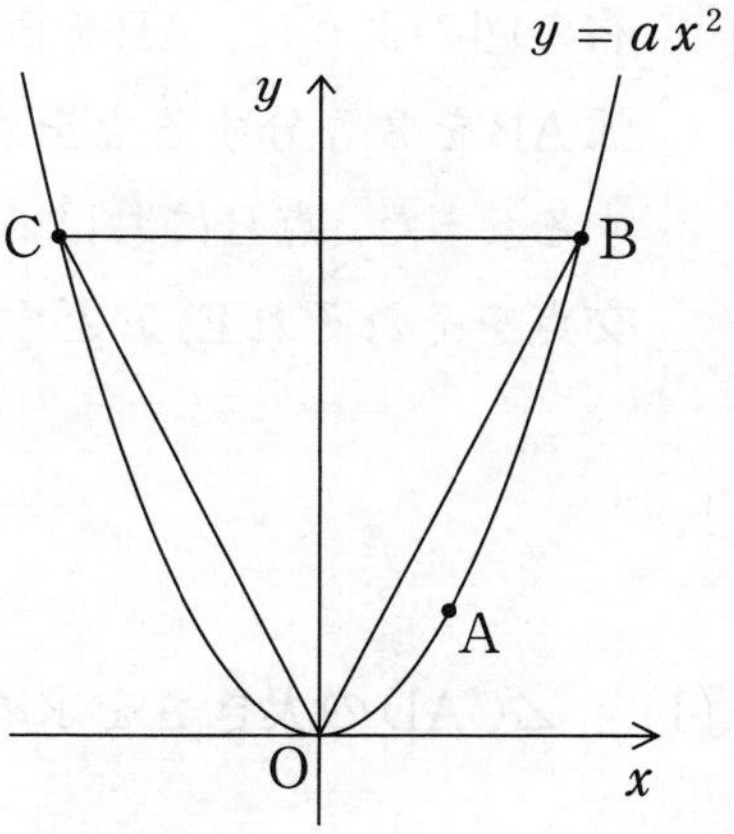

(1)　a の値を求めよ。

答　$a=$ $\dfrac{⑳}{⑲}$

(2)　点Bの x 座標が４のとき，直線ACの方程式を求めよ。

答　$y=-x+$ ㉑

(3)　△OBCが正三角形となるとき，点Bの座標を求めよ。

答　(㉒$\sqrt{㉓}$ ，㉔)

(4)　(3)のとき，四角形OABCの面積を求めよ。

答　㉕㉖$\sqrt{㉗}$ ＋ ㉘

4 右の図のように，ABを直径とする半径１の円Oがある。
弧ABを３等分する点を点Aに近い方から順にC，Dとする。また，点Bにおける円Oの接線と直線AC，ADとの交点をそれぞれE，Fとする。このとき，次の各問いに答えよ。

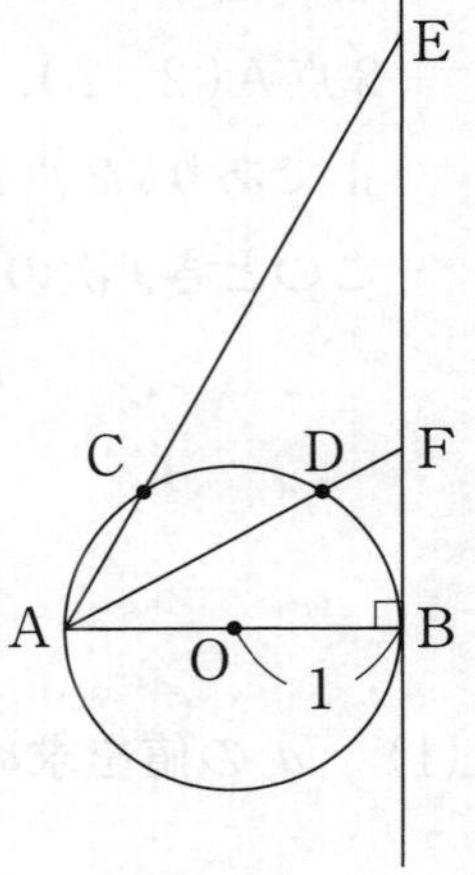

(1)　∠CADの大きさを求めよ。

答　㉙㉚ °

(2)　EF：FBを最も簡単な整数の比で表せ。

答　EF：FB＝ ㉛ ： ㉜

(3)　△ACDと△AFEの面積比を最も簡単な整数の比で表せ。

答　△ACD：△AFE＝ ㉝ ： ㉞㉟

(4)　四角形ECDFの面積を求めよ。

答　$\dfrac{㊳㊴\sqrt{㊵}}{㊱㊲}$

── 解答の仕方の注意 ──

数学の問題では，次の２通りの答え方がありますから注意しなさい。

(1) 解答群から選んで答える問題

答えを解答群から１つ選び解答カードにマークしなさい。

（例１） 5 + 3 = ⑥　　　　（⑥解答番号です）

解 答 群	① 2　② 4　③ 6　④ 8　⑤ 10

例１の答えは８で解答群の ④ が正解ですから，解答カードの解答番号⑥の解答欄の ④ をぬりつぶして答えなさい。

(2) 解答群がなく，数値で答える問題

（例２） $\frac{1}{15}+\frac{3}{15}=\frac{⑪}{⑨⑩}$

例２の答えは $\frac{4}{15}$ です。解答群がありませんから

解答番号⑨の解答欄の ①
解答番号⑩の解答欄の ⑤
解答番号⑪の解答欄の ④
をそれぞれぬりつぶして答えなさい。

また ⑯⑰ のように □ 内に解答番号⑯，⑰がある場合には，答えの数の十の位の数が⑯に，一の位の数が⑰に，それぞれ必ず１つ数字が入ります。

答えが分数になる場合は，必ず約分して答えなさい。

Ⅱ　その後の状況を説明したものとして最も適当なものを次から選び、その番号をマークしなさい。解答番号は 36 。

① 女の美貌《びぼう》はすっかり衰えてしまった
② 男の女への恐怖心は消えてしまった
③ 女の性格は大きく変わってしまった
④ 男の女への愛情は冷めてしまった
⑤ 女の思慮深さはなくなってしまった

問九　次のア～オについて、本文の内容に一致するものには①を、一致しないものには②をそれぞれマークしなさい。解答番号は 37 ～ 41 。

ア 37 　大安寺の僧の女と恋仲であった蔵人の男は、女のところに通っているうちに愛情が募《つの》り、昼間にも泊まるようになった
イ 38 　男が見た夢の中では、寺の者たちがまるで鬼に強要されているかのように、泣きながら土器に入った銅の湯を飲んでいた
ウ 39 　男が見た夢の中で、女はかわいらしい声を出して土器にある銅の湯を泣きながら飲み、目や鼻から煙を出していた
エ 40 　男は寺の者たちと同じように、自分も銅の湯を飲んでみたいという欲求にかられ、いよいよ飲むというところで夢が覚めた
オ 41 　目覚めた男は気分が悪くなり、物も食べずに家に帰ったが、その後は気を取り直して再び女のもとに通うようになった

問十　本文の出典である『宇治拾遺物語』と同じジャンル（分類）の作品を次から一つ選び、その番号をマークしなさい。解答番号は 42 。

① 平家物語
② 土佐日記
③ 十訓抄
④ 方丈記
⑤ 徒然草

問七　空欄 X に入る語（係助詞）として最も適当なものを次から選び、その番号をマークしなさい。解答番号は 34 。

※文末の語「らめ」は已然形である

① ぞ
② なん（なむ）
③ や
④ か
⑤ こそ

問八　傍線部**F**「ゆゆしく心憂く覚えて」について、次のⅠ・Ⅱの問いに答えなさい。

Ⅰ　このように思われた理由として最も適当なものを次から選び、その番号をマークしなさい。解答番号は 35 。

① 夢の中では異様で恐ろしく感じられた寺の者たちが、いつものようににぎやかに食事をしている様子を見て安心したから
② 寺の者たちが次々と土器に入った銅の湯を飲むという異様な光景を目の当たりにして、恐ろしくなってしまったから
③ 自分が思いを寄せていた女が土器に入った銅の湯を飲み、目や鼻から煙を出した姿が衝撃的で頭から離れなくなってしまったから
④ 夢に見た光景があまりにも強烈だったため、実際に目の前にいる寺の者たちを冷静な気持ちで見ることができないと感じたから
⑤ 寺にあるものを勝手に食べるという禁止された行為を寺の者たちが行っていることにより、あのような夢を見たのだと思ったから

問四　傍線部**C**「あさまし」とあるが、この時の心情を表す語として最も適当なものを次から選び、その番号をマークしなさい。解答番号は**31**。

①　安堵
②　失望
③　焦燥
④　憎悪
⑤　平静
⑥　呆然

問五　傍線部**D**「客人」とは、誰のことを指しているか。最も適当なものを次から選び、その番号をマークしなさい。解答番号は**32**。

①　蔵人なりける人
②　舅の僧
③　妻の尼公
④　下﨟
⑤　傍に臥したる君
⑥　女房

問六　傍線部**E**「我もかかる物を飲まんずるか」の解釈として最も適当なものを次から選び、その番号をマークしなさい。解答番号は**33**。

①　自分もこれを飲んでみたいものだな
②　自分はこれを飲まないで済むのだろうか
③　自分はこれを飲まない方がよいのではないか
④　自分もこれを飲むことになるのだろうか
⑤　自分はこれを飲まずにはいられないだろう

問一　傍線部**A**「いかなる事やらん」とあるが、どのようなことに対して思ったのか。最も適当なものを次から選び、その番号をマークしなさい。解答番号は 27 。

① 男が女の家で昼寝をして夢を見たこと
② 家の中に身分の高い人と低い人が混在していたこと
③ 家の人々が大声をあげて泣き合っていたこと
④ 男が家の人々の行動を不審に思ったこと
⑤ 家のありとあらゆる人が銅の湯を飲んでいたこと

問二　傍線部**B**「鬼の飲ませんにだにも飲むべくもなき湯」の解釈として最も適当なものを次から選び、その番号をマークしなさい。解答番号は 28 。

① 鬼が飲ませるまでは飲んではならない湯
② 鬼が飲ませようとしても飲めそうもない湯
③ 鬼が飲ませないので飲むことはできない湯
④ 鬼に飲ませようとしてもさすがに飲まない湯
⑤ 鬼でさえ飲もうとしても飲めるはずもない湯

問三　波線部**a**「起きて往ぬるを」・**b**「おぼつかなさにまた見れば」の動作の主体（主語）として最も適当なものをそれぞれ次から選び、その番号をマークしなさい。解答番号は**a**が 29 、**b**が 30 。

① 蔵人なりける人
② 舅の僧
③ 妻の尼公
④ 下﨟
⑤ 傍に臥したる君
⑥ 女房

（注記）

(1) 大安寺…南都七大寺の一つ

(2) 別当…大寺の寺務を統轄《とうかつ》する最上位の僧官

(3) 蔵人…蔵人所の職員。天皇に近侍《きんじ》し、宮中の大小の雑事をつかさどった

(4) とよみて…大声をあげて

(5) 舅の僧…ここは妻の父、別当の僧を指す

(6) 妻の尼公…妻の母である尼

(7) 土器…素焼きの食器

(8) 銅の湯…銅を煮溶かした熱湯

(9) 打ちはりて…張りなぐって

(10) 下臈…下人。しもべ

(11) 女房…別当家に仕える女

(12) 一器…器いっぱい

(13) 細くらうたげなる声…細くかわいらしい声

(14) 参らせよ…差し上げなさい

(15) 土器…ここは銅の湯を入れた土器のこと

(16) 驚きて…目が覚めて

(17) ののしる…大声で騒ぐ

(18) 寺の物を食ふ…寺物私用の罪は仏法の教養の上では重罪とされる

三 次の文章を読んで、後の問いに答えなさい。

今は昔、奈良の(1)大安寺《だいあんじ》の(2)別当《べつたう》なりける僧の女《むすめ》のもとに、(3)蔵人《くらうど》なりける人、忍びて通ふ程に、せめて思はしかりければ、時々は昼もとまりけり。ある時昼寝したりける夢に、にはかにこの家の内に上下の人と(4)よみて泣き合ひけるを、Aいかなる事やらんとあやしければ、立ち出でて見れば、(5)舅《しうと》の僧、(6)妻の尼公より始めて、ありとある人、みな大《おほき》なる(7)土器《かはらけ》を捧げて泣きけり。いかなればこの土器を捧げて泣くやらんと思ひて、よくよく見れば、(8)銅《あかがね》の湯を土器ごとに盛れり。(9)打ちはりてB鬼の飲ませんにだにも飲むべくもなき湯を、心と泣く泣く飲むなりけり。辛《から》くして飲み果てつれば、また乞《こ》ひそへて飲む者もあり、(10)下臈《げらふ》にいたるまでも飲まぬ者なし。我が傍《かたはら》に臥《ふ》したる君を(11)女房来て呼ぶ。a起きて往《い》ぬるを、bおぼつかなさにまた見れば、この女も大《おほき》なる銀の器《かはらけ》に銅の湯を(12)一器《ひとかはらけ》入れて、女房取らすれば、この女取りて(13)細くらうたげなる声をさしあげて、泣く泣く飲む。目鼻より煙《けぶり》くゆり出づ。Cあさましと見て立てる程に、また、「D客人《まらうど》に(14)参らせよ」といひて、(15)土器を台に据《す》ゑて女房持《も》て来たり。E我もかかる物を飲まんずるかと思ふに、あさましくて惑ふと思ふ程に夢覚めぬ。

(16)驚きて見れば、女房食物《くひもの》を持て来たり。舅の方《かた》にも物食ふ音して(17)ののしる。(18)寺の物を食ふに X あるらめ。それがかくは見ゆるなりと、Fゆゆしく心憂《こころう》く覚えて、女の思はしさも失《う》せぬ。さて心地の悪《あ》しき由《よし》をいひて、物も食はずして出でぬ。その後《のち》は遂《つひ》にかしこへ行かずなりにけり。

（『宇治拾遺物語』による）

問七　本文中から次の一文が抜けている。本文中の〈①〉～〈⑤〉から、この一文が入る最も適当な場所を選び、その番号をマークしなさい。解答番号は 25 。

だからといって、他の同級生が家族や友人と過ごしている時間に竜彬が身を置く、自室やネット上にも落ち着ける場所は見つからない。

① 〈①〉
② 〈②〉
③ 〈③〉
④ 〈④〉
⑤ 〈⑤〉

問八　この文章を読んだ高校生たちが、竜彬について会話をしている。本文の内容を踏まえた発言はどれか。最も適当なものを次から選び、その番号をマークしなさい。解答番号は 26 。

① A子「私は竜彬が気持ち悪いな。姉のお菓子を勝手に食べる所からも、常に犯罪行為を狙っていることが丸わかりだよね。」
② B太「それは言い過ぎじゃないかな。竜彬は自分の行為は決して間違っていないし、むしろ正義だと捉《とら》えている気がする。」
③ C郎「それにしても盗撮は許される行為じゃないよね。何だかんだ言いつつも、幼馴染の茜寧のことが好きなんだと思う。」
④ D介「僕もそう思うな。現実世界で発言する勇気がないから、ネット上で有名になることで幼馴染の気を惹《ひ》きたいのかな。」
⑤ E乃「茜寧は関係ないと思うけど、匿名で他人を傷つけることで、いじめを受けるストレスの発散をしているんだろうね。」

三

問五　空欄［Ⅲ］に入る語として最も適当なものを次から選び、その番号をマークしなさい。解答番号は［23］。

① 誠心誠意
② 漁夫之利
③ 大義名分
④ 一蓮托生
⑤ 一攫《いっかく》千金

問六　傍線部C「心の奥の方で甘いものを噛み締める」とあるが、竜彬にとっての「甘いもの」とはどのようなものか。**当てはまらないもの**を次から選び、その番号をマークしなさい。解答番号は［24］。

① 多くの人々が気付いていない真実に自分は気付けているという優越感
② 称賛を浴びている人気者達を取り柄のない自分が陥《おとしい》れるという高揚感
③ 自分と同じ感覚を抱いた人々から注目を浴びることで味わえる達成感
④ 気に入らない他人を痛烈に批判することで心が救われるという満足感
⑤ 素直なのに傷つけられるかわいそうな人々を守ることができる安心感

問二　空欄［Ⅰ］に共通して入る文として最も適当なものを次から選び、その番号をマークしなさい。解答番号は［20］。

①　くそ、なんでおれだけ
②　ああ、うらやましいな
③　いや、そうはいっても
④　よく、ばれないもんだ
⑤　なあ、どうしたらいい

問三　傍線部**B**「自分だけがまともな人間であるような気がしてくる」とあるが、そう感じるのはなぜか。最も適当なものを次から選び、その番号をマークしなさい。解答番号は［21］。

①　クラスメイト達が外見の整った相手と関わることだけを重視して生きる姿勢に呆《あき》れているから
②　クラスメイト達は理由もなく平気で弱い者をいじめるような道徳的に間違った人間であるから
③　クラスメイト達が高い評価を得るために表面を取り繕《つくろ》っていることに自分は気付いているから
④　クラスメイト達は竜彬が盗撮行為を繰り返していることにも気付けないほど観察力がないから
⑤　クラスメイト達が相手の立場によって態度を変える選別思想を持っていることに恐怖するから

問四　空欄［Ⅱ］に入る語として最も適当なものを次から選び、その番号をマークしなさい。解答番号は［22］。

①　黄月
②　翠水
③　黒木
④　赤土
⑤　白日

『みんなこれまでの歴史なんて知らなくてもいい。今とこれからだけあればいい』

画像も何もついていない。たったそれだけの文章。ファン達は語られていない部分を必死で想像し、肯定する声をツイート主に送る。

竜彬は標的の偉そうな言葉遣いと態度に一瞬で体内を疑似沸騰《ぎじふっとう》させ、パブリックサーチで見つけた自らと同じ感覚を抱いた人々の存在を燃料とし、非難コメントを世に放つ。

すぐさま反応があり、胸をなでおろした。自分と似たかわいそうな誰かの心を、今日もすくいあげることが出来た。

その満足みたいなものは竜彬の日々の救いとなった。


(住野よる『腹を割ったら血が出るだけさ』による)

(注記)

(1) こちらに物が飛んできた…竜彬の姉の耀子《ようこ》が働く書店で、茜寧はアルバイトをしている。竜彬は、茜寧が耀子から預かっていた鍵を、昼食時に突然冷たい態度で投げつけられた。

問一 傍線部**A**「竜彬の目的はそんなところにないからだ」とあるが、竜彬の目的とは何を動画に記録することか。最も適当なものを次から選び、その番号をマークしなさい。解答番号は **19**。

① 貧しい内面を持つ同級生の本性
② 見た目だけは美しい幼馴染の姿
③ 自分をいじめる奴らの犯罪行為
④ 評価の高い人気者達の化けの皮
⑤ 自分から手放した何気ない日常

現実世界でもなんでも、せわしなく節操なくひしめく人々の感情に翻弄《ほんろう》される自身が哀れに思え、同時に自分と同じように、素直であるだけで傷つけられてしまう人々をかわいそうに思った。〈②〉

だから、人の気持ちを操作している醜いあいつらの正体を、きちんと暴き裁《さば》かなければならない。自分と似た誰かが傷つけられてしまう前に。〈③〉

そういった思いに基づき、竜彬には撮影以外にも日課としている活動があった。

ネット上において竜彬は『rind0』を名乗る。匿名《とくめい》であることが許される場所で特定の名前を持つことを、彼は自分なりの責任を持つ行為だと考えていた。〈④〉

仮初《かりそめ》の責任は、竜彬に適当なプレッシャーを与え、その重みは、あたかも［Ⅲ］があるかのような錯覚を起こさせた。〈⑤〉

誰かを口汚く罵《ののし》れば、誰かから非難される。竜彬は自らが『rind0』という人格を持つことによって、そのやりとりが議論になると考えた。自身の言葉が誹謗中傷《ひぼうちゅうしょう》ではなく痛烈な批判になると考えた。

『お前どこにでもいるなキモ』

（あくまで竜彬の考える）議論を遮《さえぎ》る無作法な言葉を投げかけられる時もあったが、相手にする必要は感じなかった。

ネット上でも、自ら発信するという以外の部分では、教室でやっていることとなんら変わらなかった。化けの皮を被《かぶ》りながら称賛を浴びる人間達の落ち度を見張る。大きな不祥事や失言があれば望ましいが、稀《まれ》なので、観察の目は、金銭感覚、体調管理、パフォーマンスの良し悪し、容姿のコンディション、生まれや家庭環境にまで至る。

出演映像やSNS、インタビュー記事をつぶさにチェックし、責められてしかるべきと思える場所を発見すれば、竜彬は、監視対象がやはりそういう人間だったのかと憤《いきどお》りを覚え、C心の奥の方で甘いものを噛《か》み締める。この胸の疑心や不満が間違いではなかった証拠をまた一つ集めたのだと、昂《たかぶ》る。

クラスメイトとは違い、ファンがいるような人間には必ず一人や二人のアンチがいる。竜彬が特定の有名人を叩く発信をした際には必ず反応を示す人間がいて、日々の中で味わえない注目を集めることが出来た。極めて簡易的に、達成感みたいなものを得られた。

だから彼自身に自覚はないものの、主に標的としている有名人が、日々賛否ある行動を繰り返してくれるのは喜ばしいことだった。

今日も夕食後すぐ部屋にこもり、竜彬は見つける。

ツイッター上に流れてきた、獲物となる発言。

[Ⅰ]。脳内でその言葉を繰り返すことが、竜彬にとって自覚のない快楽だった。そうして、彼は気づかない周囲の人間達に対し、自らを精神的優位に立たせられた。

観察力も想像力もなさそうな奴らからないがしろにされている。極めて不当だと感じている扱いに、対抗する手段だった。

そのために彼はほとんど毎日、校内で許可のない撮影行為を繰り返している。

学校での被写体は主に、クラスメイト達だ。その中でも特に、一人の女子生徒に注目していた。

この行動について、もし周囲の人間達に知られれば投げかけられるであろう言葉に対し、竜彬は事前に首を振る。

そうではない。彼女に好意の欠片《かけら》でも抱いているわけでは決してない。もちろんその他のクラスメイト達にも。

ただ、へらへらと良い人ぶって上手く生きている醜悪《しゅうあく》な奴らの本性を暴いてやりたいだけだ。

例えば、竜彬が特に時間をかけて撮影している幼馴染、糸林茜寧。彼女の周りにはいつも誰かがいて楽しげに笑っている。その誰かは決まって、一般的に評価の高いヒエラルキーやステータス、外見を持つ人間ばかりだ。

[Ⅰ]。

竜彬は自らが人々の視線を盗み撮影を行っている事実だけではなく、幼馴染が持つ選別思想についても、改めてそう考える。

どうしてそんな顔が出来る？

糸林茜寧だけではない。クラスメイト達を見ていると、B<u>自分だけがまともな人間であるような気がしてくる</u>。

いつか奴らはぼろを出すはずだ。その瞬間を切り取るため、竜彬は毎日、教室や廊下でカメラを回していた。そして帰宅後つぶさにチェックし、クラスメイト達の行動に落ち度はなかったか、確認する。今はまだ特別な成果を上げられていないが、いずれ[Ⅱ]の下に曝《さら》せる日を心から楽しみにしている。

本日撮影した最後の動画を再生する。そこには放課後、クラスメイトと談笑する幼馴染が映っている。いつからか、人を選《え》り好《ごの》み醜く笑うようになった茜寧を竜彬は嫌っていたが、その容姿だけは幼い頃から知る彼女だった。子どもながら、その横顔に純粋な恋をしていたことだってあったのかもしれない。

多重の嫌悪感を募らせた竜彬は、最後の動画を消して、深くため息をついた。

居場所という感覚を、家や学校に抱けていない。〈①〉

二 次の文章は、住野よるの小説『腹を割ったら血が出るだけさ』の一節である。高校生の上村竜彬《うえむらたつあき》は、クラスの人気者である幼馴染《おさななじみ》の糸林茜寧《いとばやしあかね》とは違い、教室内では影が薄い存在として生活していた。これを読んで、後の問いに答えなさい。

選べば、カメラは拳の中に納まる。鞄は使っていれば自然に穴くらい開く。

休み時間中はこそこそとしなくともいい。背後に気をつけ画質を気にしなければ、堂々とスマホを使っていてもばれない。

今日も誰に見咎《みとが》められることもなく、竜彬《たつあき》は学校を出た。

最寄りの駅から電車に乗って、いつもとは違う駅で下りる。そこで姉に回収を頼まれていた自転車に跨《またが》って、二十分ほどをかけ帰宅する。

マンションの駐輪場に止めた後、倒れない程度の力で一度蹴《け》っておいた。

エレベーターで自宅のある階まで上がり、廊下奥のドアを鍵で開けて中に入る。人の気配はない。竜彬は靴を脱いでキッチンに向かった。

冷蔵庫の中に姉の名前が袋に記されたシュークリームがあったので手に取って、自室に移動し鍵を閉める。

下ろした鞄から、さっそく小型カメラを取り出して机の上のパソコンとケーブルで繋《つな》ぐ。パソコンがデータを取り込んでいる内に部屋着に着替え、鞄に入っていたペットボトルの水を飲んでデスクチェアに座った。数分後、今度はケーブルでパソコンとスマホを繋いで、こちらもデータをパソコン内のハードディスクへと移動させる。毎日やっている作業だ。

スマホの中を綺麗にしてから、竜彬はヘッドホンを装着した。ディスプレイ上で、本日撮影した動画を流す。ブレも画質の悪さも気にならない、**A**竜彬の目的はそんなところにないからだ。

一つの動画が終わり、また次の動画へ、そしてまた次の動画、場所や時がまちまちなそれらを注意深く確認しながら、竜彬はまた一口水を飲む。

［Ⅰ］。

流れる映像について、そう考えた。

撮影した動画を帰宅後チェックするのは竜彬の日課だった。毎日繰り返していても、未《いま》だに驚きが竜彬の中に残っている。

習慣とするうち、堂々とやることで疑われないとは学んでいたが、それにしても。

画面の中、(1)こちらに物が飛んできたところで竜彬は動画を止めた。少し巻き戻し、確認する。そしてまたすぐ再生ボタンを押した。

見たかったのは、ぼやけた飛来物ではもちろんなかった。

こちらに目を向けながらも意識は別のところにあると簡単に察せられる、女子生徒の表情を確認したかった。

問九　空欄［Ｇ］・［Ｈ］に入る語の組み合わせとして最も適当なものを次から選び、その番号をマークしなさい。解答番号は［13］。

①　Ｇ　引き波　　Ｈ　二倍
②　Ｇ　引き波　　Ｈ　三倍
③　Ｇ　押し波　　Ｈ　二倍
④　Ｇ　押し波　　Ｈ　三倍
⑤　Ｇ　大津波　　Ｈ　二倍
⑥　Ｇ　大津波　　Ｈ　三倍

問十　傍線部**Ｉ**「第二波が大きくなる理由」として考えられることを次から選び、その番号をマークしなさい。解答番号は［14］。

①　地震発生後の第一波が引き波から始まり、第一波の津波の高さの二倍以上も大きくなった第二波を連れてくるから
②　地震発生後の第一波が押し波から始まり、津波で死亡する人のほとんどは第二波によるものだと判明しているから
③　地震発生後の第一波が引き波から始まり、湾内の海底が目視できるように波が引いた後に海水が再び逆流するから
④　地震発生後の第一波が引き波から始まり、その第一波が湾内で複雑に変化し、第二波が加速度的に押し寄せるから
⑤　地震発生後の第一波が押し波から始まり、一度湾外に押し出された海水が第二波の押し波と一緒に戻ってくるから

問十一　次のア〜エについて、本文の内容に一致するものには①を、一致しないものには②をそれぞれマークしなさい。解答番号は［15］〜［18］。

ア　［15］　津波は二度来ることはない
イ　［16］　津波は第二波が一番大きい
ウ　［17］　津波は一定のルールがない
エ　［18］　津波の高さは判断できない

問六　傍線部**D**「地震が起こる」メカニズムとして最も適当なものを次から選び、その番号をマークしなさい。解答番号は **10** 。

① 海のプレートに陸のプレートが潜り込み、一定量を超えても両プレートが固着することで地震が発生する
② 海のプレートに陸のプレートが潜り込み、一定量を超えると両プレートが剥離することで地震が発生する
③ 陸のプレートに海のプレートが潜り込み、一定量を超えても両プレートが固着することで地震が発生する
④ 陸のプレートに海のプレートが潜り込み、一定量を超えると両プレートが剥離することで地震が発生する
⑤ 海のプレートと陸のプレートのどちらか重い方に潜り込み、海と陸の境界面がぶつかって地震が発生する

問七　空欄 E に入る最も適当な文を次から選び、その番号をマークしなさい。解答番号は **11** 。

① 西側では海面が盛り上がり、東側では下がることになる
② 西側では海面が下がり、東側では盛り上がることになる
③ 西側ではプレートがすべり、東側で衝突することになる
④ 西側では押し波が伝わり、東側ではプレートが潜り込む
⑤ 西側の引き波と連動し、東側では押し波が広まっていく

問八　傍線部**F**「真実であるかのような錯覚」とあるが、どのような「錯覚」をしているのか。最も適当なものを次から選び、その番号をマークしなさい。解答番号は **12** 。

① 津波警報が出ると海に津波を見に行くという錯覚
② 押し波か引き波かは見てもわからないという錯覚
③ 境界面の破壊で第一波の特徴が決まるという錯覚
④ 津波の第一波が引き波で始まっているという錯覚
⑤ 津波の第一波が押し波で始まっているという錯覚

問三　空欄［Ａ］に入る最も適当な時間を次から選び、その番号をマークしなさい。解答番号は［7］。

①　二時間
②　三時間
③　四時間
④　五時間
⑤　六時間

問四　傍線部**Ｂ**「釧路港では六時間後に最高潮位が観測され」た理由として最も適当なものを次から選び、その番号をマークしなさい。解答番号は［8］。

①　十勝沖の海底で起こった地震では、海底の盛り上がり具合が判断できなかったから
②　神戸における津波と釧路港との津波は、その津波の波形が異なったものだったから
③　釧路港に到達した津波と満潮の時刻が重なり、海面の上下動が長時間継続したから
④　釧路港に到達した津波は六波を数えたことで、安心して大津波警報を解除したから
⑤　釧路港で交互にくり返される満潮と干潮の時間差を正確には把握できなかったから

問五　傍線部**Ｃ**「現在の技術をもってしても至難の業なのである」とあるが、どういう点が難しいのか。最も適当なものを次から選び、その番号をマークしなさい。解答番号は［9］。

①　自然災害である地震の発生を予測することは困難であり、ましてや津波の来襲の予測など難しい点
②　日本の海岸線は複雑な地形と多くの島を有しており、反射を繰り返す津波の高さを予測できない点
③　満潮の時刻と重なった津波の高さは、予測の精度が落ちることから、津波の高さの予測は難しい点
④　どの程度の割合で多重反射が起こるか正確にはわからず、津波の高さや回数の予測は困難である点
⑤　津波のエッジ波は海岸線に沿って進行するので、時間が経過すると海面の上下動予測ができない点

問一　二重傍線部**a**〜**e**に相当する漢字を含むものを、下の各群からそれぞれ適当なものを選び、その番号をマークしなさい。解答番号は **1** 〜 **5** 。

a　シンドウ　**1**
①髪を伸ばす　②上司に申し伝える　③彼の言葉を信じよう
④バットを振る　⑤三歩前に進む

b　ホウシュツ　**2**
①熱気に包まれる　②放し飼いにする　③経験豊かな人
④足並みが崩れる　⑤バラの芳しい香り

c　コウタイ　**3**
①努力を怠る　②猛特訓に耐える　③家を建て替える
④空が赤みを帯びる　⑤わきへ一歩退く

d　エイゾウ　**4**
①短歌を詠む　②町が栄える　③夕日に映える山
④社会生活を営む　⑤末永いお付き合い

e　キケン　**5**
①険しい表情　②委員を兼ねる　③健やかに成長する
④堅い商売　⑤賢い判断

問二　空欄 Ⅰ 〜 Ⅲ に入る語の組み合わせとして最も適当なものを次から選び、その番号をマークしなさい。解答番号は **6** 。

①　Ⅰ　さらに　Ⅱ　つまり　Ⅲ　しかし
②　Ⅰ　さらに　Ⅱ　しかし　Ⅲ　つまり
③　Ⅰ　しかし　Ⅱ　つまり　Ⅲ　さらに
④　Ⅰ　しかし　Ⅱ　さらに　Ⅲ　つまり
⑤　Ⅰ　つまり　Ⅱ　しかし　Ⅲ　さらに
⑥　Ⅰ　つまり　Ⅱ　さらに　Ⅲ　しかし

この状態は、下り坂を自由に下降中の貨車を、機関車がさらに押して加速しているようなものである。そうすると、今度は登り坂になっても加速された分だけ高いところまで達するというわけである。実際には湾の形状や大きさ、(2)狭窄《きょうさく》部や湾口付近の島の存在によって複雑に変化するが、要は第一波の引き波のスケールが大きいことが第二波を大きくしているわけである。

二〇〇四年のインド洋大津波の第一波は、インドネシアやタイの沿岸では引き波で始まったことがわかっており、そのdエイゾウも残っている。海岸が直接、外洋に面しているような地形では、尾鷲湾のような変化は現れず、第一波が大きいと言える。もちろん、海底勾配《こうばい》がゆるいと第一波が沖に戻っていく途中に第二波が押し寄せ、両者が衝突して結果的に第二波が小さくなるということも起こるのである。

このように第何波の津波が大きくなるかは、いろいろな要素に左右されるので、一般的なことは言えないのである。前述した和歌山県・田辺市では、コンピュータシミュレーションの結果から、第一一波が最大の高さとなることがわかっている。対岸の徳島県沿岸との多重反射が原因である。地震発生後およそ三時間四〇分前後に、最大の津波が押し寄せるわけである。せっかく安全な避難所に避難していても、勝手に「もう帰宅しても大丈夫だろう」と判断することはeキケンである。前回の一九四六年昭和南海地震時には、このようなことは明らかではなかった。

なお、遠地津波では、第一波の到達時間と最大波の到達時間の差は、波源の位置に左右される。たとえば、一九六〇年チリ津波では宮城県女川町ではこの時間差が約三時間あった。

（河田惠昭『津波災害――減災社会を築く』による）

（注記）

（1）模式的…標準となるべき典型的な図式

（2）狭窄部…すぼまって狭いこと

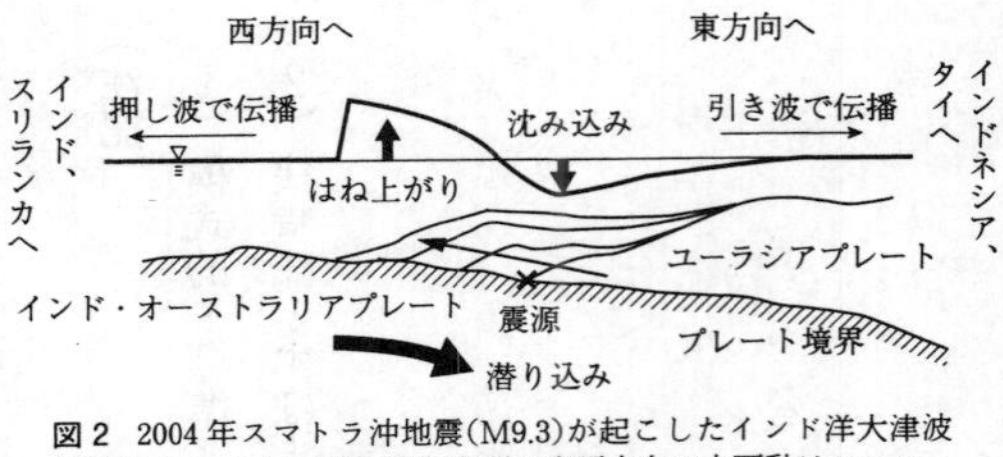

図2　2004年スマトラ沖地震(M9.3)が起こしたインド洋大津波の発生メカニズムの模式図(海面の東西方向の上下動はシーソーを連想するとよい)

リアルに表現した素晴らしいものであったために、そこに書かれていることがすべてF真実であるかのような錯覚を生みだしてしまった。津波が来襲する様子を引き波で始まるように表現したため、読者は「いつも津波は引き波で始まる」ものと誤解してしまった。この教科書で勉強した人びとは、このように誤解したため、津波警報が出ると海に津波を見に行くという行為が、現在も後を絶たない。また、それが伝承され、若い人までもそれを信じてしまっている。二〇〇三年の三陸南地震の後に実施された気仙沼市の市民の調査では、津波の第一波が引き波で始まっていると信じている市民は何と九五パーセントを超えていることがわかった。

　教科書の教材に、フィクションの部分とノンフィクションの部分を混在させた物語を用いたことに最大の原因がある。しかし、国語の教科書の教材で、防災をテーマとした本格的なものは過去六四年にわたって皆無であった。そこで、二〇一一年度から使用される小学五年生の国語の検定教科書で『百年後のふるさとを守る』と題した筆者の教材が採用されることになった。『稲むらの火』の続編として、主人公の浜口儀兵衛の「つぎの南海地震津波に備えて、世界で最初の津波防波堤を私財をなげうって建設した」伝記と自助と共助による被災地の復興事業の大切さとともに、正確な津波の挙動を改めて子供たちに知ってもらいたいという願いが込められている。

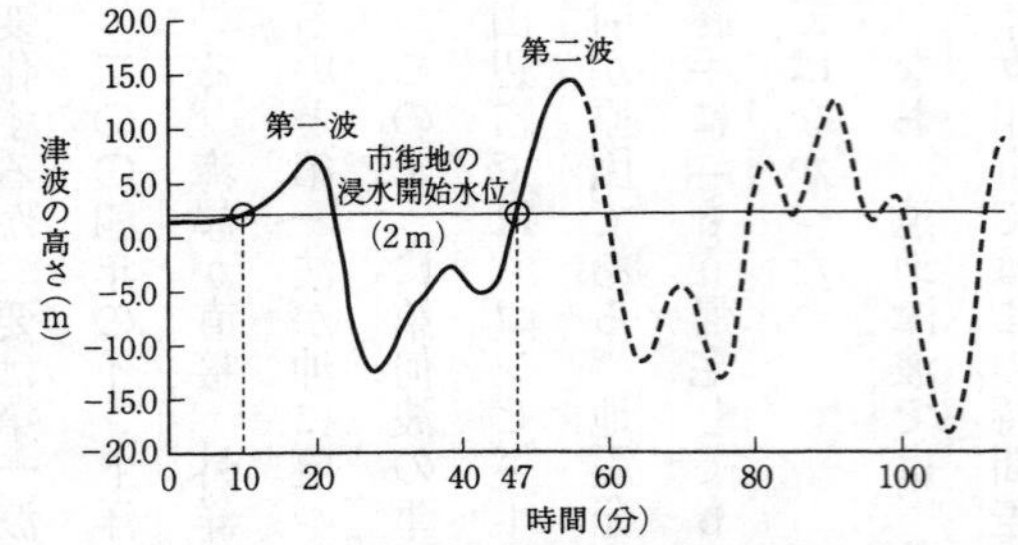

図3　想定している東南海地震がM8.4の場合の尾鷲市に来襲する津波の時間波形(第二波が一番大きい)

津波は第一波が一番大きい？

　図3は、将来、東南海地震（M八・四）の場合の三重県・尾鷲市に来襲する津波の波形である。これから、第一波は[G]から始まっていることがわかる。そして、第一波の津波の高さが約七メートルに対し、第二波は約一五メートルというように、[H]以上大きい。そして第三波と続く。実際に、尾鷲では一九四四年東南海地震では、津波で死亡した五六人の住民は、ほとんどが第二波によって亡くなったことがわかっている。

　I第二波が大きくなる理由は、第一波の引き波に原因がある。図からわかるように、地震後二〇分すると引き波が始まり、尾鷲湾の海水は外洋に向かうようになる。そして、水深が一三メートルまでの海水はすべて湾外に出て、広範囲にわたり海底が陸上から目視できるようになる。一キロメートル以上も海岸線がcコウタイするわけである。そして、つぎの瞬間、再び尾鷲湾に海水が〝戻って〟くる。これに津波の第二波の押し波が加わるわけである。

一九八三年に発生した日本海中部地震では、日本海沿岸で多重反射し、その結果、一日以上津波が減衰せず沿岸各地に来襲した。しかも、どの程度の割合で反射するかが事前に正確にわからないので、時間が経過するほど、津波の高さの予測値の精度が落ちることになる。どれくらいの高さの津波がいつまで継続して来襲するかを予測することは、C現在の技術をもってしても至難《しなん》の業《わざ》なのである。

また、土佐湾や道東海岸のような凹《おう》状の長大な湾に津波が来襲すると、津波が捕捉されてエッジ波が起こる。津波のエネルギーが沿岸部からbホウシュツされないのである。この波は、海岸に沿って進行するので、沿岸では海面の上下動が長時間継続することになる。前述した釧路港の観測された最大波高は、これも原因したことがわかっている。

津波は引き波からやってくる?

地球の表面はプレートと呼ばれる十数枚の厚さ約一〇〇キロメートルの岩盤で覆《おお》われている。そして、海のプレートは陸のプレートより少し重いことがわかっているので、ぶつかると前者が後者の下に潜り込む。両プレートの境界面が固着《こちゃく》していればよいのだが、潜り込む量がある一定値を超えると、両プレートは剥離《はくり》する。すなわち、D地震が起こるのである。このとき、陸のプレートが海のプレート上をせり上がる。図2はそれを①模式的に表したものである。この図によれば［E］。インド洋大津波において、スリランカ沿岸には押し波で、タイ沿岸には引き波で第一波が来襲したのは、この図で説明できる。

この図は基本原理を表しているから、すべてがこのようになるとは限らない。海のプレートがいつも陸のプレートの下に潜り込んでいるとは限らない。両プレートの境界の形成が比較的新しい場合、この〝ルール〟が確立していない。一九九三年北海道南西沖地震がそうであった。ユーラシアプレートと北米プレートの衝突面で、非常に複雑な破壊が起こったために、北海道沿岸にやってきた津波の第一波には押し波と引き波が混在する地域分布があった。このように、プレート境界面の破壊過程によって津波の第一波の特徴が決まるのである。

一九三七年から四七年にかけて小学校の国語の教科書に使われた『稲むらの火』の記述の問題点はそこにある。文章自体が非常に津波を

二〇二三年度 東京農業大学第三高等学校（第２回）

【国　語】（四五分）〈満点：一〇〇点〉

一　次の文章を読んで、後の問いに答えなさい。但し、問題の都合により、問題文を一部改変してあります。

津波は一度来たら終わる？

海底で地震が起こり、海底が盛り上がったとしよう。そうすると、直上の海面も盛り上がるはずである。そして盛り上がった海面は、つぎの瞬間、今度は下がるのである。［Ⅰ］、地震によって震源付近の海面は、平均海面を中心に海面が上下ａシンドウすることになる。これが周辺の海域に伝わることになる。これは、池の水面に石を投げて波紋が伝わる様子とよく似ている。

図1は、将来、Ｍ八・四の南海地震が来襲したときの神戸における津波の計算波形である。このように、比較的大きな津波は六波続き、［Ａ］は要注意である。だから［Ａ］は大津波警報や津波警報は解除されないはずである。しかも、わが国の太平洋沿岸部では、およそ六時間ごとに満潮と干潮が交互にくり返すから、満潮のときに津波がやってくれば、海面はさらに高くなる。二〇〇三年十勝沖地震に際し、気象台は地震四時間後に道東地方の津波警報を解除したが、Ｂ釧路港では六時間後に最高潮位が観測され、被害が発生した。［Ⅱ］、気をつけなければいけないことは、津波が沿岸に来襲すると、ほぼそのまま反射して今度は沖に向かうということである。だから、南海地震で発生した津波が紀伊水道を北上するとき、東西の和歌山県と徳島県では津波のキャッチボールが行われる（これを多重反射という）。このため、たとえば田辺市には、およそ二〇分ごとに津波が来襲するようになる。同じことは豊後水道をはさんで愛媛県と大分県でも起こる。

津波が最初に起こった海域を波源域というが、ここの海面は約五〇分周期で上下するので、津波は五〇分ごとにやってくる。［Ⅲ］、時間が経過すればこの津波に両県で反射した津波が新たに重なるので、その半分程度のくり返し周期の津波がやってくるのである。瀬戸内海に津波が入れば、複雑な海岸線と多くの島があるので、津波は反射をくり返し、それらが時空間に重なるから大変複雑になる。

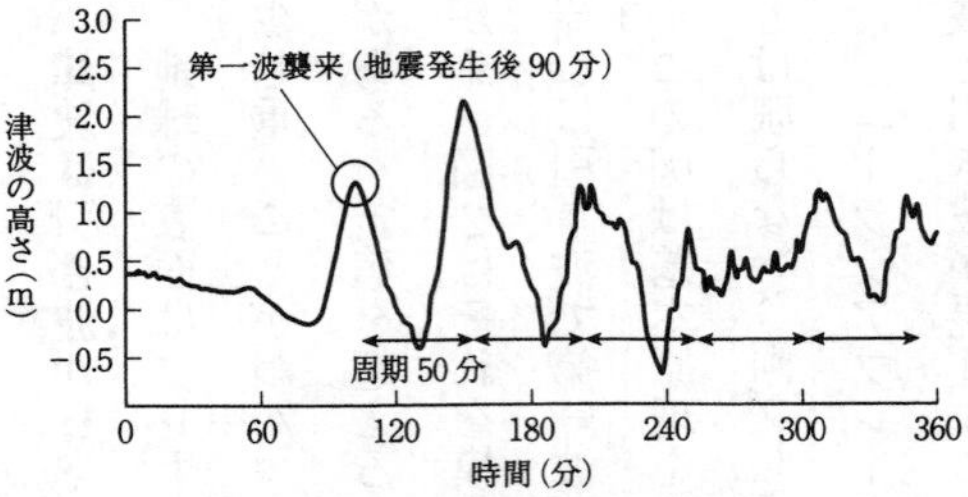

図１　神戸における南海地震（M8.4）の津波波形

2023年度／東京農業大学第三高等学校（第２回）

英語解答

1　1 ③　2 ③　3 ③　4 ②

2　1 ②　2 ③　3 ④　4 ④

3　1 ①　2 ④　3 ③　4 ③　5 ③

4　問１ ④　問２ ④　問３ ③　問４ ④　問５ ①　問６ ①　問７ ④

5　問１ ③　問２ ③　問３ ④　問４ ①　問５ ①　問６ ④　問７ ③

1・**2**〔放送問題〕放送文未公表

3〔適語（句）選択〕

１．be kind to 〜 で「〜に親切にする」の意味。助動詞の後は動詞の原形が続く。　「私たちは老人に親切にすべきだ」

２．‘ask＋人＋to＋動詞の原形’で「〈人〉に〜するよう頼む」の意味。‘help＋人＋with＋物’「〈人〉の〈物〉を手伝う」も押さえておきたい。　「私はユミに宿題を手伝ってくれるよう頼んだ」

３．選択肢にある few, many, much のうち，‘数えられない名詞’である water の前に置くことができるのは much のみ。また‘数えられない名詞’は複数形にならない。few「わずかな」や many「たくさんの」の後には‘数えられる名詞’の複数形が続く。　「湖にはたくさんの水がある」

４．「本は英語で書かれる」と考え，過去分詞の③ written を選ぶ。written in English は過去分詞の形容詞的用法で the book を後ろから修飾している。　「私は昨日英語で書かれたその本を読んだ」

５．最上級の文で「〜の中で」と述べるときは，‘in＋場所・範囲を表す語’か‘of＋複数を表す語’を使う。空所後の the three は複数を表すのでここでは後者。　「ケンは３人の中で最も速く走る」

4〔長文読解総合─物語〕

≪全訳≫❶昔，インドに古い村があった。古い家々，通り，お店は空っぽだった。窓は開いていて，階段は壊れていた。そこはネズミたちが走り回るにはとても良い場所だった。❷実際，ネズミたちはこの地域で何年も幸せな生活を送っていた。彼らは古い家や建物の至るところにトンネルをつくり，巨大な迷宮を形成した。彼らは多くのディナーパーティー，お祭り，結婚式をして楽しい時間を過ごした。❸ある日，数頭の象が西にある大きな湖に向かう途中に村を通過した。象たちは皆，湖に飛び込んで涼しく泳げたらどんなにいいだろうと考えていた。彼らは村を通過したときに，大きな象の足がネズミたちのつくった迷宮やトンネルを踏みつけたことを知らなかった。❹ネズミたちはすぐに会議を開いた。「象たちがまたこの道を戻ってきたら，私たちのコミュニティは全て破壊されてしまうよ！」と１匹のネズミが叫んだ。やるべきことは１つだけだった。ネズミたちは湖まで象の足跡をたどった。そこで彼らは象たちのリーダーを見つけ，彼に「私たちのネズミのコミュニティはここから遠くありません。それはあなたたちが通過したあの古い村にあります。覚えていますか？」と言った。「もちろん覚えています」と象たちのリーダーは言った。「でも，そこにネズミのコミュニティがあることは知りませんでした」「あなたたちは私たちが何年も住んでいる家の多くを足で踏みつけました。もしあなたたちが同じ道を戻ったら，きっと私たちは終わりです！　家に帰る別の道を見つけてくれませんか？　いつか私たちもあなたたちを助けられます」　象たちのリーダーはほほ笑んだ。「想像してください。小さなネズミたちがいったいどうやって象を助けることができるでしょうか？」　しかし，彼は象たちがネズミたちの村を押しつぶしてしまったことを申し訳なく思っていた。彼は「㋓それは心配しなくてもいいですよ。私が象たちを別の道で家に連れて帰ります」❺狩猟者たちは，象たちが大きな湖に飛び込んで泳ぐために遠くからやってくることを知っていたので，湖の近くにわなを仕掛けた。湖に近づくとすぐに，象たちはわなにかかった。象たちは皆，森の木につながれたが，１頭の象は湖に近づかなかったので捕まっていなかった。象たちのリーダーは，古い村に行って，そこに住んでいるネズミたちを連れて戻るようにと彼女に言った。❻ネズミたちは，象たちが困っていることを知ると急いで湖へ向かった。象たちが縛られているのを見ると，彼らはすぐにロープに駆け寄り，それらをかみ始めた。彼らはできるだけ速くかみ続けた。すぐに，ロープは完全にかみちぎられ，象たちは救われた。❼象たちは家に帰る新たな道を見つけ，ネズミのコミュニティは何年も存続した。

問１<用法選択>下線部は前にある名詞 place を修飾する形容詞的用法。これと同じ用法を含むのは④「話をする(ための)友達がいなかった」。　①‘目的’を表す副詞的用法。「私は卵をいくつか買うためにスーパーへ行った」　②文の補語になる名詞的用法。「私の夢は世界中を旅することだ」　③‘tell＋人＋to ～’「〈人〉に～するよう言う」の形。　「先生は私たちに教室の掃除をするように言った」

問２<英問英答>「象たちはなぜ湖に行ったのか」―④「彼らは泳ぐために湖に行った」　第３段落第２文や第５段落第１文から，象たちが湖に泳ぎに行ったことがわかる。

問３<指示語>ここに当てはめて意味が通る単数のものを探すと，直前のネズミの発言にある that old village が該当する。

問４<文脈把握>直後の象の発言が下線部の理由を表している。この文は疑問文の形をとっているが，実際には「小さなネズミたちがどうやって象を助けられるのか，いや助けることはできない」という反語的な意味を持つ。

問５<適文選択>空所前後の内容から，象たちはネズミたちに申し訳なく思い，帰りは別の道を通ることにしていることがわかる。よって，自分たちのコミュニティが終わってしまうというネズミたちの心配を取り除く内容が入る。　don't have to ～「～する必要はない」

問６<適語選択>直後の because 以下の内容から，湖に近づかなかったことが理由となる内容が入る。第５段落第１文後半より，湖の近くにはわなが仕掛けられていたことがわかるので，湖の近くに行かなかった象はわなにかからず自由の身だったのである。

問７<内容真偽>①…×　第１段落第２文参照。empty「空の，人の住んでいない」　②…×　第３段落最終文～第４段落第２文および第７段落参照。象たちは一度ネズミのすみかを踏みつけたが，すみかは壊滅したわけではなく，その後踏みつけられることはなかったため，存続できた。　③…×　第５段落第１文参照。狩猟者たちは象たちが湖に来ることを知っていて事前にわなを仕掛けていた。　④…○　第６，７段落に一致する。

5 〔長文読解総合―説明文〕

≪全訳≫❶和紙は日本で最も基本的で重要な製品の１つだ。その歴史から，学ぶべき興味深いことがたくさんある。中国の紙づくりの技術は，600年代初頭に朝鮮を通じて日本に伝わったと言われている。その当時，和紙は主に仏教の経典を書くために使われていた。❷日本人は長い時間をかけてその技術を向上させてきた。例えば，楮や雁皮などの植物由来の材料を加え始めた。これらの材料は，和紙を長期間良い状態に保った。そのため，和紙は日本の書道や絵画にとても適していた。光が和紙を簡単に通り抜けるので，窓や戸，明かりの障子にも使われた。❸昔は，日本の紙づくりの技術は，天然の材料に依存していた。和紙は少量の木しか必要としないので，木全体を切る必要がなかった。これはとても環境に優しいものだった。また，和紙には化学物質が入っていなかった。しかし，今日，よく使われている紙は，化学物質を必要とする。❹和紙をつくるのに最適な季節は冬だった。これにはいくつかの理由があった。第一に，冬は寒すぎて農家の人たちが米や野菜を育てられなかったからだ。第二に，和紙を生産していた人々は，雪からとても澄んだ水を利用することができたからだ。澄んだ水は和紙の色を変えなかったのだ。❺手づくりの和紙は明治時代(1868年～1912年)まで広く使われていた。しかし，日本が発展するにつれ，他の種類の紙が使用されるようになった。というのも，それらは大量の紙を生産する機械でつくられていたからだ。和紙は手づくりの製品で，他の種類の紙よりも高価だった。この頃から，人々は和紙を日常的な用途に使わなくなった。和紙は他の種類の紙よりも丈夫なので，より長い期間その形を保つ。ギフト用の包装紙や折り紙，より最近ではシャッターやブラインドにも使われている。
❻2014年，３種類の和紙づくりの技術がユネスコ世界無形文化遺産に登録された。本美濃紙(岐阜)，石州半紙(島根)，細川紙(埼玉)だ。ユネスコは「これらの地域に住む人々は，和紙づくりの伝統に誇りを持ち，それを自身の文化の象徴と見なしている」と記した。細川紙についてもっと知りたければ，埼玉にある和紙の里へ行くといい。東京から日帰りで行くことができる。職人たちが，独自の道具と伝統的な紙づくりの技術で和紙をつくっている。❼最近では，和紙は日本で唯一の紙ではないかもしれないが，今でも盛んに使われている。2021年，東京オリンピック・パラリンピックが開催された。各種目で上位８位に入った選手は，和紙に印刷された表彰状を受け取った。

問１＜適語(句)選択＞空所に続く文は，日本人が紙をつくる技術を向上させたという前文の内容の具体例になっている。

問２＜指示語＞ここに当てはめて意味が通る単数のものを探すと，文頭の Washi paper が該当する。pass through ～「～を通り抜ける」

問３＜適語選択＞depend on ～ で「～に頼る，依存する」の意味。

問４＜整序結合＞主語の「今日，よく使われている紙」を主格の関係代名詞 which を使って paper which is often used today と表し，動詞 need 以下を続ける。 However, paper which is often used today needs chemicals.

問５＜英問英答＞Ａ：日本人の中に今でも和紙を使う人がいるのはなぜですか？／Ｂ：他の種類の紙より長い期間その形を保つことができるからです。//第５段落最後の２文参照。

問６＜内容一致＞「本文によると，和紙は(　　)」―④「東京オリンピック・パラリンピックで表彰状に使われた」　第７段落第２，３文参照。

問７＜内容真偽＞①「600年代頃，人々は仏教の経典を書くために和紙を使っていた」…○　第１段落第３，４文に一致する。　②「農家の人たちは冬に米や野菜を育てることができなかった」…○　第４段落第３文に一致する。　③「和紙の色は雪からくる水を使うことで簡単に変わった」…×　第４段落最終文参照。雪からくる澄んだ水を使うと和紙の色が変わらないので，冬は和紙づくりに最適だと考えられていた。　④「埼玉では細川紙が独自の道具を使ってどのようにつくられるかを見ることができる」…○　第６段落最後の２文に一致する。

2023年度／東京農業大学第三高等学校(第２回)

数学解答

1 (1) ⑦　(2) ④　(3) ③　(4) ②
(5) ⑥

2 (1) ⑥…2　⑦…4
(2) ⑧…1　⑨…8
(3) ⑩…3　⑪…6　⑫…3　⑬…1
(4) ⑭…2　⑮…5
(5) ⑯…4　⑰…6　⑱…1

3 (1) ⑲…2　⑳…1
(2) 4　(3) ㉒…2　㉓…3　㉔…6
(4) ㉕…1　㉖…0　㉗…3　㉘…6

4 (1) ㉙…3　㉚…0
(2) ㉛…2　㉜…1
(3) ㉝…3　㉞…1　㉟…6
(4) ㊱…1　㊲…2　㊳…1　㊴…3
㊵…3

1 〔独立小問集合題〕

(1)＜数の計算＞与式$=\{1+4\div(3-16)\}\div3=\{1+4\div(-13)\}\div3=\left(1-\frac{4}{13}\right)\div3=\frac{9}{13}\div3=\frac{9}{13}\times\frac{1}{3}=\frac{3}{13}$

(2)＜数の計算＞与式$=\frac{1\times\sqrt{3}}{\sqrt{3}\times\sqrt{3}}-5\sqrt{3}+2\sqrt{3}+\frac{2\sqrt{3}-3\sqrt{3}}{3}=\frac{\sqrt{3}}{3}-5\sqrt{3}+2\sqrt{3}-\frac{\sqrt{3}}{3}=-3\sqrt{3}$

(3)＜式の計算＞与式$=3x^3y\times\frac{1}{x^5y^5}\times9x^6y^4=27x^4$

(4)＜二次方程式＞$x^2-4=2(x^2+x-12)$，$x^2-4=2x^2+2x-24$，$-x^2-2x+20=0$，$x^2+2x-20=0$　よって，解の公式より，$x=\frac{-2\pm\sqrt{2^2-4\times1\times(-20)}}{2\times1}=\frac{-2\pm\sqrt{84}}{2}=\frac{-2\pm2\sqrt{21}}{2}=-1\pm\sqrt{21}$となる。

(5)＜数の性質＞$-1<x<0$のとき，$\frac{1}{x}$および$-\frac{1}{x}$の絶対値は1より大きくなり，$\frac{1}{x}$は負の数，$-\frac{1}{x}$は正の数となる。また，x^2はxより絶対値が小さくなり，正の数となる。よって，$\frac{1}{x}<x<x^2<-x<-\frac{1}{x}$である。

2 〔独立小問集合題〕

(1)＜数の性質＞$\sqrt{54n}=\sqrt{3^2\times6n}=3\sqrt{6n}$となるので，$3\sqrt{6n}$が整数となるような自然数$n$は，$k$を自然数として，$n=6k^2$と表すことができる。これより，$\sqrt{n+25}$が整数となる最小の自然数$n$を求める。$k=1$のとき，$n=6\times1^2=6$より，$\sqrt{n+25}=\sqrt{6+25}=\sqrt{31}$となるので，整数にならない。$k=2$のとき，$n=6\times2^2=24$より，$\sqrt{n+25}=\sqrt{24+25}=\sqrt{49}=7$となるので，整数になる。よって，求める最小の自然数は$n=24$である。

(2)＜連立方程式の応用＞150円の商品をx個，250円の商品をy個買う予定を，それぞれ商品の個数を逆にして買ってしまったので，150円の商品をy個，250円の商品をx個買って，6300円支払ったことから，$250x+150y=6300$……①が成り立つ。また，支払った金額が予定より600円高いことから，予定の金額は，$6300-600=5700$(円)となるので，$150x+250y=5700$……②が成り立つ。①より，$5x+3y=126$……①′　②より，$3x+5y=114$……②′　①′×5－②′×3より，$25x-9x=630-342$，$16x=288$，$x=18$となるので，買う予定だった150円の商品の個数は18個である。

(3)＜確率―さいころ＞大小2個のさいころを投げるとき，それぞれ6通りの目の出方があるから，目の出方は全部で$6\times6=36$(通り)ある。このうち，出た目の和が8となるのは，(大，小)＝(2，6)，(3，5)，(4，4)，(5，3)，(6，2)の5通りだから，出た目の和が8とならないのは，$36-5=31$(通り)となる。よって，求める確率は$\frac{31}{36}$である。

(4)＜平面図形―角度＞右図で，△DBE は DB＝DE の二等辺三角形だから，∠DEB＝∠DBE＝$\angle x$ である。△DBE の内角と外角の関係より，∠EDA＝∠DBE＋∠DEB＝$\angle x+\angle x=2\angle x$ となる。△EAD は ED＝EA の二等辺三角形だから，∠EAD＝∠EDA＝$2\angle x$ である。

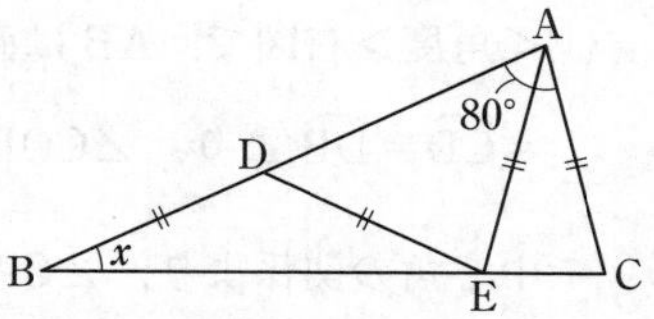

△ABE の内角と外角の関係より，∠AEC＝∠ABE＋∠EAB＝$\angle x+2\angle x=3\angle x$ となる。△AEC は AE＝AC の二等辺三角形だから，∠ACE＝∠AEC＝$3\angle x$ である。以上より，△ABC の内角の和は180° だから，∠ABC＋∠ACB＋∠BAC＝180° より，$\angle x+3\angle x+80°=180°$ が成り立つ。これを解くと，$4\angle x=100°$ より，$\angle x=25°$ である。

(5)＜数量の計算＞生徒10人の基準点との差の平均点を求めると，$(2+10-1+3+0+5-7-8+12-5)\div10=11\div10=1.1$(点)である。これより，平均点は基準点より1.1点高いので，基準点が45点より，生徒10人のテストの平均点は，$45+1.1=46.1$(点)である。

3 〔関数―関数 $y=ax^2$ と一次関数のグラフ〕

(1)＜比例定数＞放物線 $y=ax^2$ は A(2, 2)を通るので，$2=a\times2^2$ より，$a=\frac{1}{2}$ である。

(2)＜直線の式＞放物線 $y=\frac{1}{2}x^2$ 上の点 B の x 座標が 4 のとき，y 座標は，$y=\frac{1}{2}\times4^2=8$ となり，B(4, 8)である。放物線 $y=\frac{1}{2}x^2$ は y 軸について対称なので，2点 B，C の y 座標が等しいとき，点 C は点 B と y 軸に対して対称だから，C(−4, 8)である。2点 A，C の座標より，直線 AC の傾きは，$\frac{2-8}{2-(-4)}=-1$ だから，その式は $y=-x+b$ とおける。直線 AC は A(2, 2)を通るので，$2=-2+b$，$b=4$ となる。よって，直線 AC の式は $y=-x+4$ である。

(3)＜座標＞右図で，△OBC が正三角形のとき，辺 BC と y 軸の交点を D とすると，∠ODB＝90°，∠OBD＝60° だから，△OBD は3辺の比が $1:2:\sqrt{3}$ の直角三角形である。点 B の x 座標を t とすると，OD＝$\sqrt{3}$BD＝$\sqrt{3}t$ より，B$(t,\ \sqrt{3}t)$とおける。点 B は放物線 $y=\frac{1}{2}x^2$ 上の点だから，$\sqrt{3}t=\frac{1}{2}t^2$，$2\sqrt{3}t=t^2$，$t^2-2\sqrt{3}t=0$，$t(t-2\sqrt{3})=0$，$t=0$，$2\sqrt{3}$ となり，$t>0$ より，$t=2\sqrt{3}$ である。よって，点 B の y 座標は，$\sqrt{3}\times2\sqrt{3}=6$ だから，B$(2\sqrt{3},\ 6)$である。

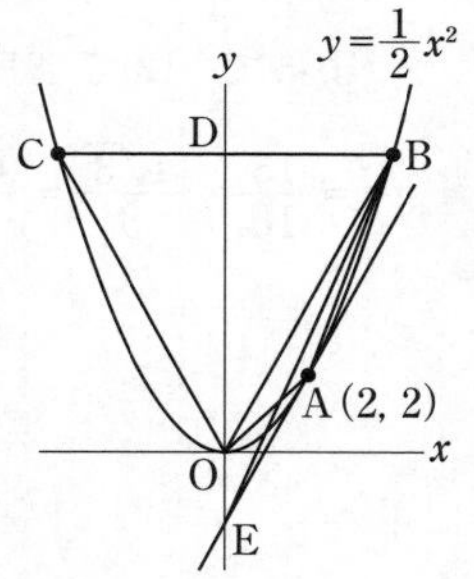

(4)＜面積＞四角形 OABC を△OBC と△OAB に分ける。△OBC において，BC＝2BD＝$2\times2\sqrt{3}=4\sqrt{3}$，OD＝6 だから，△OBC＝$\frac{1}{2}$×BC×OD＝$\frac{1}{2}\times4\sqrt{3}\times6=12\sqrt{3}$ となる。次に，右上図のように，点 A を通り，直線 OB に平行な直線を引き，y 軸との交点を E とする。直線 OB の傾きは，$\frac{6}{2\sqrt{3}}=\sqrt{3}$ だから，直線 EA の式は $y=\sqrt{3}x+c$ とおける。これが A(2, 2)を通るので，$2=\sqrt{3}\times2+c$，$c=-2\sqrt{3}+2$ となり，直線 EA の式は $y=\sqrt{3}x-2\sqrt{3}+2$ となる。OB∥EA より，△OAB＝△OEB なので，△OEB において，底辺を OE とすると，高さは BD となる。点 E の y 座標より，OE＝$0-(-2\sqrt{3}+2)=2\sqrt{3}-2$ となるので，△OEB＝$\frac{1}{2}$×OE×BD＝$\frac{1}{2}\times(2\sqrt{3}-2)\times2\sqrt{3}=6-2\sqrt{3}$ となる。よって，〔四角形 OABC〕＝△OBC＋△OAB＝△OBC＋△OEB＝$12\sqrt{3}+(6-2\sqrt{3})=10\sqrt{3}+6$ である。

4 〔平面図形―円と直線〕

≪基本方針の決定≫(4)　(3)の面積比を使って，四角形 ECDF の面積を求める。

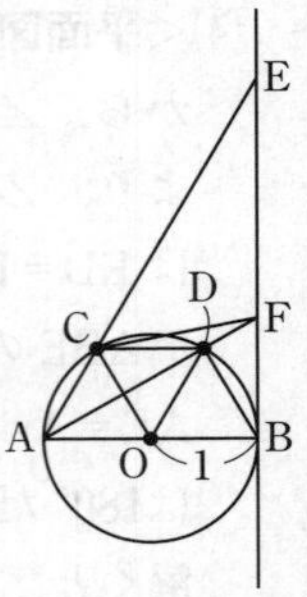

(1)＜**角度**＞右図で，AB は直径であり，２点Ｃ，Ｄは $\overset{\frown}{\mathrm{AB}}$ を３等分する点だから，$\overset{\frown}{\mathrm{AC}}=\overset{\frown}{\mathrm{CD}}=\overset{\frown}{\mathrm{DB}}$ より，$\angle\mathrm{COD}=\dfrac{1}{3}\times180^\circ=60^\circ$ となる。よって，$\overset{\frown}{\mathrm{CD}}$ に対する円周角と中心角の関係より，$\angle\mathrm{CAD}=\dfrac{1}{2}\angle\mathrm{COD}=\dfrac{1}{2}\times60^\circ=30^\circ$ である。

(2)＜**長さの比**＞右図で，(1)より $\overset{\frown}{\mathrm{DB}}=\overset{\frown}{\mathrm{CD}}$ なので，$\angle\mathrm{DAB}=\angle\mathrm{CAD}=30^\circ$ となり，$\angle\mathrm{CAB}=\angle\mathrm{DAB}+\angle\mathrm{CAD}=30^\circ+30^\circ=60^\circ$ となる。また，直線 BE は点Ｂにおける円Ｏの接線だから，$\mathrm{AB}\perp\mathrm{BE}$ である。よって，△ABF と△EBA はともに３辺の比が $1:2:\sqrt{3}$ の直角三角形となる。よって，△ABF において，$\mathrm{AB}=2\mathrm{OA}=2\times1=2$ より，$\mathrm{FB}=\dfrac{1}{\sqrt{3}}\mathrm{AB}=\dfrac{1}{\sqrt{3}}\times2=\dfrac{2}{\sqrt{3}}=\dfrac{2\sqrt{3}}{3}$ であり，△EBA において，$\mathrm{BE}=\sqrt{3}\mathrm{AB}=\sqrt{3}\times2=2\sqrt{3}$ である。これより，$\mathrm{EF}=\mathrm{BE}-\mathrm{FB}=2\sqrt{3}-\dfrac{2\sqrt{3}}{3}=\dfrac{4\sqrt{3}}{3}$ となるので，$\mathrm{EF}:\mathrm{FB}=\dfrac{4\sqrt{3}}{3}:\dfrac{2\sqrt{3}}{3}=2:1$ である。

(3)＜**面積比**＞右上図で，$\overset{\frown}{\mathrm{AC}}=\overset{\frown}{\mathrm{CD}}$ より，△ACD は $\angle\mathrm{CAD}=\angle\mathrm{CDA}=30^\circ$ の二等辺三角形である。また，(2)より，△EBA は３辺の比が $1:2:\sqrt{3}$ の直角三角形で，$\angle\mathrm{AEB}=30^\circ$ なので，△AFE は，$\angle\mathrm{FAE}=\angle\mathrm{FEA}=30^\circ$ の二等辺三角形である。よって，△ACD∽△AFE であり，相似比は，DC：EF となる。ここで，△OCD は，(1)で $\angle\mathrm{COD}=60^\circ$ より，正三角形だから，$\mathrm{DC}=\mathrm{OC}=1$ であり，(2)より $\mathrm{EF}=\dfrac{4\sqrt{3}}{3}$ である。したがって，△ACD と△AFE の相似比は，$\mathrm{DC}:\mathrm{EF}=1:\dfrac{4\sqrt{3}}{3}=\sqrt{3}:4$ となるから，面積比は，$\triangle\mathrm{ACD}:\triangle\mathrm{AFE}=(\sqrt{3})^2:4^2=3:16$ である。

(4)＜**面積**＞右上図で，〔四角形 ECDF〕＝△AFE－△ACD と見ると，(3)で△ACD：△AFE＝3：16 より，$\triangle\mathrm{ACD}=\dfrac{3}{16}\triangle\mathrm{AFE}$ となるから，〔四角形 ECDF〕$=\triangle\mathrm{AFE}-\dfrac{3}{16}\triangle\mathrm{AFE}=\dfrac{13}{16}\triangle\mathrm{AFE}$ である。よって，(2)で $\mathrm{AB}=2$，$\mathrm{EF}=\dfrac{4\sqrt{3}}{3}$ より，$\triangle\mathrm{AFE}=\dfrac{1}{2}\times2\times\dfrac{4\sqrt{3}}{3}=\dfrac{4\sqrt{3}}{3}$ となるから，〔四角形 ECDF〕$=\dfrac{13}{16}\times\dfrac{4\sqrt{3}}{3}=\dfrac{13\sqrt{3}}{12}$ である。

2023年度／東京農業大学第三高等学校（第２回）

国語解答

一　問一　a…④　b…②　c…⑤　d…③
e…①
問二　⑥　問三　⑤　問四　③
問五　④　問六　④　問七　①
問八　④　問九　③　問十　⑤
問十一　ア…②　イ…②　ウ…①
エ…①

二　問一　①　問二　④　問三　③
問四　⑤　問五　③　問六　②

問七　①　問八　②

三　問一　③　問二　②
問三　a…⑤　b…①　問四　⑥
問五　①　問六　④　問七　⑤
問八　Ⅰ…⑤　Ⅱ…④
問九　ア…①　イ…②　ウ…①　エ…②
オ…②
問十　③

一〔説明文の読解―自然科学的分野―自然〕出典；河田惠昭『津波災害――減災社会を築く』。

≪本文の概要≫海底地震で海底が盛り上がった場合，直上の海面も一度盛り上がり，次の瞬間，下がる。この上下振動によって，南海地震の場合，比較的大きな津波は六回続くと予測される。満潮のときに津波が来れば，海面はさらに高くなる。津波が沿岸に来襲すると，ほぼそのまま反射して今度は沖に向かい，対岸との間に多重反射が起こる。複雑な海岸線や多くの島のある場所では，反射した津波が時空間に重なるため，どれくらいの高さの津波がいつまで継続して来襲するかを予測することは困難である。また，地震は，地球の表面を覆うプレートがぶつかり合って剝離するときに起こり，プレート境界線の破壊過程により，津波の第一波が，押し波か引き波かが決まる。かつて使われた小学校の教材が津波をリアルに表現していたために，書かれていることが全て真実だという錯覚を生み，今でも多くの人が，津波の第一波は引き波で始まると誤解している。津波は，第一波の引き波に第二波の押し波が加わって，第二波が一番大きくなることもあるが，沖に戻る第一波と押し寄せる第二波の衝突により，第二波が小さくなる例もあり，第何波の津波が最大になるかはわからない。

問一＜漢字＞a．「振動」と書く。　b．「放出」と書く。　c．「後退」と書く。　d．「映像」と書く。　e．「危険」と書く。

問二＜接続語＞Ⅰ．海底で起こった地震によって「盛り上がった海面」が「つぎの瞬間，今度は下がる」ということは，要するに，地震によって「震源付近の海面」は「上下振動する」ということである。　Ⅱ．将来の南海地震を想定した津波の波形グラフによると，「比較的大きな津波」が「六波」続き，約六時間は要注意であり，そのうえに「気をつけなければいけない」のは，沿岸に到達した津波が反射し，「今度は沖に向かう」ということである。　Ⅲ．「津波は五〇分ごとにやってくる」けれども，時間の経過に伴い，対岸に反射した津波が新たに重なるため，「その半分程度のくり返し周期の津波がやってくる」ことになる。

問三＜資料＞図１の波形グラフによると，第六波は，地震発生からおよそ「360分後」に発生することが読み取れる。つまり，地震発生後「六時間」は要注意である。

問四＜文章内容＞日本の太平洋沿岸部では，「およそ六時間ごとに満潮と干潮が交互にくり返すから，満潮のときに津波がやってくれば，海面はさらに高く」なる。また，道東海岸のような地形の所では，津波により「エッジ波」が起こり，「沿岸では海面の上下動が長時間継続する」ことになる。これが原因で，二〇〇三年の十勝沖地震のとき，釧路港では「六時間後に最高潮位」となったのである。

問五＜文章内容＞「どの程度の割合で反射するかが事前に正確にわからない」ため，「どれくらいの高さの津波がいつまで継続して来襲するかを予測すること」は，現在の技術でも困難である。

問六＜文章内容＞「海のプレートは陸のプレートより少し重い」ので，ぶつかると「前者が後者の下」，つまり，海のプレートが陸のプレートの下に「潜り込む」ことになる。そして，「潜り込む量がある一定値を超えると，両プレートは剝離」し，すなわち，「地震が起こる」のである。

問七＜資料＞図２によると，「はね上がり」を起こした波は，「西方向」へ「押し波で伝播」し，「沈み込み」を起こした波は，「東方向」へ「引き波で伝播」している。

問八＜文章内容＞かつて「小学校の国語の教科書に使われた」教材では，「津波が来襲する様子を引き波で始まるように表現」されていたため，「読者は『いつも津波は引き波で始まる』」ということが真実であると誤解してしまった。

問九＜資料＞図３によると，想定している東南海地震で「来襲する津波の時間波形」の「第一波」の高さは「約七メートル」であり，「押し波」から始まっていること，そして，「第二波は約一五メートル」となって，第一波の「二倍」以上の高さであることがわかる。

問十＜文章内容＞想定している東南海地震で「尾鷲市に来襲する津波」の「第二波が大きくなる」のは，「押し波」から始まった「第一波の引き波」により「水深が一三メートルまでの海水はすべて湾外に」出て，「再び尾鷲湾に海水が〝戻って〟くる」ときに，「津波の第二波の押し波が加わる」からである。

問十一＜要旨＞満潮や波の多重反射，複雑な海岸線などにより，「どれくらいの高さの津波がいつまで継続して来襲するかを予測することは，現在の技術をもってしても至難の業」なのである（ア…×，エ…○）。地震は，海のプレートが陸のプレートの下に潜り込み，両プレートの境界面が一定値を超えて剝離することで起こる，というのが基本原理だが，「両プレートの境界の形成が比較的新しい場合，この〝ルール〟が確立して」いない。「津波の第一波の特徴」は「プレートの境界面の破壊過程によって」決まるのであり，「いつも津波は引き波で始まる」といった一定のルールはない（ウ…○）。「海底勾配がゆるい」場合，「結果的に第二波が小さくなるということも起こる」のであり，「第何波の津波が大きくなるかは，いろいろな要素に左右されるので，一般的なことは言えない」のである（イ…×）。

二〔小説の読解〕出典；住野よる『腹を割ったら血が出るだけさ』。

問一＜文章内容＞竜彬は，「へらへらと良い人ぶって上手く生きている醜悪な奴らの本性を暴《あば》いてやりたい」と思い，いつか彼らがぼろを出すだろうその瞬間を「切り取るため」に，「毎日，教室や廊下でカメラを回して」いるのである。

問二＜文章内容＞竜彬は，自分の盗撮した映像について，「堂々とやることで疑われないとは学んでいた」が，それにしても，よくばれないよなと考えた。そして，竜彬は，撮られていることに「気づかない周囲の人間」に対し，よくばれないよなと思い，「自らを精神的優位」に立たせられた。竜彬は，「自らが人々の視線を盗み撮影を行っている」ことに対してだけでなく，幼馴染の選別思想についても，よくばれないよなと改めて考えた。

問三＜文章内容＞糸林茜寧の周りに集まっているクラスメイトたちは，「一般的に評価の高いヒエラルキーやステータス，外見を持つ人間ばかり」で，「へらへらと良い人ぶって上手く生きて」いる。彼らが実は「醜悪な」本性を持っていて，いつか「ぼろを出すはず」だというのがわかっているのは自分だけなので，竜彬は，自分だけがまともな人間であるような気がするのである。

問四＜慣用句＞「白日の下に曝す」は，隠されていたことを明らかにする，という意味。

問五＜四字熟語＞「大義名分」は，行動のよりどころとなる正当な理由のこと。

問六＜文章内容＞有名人の「出演映像やSNS，インタビュー記事」をチェックし，「責められてしかるべきと思える場所」を発見すると，竜彬は，「監視対象がやはりそういう人間だったのかと憤りを覚え」て，自分が感じていた「疑心や不満が間違いではなかった証拠」を集めたことにたかぶった(1…○)。竜彬が特定の有名人を批判した際には「必ず反応を示す人間」がいて，竜彬は，「日々の中で味わえない注目」を集めることで「極めて簡易的に，達成感みたいなもの」を得られた(3…○)。竜彬は，「自分と同じように，素直であるだけで傷つけられてしまう人々をかわいそうに」思い，「非難コメントを世に放つ」ことで，「自分と似たかわいそうな誰かの心を，今日もすくいあげることが出来た」と感じ，「満足みたいなもの」を覚えた(5…○)。竜彬は，自分の言葉が「痛烈な批判になる」と考えて発信し，それによって得られた「満足みたいなもの」は，「竜彬の日々の救い」となった(4…○)。

問七＜文脈＞竜彬は，「居場所という感覚を，家や学校に抱けていない」が，かといって「自室やネット上にも落ち着ける場所は」見つからず，「現実世界でもなんでも，せわしなく節操なくひしめく人々の感情に翻弄される自身が哀れに」思えていた。

問八＜要旨＞竜彬は，学校でクラスメイトたちを盗撮するのも，ネット上で非難コメントを放つのも，良い人ぶって称賛を浴びている人間の醜い本性を暴き裁いて，「自分と似たかわいそうな誰かの心」を「すくいあげる」という大義名分を持っているので，自分の行為を正義であると信じていると考えられる。

三〔古文の読解―説話〕出典；『宇治拾遺物語』巻第九ノ七。

≪現代語訳≫今となっては昔のことだが，奈良の大安寺の別当であった僧の娘のもとに，蔵人だった男が，内緒で通ううちに，(蔵人は娘のことを)切実にいとおしく思ったので，ときどきは昼も(娘の家に)とどまった。あるとき(蔵人が)昼寝をしていた夢で，急にこの家の中で身分の高い人も身分の低い人も大声を上げて泣き合ったのを，(蔵人は)どういうことであろうかと不思議に思ったので，立って出て見たところ，舅の別当や，(その)妻の尼公をはじめ，ありとあらゆる人が，みんな大きな土器をささげ持って泣いていた。(蔵人は)どういうわけでこの土器をささげ持って泣くのだろうかと思って，よくよく見ると，銅を煮溶かした熱湯を土器一つ一つに入れてある。張り殴って鬼が飲ませようとしても飲めそうもない湯を，(人々は)自ら進んで泣きながら飲むのであった。やっとのことで飲み干すと，またもう一杯ついでもらって飲む者もいて，下人に至るまで飲まない者はない。自分のそばに寝ていた女君を女房が来て呼ぶ。(女君が)起きて行ってしまったのを，(蔵人は)気がかりのあまりまた見ると，この女も大きな銀の器に銅の湯を器いっぱい入れて，女房が取らせると，この女が(器を)取って細くかわいらしい声を上げて，泣きながら飲む。その目鼻から煙が立ちのぼって出る。(蔵人が)驚きあきれたことだと見て立っているうちに，また，「お客様にも差し上げなさい」と言って，(銅の湯を入れた)土器を台に置いて女房が持ってきた。自分もこれを飲むことになるのだろうかと思って，驚きあきれてうろたえる思いでいるうちに夢が覚めた。／目が覚めて見ると，女房が食べ物を持ってきた。舅の方でも食事をする音がして大声で騒いでいる。寺の物を食べるのであるのだろう。それがこのように(夢に)見えたのだと，ひどく不快に思われて，女へのいとおしさも消えた。そうして(蔵人は)体調が悪いと言って，物も食べないで(女の家を)出ていった。その後はついにそこへは行かなくなってしまったということだ。

問一＜古文の内容理解＞蔵人は，家の中で身分の高い人も低い人も「とよみて泣き合ひける」ことを，どういうことであろうかと不思議に思った。

問二＜現代語訳＞「鬼の飲ませんにだにも」は，鬼が飲ませようとしてさえも，という意味。「飲むべくもなき」は，飲むことができそうにもない，という意味。

問三＜古文の内容理解＞ａ．蔵人のそばに寝ていた女を，女房が来て呼んだので，女が，起きて行ってしまった。　ｂ．女房に呼ばれて行ってしまった女を，気がかりのあまり蔵人が，また見た。

問四＜古語＞「あさまし」は，善悪に関わらず，驚くばかりだ，意外だ，という意味。

問五＜古文の内容理解＞女は，自分のもとに通っていた蔵人にも，銅の湯を差し上げるように言った。

問六＜現代語訳＞「飲まんずるか」の「んずる」は，推量の助動詞「んず」の連体形。「飲まんずるか」は，飲むのだろうか，という意味。

問七＜古典文法＞係助詞「こそ」があると，係り結びの法則により，結びは已然形になる。

問八＜古文の内容理解＞Ⅰ．「ゆゆし」は，ひどい，という意味。「心憂し」は，つらい，不愉快だ，という意味。蔵人は，人々が銅の湯を泣きながら飲んでいたという一連の夢が，別当以下寺の人々が寺の物を食べるという罪を犯したせいで，夢に見えたのだと気づき，ひどく不愉快に思われた。
Ⅱ．寺の人々の行いをうとましく思った蔵人は，女への愛情もなくなってしまった。

問九＜古文の内容理解＞大安寺の別当であった僧の娘のもとに通っていた蔵人は，女のことが切実にいとしく思って，「時々は昼も」とどまるようになった(ア…○)。蔵人が見た夢の中で，寺の人々は，鬼が飲ませようとしても飲めそうにもない銅の湯を，泣きながら進んで飲んでいた(イ…×)。そして，女は「細くらうたげなる声をさしあげて」銀の器にある銅の湯を「泣く泣く飲」んで，「目鼻より煙」を出していた(ウ…○)。女が「客人に参らせよ」と言って，女房が銅の湯を持ってきたので，蔵人は，自分もこのようなものを飲むのだろうかと思って，驚きあきれてうろたえているうちに夢から覚めた(エ…×)。蔵人は，体調が悪いと言って，物も食べないで出ていったが，「その後は遂にかしこへ」行かなくなってしまった(オ…×)。

問十＜文学史＞『宇治拾遺物語』は，鎌倉時代に成立した説話集。『十訓抄』は，鎌倉時代に成立した説話集。『平家物語』は，鎌倉時代に成立した軍記物語。『土佐日記』は，平安時代に紀貫之が書いた日記。『方丈記』は，鎌倉時代に鴨長明が書いた随筆。『徒然草』は，鎌倉時代に兼好法師が書いた随筆。

2022年度 東京農業大学第三高等学校(第1回)

【英 語】 (45分) 〈満点：100点〉

1 この問題は、対話を聞き、各質問に対して最も適当な答えを選ぶ形式です。対話はそれぞれ二度くり返されます。解答番号は 1 ～ 4 の4題で、解答時間はそれぞれ10秒です。

(編集部注：放送文は未公表のため掲載してありません。)

1 What will the woman do next? 解答番号は 1

① She will buy a coupon at a discount.

② She will get the bag.

③ She will go to the customer service center.

④ She will pay $220.

2 Whose book will Cathy read? 解答番号は 2

① Bob's book.

② Her book.

③ Her father's book.

④ John's book.

3 Where are the two people talking? 解答番号は 3

① In England.

② In Japan.

③ In Korea.

④ In Scotland.

4 Which is true? 解答番号は 4

① Akari is wearing a red sweater.

② Akari is wearing a white shirt.

③ Nanako is wearing a red shirt.

④ Nanako is wearing a white sweater.

2 この問題は、英文を聞き、各質問に対して最も適当な答えを選ぶ形式です。英文と質問はそれぞれ二度くり返されます。解答番号は 5 ～ 8 の４題で、解答時間はそれぞれ10秒です。

（編集部注：放送文は未公表のため掲載してありません。）

1 解答番号は 5

①
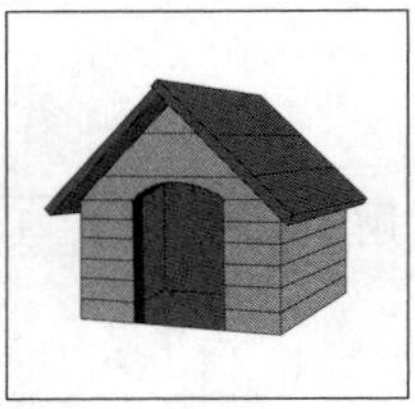
②

③

④
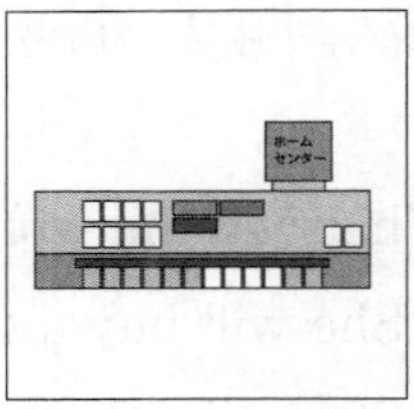

2 解答番号は 6

①
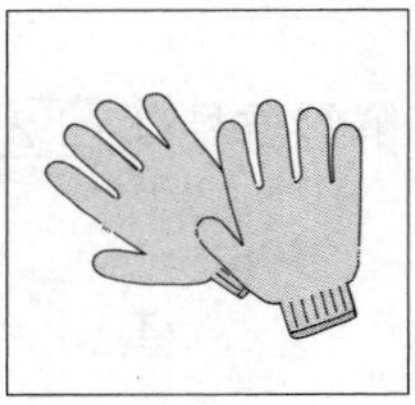
②

③

④

3 解答番号は 7

① The brother.
② The father.
③ The sister.
④ The son.

4 解答番号は 8

① He bought something important.
② He chose the color.
③ He made the doghouse.
④ He painted the doghouse.

3 各文の（　　）に入る最も適当なものを選び、その番号をマークしなさい。

1 Peter (　　) the news on TV when the phone rang.　解答番号は 9

① was watched　② was watching　③ watched　④ watches

2 Mary and I (　　) each other since we were in high school.

解答番号は 10

① got to know　② have known　③ knew　④ knows

3 My opinion is (　　) from yours.　解答番号は 11

① different　② expensive　③ famous　④ useful

4 How (　　) does it take to walk from here to the post office ?

解答番号は 12

① long　② many　③ much　④ often

5 We came to the baseball stadium (　　) car.　解答番号は 13

① after　② by　③ in　④ to

4 次の英文を読み、後の問に答えなさい。

The school system in a large city had a program to help children keep up their school work during stays in the city's hospitals. One day a teacher (㋐) was a member of the program received a call to ask her to visit a child in a hospital. She took the child's name and room number and talked with the child's regular class teacher.

"We're studying English *grammar in his class now. Could you teach ㋑it to him so he can *catch up with the other students in his class ?" the regular teacher said.

The hospital program teacher went to see the boy that afternoon. But no one had told her that the boy had been badly burned and was in a lot of pain. She was shocked to see the boy and didn't know (㋒) to say to him. She tried to say some words about his *injury but she couldn't. She could only tell him, "I've been sent by your school to help you with your studies." She taught him English grammar in his room. When she left, she felt she hadn't helped much.

The next day, when the teacher went to the hospital, a nurse asked her, "What did you do to that boy ?" The teacher felt she had done something (㋓) to him and began to *apologize.

"No, no," said the nurse. "You don't know what I mean. We've been worried about that little boy. He wouldn't listen to the hospital staff or take any medical *treatment for his pain. But ever since yesterday, his feelings have changed. ㋔He's fighting back and taking his treatment. He looks like he has decided to live."

Two weeks later, the boy explained that he had *completely given up hope until the teacher arrived. Everything changed when he had ㋕a simple idea. He expressed it this way: "They wouldn't send a teacher to teach a dying boy, would they ?"

grammar	文法	catch up with	～に追いつく	injury	ケガ
apologize	謝罪する	treatment	治療	completely	完全に

問1　本文中の空欄（　㋐　）に入る最も適当なものを次から選び、その番号をマークしなさい。　解答番号は 14

① what　② which　③ who　④ whose

問2　下線部㋑it が指す内容として最も適当なものを次から選び、その番号をマークしなさい。　解答番号は 15

① English grammar　② the child's name

③ the program　④ the school system

問3　本文中の空欄（　㋒　）に入る最も適当なものを次から選び、その番号をマークしなさい。　解答番号は 16

① how　② what　③ when　④ where

問4　本文中の空欄（　㋓　）に入る最も適当なものを次から選び、その番号をマークしなさい。　解答番号は 17

① good　② helpful　③ right　④ wrong

問5　下線部㋔が表す内容として最も適当なものを次から選び、その番号をマークしなさい。

解答番号は 18

① 少年がケガと戦う姿勢を見せた。
② 少年が謝罪した。
③ 少年が再び反抗し始めた。
④ 少年のケガが治った。

問6　下線部㋕が表す内容として最も適当なものを次から選び、その番号をマークしなさい。

解答番号は 19

① 医者が自分を見捨てていないということ。
② 学習内容を理解できたということ。
③ ケガが治る見込みがないということ。
④ 助かる見込みのない人に勉強を教えはしないということ。

問7　本文の内容に一致するものを次から選び、その番号をマークしなさい。

解答番号は 20

① The boy asked the hospital program teacher to teach him English grammar.
② The boy's feelings changed after his regular class teacher came to see him.
③ The hospital program teacher didn't know the boy's condition at first.
④ The nurse thought that the hospital program teacher didn't believe the hospital staff.

5 次の英文を読み、後の問に答えなさい。

Pettie Petzer and Johan Jonker talked about problems in South Africa. “The biggest problem is water. We have to help people get water.” About 25 percent of homes in South Africa do not have water. So every day someone from the family has to bring water to the house from far away. Usually, it is the women and children who get the water. It is not easy. Some people walk four hours each day ㋐to get water and bring it home. Petzer and Jonker often saw women and children carrying buckets or barrels of water on their heads. These water buckets were very heavy. So women and children often had problems with their backs. Also, new water is needed every day. So they had to spend a lot of time getting water. Petzer and Jonker thought ㋑these were two big problems for women and children in South Africa.

One idea they had was to make carts to carry buckets of water. But wheels are expensive. “Why don’t we use a barrel as the wheel ? Then, people can put water inside the barrel and roll it.”

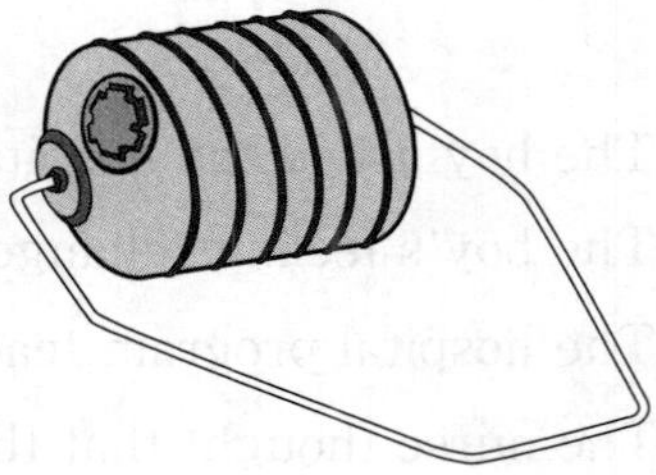

So that is what they did. A big barrel holds the water. It is pushed or pulled with a handle. The barrel is made of strong plastic, so it does not break. If you are going up a big hill, a friend can help you easily because the handle is very big.

Before making the first one, Petzer and Jonker went to homes all over South Africa and checked the (㋒) of doors. They wanted the barrel to be able to go inside houses.

They needed a name for the barrel. They decided to call it the Hippo Water Roller. Hippos are respected animals in Africa because they are so strong. The Hippo Water Roller is strong, and it looks a little (㋓) a hippo. It is round and fat.

The Hippo Water Roller has changed the lives of many women and children in South Africa. It has even changed the lives of many more people in other African countries. ㋔(1 carry 2 do 3 have 4 not 5 on 6 the heavy water 7 they 8 to) their heads anymore. Also, they have more free (㋕) now because they don’t need to get water every day. The Hippo Water Roller holds 90 liters of water. That is enough water for several days. Children can study more, and women can do other useful things such as taking care of a vegetable garden. They can make money by selling some of the vegetables. Petzer and Jonker wanted to make life easier for people, and they have done it.

問１　下線部㋐to get と同じ用法の不定詞を含む文を次から選び、その番号をマークしなさい。　　解答番号は 21

① It is very difficult for me to remember a lot of English words.

② It will be three hours before I get to the airport, so I want some books to read on the train.

③ Tom needs someone to help him with the project.

④ You should practice harder to win the next game.

問２　下線部㋑these が指す内容として最も適当な組み合わせを選び、その番号をマークしなさい。　　解答番号は 22

a．環境破壊により資源が減少し、水を運ぶためのバケツや樽が不足していること。

b．この地域では男性優位であるため、水を運ぶのは女性か子供であること。

c．人口減少と高齢化のため、水を運ぶ人が不足してきていること。

d．水は貴重な資源で、この地域では水を毎日は使えないこと。

e．水を運ぶ際に背中を痛めるなどの問題が生じることがよくあること。

f．水を得るために毎日多くの時間が必要となること。

① a － b　　② a － f　　③ b － c

④ c － d　　⑤ d － e　　⑥ e － f

問３　本文中の空欄（　㋒　）に入る最も適当なものを次から選び、その番号をマークしなさい。　　解答番号は 23

① color　　② kind　　③ size　　④ weight

問４　本文中の空欄（　㋓　）に入る最も適当なものを次から選び、その番号をマークしなさい。　　解答番号は 24

① at　　② for　　③ like　　④ up

問５　下線部㋔の（　　）内の語（句）を次の日本語に合うように並べかえるとき、（　　　）内で３番目と６番目にくるものとして最も適当な組み合わせを選び、その番号をマークしなさい。ただし、文頭にくるべき語も小文字になっています。

解答番号は 25

「彼らはもう重い水を頭に載せて運ぶ必要はないのです。」

① ３－５　② ３－７　③ ４－１　④ ４－８

問６　本文中の空欄（　㋕　）に入る最も適当なものを次から選び、その番号をマークしなさい。

解答番号は 26

① food　② money　③ time　④ water

問７　本文の内容と一致するものを次から一つ選び、その番号をマークしなさい。

解答番号は 27

① Petzer と Jonker は、水をより簡単に運ぶための新しい車輪を発明した。
② Petzer と Jonker が最初に考案した道具は、取手が大きすぎて家の中には持ち込めなかった。
③ Petzer と Jonker が考案した Hippo Water Roller により、南アフリカ以外の人々の生活も改善された。
④ Petzer と Jonker は、Hippo Water Roller の発明で得たお金を貧しい人々に寄付して賞賛された。

【数　学】 (45分) 〈満点：100点〉

1 次の各問いに答えよ。

(1) $32 \div (-4) + (-3)^3 \times \dfrac{5}{36} \div \left(-\dfrac{1}{4}\right)$ を計算せよ。

解答群	①	-1	②	1	③	-3	④	3
	⑤	-5	⑥	5	⑦	-7	⑧	7

答 ①

(2) $(\sqrt{3}+1)^2 - \dfrac{6}{\sqrt{3}}$ を計算せよ。

解答群	①	$4+\sqrt{3}$	②	$10+\sqrt{3}$	③	$4-\sqrt{3}$	④	$10-\sqrt{3}$
	⑤	$4-2\sqrt{3}$	⑥	$10-2\sqrt{3}$	⑦	4	⑧	10

答 ②

(3) $\dfrac{x+y}{3} - \dfrac{5x-4y}{6} - x + y$ を計算せよ。

解答群	①	$\dfrac{3x+2y}{2}$	②	$\dfrac{-3x+4y}{2}$	③	$\dfrac{-3x-3y}{2}$
	④	$\dfrac{-9x+2y}{3}$	⑤	$\dfrac{-4x-y}{6}$	⑥	$\dfrac{-9x+y}{6}$
	⑦	$\dfrac{-4x+7y}{6}$	⑧	$\dfrac{-9x+7y}{6}$		

答 ③

(4) 2次方程式 $3x^2+6x-2=0$ を解け。

解答群	①	$x=-1\pm 2\sqrt{3}$	②	$x=-1\pm 2\sqrt{15}$
	③	$x=-1\pm\sqrt{10}$	④	$x=\dfrac{-3\pm\sqrt{3}}{3}$
	⑤	$x=\dfrac{-3\pm\sqrt{15}}{3}$	⑥	$x=\dfrac{-1\pm 2\sqrt{5}}{6}$
	⑦	$x=\dfrac{6\pm\sqrt{2}}{3}$	⑧	$x=\dfrac{6\pm\sqrt{2}}{6}$

答 ④

(5)　$x^2(y-3)+9(3-y)$ を因数分解せよ。

解答群		
	① $(x+3)(x-3)(3-y)$	② $(x+3)(x-3)(y+3)$
	③ $(x+3)(x-3)(y-3)$	④ $(x^2+9)(y+3)$
	⑤ $(x^2+9)(y-3)$	⑥ $(x^2+9)(3-y)$
	⑦ $(x+3)^2(y+3)$	⑧ $(x+3)^2(y-3)$

答 ⑤

2 次の各問いに答えよ。

(1)　x についての1次方程式 $4x+a^2=ax+4$ の解が $x=-5$ のとき，a の値を求めよ。ただし，$a>0$ とする。

答　$a=$ ⑥

(2)　あるクラスの男子生徒の人数は全体の $\frac{3}{5}$ より2人少なく，女子生徒の人数は全体の $\frac{2}{7}$ より6人多い。男子生徒の人数を求めよ。

答 ⑦⑧ 人

(3)　6個の数字0，1，2，3，5，7の中から異なる3個の数字を選んで3けたの整数をつくる。このとき，この整数が25の倍数となるのは何通りあるか求めよ。

答 ⑨⑩ 通り

(4)　下の図で，△ABCはAB＝ACの二等辺三角形である。点Dを点Cを含まない弧AB上にとる。$\overset{\frown}{AD}=2\overset{\frown}{DB}$，∠AEC＝46° のとき，∠CAEの大きさを求めよ。

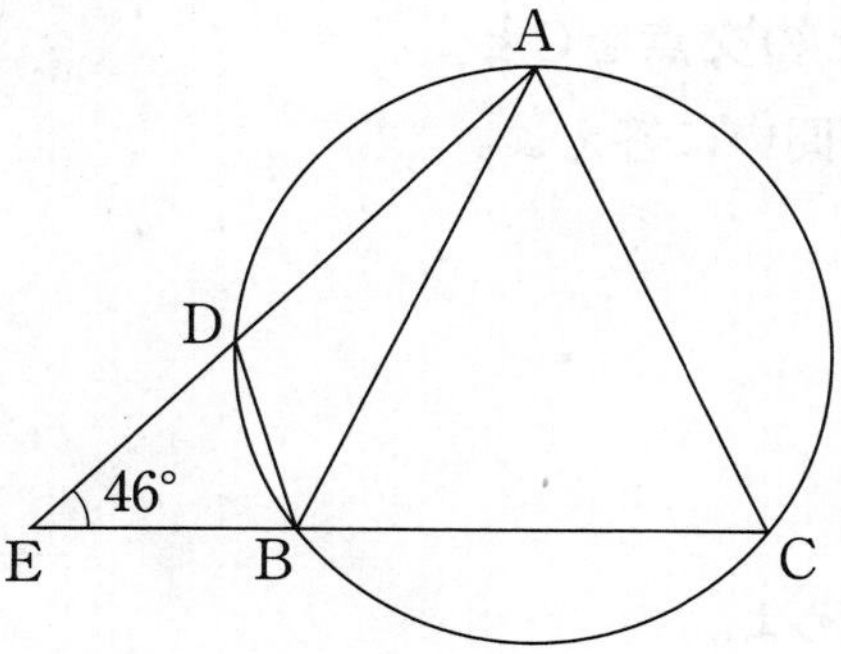

答　∠CAE＝ ⑪⑫ °

(5)　右の表は数学の小テストの結果を度数分布表にしたものである。この小テストの平均点は6.8点であった。このとき，x，y の値を求めよ。

得点(点)	人数(人)
0	0
2	x
4	5
6	7
8	y
10	8
計	35

答　x＝ ⑬ ，y＝ ⑭⑮

3 右の図のように，放物線 $y=x^2$…①と直線 ℓ が異なる2点A，Bで交わっている。A，Bの x 座標はそれぞれ3，-1 であり，直線 ℓ と x 軸との交点をCとする。このとき，次の各問いに答えよ。

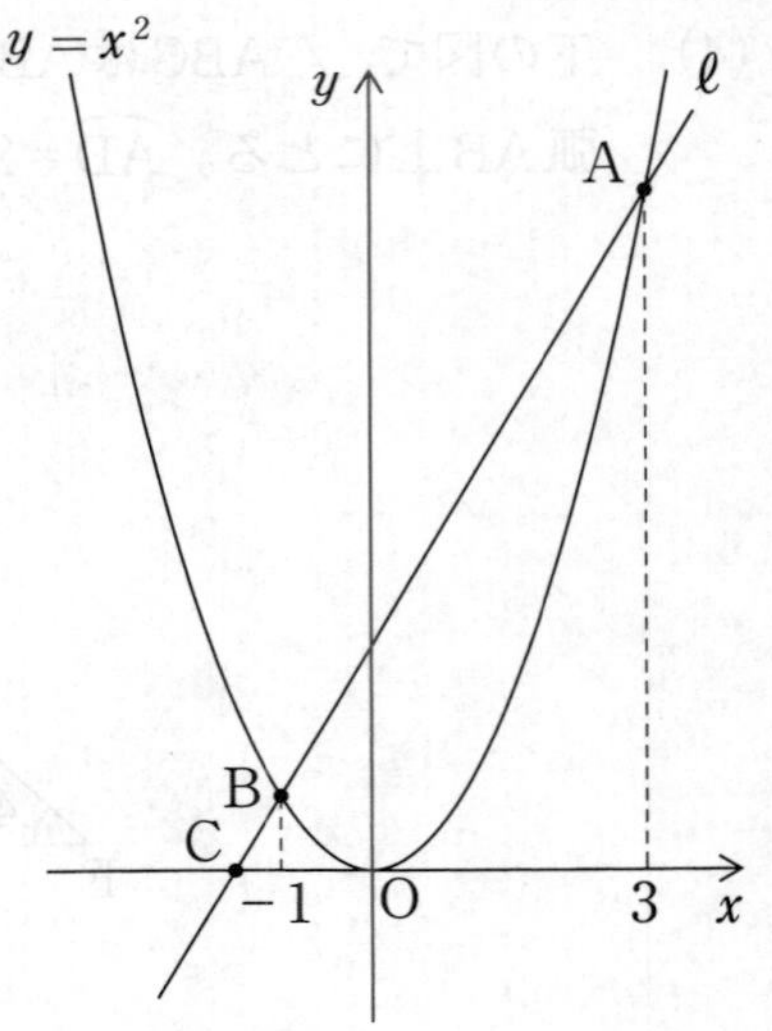

(1) 直線 ℓ の方程式を求めよ。

答 $y=$ ⑯ $x+$ ⑰

(2) 点Cの座標を求めよ。

答 C $\left(-\dfrac{⑲}{⑱},\ 0\right)$

(3) y 軸上に点Pをとるとき，線分BPと線分CPの長さの和が最も小さくなるような点Pの座標を求めよ。

答 P $\left(0,\ \dfrac{㉑}{⑳}\right)$

(4) (3)のとき，①上に x 座標が正である点Qをとる。△BCPと△BCQの面積が等しくなるとき，点Qの x 座標を求めよ。

答 $x=\dfrac{㉓+㉔\sqrt{㉕㉖}}{㉒}$

4　右の図のように，AD＝DC＝3，AE＝6の直方体ABCD－EFGHがある。線分DF上に EP⊥DF となるように点Pをとる。このとき，次の各問いに答えよ。

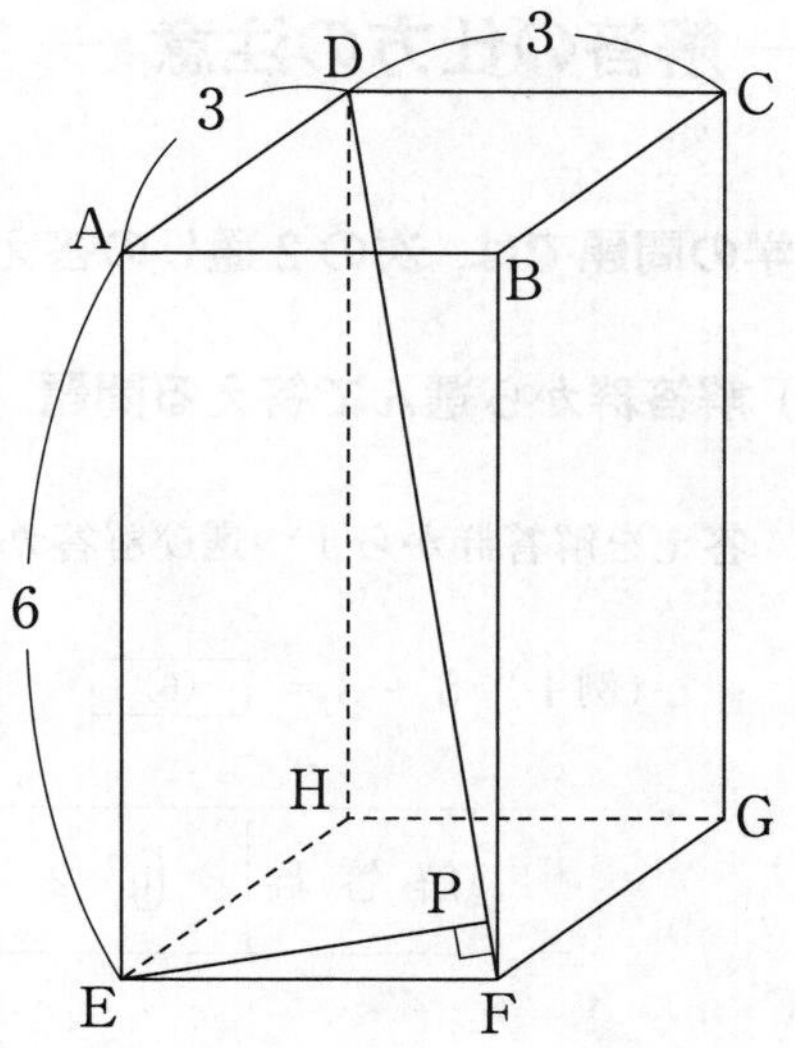

(1)　DFの長さを求めよ。

答　DF＝ ㉗$\sqrt{㉘}$

(2)　EPの長さを求めよ。また，DP：PFを最も簡単な整数の比で表せ。

答　EP＝ $\frac{\sqrt{㉚㉛}}{㉙}$

DP：PF＝ ㉜ ： ㉝

(3)　三角すいPEFGの体積を求めよ。

答 $\frac{㉟}{㉞}$

── 解答の仕方の注意 ──

数学の問題では，次の２通りの答え方がありますから注意しなさい。

(1) 解答群から選んで答える問題

答えを解答群から１つ選び解答カードにマークしなさい。

（例１） $5+3=$ $\boxed{⑥}$　　　　　　　　（⑥解答番号です）

解 答 群	$\boxed{1}$ 2	$\boxed{2}$ 4	$\boxed{3}$ 6	$\boxed{4}$ 8	$\boxed{5}$ 10

例１の答えは８で解答群の $\boxed{4}$ が正解ですから，解答カードの解答番号⑥の解答欄の $\boxed{4}$ をぬりつぶして答えなさい。

(2) 解答群がなく，数値で答える問題

（例２） $\frac{1}{15}+\frac{3}{15}=\boxed{\dfrac{⑪}{⑨⑩}}$

例２の答えは $\frac{4}{15}$ です。解答群がありませんから

解答番号⑨の解答欄の $\boxed{1}$
解答番号⑩の解答欄の $\boxed{5}$
解答番号⑪の解答欄の $\boxed{4}$
をそれぞれぬりつぶして答えなさい。

また $\boxed{⑯⑰}$ のように $\boxed{\quad}$ 内に解答番号⑯，⑰がある場合には，答えの数の十の位の数が⑯に，一の位の数が⑰に，それぞれ必ず１つ数字が入ります。

答えが分数になる場合は，必ず約分して答えなさい。

問六　傍線部E「答子に似たり」とあるが、どのような点で似ているのか。最も適当なものを次から選び、その番号をマークしなさい。解答番号は 37 。

① 玄豹は食べ物を我慢して七日間も何もせず雨が止むのを待つほど忍耐力が強いという点
② 玄豹は雨に濡れることを嫌がって何もしなかったので、何も手に入れることができなかったという点
③ 犬彘が玄豹のように力がなくても一生懸命取り組んだように、頑張っていれば必ず報われるという点
④ 犬彘は自分の食べ物のことだけを考え、食べ物を求めることに専念しているため、災いを招いているという点
⑤ 犬彘は自分に降りかかる災いを恐れ、食べ物を求めず雨の間は敢《あ》えて何もしなかったという点

問七　本文には次の一文が抜けている。この一文が入る場所として最も適当なものを本文中の〈①〉～〈⑤〉から選び、その番号をマークしなさい。解答番号は 38 。

このゆゑにや、居ながら害をのがる。

① 〈①〉　② 〈②〉　③ 〈③〉　④ 〈④〉　⑤ 〈⑤〉

問八　『十訓抄』（説話集）と同じジャンル（分類）の作品を次の中から選び、その番号をマークしなさい。解答番号は 39 。

① 宇治拾遺物語
② 源氏物語
③ 平家物語
④ 更級日記
⑤ 徒然草

問三　傍線部**B**「これをとどむるに」とあるが、その説明として最も適当なものを次から選び、その番号をマークしなさい。解答番号は 34 。

①答子が衰退しそうな家を再興させようとしたこと
②姑が妻が泣くのをやめさせようとしたこと
③姑が家を出ようとする妻を引き留めようとしたこと
④答子が将来を悲観して泣く妻を慰めようとしたこと
⑤妻が姑の怒りをしずめ許してもらおうとしたこと

問四　傍線部**C**「名を後代にあらはしき」とあるが、その説明として最も適当なものを次から選び、その番号をマークしなさい。解答番号は 35 。

①叔敖は私利私欲なく、国を豊かにすることだけを考え働いたため、名を残すことができた
②叔敖の代では豊かにはなれなかったが、子孫は教えを守り成功をおさめることができた
③叔敖の評価は貧しさゆえに高くはなかったが、後世の人によって高く評価された
④叔敖は貧しい生活から一生懸命働いて裕福になり、子孫に財産を残すことができた
⑤叔敖は才能も功績もなく、貧しかったため、子孫に財産を残すことができなかった

問五　傍線部**D**「後害をかへりみざるべし」の説明として最も適当なものを次から選び、その番号をマークしなさい。解答番号は 36 。

①答子は周囲の意見を聞くことなく、自分の信じる道だけを進んだため結果を残すことができた
②妻は答子の力を信じ、乳飲み子の将来にたいして明るい希望を抱いている
③家を一代で豊かにした、この答子亡きあとの子供たちの実力の無さを憂えている
④実力もない答子の仕事ぶりが心配で、どうせなら何もしないでいてほしいと願っている
⑤答子は能もなく功もないのに富み栄え、今後の災いが起こることを恐れていない

(6) 令…長官
(7) 叔敖…楚の国の賢人
(8) 玄豹…黒豹
(9) 犬彘…犬や豚

問一 二重傍線部**ア**〜**カ**の現代仮名遣いの組み合わせとして最も適当なものを次から選び、その番号をマークしなさい。解答番号は 32 。

① **ア** しをれん — **イ** いとえに — **ウ** ゆへに — **エ** すなはち — **オ** かやうの — **カ** ともなへらん
② **ア** しをれむ — **イ** いとへに — **ウ** ゆえに — **エ** すなはち — **オ** かやふの — **カ** ともなふらん
③ **ア** しおれん — **イ** ひとえに — **ウ** ゆえに — **エ** すなわち — **オ** かようの — **カ** ともなえらん
④ **ア** しおれむ — **イ** ひとへに — **ウ** よえに — **エ** すなわち — **オ** こようの — **カ** ともなえらむ
⑤ **ア** しをれん — **イ** いとえに — **ウ** ゆへに — **エ** すなはち — **オ** かゆうの — **カ** ともなへらむ

問二 傍線部**A**「泣き悲しめり」とあるが、その理由として最も適当なものを次から選び、その番号をマークしなさい。解答番号は 33 。

① 家の衰退により、今までのような豊かな暮らしができなくなってしまったから
② 答子は才能もなく功績もないのに出世してしまい、災いが起こることを心配したから
③ 事あるごとに姑からのいじめを受けて、理不尽な怒りを一方的にぶつけられたから
④ 乳飲み子が姑に馴染《なじ》まず、いつまでも泣き止まないから
⑤ 答子に災いが生じてしまい、乳飲み子の将来が心配になったから

三　次の文章を読んで、後の問いに答えなさい。

唐《もろこし》に陶《たう》(1)の答子《たふし》(2)といふものありけり。一二年のうちに、家大《おほ》きに富み栄えたり。〈①〉その妻、みどり子《こ》をいだきて、A泣き悲しめり。姑《しうとめ》、大きに怒りて、Bこれをとどむるに、妻答へていふ、〈②〉

われ、能なくして官あるを嬰啄《えいたく》(3)とす。功なくして富めるを積殃《せきあう》(4)といふ。楚《そ》(5)の令《れい》(6)、叔敖《しゆくがう》(7)、家貧しくして、国富めりし。福《ふく》、子孫に継ぎ、C名を後代にあらはしき。今、答子、能なく功なくして、富み栄えたること、D後害をかへりみざるべし。

われ聞く、南山《なんざん》に玄豹《げんへう》(8)あり。〈③〉七日、雨露《うろ》に隠れて、おのが衣毛、アしをれむことを惜しみて、あへて食物を求むる心を忘れたり。

〈④〉犬彘《けんてい》(9)にいたりては、イひとへに食物をのみ思ふウゆゑに、害を待つなり。これエすなはち、E答子に似たり。これゆゑに泣くぞ

と答へける。〈⑤〉答子、つひに害にあひにけり。

オかやうの妻にカともなへらむ男は、さりともたのもし。

（注記）

（1）陶…中国、春秋戦国時代の地名

（2）答子…大夫として陶を治めた

（3）嬰啄…災い

（4）積殃…つもり重なった災い

（5）楚…春秋戦国時代の国

ウ　憤慨　29

①　強硬に反抗すること

②　無駄に興奮すること

③　ひどく腹を立てること

④　とても悲しむこと

⑤　はっきり主張すること

エ　世慣れた　30

①　世間の事情に通じていること

②　世間の評判に敏感なこと

③　世間の罰則に詳しいこと

④　世間の雑学に通じていること

⑤　世間の噂に流されないこと

オ　閉塞感　31

①　出口が開いた状態

②　前後が入れ替わった状態

③　空間が小さくなった状態

④　入り口が閉じた状態

⑤　先行きが見えない状態

問九　傍線部**F**「そのことには、胸をつかれるような哀しみがあった」とあるが、なぜ「哀しみ」を感じたのか。最も適当なものを次から選び、その番号をマークしなさい。解答番号は[26]。

①どの車の運転手にもそれぞれの人生があって、切ない思いをしているはずだと感じたから
②車のヘッドライトに照らされる街並みが、運転手の人生に落とす影のように感じたから
③遠くを行く車のどれかにも、自分の子供のような小さな子供が乗っているかもしれないと思ったから
④運転手の一人一人が、横山軍次のように何か悪いことをしているかもしれないと思ったから
⑤遠くへ行く車の運転手の後ろ姿に、幼いころ別れた父の姿を重ねてしまい切なくなるから

問十　傍線部**ア**「生彩」、**イ**「深遠」、**ウ**「憤慨」、**エ**「世慣れた」、**オ**「閉塞感」の語の意味として、最も適当なものを次から選び、その番号をマークしなさい。解答番号は、**ア**は[27]、**イ**は[28]、**ウ**は[29]、**エ**は[30]、**オ**は[31]。

ア　生彩　[27]

①生々しい感じ
②生き生きとした感じ
③華々しい感じ
④たどたどしい感じ
⑤軽々しい感じ

イ　深遠　[28]

①遠くかすんで見つからないこと
②遠く離れていて見えないこと
③深く暗くてわからないこと
④奥深くて理解が及ばないこと
⑤底がわからず悩み苦しむこと

問六　空欄 Ⅳ に当てはまる言葉として、最も適当なものを次から選び、その番号をマークしなさい。解答番号は 23 。

① 言い伝えのように
② 思い出のように
③ 呪文のように
④ 家訓のように
⑤ 決めごとのように

問七　空欄 Ⅴ に当てはまる言葉として、最も適当なものを次から選び、その番号をマークしなさい。解答番号は 24 。

① 安心感
② 充実感
③ 優越感
④ 高揚《こうよう》感
⑤ 親近感

問八　傍線部**E**「父は永遠に背中の人だ」とあるが、どのようなことか。最も適当なものを次から選び、その番号をマークしなさい。解答番号は 25 。

① 自分には背中で愛情を感じさせてくれる人だということ
② 自分には愛情を注いでくれない人だということ
③ 父はうちの家族とは縁のない人だということ
④ 母と私にはまったく目も向けない人だということ
⑤ 誰に対しても態度が冷たい人だということ

問三　傍線部**B**「語り手の思惑は、語り自体となじまない」とあるが、どういうことか。最も適当なものを次から選び、その番号をマークしなさい。解答番号は **20** 。

①　語り手の考えどおりに物語は危険な方向に進んでいるということ
②　物語が意志を持って、語り手を拒否するということ
③　語り手が物語を操ろうとしているということ
④　語り手の考えは、物語の流れにそぐわないということ
⑤　語り手の思想は、物語の中に反映できないということ

問四　傍線部**C**「いつにない解放感を覚えていた」とあるが、なぜか。その理由として最も適当なものを次から選び、その番号をマークしなさい。解答番号は **21** 。

①　犯人の声音をまねすると、自分の感情も高ぶってしまうから
②　犯人の声音をまねすると、「ひとでなし」の一人になれると感じるから
③　犯人の声音をまねすると、自分の中にあるストレスを解放できるから
④　犯人の声音をまねすると、子供が真剣に話を聞くようになるから
⑤　犯人の声音をまねすると、自分の中の悪意に気づかされるから

問五　傍線部**D**「樹子は物語の未来を祈り」とあるが、どういう気持ちか。最も適当なものを次から選び、その番号をマークしなさい。解答番号は **22** 。

①　この物語に登場する子供が、自分の子供のように育ってほしいと願う気持ち
②　この物語の結末が、子供の未来を明るくしてくれるようにと願う気持ち
③　この物語の主人公が、悪から抜け出せるようにと願う気持ち
④　この物語の最後が、幸せな状態で終わるようにと願う気持ち
⑤　この物語の行く末が、語り手にもわからないほうがいいと願う気持ち

樹子は、自分が作った架空《かくう》の人物に、深く深く、心を寄せた。そうしておとなしく、後部座席に眠っているはずの、五歳の子供のことを想像した。悪いことをした悪いおじさんと知ってなお、なすすべもなく、いっしょに運ばれていく子供。あれは息子のことだったはずだが、樹子自身でもあるような気がした。

車がどこへ向かっていくにしろ、向かった先に、あたたかい布団《ふとん》と食べ物があるといい。きっとあるわ。幼い自分と父親が、遠くへ運ばれていくような気がして、樹子はいつまでもいつまでも、ヘッドライトの流れを見つめていた。

（小池昌代『黒蜜』「どよどよ」による）

問一　空欄［Ⅰ］・［Ⅱ］・［Ⅲ］に当てはまる語句の組み合わせとして最も適当なものを次から選び、その番号をマークしなさい。解答番号は［18］。

①　Ⅰ　まれに　　Ⅱ　とにかく　　Ⅲ　たとえば
②　Ⅰ　たとえば　　Ⅱ　まれに　　Ⅲ　とにかく
③　Ⅰ　とにかく　　Ⅱ　たとえば　　Ⅲ　まれに
④　Ⅰ　たとえば　　Ⅱ　とにかく　　Ⅲ　まれに
⑤　Ⅰ　まれに　　Ⅱ　たとえば　　Ⅲ　とにかく
⑥　Ⅰ　とにかく　　Ⅱ　まれに　　Ⅲ　たとえば

問二　傍線部**A**「それが樹子には不思議である」とあるが、何が「不思議」なのか。最も適当なものを次から選び、その番号をマークしなさい。解答番号は［19］。

①　毎回、必ず面白い新作を考えつくこと
②　考えていたストーリーが勝手にすり替わってしまうこと
③　ストーリーを考える力が自分には備わっていること
④　話し出すストーリーが気持ちよく進むこと
⑤　語り手さえ先のわからない物語が口から出ること

なぜ別れたのか。中学生のとき母親に尋ねたが、「ひととしてしてはいけないことをしてしまったからね」というだけで、その内容については教えてくれなかった。

「ひととしてしてはいけないことをしてしまった」というのは、樹子に今も［Ⅳ］とりついている言葉だ。

「ひととしてしてはいけないこと」。それをしてしまったひとは、もう、ひとではないのだろう。ひとでないひとを「ひとでなし」と言う。

「ひと」と「ひとでなし」とはどう違うのか。考えていると樹子は自分が、容易に「ひとでなし」のほうへ傾いてしまうような気がする。

こうしてかろうじて、「ひと」と言われている自分がいまだにどこか信じられない。自分はどちらかというと、「ひとでなし」のほうだ。

「ひとでなし」には、ぬるま湯のような［Ⅴ］がある。それが甘えであることを自覚しながら、それでも樹子は、「ひとでなし」のぬるま湯に浸《ひた》っていたい。そうすればまだ、「ひと」のほうへ戻れる可能性があるから。「ひと」のほうに自分を置いたとたん、不安になって落ち着かない。あとは「ひとでなし」に落ちるだけではないか。樹子が感情移入できるのは、常にやっぱり「ひとでなし」のほうである。

父はその「ひとでなし」だった。父と別れたとき、父の後ろ姿を見たような気がする。父の太い首を見たような気がする。でも、父は、こっちを振り向いて、樹子の顔を見てくれなかった。父の名前をいまだに知らないように、父の顔も樹子は知らない。**E**父は永遠に背中の人だ。

階段の途中に小さな窓がある。そこから樹子は外を見た。高台にある家なので、眼下に遠く、無数の家の灯りが見える。

この土地に移ってきたのは、息子がまだ生まれて間もないころだ。都心からは大分離れているが、それでも電車を使えば、一時間で新宿に出られる距離にある。家は広く、庭もあって、こんな一軒家に住めるとは、樹子は今まで考えたこともなかった。本当は、一人で暮らす母を引き取りたいが、夫には言い出せないでいる。夫にも立派な両親がいる。彼らはあまりに立派すぎて、樹子はすこし苦手なのだ。

こんな生活ができるのも、すべては商社に勤める夫のお蔭《かげ》だけれど、その夫は、毎日異常な忙しさで、数時間寝るためだけに家に帰ってくる。土日も家を空《あ》けることがあって、樹子とはほとんど会話がない。結婚したことを悔いてはいないが、ほとんど母子で過ごす日常に、樹子は不安と**オ**閉塞感《へいそくかん》を覚えていた。

遠くに見える環状線に、豆粒のような車が切りもなく続いて流れていく。ヘッドライトがとても綺麗《きれい》で、樹子はここで、息子を寝かしつけたあと、ぼんやり、遠くを眺めるのが好きだ。あの車の一台一台に、運転手がいて、どこかへ向かっていく。**F**そのことには、胸をつかれるような哀しみがあった。なぜ人間は、みな、どこかへ向かっていくのだろう。

ああ、あのなかには横山軍次がいる、強盗殺人を犯した、ひとでなしの横山軍次が。

かわいそうなひとよ。

く引き、ばかにエ世慣れた感じである。世慣れない警官というのも、イメージしにくいが。

「あっ、代々木ね。こっから遠いからねー気をつけて運転してくださいよー」

横山軍次は、強盗殺人事件を起こしながら、検問をするすると通過した。彼は二人になると、男の子を脅《おど》す。

「おい、おまえ、余計なことを言うなよ」

「はい」

「おれの息子っちゅうことにしておくんだ。でないと、家へ送っていかないぞ」

「は、は、はい、おじさん、もしかして犯人なんですか」

「うるせーおまえみたいながきに話す必要はねえよ、人を一人、やっちまっただけだよ、なんか、悪いかよー」

「ひ、ひ、ひ、ひとをころしたんですか」

「ああ、黙ってろよ。でないと、家へ送っていかねえぞ」

子供は相変わらず、目を開けたまま、闇を見つめて話を聴いている。樹子は犯人の声音をまねするとき、Cいつにない解放感を覚えていた。

「はい、ここできょうのお話はおしまい。おやすみね」

いつもは文句を言い、反抗する子供が、きょうはおとなしく目を閉じた。樹子はほっとして、寝室をあとにする。スモールランプも消してしまうと、寝室はすみずみまで、本物の闇に包まれた。

こんなお話をして子供は怖くないだろうか。人ごろしと車に乗って東京へ行くだなんて。しかし話は樹子の思惑をはずれ、勝手な方角へ走り始めた。どんな事情があったにせよ、ともかく彼、横山軍次は人を殺した。そして東京へ逃げているのだ。それだけは確かなことだ。逃げおおせるとは思えないが、樹子はなんとか逃げてほしいと思う。子供に危害は与えませんように。どうぞ、あの子が無事に代々木に戻れますように。

D樹子は物語の未来を祈り、リビングへ降りていった。

階段の途中で足をとめ、ふと、父親のことを考える。樹子が五歳のとき別れて以来、一度も会っていないのである。

「どこから来たのか」と警官が聞きました。

「茨城です」

「で、どこへ行くんだね」

「東京です」

「後ろの座席の男の子は？」

「親戚の子です」

「ぼうや、いくつ」

「ご、ご、ご、ご、ごはんじゃなくて、ごさいです！」

ここでも子供がげらげら笑う。おやじギャグより程度が低い。それでも笑ってくれる。五歳はありがたい。

その後も横山軍次は、後部座席に子供を乗せたまま、第一検問所、第二検問所、第三検問所、第四検問所、第五検問所で、警官にチェックを受ける。

そのたびに、免許証は？と聞かれるのだが、再び、うんちがくっついたから捨てただの、なくしましただの、散々、嘘をつきまくる。

横山軍次は、自分の身元が割れるのを恐れている。

そしていよいよ、彼のなした罪が、第五検問所の警官の口からあかされる。

「あのねー近所で、強盗殺人事件があったんですよー犯人、逃げてるんで、それで、検問してます。後ろの子供さんは息子さんですかー」

「いいえ、いいや、はい、息子です」

「ぼうや、いくつ」

「ごさいです」

「どこに住んでるの、おとうさんに代わって答えてくれるかな」

「東京の、よ、よ、よ、よ、よ、よよぎです」

ぼうやは恐怖のため、よよぎが発音できない。聴いている子供がゲラゲラ笑う。樹子もおかしくて自分で吹き出した。警官は、語尾を長子供がまた、盛り上がってしまった。寝ない。まったく寝ない。

物語が、にわかにア生彩《せいさい》を放ち出すのは、こうして登場人物たちが、名字と名前を与えられるときだ。名前というのは生々しい。とたんに彼らに命が宿る。樹子はいつも、こうした名前を、準備もなくとっさに考える。どこから降ってきた名前なのか。かつてその名前に出会ったこともないし、知り合いにいるわけではない。これから出会うとも思えないのだが、もしかしたら、どこかで出会っていたのかもしれない。それは銀行で行員が呼んだ名前であったかもしれないし、ニュースのなかでアナウンサーが読み上げた犯人の名前であったかもしれない。病院でたまたま居合わせた患者さん？　むかし習った先生かも。

［Ⅲ］いま、覚えがなくとも、横山軍次に樹子はどこかですれ違ったかもしれないと思って、ひととき、イ深遠《しんえん》な気持ちになった。

物語が、こうして一人の登場人物から始まるとすれば、名前ひとつが生まれてくる力こそ、物語をこの世に生み出す力といえる。樹子は自分が息子を産み出したときのことを思いだし、その力の源に、なにかどよどよした塊《かたまり》を思った。あの「どよどよ」こそが、すべてのものをこの世に産み出していくのではないか。

さて、男の子はこれからどうなるのでしょう。このお話の続きはまたあした。お、し、ま、い。

今晩の「どよどよ」は力が弱い。樹子のほうが眠くなって、話は煮詰《につ》まり、発展しなかった。

子供はえーっ、もう終わり、とウ憤慨《ふんがい》した。

「そうよ、もう寝なさい、何時だと思ってるの。また、お話を聞きたいでしょう。だったら、ただちに寝ることね、おやすみなさい」

子供は観念し、まぶたをドアのように意識的に閉じた。樹子は本物のドアを静かに閉め、あくびをかみ殺しながら、寝室をあとにしたが、自分の口から出た、横山軍次という名前に、どこかでまだ、こだわっていた。何かここには、この名前には、少しだけ過剰なものがある。樹子はその何かを警戒した。軍次がいけないのか。軍事だものなあ。横山がいけないのか。知り合いが何人かいる。

横山軍次、何者なのか。どこから来たのだろう。妻はいるのか。子は。そしていったい、あなたは何をしたの。樹子はそうして作り出してしまった彼に、いろいろ尋ねてみたくなった。

翌日の夜も、子供にせがまれ、樹子はヒッチハイク篇《へん》の第二夜を語り始める。

ヒッチハイクがなぜ、出てきたか。樹子にもよくわからない。だいたい、そんなこと、今もやっている人がいるのかどうか。樹子には経験がない。やってみたいとも思ったこともない。車という個室のなかに、見知らぬ男と長時間二人だけでいる。恐怖以外のなにものでもない。強姦《ごうかん》されても当然の状況と思う。タクシーを止めるとき、安易に片手をあげることにだって、時々、改めて恐怖を覚えるほどだ。知らない人の車に乗ってどこかへ行く。そのこと自体がおそろしい。タクシーならばお金という代償がある。ただ乗りということはあり得ない。ヒッチハイクが存在し得た、そういう時代が確かにあった。今は何かが根本的に変わった。

危険だよ。子供はまねしないでね。テレビの邪魔なテロップと同じことを、樹子もどこかで、伝えたくなる。けれどB語り手の思惑は、語り自体となじまない。もう物語は始まってしまったのだ。

運転手の物言いは、ひどく乱暴だ。樹子が低い声を出して、男の声音《こわね》をものまねすると、子供は怖がって、ますます目を輝かせた。

　男の子を乗せて車はさっそく走り出しました。そのとき、後ろから、ぴーぽーぴーぽーというパトカーの音が聞こえてきました。すると男が、ちっと舌打ちしました。

「ねえ、ママ、舌打ちってなに」

「警官に会いたくない、なにか、まずいじょうが、男の人にあったのね、そういうとき、ちっとか言って、舌を鳴らすのよ……」

　「免許証、見せてください……」

「免許証、持ってないんです」

「困りますねえ」

「うんちがくっついちゃったんで、捨てたんです」

ここで子供がげらげら笑う。

「運転手さん、お名前は」

「横山軍次です」

「よこやまぐんじ〜へんななまえ〜」

二

子供が寝る前に創作話を語り聞かせる樹子《じゅこ》は、ふわっと生まれてくる物語の気配を捕まえる名手である。多くはつじつまの合わない話になり、親子の間では、「めちゃ話」と呼ばれている。今夜も部屋を暗くして目をつぶり、添い寝をしながら話し出す。本文はそれに続く場面である。

次の文章を読んで、後の問いに答えなさい。

語るというのは奇妙な作業である。何もないところから、いきなり語りだす。だが、本当に何もないのか。何もないわけではない。実は何かある。ふわふわと漂う、物語の種が。

［Ⅰ］ここに、一人の人間を登場させよう。「次郎」と言う。「次郎は柿が大好きです」と言う。「あるとき食べた柿は渋い柿でした」と言う。「食べるなり、ぺっとはきだしてしまいました」と言う。「次郎」という名前がふっと口をついて出たとき、その瞬間には、まさか次郎が渋い柿をはきだすとは、語り手は思っていない。

A それが樹子には不思議である。前へ前へ、進んでいく力。言葉の力だけではない。言葉が一個ずつ連れてくるイメージがあり、そのイメージに言葉を重ねると、その言葉がまた別のイメージを連れてくる。こうして言葉と言葉でないものが、パイのように折り重なりながら、それがエンジンとなって、話が進んでいく。語り手も知らない未知の世界へ。

［Ⅱ］気持ちよく話が進むとき、樹子は自分で感動する。語りながら泣いてしまうこともある。物語は、語る本人を、まず一番に癒《いや》すのかもしれない。

ある晩、樹子は新作を語った。五歳の男の子がヒッチハイクをして、東京の家に戻る話だ。

誰か停まってくださーい。男の子は手をあげ、必死でした。なかなか車は停まってくれません。それでプレートに、「東京まで」と大きく書いて高く掲《かか》げました。するとようやく、一台の車がごきぶりのように、すうーっと静かに寄ってきて、男の子の目の前に停まったのです。

「おい、おまえ、東京に行きたいのか、連れてってやるから、さっさと乗れ」

「ありがとうございますっ」

問七　傍線部**F**「『お客さん』の日々」とあるが、どのような状態か。最も適当なものを次から選び、その番号をマークしなさい。解答番号は **11** 。

① 英語が話せない、聞き取れない私は、他の留学生と同じように研究に参加できないで苦労している状態
② 英語が話せない、聞き取れない私は、人生を変えようとして飛び込んだ無謀な挑戦に後悔している状態
③ 英語が話せない、聞き取れない私は、ハーバード大学の大学院の研究についていけず、人生初の挫折感を味わっている状態
④ 英語が話せない、聞き取れない私は、一度は投げやりになったが、周囲の人の支えで何とか平穏無事に過ごしている状態
⑤ 英語が話せない、聞き取れない私は、日本での不勉強を思い知らされ、情報に振り回される生活を送っている状態

問八　傍線部**G**「私にとっての『厚木』だったのかもしれない」とあるが、その説明として最も適当なものを次から選び、その番号をマークしなさい。解答番号は **12** 。

① 通運の利で栄えていた「厚木」のように、異文化に接し、語学力のために稀有の時間を過ごすことが出来る場所だったということ
② 通運の利で栄えていた「厚木」のように、他者と交わることで自分の「分身」も育ち、自分の視野が大きく開けたということ
③ 通運の利で栄えていた「厚木」のように、情報過多の状況の中でも、情報に躍らされることなく自分を見つめたということ
④ 通運の利で栄えていた「厚木」のように、異文化の中で他者と交流を深め、「認知ネットワーク」を構築したということ
⑤ 通運の利で栄えていた「厚木」のように、情報量も多くその情報に躍らされ、自分を見つめることが出来なかったということ

問九　次のア～オについて、本文の内容に一致するものには①を、一致しないものには②をそれぞれマークしなさい。解答番号は **13** ～ **17** 。

ア **13** 様々な「パブリック圏」の中で自分の固定概念を解放することで、自分の中の「アバター」は成長できる
イ **14** 人生を変えてみたくてハーバード大学院へ飛び込んだところ、自分の視野が雨上がりの景色のように開けてきた
ウ **15** 情報過多な日本での生活の中で英語力を身につけたおかげで、奨学金試験の面接の英会話に役立ち見事試験をパスした
エ **16** 異文化の中で自分の「認知ネットワーク」が他者と交わることで、自分の視野が大きく開けてきた
オ **17** 異世界に入り込み稀有の時間を過ごすことで、自分の「分身」が一人歩きをはじめたことで新たなことに気づいた

問四　傍線部**C**「まともに扱ってもらえない」とあるが、その説明として最も適当なものを次から選び、その番号をマークしなさい。解答番号は 8 。

① 蘭学にも明るい思想家とは立場も違うことから敬遠された
② 俳諧の師匠の紹介状を持って来ない者は敬遠された
③ 遊芸の師匠たちが村々を回り長逗留することは珍しくないことから敬遠された
④ 旅の絵描きと同様に絵を描いてお金を儲ける類の人と勘違いされ、敬遠された
⑤ 殿様気分で他人の悪口を平気で言い出す者は敬遠された

問五　傍線部**D**「殿様の悪口を言い出す者が少なからずいた」とあるが、その理由を示す慣用句として最も適当なものを次から選び、その番号をマークしなさい。解答番号は 9 。

① 灯台下暗し
② 二度あることは三度ある
③ 蓼《たで》食う虫も好き好き
④ 隣の芝生は青い
⑤ 覆水盆に返らず

問六　傍線部**E**「崋山の厚木の宿のような経験」とあるが、その説明として最も適当なものを次から選び、その番号をマークしなさい。解答番号は 10 。

① 厚木の文化人たちが、厚木を緩い天領か知行地に代えようと話し合った経験
② 様々な公共の場に接することで、新たな固定概念が生み出された経験
③ 自分の中の狭い固定概念を解放することで、新たな自分を発見した経験
④ 自分と違う種類の人と出会い、自由な発想を求めて仕事を辞めた経験
⑤ 自分の分身を成長させるために、ハーバード大学に留学を決意した経験

(3) 稀有…めったにないこと。まれにあること。ふしぎなこと。

問一 二重傍線部a～eに相当する漢字を含むものを、下の各群の中からそれぞれ一つずつ選び、その番号をマークしなさい。解答番号は 1 ～ 5 。

a タサイ 1 ① 野菜 ② 採用 ③ 色彩 ④ 采配 ⑤ 栽培

b チツジョ 2 ① 順序 ② 援助 ③ 女優 ④ 排除 ⑤ 突如

c ハッソウ 3 ① 競争 ② 僧侶 ③ 倉庫 ④ 創造 ⑤ 想像

d ドウキ 4 ① 同様 ② 動物 ③ 青銅 ④ 道路 ⑤ 胴体

e シテン 5 ① 始発 ② 支柱 ③ 市街 ④ 視力 ⑤ 史上

問二 空欄 Ⅰ ～ Ⅲ に入る語の組み合わせとして最も適当なものを次から選び、その番号をマークしなさい。解答番号は 6 。

① Ⅰ すると Ⅱ でも Ⅲ このように

② Ⅰ すると Ⅱ このように Ⅲ でも

③ Ⅰ でも Ⅱ すると Ⅲ このように

④ Ⅰ でも Ⅱ このように Ⅲ すると

⑤ Ⅰ このように Ⅱ でも Ⅲ すると

⑥ Ⅰ このように Ⅱ すると Ⅲ でも

問三 傍線部**A**「相模の国」、**B**「三河国」は現在の何県か。その組み合わせとして最も適当なものを次から選び、その番号をマークしなさい。解答番号は 7 。

① **A** 埼玉県 **B** 愛知県

② **A** 埼玉県 **B** 静岡県

③ **A** 静岡県 **B** 愛知県

④ **A** 神奈川県 **B** 静岡県

⑤ **A** 神奈川県 **B** 愛知県

様を代えるために、どうやったらスマートにそれができるか、というところまで話し始めた。応診の際に、このあたりは税収が多いことを有力な旗本にでも吹き込もうか。宴では自由奔放《ほんぽう》な発言がいっぱい飛び出し、しまいには、「厚木をなにかと緩《ゆる》い天領か旗本の知行地になるようにならないか」なんて飲みながら話していたという。崋山はたいそう驚き、「そういう考え方もあるのか」と心を動かされたというエピソードだ。(「游相日記」『渡辺崋山集　第1巻』日本図書センター)

［Ⅱ］、さまざまな「パブリック圏」の場に自らを交差すればするほど、自分の固定概念を解き放ち、ひいては自分のなかの「アバター」をも増やし、育てていくことにも繋《つな》がる。自分のなかの分身は成長するものなのだ。そんな異なる「アバター」になって世間を覗《のぞ》いてみれば、また新たな、自由な**c**ハッソウが次々と生まれてくるだろう。

私自身も人生で何度か、**E**崋山の厚木の宿のような経験をした。違う種類のひとと会うことで、自分のなかの視野が、雨上がりの景色のように開けてきた経験だ。

人生を変えてみたくて、私は仕事を辞め、フルブライト奨学金の試験を受け、ハーバード大学の大学院に飛び込んだ。ところが、当時の私は英語をまったく操《あやつ》れなかった。何しろ、日本国内での奨学金試験の面接で、何かを質問されてもその場で対応することが難しかったので、「その質問にお答えする前に(Before answering your question……)」というフレーズを言い放ち、事前に暗記しておいた志望**d**ドウキを英語でまくし立て、試験をパスしてしまったのだ。パスしたは良いけれど、行ってからが大変だった。話せない。聞き取れない。文章を読むスピードも遅い。情報過多な日本での暮らしとは百八十度異なる**F**「お客さん」の日々が2年間ほどは続いた。

［Ⅲ］、一方でこれまで、いかにいろんなモノ、情報に躍《おど》らされ、自分のなかにもっているモノを見つめてこなかったかを思い知ることになった。それをどうやって出してやろうか。すると、日本の**e**シテンから西洋の社会学理論を見ると、それがどう違って見えるのか、ということに、だんだん興味が湧いてきた。書をゆっくり深く読み、自己に沈潜(2)すると同時に、異文化のなかで否応なく自分の「認知ネットワーク」を他者と交差させられた。その二重の意味で、異世界に入り込むことができた稀有《けう》(3)の時間を過ごしたのだ。つらいこともあったが、自分の「分身」がどんどん育ち、同時に視野が大きく開けてきた。慣れた道ばかり歩いていると気づけないことが多い。そこは、**G**私にとっての「厚木」だったのかもしれない。

(池上英子　田中優子『江戸とアバター』朝日新書による)

(注記)
(1) 逗留…旅先でしばらく宿泊すること。とどまって進まないこと。
(2) 沈潜…深く没頭すること。沈着で思慮深いこと。

二〇二二年度 東京農業大学第三高等学校（第１回）

【国　語】（四五分）〈満点：一〇〇点〉

一　次の文章を読んで、後の問いに答えなさい。

〝アバター〟の世界で出会う新しい自分

さて、江戸の分身「アバター」や「パブリック圏」について語っていくうえで、私がとても好きなエピソードがある。

時は江戸後期。渡辺崋山《かざん》という人物が、江戸からもそれほど遠くないA相模の国、厚木あたりを旅したときの話である。崋山は実にaタサイな才能をもつひとだった。画家であり、思想家であり、蘭学に明るく、B三河国田原藩のひとかどの藩士。もちろん俳諧もひねる。彼はある日、俳諧の師匠の紹介状を持って、宿を求めて旅をしていた。ちなみにその当時、江戸近郊の農村では旅の俳諧師だけではなく、さまざまな遊芸の師匠たちが、村々を回って豪農の家に(1)長逗留《とうりゅう》するのは珍しくなかった。だいたい当時の、旅の絵描きといえば、あちこちに頭を下げ、「ちょっと描かせて」と申し出て、お金を儲《もう》ける者たちだった。崋山も、宿のひとからは「そのたぐいのひとだ」と思われ、Cまともに扱ってもらえないこともあった。それで崋山は、時には「侍のアバター」を被《かぶ》り、我はものもらいの絵描きにあらず、と啖呵《たんか》を切る。そして読書人や和歌・俳諧・漢詩などを好むひとと、それに話し好きとか、「我と等しき者」がこの地にいれば、一緒に一夜の友にしたい、と申し出る。

［Ⅰ］今度は、それこそ落語の噺《はなし》に登場しそうな里人たちが集まりだし、「やれ、みんなで歌え踊れ」という宴が始まった。みな、ちょっとした芸をもっているところが崋山の言う「我と等しき者」。身分なんか関係ない。それぞれが俳諧も詠み、また次の宿に行く。崋山がそこで驚くのは、彼らのなかにD殿様の悪口を言い出す者が少なからずいたことだった。彦八という不敵な面構えの顔役など、「殿様をとりかえたらんこそよかるべし」と直言する。さすがに「お殿様が一番偉い」とするbチツジョのなかで生きているお侍さんの崋山にとっては、驚愕《きょうがく》だったのである。

ここ相模の国あたりは、旗本や大名の領地、またその飛び地が多かった。村のなかでも「このあたりは〇〇家の領地で、こちらは〇〇家」といったふうに、それぞれのチツジョが乱立していることもあった。結果、領民はそれぞれの領主や代官のやり方の比較がしやすい。だが川や街道の通運の利で商業でも栄えていた厚木は、締め付けが厳しい小大名の領地だった。そこで唐沢蘭斎《らんさい》という医者で地元文化人は、殿

2022年度／東京農業大学第三高等学校(第１回)

英語解答

1　1 ③　2 ④　3 ②　4 ①

2　1 ①　2 ②　3 ②　4 ②

3　1 ②　2 ②　3 ①　4 ①　5 ②

4　問１ ③　問２ ①　問３ ②　問４ ④　問５ ①　問６ ④　問７ ③

5　問１ ④　問２ ⑥　問３ ③　問４ ③　問５ ③　問６ ③　問７ ③

1・**2**〔放送問題〕放送文未公表

3〔適語(句)選択〕

１．「電話が鳴った」という過去のある時点において動作が進行中であったことを示す過去進行形(was/were＋～ing)が適切。　「電話が鳴ったとき，ピーターはテレビでニュースを見ていた」

２．since「～から」があるので，‘継続’を表す現在完了(‘have/has＋過去分詞’)の文にする。「メアリーと私は高校生のときからお互いを知っている」

３．be different from ～「～と異なる」　「私の意見はあなたのものとは異なる」

４．‘期間’を問う How long「どのくらい(長く)」をつくる。How long does it take to ～？は「～するのに〈時間〉がどのくらいかかりますか」という意味。　「ここから郵便局まで歩いてどのくらいかかりますか」

５．「～で」という‘交通手段’は‘by＋乗り物’で表せる。　「私たちは車で野球場に来た」

4〔長文読解総合―物語〕

≪全訳≫❶ある大都市の学校制度に，市内の病院に入院している子どもたちが学校の勉強を続けられるように援助するプログラムがあった。ある日，そのプログラムのメンバーである教師のもとに，入院しているある子どもを訪ねてほしいという電話がかかってきた。彼女はその子の名前と部屋番号をきき，ふだんのクラス担任の先生と話した。❷「今，この子のクラスでは英文法を勉強しています。彼が他の生徒に授業で追いつけるように，それを教えてもらえますか？」と担任の先生が言った。❸病院プログラムの先生は，その日の午後，その男の子に会いに行った。しかし，その男の子がひどいやけどを負っていて，とても痛がっていることを誰も彼女に教えてくれなかった。彼女はその少年を見てショックを受け，何と声をかけていいのかわからなかった。彼女は彼のケガに対して何か言おうとしたが，できなかった。彼女はただ，「私はあなたの勉強を手伝うためにあなたの学校から派遣されてきたのよ」と言うことしかできなかった。彼女は彼の部屋で英文法を教えた。彼女は帰り際，自分はあまり役に立っていないのではないかと感じた。❹翌日，先生が病院に行くと，看護師が「あの子に何をしたんですか？」と彼女にきいてきた。先生は，自分が彼に何か間違ったことをしたのだと思い，謝り始めた。❺看護師は「いいえ，違うんです」と言った。「私の言葉を誤解されたようですね。私たちはあの小さな男の子のことを心配していたんです。彼は病院のスタッフの言うことを聞かないし，痛みのための治療も受けようとしなかったんです。でも，昨日からあの子の気持ちに変化がありました。ケガと戦う姿勢を見せ，治療を受けています。生きる決心をしたようです」❻２週間後，少年は，先生が来るまでは完全に希望を捨てていたと説明した。彼がある単純な考えを持ったとき，全てが変わった。彼はそれをこのように表現した。「死にかけた男の子に教えるために教師を派遣する人はいないよね？」

問１＜適語選択＞直後に動詞があり，直前には a teacher という‘人’があるので，‘人’を先行詞とする主格の関係代名詞の who が適する。

問２＜指示語＞直前に「今，この子のクラスでは英文法を勉強しています」とある。したがって，「彼が他の生徒に授業で追いつけるようにそれを教えてもらえますか」の「それ」は「英文法」を指すとわかる。

問３＜適語選択＞「何と言っていいかわからない」となる what が適切。‘疑問詞＋to不定詞’で「(疑問詞の意味)～たらよいか，～するべきか」を表せる。

問４＜適語選択＞直後に「謝り始めた」とあることから，先生は自分が何か間違ったことをしたのだと思っていることがわかる。

問５＜文脈把握＞これより前で看護師は，少年は病院スタッフの言うことを聞かず，痛みのための治療も受けようとしなかったが，前日から気持ちが変わってきたと述べている。ここから，少年がケガと戦う姿勢を見せ，治療を受けるようになったのだとわかる。fight back は「抵抗する，攻撃を食い止める」という意味。

問６＜語句解釈＞下線部カの具体的内容は，後ろの They wouldn't send a teacher to teach a dying boy, would they ? を指す。

問７＜内容真偽＞①「少年は病院のプログラムの先生に英文法を教えてほしいと頼んだ」…×　第１段落参照。少年ではなく担任の先生である。　②「ふだんのクラス担任の先生が来た後，少年の気持ちが変わった」…×　第５，６段落参照。病院のプログラムの先生が来てからのことである。　③「病院のプログラムの先生は，最初，少年の状態を知らなかった」…○　第３段落前半に一致する。　④「看護師は，病院のプログラムの先生は病院のスタッフを信用していないのだと思った」…×　このような記述はない。

5〔長文読解総合―ノンフィクション〕

≪全訳≫❶ペティ・ペッツァーとヨハン・ヨンカーは，南アフリカの問題について話した。「一番大きな問題は水だ。人々が水を手に入れるのを助けなければならない」　南アフリカでは，約25％の家庭に水がない。だから毎日，家族の誰かが遠くから水を運んでこなければならない。通常，水をくむのは女性や子どもたちだ。それは簡単なことではない。水をくみ，家に持って帰るのに毎日４時間歩く人もいる。ペッツァーとヨンカーは，バケツや樽《たる》を頭に載せて水を運んでいる女性や子どもをよく見かけた。これらの水のバケツはとても重い。だから，女性や子どもは背中に問題を抱えていることが多かった。また，毎日新しい水が必要である。そのため，彼女たちは水をくむのに多くの時間を費やさなければならなかった。ペッツァーとヨンカーは，これらが南アフリカの女性や子どもたちにとって２つの大きな問題であると考えた。❷彼らが考えたことの１つは，バケツに入った水を運ぶためのカートをつくることだった。しかし，車輪は高価だ。「樽を車輪として使うのはどうだろう？　そうすれば，樽の中に水を入れて転がすことができる」❸というわけで，彼らはそうすることにした。大きな樽に水を入れる。それをハンドルで押したり引いたりする。樽は丈夫なプラスチックでできているので，壊れることはない。ハンドルがとても大きいので，大きな坂を上るなら，友だちに手伝ってもらえばいい。❹第１作をつくる前に，ペッツァーとヨンカーは南アフリカ中の家庭を訪れ，ドアの大きさを調べた。樽が家の中まで入るようにしたかったのだ。❺彼らにはこの樽のための名前が必要だった。彼らはそれを,「カバの水車」と呼ぶことにした。カバはとても強いので,アフリカでは尊重されている動物だ。カバの水車は丈夫で,カバに少し似ている。丸々として太っている。❻カバの水車は,南アフリカの多くの女性や子どもたちの生活を変えた。さらに,他のアフリカの国々でも,多くの人々の生活を変えた。彼らはもう重い水を頭に載せて運ぶ必要がない。また,毎日水をくむ必要がないため,今ではより多くの自由な時間が持てるようになった。カバの水車には90リットルの水が入る。これは数日分の水だ。子どもたちはもっと勉強ができるし,女性は家庭菜園の手入れをするなど,他の役に立つことができるようになった。野菜を売ればお金を得ることもできる。ペッツァーとヨンカーは,人々の生活をより快適なものにしたいと考え,それを実現したのだ。

問1＜用法選択＞下線部㋐は‘目的’を表す副詞的用法で,④が同じ。　①‘It is ～ to ...’の形式主語構文における真主語となる名詞的用法。　②some books を修飾する形容詞的用法。　③someone を修飾する形容詞的用法。

問2＜指示語＞下線部㋑以降は「これらは南アフリカの女性や子どもたちにとって2つの大きな問題である」という意味。3つ前の文に「女性や子どもは背中に問題を抱えていることが多かった」とあり,直前の文に「彼らは水をくむのに多くの時間を費やさなければならなかった」とある。「これら」とはこの2つを指す。

問3＜適語選択＞直後に,樽が家の中まで入るようにしたかったとある。したがって,2人が南アフリカ中の家庭を訪れ,調べたものは,ドアの「大きさ」だとわかる。

問4＜適語選択＞look like ～「～のように見える,～に似ている」

問5＜整序結合＞「～する必要がない」は do not have to ～。「重い水を運ぶ」は carry the heavy water。「頭に載せて」は on their heads で表す。　They do not have to carry the heavy water on their heads anymore.

問6＜適語選択＞すぐ後の because 以下で「毎日水をくむ必要がないため」と述べられている。これによって彼女たちはより多くの自由な time「時間」を持てるようになったのである。

問7＜内容真偽＞①…×　第2段落第1文参照。彼らが発明したものは,バケツに入った水を運ぶためのカート。　②…×　第3段落最終文参照。ハンドルが大きいことによって生み出される結果としては,大きな坂を上るときでも,友だちに手伝ってもらえるということであり,第4段落最終文にあるように,ハンドルのついた樽は家の中まで入るようにつくられた。　③…○　第6段落第2文に一致する。　④…×　このような記述はない。

2022年度／東京農業大学第三高等学校（第１回）

数学解答

1 (1) ⑧　(2) ⑦　(3) ②　(4) ⑤
(5) ③

2 (1) 3　(2) ⑦…1　⑧…9
(3) ⑨…1　⑩…0
(4) ⑪…6　⑫…5
(5) ⑬…4　⑭…1　⑮…1

3 (1) ⑯…2　⑰…3
(2) ⑱…2　⑲…3
(3) ⑳…5　㉑…3
(4) ㉒…5　㉓…5　㉔…2　㉕…1
㉖…0

4 (1) ㉗…3　㉘…6
(2) ㉙…2　㉚…3　㉛…0　㉜…5
㉝…1
(3) ㉞…2　㉟…3

1〔独立小問集合題〕

(1)<数の計算>与式 $= -8+(-27)\times\frac{5}{36}\times\left(-\frac{4}{1}\right)=-8+15=7$

(2)<数の計算>与式 $=(\sqrt{3})^2+2\times\sqrt{3}\times1+1^2-\frac{6\times\sqrt{3}}{\sqrt{3}\times\sqrt{3}}=3+2\sqrt{3}+1-\frac{6\sqrt{3}}{3}=4+2\sqrt{3}-2\sqrt{3}=4$

(3)<式の計算>与式 $=\frac{2(x+y)-(5x-4y)-6x+6y}{6}=\frac{2x+2y-5x+4y-6x+6y}{6}=\frac{-9x+12y}{6}=\frac{-3x+4y}{2}$

(4)<二次方程式>解の公式より，$x=\frac{-6\pm\sqrt{6^2-4\times3\times(-2)}}{2\times3}=\frac{-6\pm\sqrt{60}}{6}=\frac{-6\pm2\sqrt{15}}{6}=\frac{-3\pm\sqrt{15}}{3}$ となる。

(5)<式の計算―因数分解>与式 $=x^2(y-3)-9(y-3)$ と変形して，$y-3=A$ とおくと，与式 $=x^2A-9A=(x^2-9)A=(x+3)(x-3)A=(x+3)(x-3)(y-3)$

2〔独立小問集合題〕

(1)<一次方程式―解の利用>一次方程式 $4x+a^2=ax+4$ に解の $x=-5$ を代入して，$4\times(-5)+a^2=a\times(-5)+4$，$a^2+5a-24=0$，$(a+8)(a-3)=0$　$\therefore a=-8,\ 3$　よって，$a>0$ より，$a=3$ である。

(2)<一次方程式の応用>クラス全体の人数を x 人とすると，男子生徒の人数は $\frac{3}{5}x-2$ 人，女子生徒の人数は $\frac{2}{7}x+6$ 人と表せるから，クラス全体の人数について，$\frac{3}{5}x-2+\frac{2}{7}x+6=x$ が成り立つ。両辺を35倍して，これを解くと，$21x-70+10x+210=35x$，$4x=140$　$\therefore x=35$　よって，男子生徒の人数は，$\frac{3}{5}\times35-2=19$（人）である。

(3)<場合の数―３けたの整数>このときできる３けたの整数が25の倍数となるのは，十の位と一の位の数字が25，50，75となるときである。十の位と一の位の数字が25のとき，百の位の数字は１，３，７の３通りあるから，３けたの整数も３通りできる。十の位と一の位の数字が50のとき，百の位の数字は１，２，３，７の４通りあるから，３けたの整数も４通りできる。十の位と一の位の数字が75のとき，百の位の数字は１，２，３の３通りあるから，３けたの整数も３通りできる。よって，25の倍数となる３けたの整数は，$3+4+3=10$（通り）ある。

(4)<平面図形―角度>次ページの図で，$\angle \mathrm{BAD}=x$ とおくと，$\overset{\frown}{\mathrm{AD}}=2\overset{\frown}{\mathrm{DB}}$ より，$\overset{\frown}{\mathrm{AB}}=\overset{\frown}{\mathrm{AD}}+\overset{\frown}{\mathrm{DB}}=2\overset{\frown}{\mathrm{DB}}+\overset{\frown}{\mathrm{DB}}=3\overset{\frown}{\mathrm{DB}}$ となる。これより，円周角の大きさは弧の長さに比例するから，$\angle \mathrm{ACB}=3\angle \mathrm{BAD}$

$=3x$となる。よって，△ABCはAB＝ACの二等辺三角形より，∠ABC＝∠ACB＝$3x$だから，△AEBで内角と外角の関係より，∠AEB＝∠ABC－∠BAEとなり，$46°=3x-x$が成り立つ。これを解くと，$2x=46°$より，$x=23°$となり，∠ACB＝3×23°＝69°である。したがって，△AECの内角の和は180°だから，∠CAE＝180°－∠AEC－∠ACE＝180°－46°－69°＝65°となる。

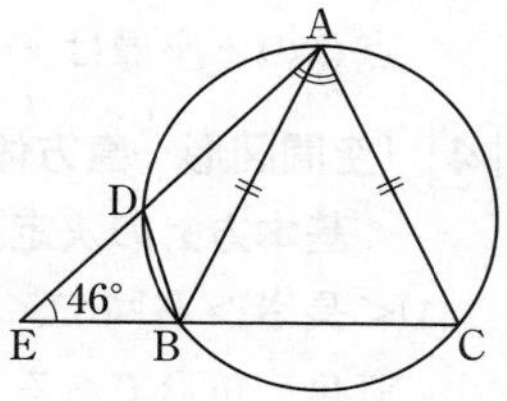

(5)＜データの活用―度数＞度数分布表より，人数の合計について，$0+x+5+7+y+8=35$，$x+y=15$……①が成り立つ。また，平均点が6.8点より，35人の合計点は，6.8×35＝238(点)だから，合計点について，$0\times0+2\times x+4\times5+6\times7+8\times y+10\times8=238$，$2x+8y=96$，$x+4y=48$……②が成り立つ。①，②を連立方程式として解くと，②－①より，$4y-y=48-15$，$3y=33$　∴$y=11$　これを①に代入して，$x+11=15$　∴$x=4$

3 〔関数―関数$y=ax^2$と一次関数のグラフ〕

≪基本方針の決定≫(3)　y軸について，点Bと対称な点をとって考える。　(4)　面積が等しく，底辺が等しい三角形は，高さも等しい。

(1)＜直線の式＞右図で，点A，Bは放物線$y=x^2$上にあり，x座標はそれぞれ3，－1だから，$y=3^2=9$，$y=(-1)^2=1$より，A(3，9)，B(－1，1)である。これより，直線lの傾きは$\dfrac{9-1}{3-(-1)}=2$となるから，直線lの式は$y=2x+b$とおけ，点Bを通ることから，$1=2\times(-1)+b$より，$b=3$となる。よって，直線lの式は$y=2x+3$である。

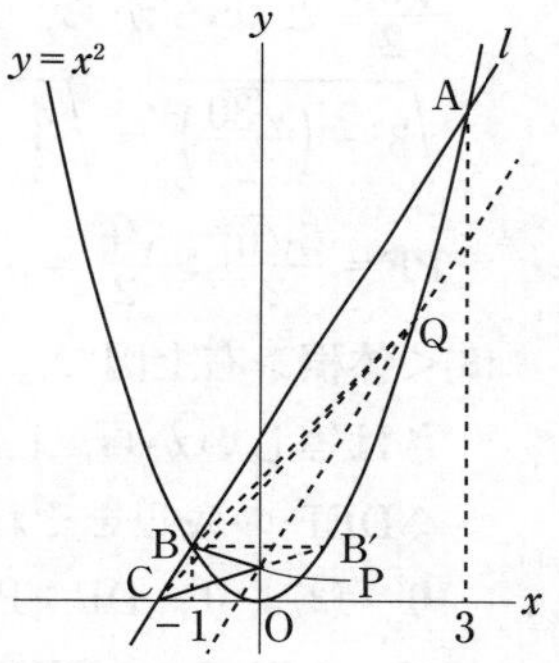

(2)＜座標＞右図で，点Cは，直線$y=2x+3$とx軸の交点で，y座標は0である。よって，$0=2x+3$より，$x=-\dfrac{3}{2}$となるから，C$\left(-\dfrac{3}{2},\ 0\right)$である。

(3)＜座標＞右上図のように，y軸について点Bと対称な点B′をとると，BP＝B′PとなるからBP＋CP＝B′P＋CPである。これより，BP＋CPの長さが最も小さくなるとき，B′P＋CPの長さも最も小さくなる。B′P＋CPの長さが最も小さくなるのは，3点B′，P，Cが一直線上にあるときであり，このとき点Pは線分B′Cとy軸の交点になる。B(－1，1)よりB′(1，1)となり，(2)よりC$\left(-\dfrac{3}{2},\ 0\right)$だから，直線B′Cの傾きは，$(1-0)\div\left\{1-\left(-\dfrac{3}{2}\right)\right\}=\dfrac{2}{5}$となる。よって，直線B′Cの式は$y=\dfrac{2}{5}x+c$とおけ，点B′を通ることから，$1=\dfrac{2}{5}\times1+c$より，$c=\dfrac{3}{5}$となる。したがって，P$\left(0,\ \dfrac{3}{5}\right)$である。

(4)＜x座標＞右上図で，放物線$y=x^2$上に△BCP＝△BCQとなるように，x座標が正である点Qをとる。△BCPと△BCQにおいて，共有する辺BCを底辺と見ると，面積が等しいので，AB//QPとなる。よって，点Qは，放物線$y=x^2$と，点Pを通り直線ABに平行な直線の交点である。平行な直線の傾きは等しく，直線ABの傾きが2より，点Pを通り直線ABに平行な直線の傾きは2であり，P$\left(0,\ \dfrac{3}{5}\right)$より切片は$\dfrac{3}{5}$だから，その式は$y=2x+\dfrac{3}{5}$となる。したがって，$y=x^2$と$y=2x+\dfrac{3}{5}$から$y$を消去して，$x^2=2x+\dfrac{3}{5}$，$5x^2-10x-3=0$より，二次方程式の解の公式を利用すると，$x=\dfrac{-(-10)\pm\sqrt{(-10)^2-4\times5\times(-3)}}{2\times5}=\dfrac{10\pm\sqrt{160}}{10}=\dfrac{10\pm4\sqrt{10}}{10}=\dfrac{5\pm2\sqrt{10}}{5}$となり，$x>0$だから，

点Qのx座標は$x=\frac{5+2\sqrt{10}}{5}$である。

4〔空間図形—直方体〕

≪基本方針の決定≫(2)　EPは，△DEFの底辺をDFと見たときの高さとなる。

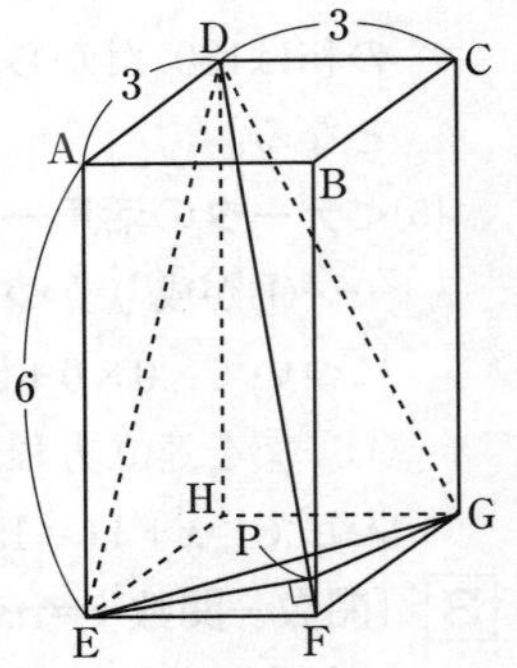

(1)＜長さ＞右図で，FE⊥〔面AEHD〕だから，∠DEF＝90°より，△DEFは直角三角形である。また，△ADEで三平方の定理より，$DE=\sqrt{AD^2+AE^2}=\sqrt{3^2+6^2}=\sqrt{45}=3\sqrt{5}$となる。よって，△DEFで三平方の定理より，$DF=\sqrt{DE^2+EF^2}=\sqrt{(3\sqrt{5})^2+3^2}=\sqrt{54}=3\sqrt{6}$となる。

(2)＜長さ，長さの比＞右図で，$\triangle DEF=\frac{1}{2}\times DE\times EF=\frac{1}{2}\times 3\sqrt{5}\times 3=\frac{9\sqrt{5}}{2}$である。また，$EP=h$として，△DEFの底辺をDFと見ると，$DF=3\sqrt{6}$より，$\triangle DEF=\frac{1}{2}\times DF\times EP=\frac{1}{2}\times 3\sqrt{6}\times h=\frac{3\sqrt{6}}{2}h$と表せる。よって，△DEFの面積について，$\frac{3\sqrt{6}}{2}h=\frac{9\sqrt{5}}{2}$が成り立ち，これを解いて，$h=\frac{\sqrt{30}}{2}$となるから，$EP=\frac{\sqrt{30}}{2}$である。また，△EPFで三平方の定理より，$PF=\sqrt{EF^2-EP^2}=\sqrt{3^2-\left(\frac{\sqrt{30}}{2}\right)^2}=\sqrt{\frac{3}{2}}=\frac{\sqrt{6}}{2}$となる。したがって，$DP=DF-PF=3\sqrt{6}-\frac{\sqrt{6}}{2}=\frac{5\sqrt{6}}{2}$より，$DP:PF=\frac{5\sqrt{6}}{2}:\frac{\sqrt{6}}{2}=5:1$である。

(3)＜体積＞右上図で，三角錐PEFGと三角錐DEFGの底面をそれぞれ△EPF，△DEFと見ると，高さは等しいから，〔三角錐PEFG〕：〔三角錐DEFG〕＝△EPF：△DEFとなる。さらに，△EPFと△DEFの底辺をそれぞれPF，DFと見ると，高さは等しいから，△EPF：△DEF＝PF：DFとなり，(2)より，DP：PF＝5：1だから，PF：DF＝PF：(DP＋PF)＝1：(5＋1)＝1：6である。よって，△EPF：△DEF＝1：6より，〔三角錐PEFG〕：〔三角錐DEFG〕＝1：6となるから，〔三角錐PEFG〕$=\frac{1}{6}$〔三角錐DEFG〕$=\frac{1}{6}\times\frac{1}{3}\times\frac{1}{2}\times 3\times 3\times 6=\frac{3}{2}$である。

2022年度／東京農業大学第三高等学校（第１回）

国語解答

一　問一　a…③　b…①　c…⑤　d…②
e…④
問二　②　問三　⑤　問四　④
問五　④　問六　③　問七　①
問八　②
問九　ア…①　イ…②　ウ…②　エ…①
オ…②

二　問一　②　問二　⑤　問三　④
問四　②　問五　④　問六　③
問七　①　問八　②　問九　①
問十　ア…②　イ…④　ウ…③　エ…①
オ…⑤

三　問一　③　問二　②　問三　②
問四　①　問五　⑤　問六　④
問七　④　問八　①

一〔論説文の読解─文化人類学的分野─日本文化〕出典；池上英子・田中優子『江戸とアバター』。

≪本文の概要≫江戸時代，田原藩の藩士であった渡辺崋山が，厚木の宿で，和歌や俳諧や漢詩などを好む人がいれば一緒に一夜の友にしたいと申し出たところ，里人たちが集まりだし，宴が始まった。そのとき，殿様の悪口を言い出す者がいたことに崋山は驚いたが，さらに殿様を代えるための意見など，自由奔放な発言もたくさん出されたので，崋山は「そういう考え方もあるのか」と心を動かされた。このエピソードからもわかるように，さまざまな「パブリック圏」の中に自らを交差させることは，自分の固定概念を解き放ち，自分の分身である「アバター」を増やし，育てていくことにもつながる。私自身も，ハーバード大学の大学院に入ったとき，それまでの自分が，いかにいろいろな情報に躍らされ，自分の中に持っているモノを見つめてこなかったかということを思い知らされた。異文化の中で自分の「認知ネットワーク」を他者と交差させると，自分の「分身」がどんどん育ち，視野が大きく開けるようになるのである。

問一＜漢字＞a.「多彩」と書く。　b.「秩序」と書く。　c.「発想」と書く。　d.「動機」と書く。　e.「視点」と書く。

問二＜接続語＞Ⅰ．崋山が，「我と等しき者」がこの地にいれば「一緒に一夜の友にしたい」と申し出ると，「里人たち」が集まり出し，宴が始まった。　Ⅱ．厚木の宿で「そういう考え方もあるのか」と心を動かされたという崋山のエピソードのように，さまざまな「パブリック圏」の場に自らを交差すればするほど，「自分の固定概念」を解き放つことができ，自分の中の「アバター」を増やし，育てていくことができる。　Ⅲ．ハーバード大学の大学院で，「お客さん」の日々は二年間ほど続いたが，その一方で自分が「いかにいろんなモノ，情報」に躍らされてきたかといったことや「自分のなかにもっているモノを見つめてこなかったか」ということを思い知らされた。

問三＜古典の知識＞A.「相模の国」は，現在の神奈川県の大部分に相当する旧国名。　B.「三河国」は，現在の愛知県の東部一帯の旧国名。

問四＜文章内容＞崋山は，人に「頭を下げ」て，絵を描かせてもらって収入を得る「旅の絵描き」だと思われたので，厚木の辺りの人に，まともに対応してもらえなかったのである。

問五＜ことわざ＞「隣の芝生は青い」は，他人のものは何でもよく見えるものだ，という意味。相模の国の辺りは，旗本や大名の領地が入り組んでおり，「領民はそれぞれの領主や代官のやり方」を容易に比較できたため，他の領地の方が住みやすいと感じた者が少なからずいた。

問六＜文章内容＞崋山は，厚木の宿という「パブリック圏」に交わることで，武士としてのそれまでの「自分の固定概念」を解き放ち,「そういう考え方もあるのか」と心を動かされた。「私」も,ハーバード大学の大学院で,同じように「自分のなかの視野」が「開けてきた経験」をした。

問七＜文章内容＞「私」は,英語を話すことも聞き取ることもできず,文章を読むスピードも遅かったので,研究や勉強に自分からは積極的に取り組めない状態が続いた。

問八＜文章内容＞江戸時代の厚木は,「川や街道の通運の利」で栄えており,領地が入り組んでいたので,さまざまな考え方があった。崋山が,厚木という日常とは異なる「パブリック圏」で「そういう考え方もあるのか」と心を動かされたのと同じように,「私」は,ハーバード大学の大学院で他者と交わることで,自分の「分身」が育ち,視野を大きく広げられたのである。

問九＜文章内容＞他の「パブリック圏」の場に「自らを交差」させることで,「自分の固定概念」を解き放ち,自分の中のアバターを増やして育てることができた崋山と同じように(ア…○),「私」にも,ハーバード大学の大学院に留学し「違う種類のひとと会う」ことによって,「自分のなかの視野が,雨上がりの景色のように開けてきた経験」がある(イ…×)。「私」は,「英語をまったく操れなかった」が,暗記していた志望動機を英語でまくし立てることで,大学院の奨学金試験にパスしてしまい(ウ…×),入学後に苦労したが,「異文化のなかで否応なく」自分の「認知ネットワーク」を他者と交差させられることで,自分の「分身」がどんどん育ち,「視野が大きく開けてきた」のである(エ…○,オ…×)。

二〔小説の読解〕出典;小池昌代『どよどよ』(『黒蜜』所収)。

問一＜接続語＞Ⅰ.「語る」という作業においては「物語の種」があるということを説明するために,「次郎」の例が挙げられている。　Ⅱ.めったにないことではあるが,「気持ちよく話が進むとき,樹子は自分で感動」したり,「泣いて」しまったりすることがあった。　Ⅲ.樹子は,「横山軍次」という名前が「どこから降ってきた名前なのか」ということに思い当たらなかったが,何にしても「いま,覚えがなくとも」,どこかで横山軍次に「すれ違ったかもしれない」と思い,「深遠な気持ち」になった。

問二＜文章内容＞語り手は,「次郎」という名前が口をついて出た瞬間には「まさか次郎が渋い柿をはきだす」とは思っていない。「言葉がまた別のイメージを連れてくる」ことが重なり,「語り手も知らない未知の世界へ」と話が進んでいくことが,樹子には不思議なのであった。

問三＜文章内容＞樹子は,ヒッチハイクは「危険」だから,「子供はまねしないでね」と思うものの,自分の語る物語の筋は,ヒッチハイクを続ける方向に進んでいくのであった。

問四＜文章内容＞樹子は,「ひと」と「ひとでなし」の違いを考えて,自分を「ひと」の方に置いた途端「不安になって落ち着かない」気持ちになった。樹子は,声音をまねすることで犯人に「感情移入」し,「ひとでなし」の方にいると,落ち着いて,解放されたような気持ちになるのであった。

問五＜心情＞樹子は,人を殺した横山軍次が「逃げおおせる」とは思っていないが,「なんとか逃げてほしい」と思っており,さらに「あの子が無事に代々木に戻れますように」と祈った。

問六＜文章内容＞樹子の父は「ひととしてしてはいけないこと」をしてしまったという母の言葉は,大人になった今でも,樹子の頭から離れることのない特別な力を持つものなのであった。

問七＜文章内容＞樹子は,「ひと」の方に自分の身を置くと「不安になって落ち着かない」が,「ひとでなし」の方にいると,「ぬるま湯に浸って」いるような心安らかな気持ちになるのであった。

問八＜表現＞別れるとき,樹子は,父の後ろ姿しか見られなかったと記憶している。名前も顔も知らない父は,樹子にとって愛情を持って正面から向き合ってくれる存在ではなかったのである。

問九＜文章内容＞ヘッドライトを見ていた樹子は，「豆粒のよう」な「車の一台一台に，運転手」がいて，それぞれに「どこかへ向かっていく」のだと思い，車に乗っている人たちには別々の人生があり，その中には横山軍次や幼い頃に父と別れた自分のような「かわいそうなひと」もいると思い，「哀しみ」を感じたのである。

問十＜語句＞ア．「生彩」は，生き生きとしていて元気な様子のこと。　イ．「深遠」は，意味が奥深くて容易に理解が及ばないこと。　ウ．「憤慨」は，ひどく腹を立てること。　エ．「世慣れる」は，経験を積んで世間の実情がよくわかっている，という意味。　オ．「閉塞感」は，閉じふさがったように先行きが見えない様子。

三〔古文の読解―説話〕出典；『十訓抄』五ノ十五。

≪現代語訳≫唐に陶の答子という者がいた。一二年のうちに，家がとても富み栄えた。その妻は，赤ん坊を抱き，泣き悲しんだ。姑は，とても怒って，これを制止すると，妻が答えて言うには，

私は，能力もなく官職に就くことを災いと考えている。（そして）功績もなく富み栄えていることを積もり重なった災いと考えている。楚の長官の，叔敖は，家が貧しく，国は富み栄えていた。幸福は，子孫に継がれ，名を後世に残すことができた。今，答子が，能力も功績もなく，富み栄えているというのは，後の災いを恐れていないのだろう。

私は（次のような話も）聞いている，南山に黒豹がいたと。七日間，雨露から隠れて，自分の毛皮が，ぬれることを惜しんで，あえて食べ物を求める心を忘れた。〈このためであろうか，その場にいながら災いを逃れた。〉犬や豚に至っては，ただ食べ物のことばかりを考えているため，災いを待っているようなものだ。これはとりもなおさず，答子に似ている。（私は）このために泣いている

と答えた。（結局）答子は，災いに遭った。

このような妻と一緒にいるような男は，それにしてもやはり頼もしいものだ。

問一＜歴史的仮名遣い＞歴史的仮名遣いの助詞以外の「を」は，現代仮名遣いでは「お」になる。語尾の「む」は，「ん」となる。語中や語尾のハ行は，原則として「わいうえお」になる。「ゑ」は「え」になる。音が「au」と連続するときは，「ou」と読む。

問二＜古文の内容理解＞妻は，夫の答子が，能力もないのに官職に就き，功績もないのに家が富み栄えたので，災いに遭うのではないかと思い，心配して泣き悲しんだ。

問三＜古文の内容理解＞姑は，妻が泣き悲しむ理由がわからなかったので，妻が泣くのを制止した。

問四＜古文の内容理解＞叔敖は，自分の生活を顧みずに仕事に励んだので，家は貧しかったが，国を富み栄えさせることができ，幸福は子孫に受け継がれて，名前を後世に残すことができた。

問五＜古文の内容理解＞答子は，能力もなく官職に就き，功績もないのに富み栄えているので，後に「害」を被るのを恐れていないことになる。

問六＜古文の内容理解＞答子が自分の家を富み栄えさせたことで災いを招いているのと同じように，犬や豚も，後のことを考えずに自分の食べ物のことだけを考えているので，災いを招くのである。

問七＜古文の内容理解＞黒豹は，自分の「衣毛」が濡れることを惜しみ，食べ物を求める心を自ら絶ちきったので，その場に「居ながら害」から逃れることができた。

問八＜文学史＞『十訓抄』と『宇治拾遺物語』は，ともに鎌倉時代に成立した説話集で，どちらも編者は未詳。『源氏物語』は，平安時代に成立したつくり物語で，作者は紫式部。『平家物語』は，鎌倉時代に成立した軍記物語で，作者は未詳。『更級日記』は，平安時代に成立した日記で，作者は菅原孝標女。『徒然草』は，鎌倉時代末期に成立した随筆で，作者は兼好法師。

2022年度 東京農業大学第三高等学校(第２回)

【英　語】（45分）〈満点：100点〉

1　この問題は、対話を聞き、各質問に対して最も適当な答えを選ぶ形式です。対話はそれぞれ二度くり返されます。解答番号は［ 1 ］～［ 4 ］の４題で、解答時間はそれぞれ10秒です。

(編集部注：放送文は未公表のため掲載してありません。)

1　Where are the two people talking?　　解答番号は［ 1 ］

① At a bank.
② At a sports shop.
③ At a train station.
④ In a park.

2　What did the woman ask the boy to do?　　解答番号は［ 2 ］

① To carry a box.
② To do his homework.
③ To drive a car.
④ To make dinner.

3　Which is true?　　解答番号は［ 3 ］

① The man lives in Canada.
② The man stayed in Canada.
③ They are in Canada.
④ They met each other three days ago.

4　What did the woman buy?　　解答番号は［ 4 ］

① A book.
② A necklace.
③ Nothing.
④ Something else.

2 　この問題は、英文を聞き、各質問に対して最も適当な答えを選ぶ形式です。英文と質問はそれぞれ二度くり返されます。解答番号は 5 〜 8 の４題で、解答時間はそれぞれ10秒です。

（編集部注：放送文は未公表のため掲載してありません。）

1　　　　　　　　　　　　　　　　　　　　　　　　解答番号は 5

①
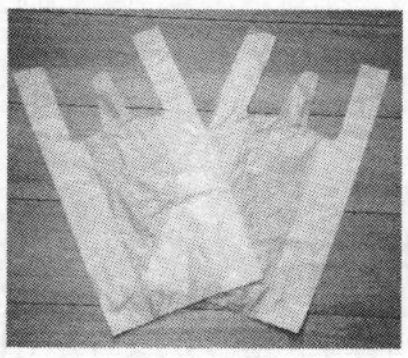

②

③

④

2　　　　　　　　　　　　　　　　　　　　　　　　解答番号は 6

①

②
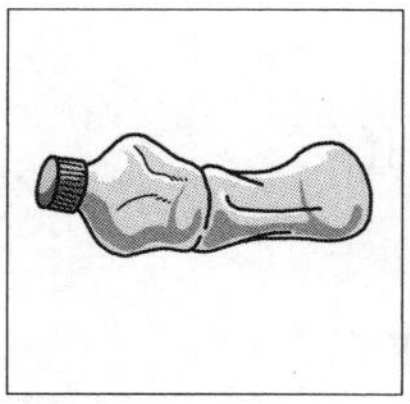

③

④

3　　　　　　　　　　　　　　　　　　　　　　　　解答番号は 7

① They return their plastic bags to the store.
② They save their plastic bags.
③ They sell their plastic bags.
④ They throw away their plastic bags.

4　　　　　　　　　　　　　　　　　　　　　　　　解答番号は 8

① We should use plastic bags.
② We should use oil to make plastic bags.
③ We shouldn’t recycle plastic bags.
④ We shouldn’t use plastic bags.

3 各文の（　　）に入る最も適当なものを選び、その番号をマークしなさい。

1 “Do you have any friends (　　) in Finland ?”　　解答番号は 9
“Yes, I have four in Helsinki.”
① live　② lived　③ living　④ to living

2 The gate should (　　) right now.　　解答番号は 10
① be repaired　② be repairing　③ have repaired　④ repair

3 The building (　　) you can see over there is Simon’s company.
解答番号は 11
① which　② who　③ whom　④ whose

4 (　　) Chris was working at home, she often listened to music.
解答番号は 12
① After　② During　③ If　④ While

5 Do you have anything (　　) me today ?　　解答番号は 13
① new tell to　② new to tell　③ to new tell　④ to tell new

4 次の英文を読み、後の問に答えなさい。

At a young age, Patti Wilson was told by her doctor that she was an *epileptic. Her father, Jim Wilson, was a morning jogger. One day, she smiled and said, “Daddy what I’d really love to do is run with you every day, but I’m afraid I’ll have a *seizure.”

Her father told her, “If you do, I’ll know what to do so let’s start running!”

That’s just what they did every day. It was a wonderful experience for them to share. There were no troubles at all while she was running. After a few weeks, she told her father, “Daddy, what I’d really love to do is break the world’s *long-distance running record for women.”

Her father checked the **Guiness Book of World Records* and found that the longest distance any woman had run was 130 km. Patti said, “I’m going to run from Orange

County up to San Francisco. After that, I'm going to run to Portland, Oregon. Finally, I'll run to the White House."

Though Patti had a *handicap, she was powerful, and only thought her handicap was a small *inconvenience.

Patti completed her run to San Francisco wearing a T-shirt that said, "I Love Epileptics." Her dad ran with her, and her mom, a nurse, followed in a car behind them.

In her second year, Patti's classmates supported her. They built a giant sign that read, "Run, Patti, Run !" On her run to Portland, she broke a bone in her foot. A doctor said to her, "You have to stop your running." "Doc, you don't understand," she said. "I am not running just for fun. I'm not just doing it for myself. I'm doing it to break the chains on the minds that stop so many others. Isn't there a way I can keep running ?" He gave her an idea. He showed her a way for her to keep on running. It was to wrap her foot tightly. But he told her that it would give her a lot of pain. He asked her, "Is that OK ?" She said, "Yes."

*The governor of Oregon joined her on her run to Portland. You may have seen in the newspaper: "Super Runner, Patti Wilson Ends Her Challenge for Epilepsy on Her 17th Birthday."

After four months of running from the West Coast to the East Coast, Patti arrived in Washington D.C. and shook the hand of the President of the United States. She told him, "I wanted people to know that epileptics are normal human beings with normal lives."

I told this story at a hall not long ago. After finishing my story a big man with a smile came up to me, shook hands and said, "Mark, my name is Jim Wilson. You were talking about my daughter, Patti. Because of her great efforts, we made enough money to open up 19 epileptic centers around the country."

epileptic　てんかん患者　　seizure　てんかんの発作　　long-distance　長距離
Guiness Book of World Records　ギネスブック（世界記録が掲載されている本）
handicap　ハンディキャップ　inconvenience　不自由
the governor of Oregon　オレゴン州の州知事

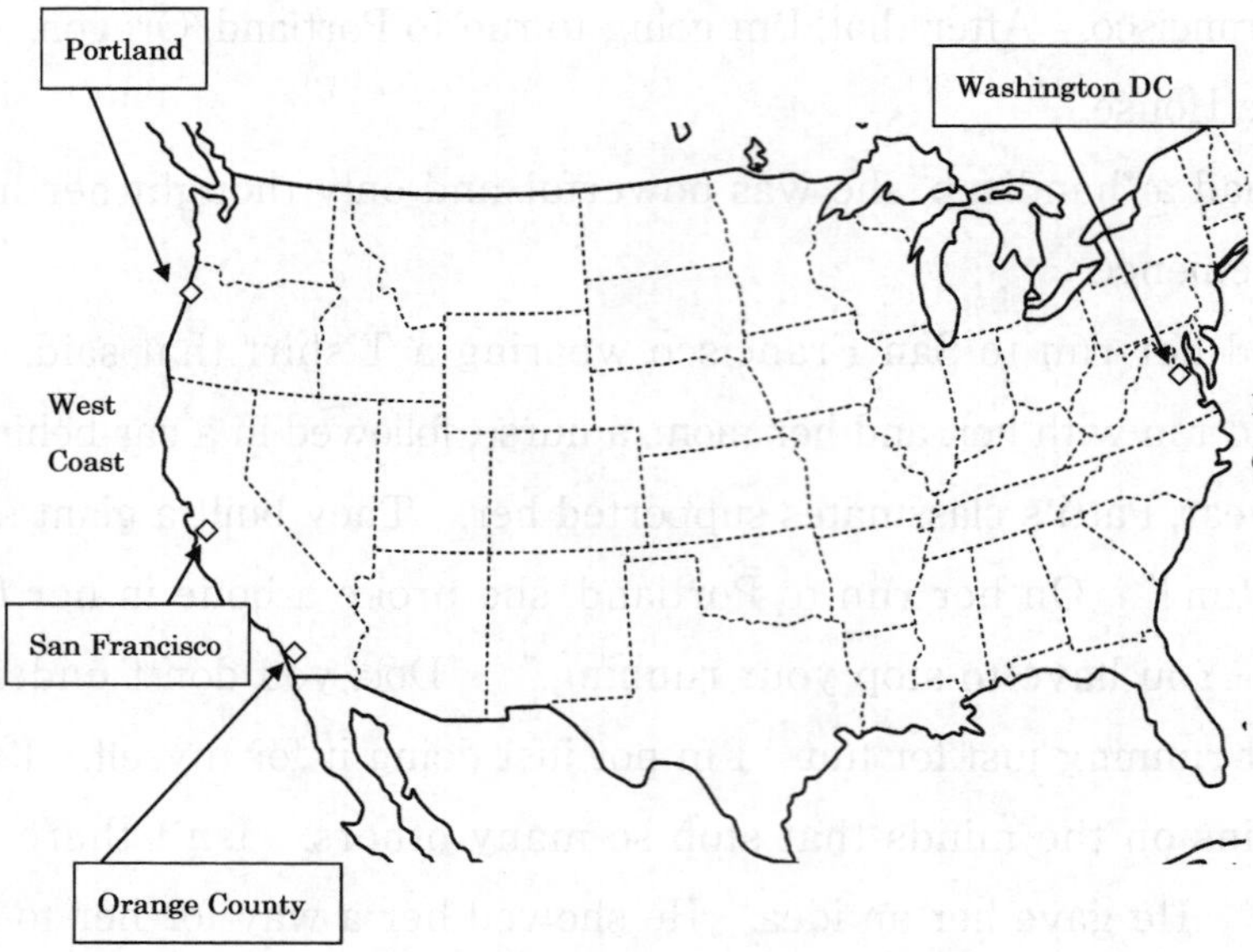

問１　本文中の出来事を起こった順に並べたとき、正しいものを次から選び、番号で答えなさい。　解答番号は 14

A　Patti knew that she had an illness.

B　Patti ran to the White House and met the President of the United States.

C　Patti started to run with her father.

D　When Patti was 17 years old, she was able to run to Portland.

① A→C→B→D　② A→C→D→B　③ C→A→B→D　④ C→A→D→B

問２　次の質問に対する答えとしてふさわしくないものを次から選び、その番号をマークしなさい。　解答番号は 15

What did Patti think about her handicap ?

① She thought about it in a positive way.

② She thought it wasn't a big problem.

③ She thought it was very sad to have the illness.

④ She thought she couldn't run because of it at first.

問３　次の質問に対する答えとしてふさわしくないものを次から選び、その番号をマークしなさい。　解答番号は 16

What did the writer learn from talking with Patti's father？

① He learned that 19 epileptic centers were built after Patti's run.
② He learned that epileptics were normal human beings.
③ He learned that Jim was Patti's father.
④ He learned that Patti's run made a lot of money.

問４　本文の内容に合うように空欄に入る適当な語を次から選び、その番号をマークしなさい。　解答番号は 17

The doctor was（　　）about Patti's injury because it was terrible.

① angry　② happy　③ surprised　④ worried

問５　本文の内容に合うように空欄に入る適当な語を次から選び、その番号をマークしなさい。　解答番号は 18

Patti was a little（　　）when she heard the doctor's first advice.

① angry　② glad　③ happy　④ tired

問６　本文の内容に合うように空欄に入る適当な語を次から選び、その番号をマークしなさい。　解答番号は 19

Patti's dad was（　　）because he heard the speech about his daughter.

① angry　② glad　③ sad　④ sorry

問７　次の英文の中から、本文の内容と合っているものを１つ選び、その番号をマークしなさい。　解答番号は 20

① Patti thought she would get well soon.
② Patti wanted to change people's thoughts about her illness.
③ Patti gave up running because of her illness.
④ The only thing that Patti wanted to do was break the world record.

5　次の英文を読み、後の問に答えなさい。

In 1956, John and his friends made their first band, the Quarrymen. Julia was their biggest fan. She didn't act like a mother to John. She was a friend who never told him what to do, and she didn't try to change the way he acted.

Julia Lennon was different from the other mothers. In those days, most women did not wear pants, but ㋐Julia did. She talked without worrying about what other people thought. John also talked and acted the way he wanted to. John and his mother were very close. So, when his mother died, John was shocked.

After his mother died, ㋑John went into a shell. He became very quiet and didn't talk to anyone. But there was one friend, a member of the Quarrymen, who understood John's feelings. He was Paul. Paul's mother had died two years earlier. John and Paul wrote a song together called "Julia," in memory of John's mother.

Aunt Mimi hoped that John would study hard and go to university. "I know you play the guitar well, John," she said. "But you'll never make a living by playing the guitar." John said to Mimi, "I really want to play music." Finally, she agreed, but still thought that (㋒) in playing music.

㋓Music (1 for　2 give　3 important　4 John　5 to　6 too　7 was) up. He stayed with it, and his schoolwork did not become better. There was no chance that any university would accept him, but his *grades were good enough to get him into the Liverpool College of Art in 1957. John's talent as an artist was clear to his teachers and classmates.

John Lennon and Paul McCartney practiced together for many hours. They also began making songs together. The Quarrymen were made up of three guitar players and one drummer. Early in 1958, a new guitar player (㋔) the band. His name was George Harrison. They played together for two years. During that time, they got better and better. And the group's name changed several times. The Quarrymen, Johnny and the Moondogs, and the Beatles were some of the names.

In 1960, the band played their first professional job as the Beatles. The band was now John, Paul, George, bass player Stuart and drummer Pete. Stuart left the group in 1961. A year after that, Pete was *replaced by Ringo Starr.

The 1960s have been called "the *Decade of the Beatles." Their songs were played all over the world. Hit songs such as "Yellow Submarine," "Yesterday," "All You

Need Is Love" are still played.

grades　成績　　replace　～に取って代わる　　decade　10年

問１　下線部㋐の内容として最も適当なものを次から選び、その番号をマークしなさい。

解答番号は 21

① ジュリアはバンド「クォリーメン」の大ファンだった。
② ジュリアはジョンの服装にあれこれと注文をつけた。
③ ジュリアは当時としては珍しくズボンを履いていた。
④ ジュリアは他人と話すときはいつもドレスを着ていた。

問２　下線部㋑の意味として最も適当なものを次から選び、その番号をマークしなさい。

解答番号は 22

① ジョンは伯母に預けられた。
② ジョンは心を開かなくなった。
③ ジョンは孤児院に入った。
④ ジョンは友だちとよくけんかをした。

問３　本文中の空欄（　㋒　）に入る最も適当なものを次から選び、その番号をマークしなさい。

解答番号は 23

① there was many future
② there was much future
③ there wasn't many future
④ there wasn't much future

問４　下線部㋓の（　　　）内の語を次の日本語に合うように並べかえるとき、（　　　）内で３番目と６番目にくるものとして最も適当な組み合わせを選び、その番号をマークしなさい。

解答番号は 24

「音楽はジョンにとって何よりも大切だったのであきらめることができなかった。」

① １－２　　② １－６　　③ ３－４　　④ ３－５

問5　本文中の空欄㋔に入る最も適当なものを次から選び、その番号をマークしなさい。

解答番号は 25

① belonged　② collected　③ gathered　④ joined

問6　本文中の出来事を起こった順に並べたとき、正しいものを次から選び、番号で答えなさい。

解答番号は 26

A　ジョンの母の死

B　ビートルズのプロデビュー

C　ポールの母の死

D　リンゴ・スター（Ringo Starr）のビートルズへの加入

① A→C→B→D　② A→C→D→B　③ C→A→B→D　④ C→A→D→B

問7　本文の内容に一致しないものを次から選び、その番号をマークしなさい。

解答番号は 27

① Julia hoped that John would be successful as a member of the Beatles.

② The Quarrymen was one of the earlier band names before the Beatles.

③ Stuart was one of the original members of the Beatles.

④ In the 1960s, one of the most popular bands in the world was the Beatles.

【数　学】（45分）〈満点：100点〉

1　次の各問いに答えよ。

(1)　$6+(-6)^2\div\frac{2}{3}+(-6^2)\times\frac{2}{3}$ を計算せよ。

解答群								
	①	-96	②	-39	③	-36	④	-24
	⑤	96	⑥	39	⑦	36	⑧	24

答　①

(2)　$(\sqrt{5}+2)(\sqrt{5}-2)+(\sqrt{5}+2)^2$ を計算せよ。

解答群								
	①	0	②	$10-2\sqrt{5}$	③	10	④	$10+2\sqrt{5}$
	⑤	$10+4\sqrt{5}$	⑥	$12+4\sqrt{5}$	⑦	$30+2\sqrt{5}$	⑧	$16+2\sqrt{5}$

答　②

(3)　$\frac{a+3b}{3}-\frac{7a-2b}{4}+\frac{a-3b}{6}$ を計算せよ。

解答群						
	①	$\frac{5}{4}a$	②	$-\frac{5}{4}a$	③	$\frac{5}{4}b$
	④	$-\frac{5}{4}b$	⑤	$\frac{5a+4b}{4}$	⑥	$\frac{-5a+4b}{4}$
	⑦	$\frac{-5a-4b}{4}$	⑧	$\frac{-4a+5b}{4}$		

答　③

(4)　2次方程式 $(2x+1)^2=2(x+2)(x+1)$ を解け。

解答群						
	①	$x=1\pm\sqrt{7}$	②	$x=-1\pm\sqrt{7}$	③	$x=\frac{1\pm\sqrt{7}}{2}$
	④	$x=\frac{-1\pm\sqrt{7}}{2}$	⑤	$x=\pm\frac{\sqrt{6}}{2}$	⑥	$x=1\pm\frac{\sqrt{6}}{2}$
	⑦	$x=-1,\ \frac{3}{2}$	⑧	$x=1,\ -\frac{3}{2}$		

答　④

(5)　$x=6.3$，$y=3.7$ のとき，$(x-y)^2+2(xy-y^2)$ の値を求めよ。

解答群	①	16	②	−16	③	26	④	−26
	⑤	36	⑥	−36	⑦	62	⑧	−62

答　⑤

2　次の各問いに答えよ。

(1)　関数 $y=ax^2$ で，x の変域が $-1 \leqq x \leqq 2$ のとき，y の変域が $-12 \leqq y \leqq 0$ となった。このとき，a の値を求めよ。

答　$a=-$ ⑥

(2)　ある橋を全長110 m の普通列車が渡りきるのに38秒，全長190 m の快速列車が普通列車の1.4倍の速度でこの橋を渡りきるのに30秒かかった。
このとき，この橋の長さは何 m であるか求めよ。
ただし，それぞれの列車の速度は一定とする。

答　⑦⑧⑨ m

(3)　数直線上の原点Oに点Pがある。大きなさいころを投げて，出た目の数だけ点Pは正の方向に進み，小さなさいころを投げて，出た目の数だけ点Pは負の方向に進む。大小2つのさいころを1回ずつ投げるとき，点Pが2以上で止まる場合の確率を求めよ。

答　⑫/⑩⑪

(4)　右の図のような円すいの展開図がある。
この円すいの体積を求めよ。

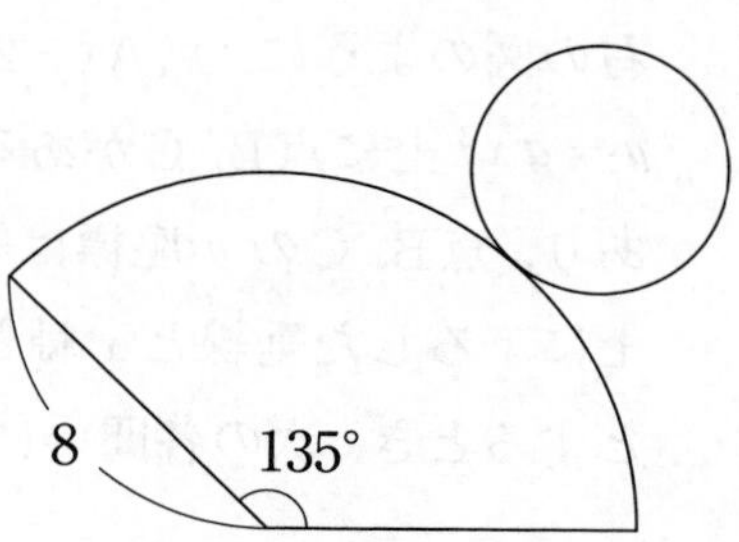

答　⑬$\sqrt{\text{⑭⑮}}$　π

(5)　下の図は数学のテストの結果をヒストグラムに表したものである。
次の各問いに答えよ。

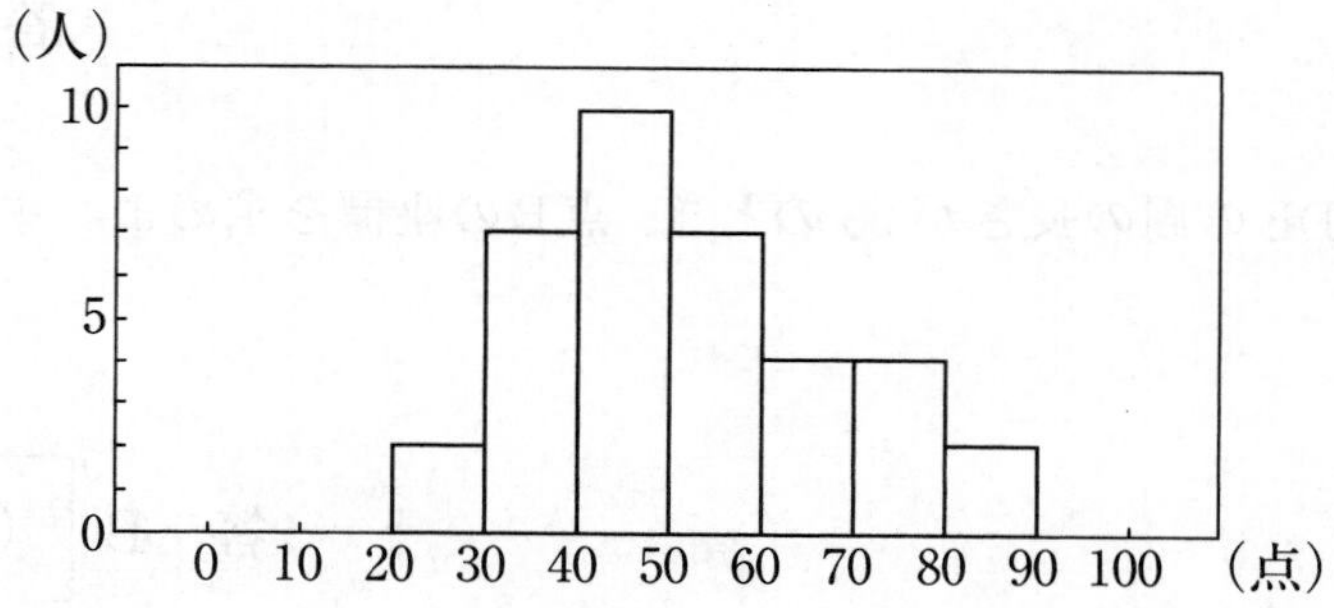

(ア)　点数が 20 点以上 40 点未満の生徒は，全体の何％を占めているか。

答　⑯⑰　％

(イ)　平均点を求めよ。ただし，小数点以下は四捨五入すること。

答　⑱⑲　点

3　右の図のように，点A$(-2,\ 2)$を通る放物線 $y=ax^2$ 上に点B，Cがある。点Bの x 座標は正であり，点B，Cの y 座標は等しい。点B，Cから x 軸上に下ろした垂線と x 軸との交点をそれぞれE，Dとするとき，次の各問いに答えよ。

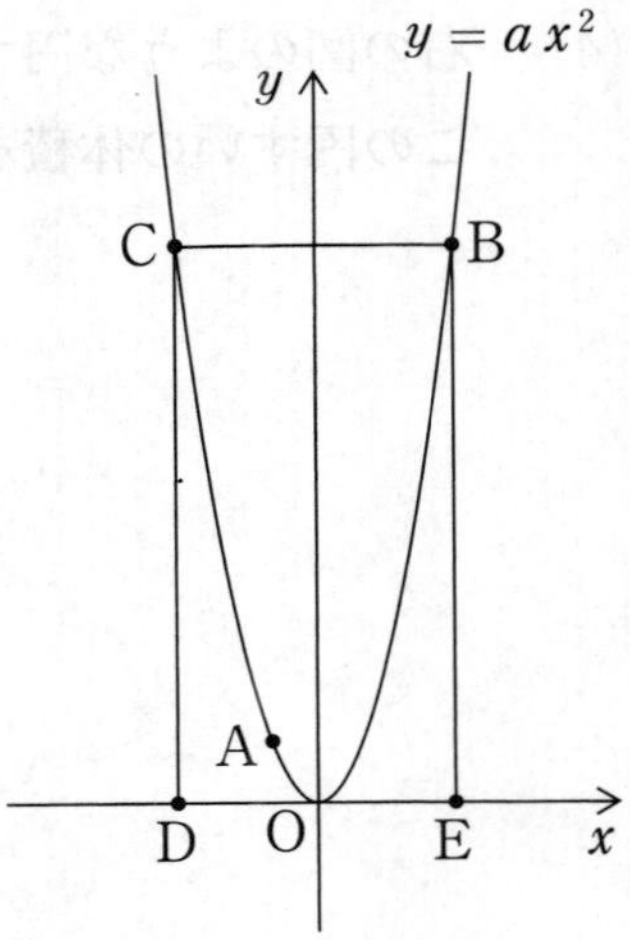

(1)　a の値を求めよ。

答　$a=\dfrac{\text{㉑}}{\text{⑳}}$

(2)　四角形BCDEの周の長さが60のとき，点Bの座標を求めよ。

答　B　(㉒，㉓㉔)

(3)　(2)のとき，点Aを通り四角形BCDEの面積を2等分する直線と直線BCとの交点をFとする。このとき，△ABFと四角形BCDEの面積比を最も簡単な整数の比で表せ。

答　㉕：㉖㉗

4　下の図のように，△ABCがある。点Mは辺ACの中点であり，BD：DC＝3：4，AD∥MEとし，線分ADと線分BMの交点をPとする。△BDPの面積が6のとき，次の各問いに答えよ。

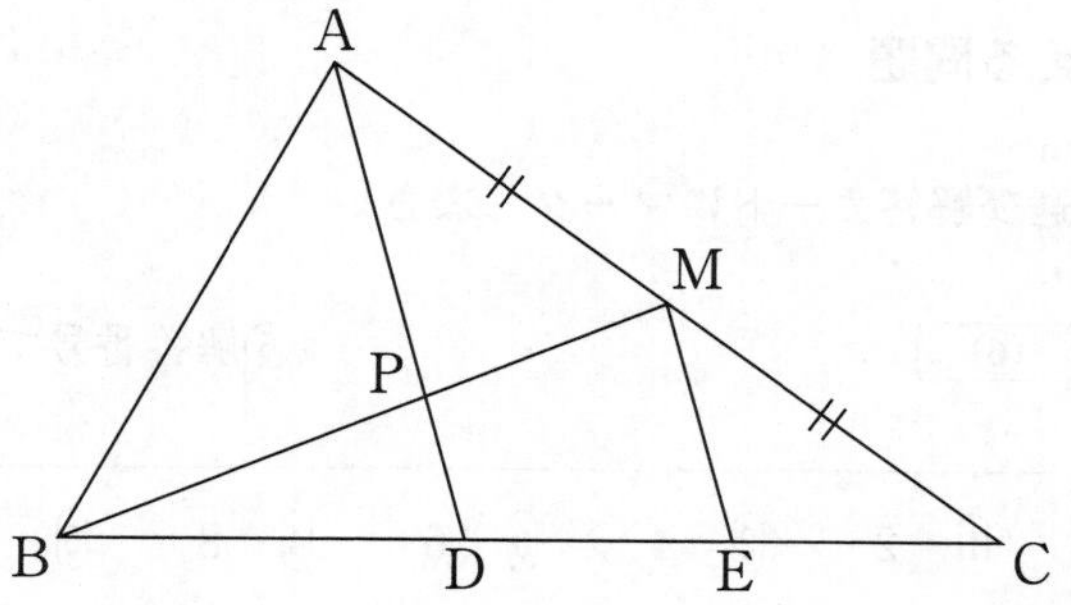

(1)　CE:EDを最も簡単な整数の比で表せ。

答　CE：ED＝ ㉘：㉙

(2)　BP:PMを最も簡単な整数の比で表せ。

答　BP：PM＝ ㉚：㉛

(3)　四角形DEMPの面積を求めよ。

答　㉝㉞／㉜

(4)　△ABPの面積を求めよ。

答　㉟㊱

── 解答の仕方の注意 ──

数学の問題では，次の２通りの答え方がありますから注意しなさい。

(1) 解答群から選んで答える問題

答えを解答群から１つ選び解答カードにマークしなさい。

（例１） 5 + 3 = ［⑥］　　　　（⑥解答番号です）

解 答 群	[1] 2	[2] 4	[3] 6	[4] 8	[5] 10

例１の答えは８で解答群の [4] が正解ですから，解答カードの解答番号⑥の解答欄の [4] をぬりつぶして答えなさい。

(2) 解答群がなく，数値で答える問題

（例２） $\frac{1}{15}+\frac{3}{15}=$ ［⑪／⑨⑩］

例２の答えは $\frac{4}{15}$ です。解答群がありませんから

解答番号⑨の解答欄の [1]
解答番号⑩の解答欄の [5]
解答番号⑪の解答欄の [4]
をそれぞれぬりつぶして答えなさい。

また ［⑯⑰］ のように ［　］ 内に解答番号⑯，⑰がある場合には，答えの数の十の位の数が⑯に，一の位の数が⑰に，それぞれ必ず１つ数字が入ります。

答えが分数になる場合は，必ず約分して答えなさい。

問五　傍線部**オ**「その金取の男はいづちともなく失せにけり」とあるが、その理由を実房はどのように考えたか。最も適当なものを次から選び、その番号をマークしなさい。解答番号は 33 。

①　金を八千両しか得られなかったことを恥じたから
②　金のありかを執拗《しつよう》に聞かれたくなかったから
③　金を探し出せなかったことをとがめられたくなかったから
④　佐渡で手に入れた金を強奪されたくなかったから
⑤　金が偽物であることを知られたくなかったから

問六　空欄 X に入る語として最も適当なものを次から選び、その番号をマークしなさい。解答番号は 34 。

①　けら（未然形）
②　けり（終止形）
③　ける（連体形）
④　けれ（已然形）

問七　空欄 Y に入る語として最も適当なものを次から選び、その番号をマークしなさい。解答番号は 35 。

①　守　　②　食物　　③　鉄取
④　鉄　　⑤　金

問八　本文の出典である『宇治拾遺物語』と同じジャンルに属する作品を次から選び、その番号をマークしなさい。解答番号は 36 。

①　竹取物語
②　伊勢物語
③　源氏物語
④　今昔物語集
⑤　平家物語

問二　傍線部**イ**「佐渡国」は現在のどこにあたるか。最も適当なものを次から選び、その番号をマークしなさい。解答番号は **30** 。

① 香川県
② 佐賀県
③ 島根県
④ 新潟県
⑤ 兵庫県

問三　傍線部**ウ**「取りて来なんや」の解釈として最も適当なものを次から選び、その番号をマークしなさい。解答番号は **31** 。

① 取って来ないか
② 取って来てはならない
③ 取って来よう
④ 取って来られないよ
⑤ 取って来たのか

問四　傍線部**エ**「守心得て」とあるが、何を心得たのか。最も適当なものを次から選び、その番号をマークしなさい。解答番号は **32** 。

① 男が近いうちにいなくなることを耳打ちしたこと
② 男が佐渡国へ渡って一人で帰ってきたこと
③ 男から金を誰からも介さずに受け取ること
④ 男が金を隠してきたありかを教えてくれること
⑤ 男が鉄を誰にも言わずに金に取り替えたこと

（注記）

（1）能登国…石川県

（2）素鉄…手を加えてない自然の状態の鉄

（3）守…国の長官

（4）六十人ぞあなる…六十人ほどいるそうだ

（5）守の任に…国の長官の時に

（6）候ひし所…あった所

（7）遣はさばまかり候はん…私を遣わされるなら参りましょう

（8）人をば賜り候はじ…供の者はいただきたくありません

（9）まかりいたりて…参りまして

（10）もしや…もしうまくいったら

（11）黒ばみたるさいで…黒ずんだ布切れ

問一　傍線部**ア**「物取らせなどして、すかし問ひければ」の解釈として最も適当なものを次から選び、その番号をマークしなさい。解答番号は 29 。

① 物など分けて、金を持つ者を探し出そうとしたところ

② 物など与えて、金のありかをつきとめようとしたところ

③ 物など横取りして、金の取り方を問い詰めようとしたところ

④ 物など隠して、金を貸してもらおうとしたところ

⑤ 物など盗ませて、金と取り替えようとしたところ

三　次の文章を読んで、後の問いに答えなさい。

(1)能登国《のとのくに》には、鉄《くろがね》といふ物の、(2)素鉄《すがね》といふ程なるを取りて、(3)守《かみ》に取らする者、(4)六十人ぞあなる。実房《さねふさ》といふ守の(5)任に、鉄取《くろがねとり》六十人が長《をさ》なりける者の、「佐渡国《さどのくに》にこそ、金《こがね》の花咲きたる所はありしか」と人にいひけるを、守伝へ聞きて、その男を守呼び取りて、ア物取らせなどして、すかし問ひければ、イ「佐渡国には、まことに金の侍るなり。(6)候《さぶら》ひし所を見置きて侍るなり」といへば、「さらば行きて、ウ取りて来《き》なんや」といへば、(7)「遣《つか》はさばまかり候はん」といふ。「さらば舟を出《いだ》し立てん」といふに、「(8)人をば賜《たまは》り候はじ。ただ小舟一つと食物《くひもの》少しとを賜《たまは》り候ひて、(9)まかりいたりて、(10)もしやと取りて参らせん」といへば、ただこれがいふに任せて、人にも知らせず、小舟一つと食ふべき物少しとを取らせたりければ、それを持《も》て、佐渡国へ渡りにけり。

一月ばかりありて、うち忘れたる程に、この男、ふと来て、守に目を見合《みあは》せたりければ、エ守心得て、人伝《ひとづて》には取らで、みづから出であひたりければ、袖うつしに、(11)黒ばみたるさいでに包みたる物を取らせたりければ、守重げに引きさげて、懐《ふところ》にひき入れて、帰り入りにけり。

その後《のち》、オその金取《かねとり》の男はいづちともなく失《う》せにけり、万《よろづ》に尋ねけれども、行方も知らず、やみにけり。いかに思ひて失《う》せたりといふ事を知らず。金のある所を問ひ尋ねやすると思ひけるにやとぞ、疑ひ X 。その金八千両ばかりありけるとぞ、語り伝へたる。かかれば佐渡国には Y ありける由《よし》と、能登国の者ども語りけるとぞ。

（『宇治拾遺物語』による）

問六　傍線部**D**「私のリストの中では断トツでした」とあるが、凪津の「ジーンマッチ」の中で武生の次に数値が高い人との相性はどれか。最も適当なものを次から選び、その番号をマークしなさい。解答番号は **26** 。

① 九十四・二パーセント
② 七十九・五パーセント
③ 七十一・〇パーセント
④ 六十九・八パーセント
⑤ 六十三・二パーセント

問七　傍線部**E**「ばつが悪そうに、頬を指でこする」とあるが、この時の武生の心情はどのようなものか。最も適当なものを次から選び、その番号をマークしなさい。解答番号は **27** 。

① お互いにオルタネートでずば抜けた相性が出ているものの、凪津が納得していないことにいら立ちを隠せずにいる
② しばらく続いた沈黙が破られ、突然問い詰められるとは予想していなかったが、動揺を悟られないようにしている
③ オルタネートが好相性だと示した凪津が、自分との相性を良いようには思っていないことに気まずさを覚えている
④ 自分と凪津との相性はオルタネートが保証した間違いないものだと凪津も認めたことで、気恥ずかしくなっている
⑤ 凪津も自分との相性が良かったことが分かり嬉しくなったが、平常心を装い男としての余裕を見せようとしている

問八　本文中から次の一文が抜けている。本文中の〈①〉～〈⑤〉からこの一文が入る最も適当な場所を選び、その番号をマークしなさい。解答番号は **28** 。

だから最初の出会いはそれほど重要ではない。

① 〈①〉　② 〈②〉　③ 〈③〉
④ 〈④〉　⑤ 〈⑤〉

④ 運命の相手と思われた武生が他の異性と会っていないと知っても一切動揺することはなく、完全に恋愛対象にならない相手と判断したため、自分は武生に選ばれなくとも困ることはないと強気に見せたかったから

⑤ 第一印象の段階では武生に惹《ひ》かれる要素はなかったが、会話を進める中で意図的に嘘を織り交ぜることで、人見知りである武生の内側に隠された本性を引き出し、より正確なお互いの相性を見極めようと思ったから

問四　空欄 Ⅰ 、 Ⅱ に入る語の組み合わせとして最も適当なものを次から選び、その番号をマークしなさい。解答番号は **24** 。

① Ⅰ 焦燥　Ⅱ 敗北

② Ⅰ 食事　Ⅱ 極地

③ Ⅰ 映画　Ⅱ 思惑

④ Ⅰ 沈黙　Ⅱ 本質

⑤ Ⅰ 静寂　Ⅱ 弱点

問五　傍線部**C**「凪津の背中をオルタネートが引き止める」とあるが、どういうことか。最も適当なものを次から選び、その番号をマークしなさい。解答番号は **25** 。

① 武生が自分の恋人になる姿が全く想像できないため、これ以上時間をかける気になれずこの場を去ろうとするが、オルタネートから高数値の通知が来たことで、やはりもう少し留まって会話することにしたということ

② 運命の相手と期待した武生が会話すらまともに成立しない男だったため、激しい嫌悪感に襲われ帰宅しようとするが、オルタネートが相性を間違えるはずがないという思い込みから、まだ諦めきれずにいるということ

③ 武生は決して自分から話題をふらないと決めているらしく、長い沈黙が続いたため、これ以上留まることに意味を見出せず引き返そうとするが、オルタネートが導き出した相手という事実が気がかりであるということ

④ 武生は初対面の人と話すことに慣れていないせいか、緊張で固まってしまったため、魅力を感じない男のために話題を考える気にもなれず帰ろうとするが、オルタネートが繋《つな》いだ出会いを無駄にしたくないということ

⑤ どうしても武生と恋愛関係になることは考えられず、一緒にいる時間も無駄だと感じてしまっているが、信頼していたオルタネートが出した数値の高さがどうしても気がかりで、その理由を知りたくなったということ

問一　空欄 a 、 b 、 c に入る語の組み合わせとして最も適当なものを次から選び、その番号をマークしなさい。解答番号は 21 。

① a つまり　b しかし　c だから
② a もはや　b または　c そこで
③ a しかも　b なぜか　c さては
④ a むしろ　b けれど　c そして
⑤ a すると　b だけど　c まずは

問二　傍線部**A**「ぶっきらぼうにこたえた」とあるが、なぜか。最も適当なものを次から選び、その番号をマークしなさい。解答番号は 22 。

① 武生に対して、期待していたようなときめきを感じなかったから
② 初対面の相手に自分の個人情報を気軽に話すのは気が引けたから
③ 冷たく突き放した方が、武生は焦って告白してくると思ったから
④ まだ親しくなる前に突然名前を呼ばれたことが不気味だったから
⑤ 今すぐではなく、お互いが打ち解けた後に伝えたいと思ったから

問三　傍線部**B**「はい、何人か」とあるが、凪津がそう答えたのはなぜか。最も適当なものを次から選び、その番号をマークしなさい。解答番号は 23 。

① オルタネートによって相性が良いと結果が出た武生にいざ会ったものの、周囲の男子にも劣るような魅力しかない人間であり、案《あん》の定《じょう》他の異性との交流もなかったため、経験豊富な自分が優位に立とうと思ったから
② 相性が良い相手だとオルタネートが導き出した武生が、他の異性と会っていないことはよかったものの、期待していたような相手でなかったことに納得がいっておらず、恋愛対象として見ることはできなかったから
③ 初対面では武生に魅力を感じないものの、オルタネートに裏打ちされた出会いなら後から変わるかもしれないと期待し、相手を翻弄《ほんろう》することで、武生の方から自分を追い求めるような恋愛に誘導しようと思ったから

「私と桂田さんの相性はオルタネートによると、九十二・三パーセントだそうです。これは、平均から見てもかなり高いです。D私のリストの中では断トツでした」

「そうですね」

久しぶりに口を開いたからか、桂田の声はかなり粘《ねば》ついて聞こえた。

「僕も、そうでした。他の人は、七十パーセントいくかどうか」

桂田にとっての凪津は、凪津にとっての桂田よりも群を抜いているようだった。

「この相性は、オルタネートの膨大《ぼうだい》なデータに裏打ちされているわけで、私は間違っていないと思っています。でも今のところ、そうでもなさそうじゃないですか」

E桂田がばつが悪そうに、頰を指でこする。

「私たちは本来は相性がいいはずなんです。[c]、どのように相性がいいのか、私は知りたいんです」

彼は明らかに困っていて、その態度がまた凪津をいらつかせた。

（加藤シゲアキ『オルタネート』新潮社刊による）

（注記）

（1）マッチングアプリ…自分が希望する条件に合致した交際相手を探すことが出来るインターネット上のサービス。

（2）ジーンマッチ…「オルタネート」と連携し、遺伝子情報を利用することで、生物学的に相性の良い相手を導き出すことのできるアプリ。

（3）コネクト…「オルタネート」で他のユーザーと繋がること。コネクトすると、相手が登録している情報を閲覧《えつらん》することができる。

（4）志於李…凪津の高校の同級生。最近「オルタネート」を通じて彼氏ができた。

（5）ランディ…凪津の通う高校に居る同性愛者の男子。先日まで付き合っていたダイキと、デートの様子を動画配信することで、高校生たちの間で人気があった。

桂田は窓の外に目をやった。申し訳ないような気もしたが、ちょっとだけ復讐《ふくしゅう》めいた気持ちもあった。オルタネートに裏打ちされた出会いならば、どんな相手でもきっと後から恋心がやってくる。〈②〉

そう思っていたはずなのに、どこかで劇的なものを期待していた。完璧な相性には自《おの》ずとそういうものが付いてくるはずだと信じていた。だけど彼の一挙手一投足になんらときめきはなく、学校にいる男子と何も違わず、[a]それ以下かもしれなかった。〈③〉

「桂田さんは」

彼も名字を呼ばれたことに少し戸惑ったようだった。

「『ジーンマッチ』で繋《つな》がった人と、会ったことはありますか？」

「いえ、ないです。伴さんは？」

ない、と言われて安心するくらいには、心は冷め切ってはいなかった。それでもまだ、復讐心の残り火がB「はい、何人か」と凪津に嘘をつかせた。

「そうですか」

それから長い沈黙があった。凪津は自分から口を開かないことに決めたが、彼も話す気がないようだった。〈④〉

(4)志於李《しおり》は、初デートは映画館だったと話していた。何を話せばいいかわからなくても映画を見ていれば時間は過ぎていくし、見終わったあと映画について話し合えるから、初対面同士にはうってつけだった、と言った。けれど凪津はそうは思わなかった。むしろ何を話せばいいのかわからないときこそ、その人の人間性が見える。[Ⅰ]こそ相手の[Ⅱ]なのだ。

そう息巻いていたのに、自分がいざその立場になると相手の人間性を確かめる余裕がない。今の自分は彼から意識を逸《そ》らそうとしている。もっと飛躍したことを考えようと思った。最近発売になったコスメとか、昨日見た泳ぎが下手なペンギンの動画とか、(5)ランディがひとりであげている動画がつまらなくて再生回数が伸びないからダイキに復縁を迫っている話とか。[b]、どれもぶつ切りになって続かない。

その間、桂田武生は冷凍保存されたみたいに固まっていて、微動だにしなかった。〈⑤〉

どのくらいの時間が経ったのか。そしてあとどれくらいの時間をこうしているつもりなのだろうか。不毛すぎる。桂田武生はありえないと今すぐジャッジして、引き返すべきだ。Cそれでも凪津の背中をオルタネートが引き止める。

「九十二・三パーセント」

頭の中で言ったつもりが、つい声に出てしまった。桂田は凪津に向かって顔を上げた。うっかり我慢《がまん》比べに負け、悔しくて拳をぎゅっと握った。凪津は諦めて、話を続けた。

問十　次のア〜オについて、本文の内容に一致するものには①を、一致しないものには②をそれぞれマークしなさい。解答番号は16〜20。

ア　16　生きる上でどこに価値を置くかは各人の自由だが、いかなるものに価値を見出したとしても、人は必ず世間体に関わることになる

イ　17　世間体との関わりを完全に絶って一人で生きていくためには、自分に対して自信を持ち、自己を確立することが必要である

ウ　18　内面化された世間体が生じるのは、世間体に価値を置きすぎることが原因の一つであり、それは自己や周囲にさまざまな影響を及ぼす

エ　19　人は世間体の有無にかかわらず、他者との関係性の中で自分の社会的なポジションや役割を常に意識しながら過ごしている

オ　20　世間体と無縁の状況で生きていくことは不可能であるため、より良い関係性を求めて各人が努力することが今後の課題といえる

二

次の文章は、加藤シゲアキの小説『オルタネート』の一節である。伴凪津《ばんなづ》は、高校生限定のマッチングアプリ[1]「オルタネート」を使い、桂田武生《かつらだむう》と知り合った。以下は、二人がカフェで初めて直接顔を合わせる場面である。これを読んで、後の問いに答えなさい。

「伴さんは、どうして『ジーンマッチ[2]』を始めたんですか?」

伴さん、と呼ばれ、びっくりした。コネクト[3]しているのだから当たり前のことなのに、彼が自分の名前を知っているということをまだ受け入れられていなかった。〈①〉

「それは」

凪津は少し言いかけて、「いつか、言える時がきたら話します」とぶっきらぼうにこたえた。(A)

桂田は「そうですか、そうですよね」とうつむいた。

「まだ会ってちょっとですしね」

問八　傍線部**E**「概念の楼閣」、傍線部**G**「生き物のように蠢く文明」に用いられている表現技法として最も適当なものをそれぞれ次から選び、その番号をマークしなさい。解答番号は**E**が 13 、**G**が 14 。

① 倒置法
② 擬人法
③ 直喩法
④ 隠喩法
⑤ 対句法
⑥ 省略法

問九　傍線部**F**「ここに、世間体が介在する」とあるが、それによって生み出されている状況を説明したものとして最も適当なものを次から選び、その番号をマークしなさい。解答番号は 15 。

① 世間体の中では他者や社会との関係性におけるさまざまな制限が生じ、自分の本心を述べる機会が奪われている
② 世間体の呪縛から逃れるためには、他者との関係性を絶つしか方法はなく、一人で社会の中で生きていくしかない
③ 世間体においては許容される範囲が決定されることによって、各人の他者や社会との関係性が構築される
④ 世間体のおかげで他者と自分の関係性が規定しやすくなり、円滑なコミュニケーションを可能にしている
⑤ 世間体の存在によって、対面する他者との関係性や相互作用における言動の範囲がその場で決定づけられる

問六　空欄 X （二箇所）に入る語として最も適当なものを次から選び、その番号をマークしなさい。解答番号は **10**。

① 主体的
② 社会的
③ 発展的
④ 本質的
⑤ 抽象的
⑥ 客観的

問七　傍線部**D**「人間は本質的に他者との間で作り出したフィクションの中に生きているということだ」に関する次のⅠ・Ⅱの問いに答えなさい。

Ⅰ　その説明として最も適当なものを次から選び、その番号をマークしなさい。解答番号は **11**。

① 人は実体や具体性のない概念を実在するものと規定し、それをお互いに理解していることを前提にコミュニケーションを取っているということ
② 文学や芸術を愛する人は小説や映画の創作を通じて物事を言語に置き換え、作品の中に自己を含めた現実社会を投影させているということ
③ 人はさまざまな性質の言葉を組み合わせて意味のあるものにすることを、他者との関係性を考慮する前に自己の中で完結させているということ
④ 本来、人はさまざまな概念や決まり事の中で実在するものだけを具現化し、お互いがそのことを認識した上で共有しているということ
⑤ 人はコミュニケーションを取るとき、他者のイメージするものと自分のイメージをすり合わせ、相互理解に努めようとするということ

Ⅱ　「フィクション」の意味として最も適当なものを次から選び、その番号をマークしなさい。解答番号は **12**。

① 虚構　② 理想　③ 存在　④ 実像　⑤ 協定

問三　空欄 Ⅰ ～ Ⅳ に入る語の組み合わせとして最も適当なものを次から選び、その番号をマークしなさい。解答番号は 7 。

① Ⅰ　ところで　Ⅱ　どうして　Ⅲ　しかし　Ⅳ　おそらく
② Ⅰ　ところが　Ⅱ　なぜ　Ⅲ　つまり　Ⅳ　おそらく
③ Ⅰ　たとえば　Ⅱ　どうして　Ⅲ　つまり　Ⅳ　すなわち
④ Ⅰ　ところで　Ⅱ　なぜなら　Ⅲ　だから　Ⅳ　すなわち
⑤ Ⅰ　ところが　Ⅱ　なぜなら　Ⅲ　しかし　Ⅳ　もちろん
⑥ Ⅰ　たとえば　Ⅱ　なぜ　Ⅲ　だから　Ⅳ　もちろん

問四　傍線部**B**「多くの日本人はこの点において世間体に価値を置きすぎている」とあるが、このことに関連の深いものとして最も適当なものを次から選び、その番号をマークしなさい。解答番号は 8 。

① 人間関係の悩みを抱えている
② 周囲からの称賛を必要としない
③ 自分の中に確固たる自己像がある
④ 自分自身のことを信頼している
⑤ 自分の内面が空虚な状態にある
⑥ 周囲になじめずに孤立している

問五　傍線部**C**「空虚であるがゆえに内面化され、価値を過度に置かれた世間体は、往々にして後者において発現することが多い」とあるが、本文中の波線部**ア**～**オ**のうち「後者」に該当するものとして最も適当なものを次から選び、その番号をマークしなさい。解答番号は 9 。

① **ア・イ**　② **ウ・エ**　③ **ウ・エ・オ**
④ **エ・オ**　⑤ **オ**

問一　二重傍線部**a**～**e**に相当する漢字を含むものを、下の各群の中からそれぞれ一つずつ選び、その番号をマークしなさい。解答番号は［1］～［5］。

a　コンゲン　［1］　①現在　②原因　③厳格　④源泉　⑤元気

b　ホウシ　［2］　①子孫　②師弟　③支援　④志願　⑤仕事

c　ヘンカク　［3］　①企画　②革命　③合格　④確実　⑤感覚

d　キバン　［4］　①序盤　②晩秋　③番号　④万感　⑤黒板

e　ソウキ　［5］　①基地　②機転　③起点　④規則　⑤期限

問二　傍線部**A**「生命を維持できた次の段階は、社会の中で生きる人としての在り方がより大きく分かれることになる」とあるが、その理由として最も適当なものを次から選び、その番号をマークしなさい。解答番号は［6］。

①　最も基本となる生命の維持においては、社会と個人の相互作用の関係性は見られないが、次の段階では世間体との関わりが極めて重要なものになるから

②　直接的な生命の維持が必要のない現代において、貨幣そのものに価値を置く人たちは規律構造である世間体の中でも優位な立場になることが多いから

③　貨幣に価値を置くよりも、より良く生きることに価値を見出す方が素晴らしい生き方であり、関わりを持つ世間体の中における評価も高くなるから

④　人は社会との間の相互作用の中に存在し、世間体の中で生きていくものである以上、どこに生きる価値を置くかでその人の生き方が決まるから

⑤　規律構造である世間体の中で生きるということは、その中における個人の在り方が重要となり、それによって生きる価値をどこに置くかが定まるから

これが示すのは、D人間は本質的に他者との間で作り出したフィクションの中に生きているということだ。だからこそ、人は文学や芸術という魅力的なフィクションを欲するともいえる。小説や映画といった創作としての物語と現実社会はもちろん違う。しかし、物事を言語として置き換え、それを共有するという意味において、それらはいずれも人々が相互に作り出したフィクションなのだ。

人と人とがコミュニケーションを取る時、短い会話の中でも、固有名詞や名詞、形容詞や動詞など、さまざまな性質の言葉を組み合わせて意味のある文章としてやりとりする。それ自体が、実体のない、手に触れることのできない〝概念〟を常に共有していることになる。

これは「民主主義」といった政治理念や法律などの現実の社会の中にある、さまざまな概念や決まり事についてもそうだ。なぜなら「民主主義」や「刑法」などという物体は存在しないからだ。だが、重要なものであるのはいうまでもないだろう。人は、そうした概念を「存在するもの」「こういったもの」といった規定と約束事の上にコミュニケーションを取っている。

「人間はフィクションの中に生きている」という文脈で語る時に、もう一つ大きな意味がある。それは、そうしたE〝概念の楼閣《ろうかく》〟ともいうべきコミュニケーションの中に生きる時に、人は「自分は他者（あるいは集団）との関係性において、どのような位置にあるのか」を常に意識と無意識の中で感じながら過ごしているということだ。

つまり人は普段、「この人は、社会的に『上（の立場の人）なのか』『下（の立場の人）なのか』『同等（の立場の人）なのか』」「これは言ってもいい言い回しだろうか、言ってはいけない言い回しだろうか」といった、自分の社会的なポジションと役割をもとに言動を取っている（あるいは取らないでいる）。

Fここに、世間体が介在する。

世間体も同様にフィクションである。人は、概念が複雑に積み上がって紡《つむ》ぎ出される壮大かつG生き物のように蠢《うごめ》く文明というフィクションの中において、誰しもが役者として何かしらの役割を演じている。それは「夫・妻」「親・子ども」「上司・部下」「教師・生徒」「友人・恋人」といった比較的明確に規定し得るものに留まらない。たとえ一人でも社会の中で常に規定され、その場その場で、対面する他者との関係性や相互作用の中でダイナミックかつリアルタイムに生み出されるものだ。

そして各人が、他者や社会との関係性の中で、許容される範囲で言動を行うのが社会性のある人の在り方である。その許容される範囲を決定づけるのは、社会そのものであり、他ならぬ世間体なのだ。人間が人間である限り、この世間体というフィクションとともに生きざるを得ない。つまり、その限りにおいて人間は世間体の呪縛《じゅばく》からは逃れられないといえる。

（犬飼裕一『世間体国家・日本』による）

めることができるなど、ある程度、自己の内部で自己完結ができている。Ⅲ、周囲からの称賛をいたずらに求めることはしない。

これと同じことが世間体と個人の関係にもいえる。自分の中に確固とした自己像があり、自分を信頼していれば、周りのことなど本来ならどうでもよいはずだ。しかし内面が空虚である人は、自分を存立させる、そのdキバンを世間体に置く比重が大きく、そのことによって絶えず世間体を気にしながら生きていくことになる。

「他人の目が気になる」とはまさにこの状態を指す。Ⅳ、そうでない人も多くいるが、B多くの日本人はこの点において世間体に価値を置きすぎている。

そのように内面化された世間体がよく発露《はつろ》される場合には、ア治安や公衆衛生の良好さとして、またイ「人当たりの良さ」といった面で示されることになる。

一方で、世間体が悪しき面を示す時に、それが内に向かえばウ自己蔑視《べっし》になり、最悪はエ自死を招くことにもなりかねない。また外に向かえば、世間体をもとにオ他者を過剰に裁《さば》く攻撃性が発揮されることになる。C空虚であるがゆえに内面化され、価値を過度に置かれた世間体は、往々にして後者において発現することが多い。ここに、内面化の恐ろしさがある。

人間と動物を分かつものは何だろうか。その大きな要素の一つは、言語、つまり言葉と文字を操《あやつ》ることができるか否かにある。そしてそれは、個人と個人の間、そして社会と個人との間のコミュニケーションで欠くことのできないものになっているのはいうまでもない。普段、多くの人はこの言語について、あまり気にすることなく使っていることだろう。

もちろん言葉は、「山」「リンゴ」「自動車」といったように具体的な物品を単語として置き換えて会話や文章の中でやりとりし、それを共有することができるが、より言語が人間を人間たらしめるのは、X な概念を言葉にできるという点にある。

たとえば「愛」「希望」といったものは、具体的な物体として存在しないが、人間が人間らしく生きる上においては、とても重要なものだ。こうした X な概念を時に崇高《すうこう》なものとして共有できるのは、科学的に立証できる範囲において、地球上に現在は人類（現生人類）しかいない。

もっといえば、たとえ「山」「リンゴ」といった物体について指し示す単語においても、それは実際に存在する山やリンゴとは違う。

仮に100人の人がいたとして、「山」を思い浮かべてもらうとしよう。そのeソウキする「山」は、100人が100人とも違うイメージを持っている。ある人は、富士山を思い浮かべるかもしれない。別の人は、北アルプスの山脈や北海道の大雪山を思い浮かべるかもしれない。そして「富士山」を何人かが思い浮かべたとしても、それぞれの「富士山」はすべて細部や色などが違っているはずである。

二〇二二年度 東京農業大学第三高等学校(第2回)

【国 語】(四五分)〈満点:一〇〇点〉

一 次の文章を読んで、後の問いに答えなさい。

人は生きる上で、何かしらに価値を置かなければ生きていけない。生きる意味は、すべての人にとって不可欠である。多くの人にとって、最もaコンゲン的な価値とは「生命の維持」だろう。これは人間の本能の部分で、意識するかしないかにかかわらず、誰もが行っていることだ。この「生命の維持」には、食べ物を食べ、水を飲み、防寒のために着る物を得ることが必要だ。

A生命を維持できた次の段階は、社会の中で生きる人としての在り方がより大きく分かれることになる。ここに、人間性が大きく表れることになる。生命の維持が比較的容易である現代においては、直接は生命の維持に必要のない、嗜好《しこう》品や贅沢《ぜいたく》品にも価値を置く人が多くいる(この点については前近代においても同様の構造はある)。また手段であるはずの貨幣そのものに、より価値を置く人もいる。その一方で、貨幣や嗜好品、贅沢品や、それらが織りなす華美な生活よりも「より良く生きる」ことに価値を見出す人も多いだろう。また家庭を持ち、子どもをもうけ、子の成長を見届けながら人生を全うすることに価値を見出す人も多い(個人的には、もちろんそれは素晴らしいことだと思う)。さらに社会貢献活動やbホウシ活動、政治活動や社会cヘンカクに価値を置く人もいる。

つまり、価値をどこに置くかでその人、個人の生き方が決まるといっても過言ではない。この価値については、社会と個人との相互作用の中でその意味が与えられることになる。なぜなら、生命を維持するための糧《かて》を得る上でも、貨幣を得る上でも、よく生きる上でも、大原則としてこれらは一人の力では成し遂《と》げられないからだ。だからこそ、人は社会との間の相互作用の中に存在し、規律構造である世間体《せけんてい》の中で生きることになる。

[Ⅰ]過度なナルシスト(ナルシシスト)、つまり病的に自己愛の強い人は、自分を支えるために絶えず自分に対する周囲からの称賛《しょうさん》を必要とする。

[Ⅱ]そのようなことになるのかといえば、ナルシストは日常的に自分自身に自信がないからだ。自分に自信がないので、人間関係の中で周囲を巻き込み、常に称賛を得なければ生きていくことが難しい。これに対して比較的自分に自信のある人は、自己の中で良し悪しを決

2022年度／東京農業大学第三高等学校（第２回）

英語解答

1　1　②　　2　①　　3　②　　4　②

2　1　②　　2　①　　3　④　　4　④

3　1　③　　2　①　　3　①　　4　④
5　②

4　問１　②　　問２　③　　問３　②
問４　④　　問５　①　　問６　②
問７　②

5　問１　③　　問２　②　　問３　④
問４　④　　問５　④　　問６　③
問７　①

1・**2**〔放送問題〕放送文未公表

3〔適語（句）選択〕

1．「～している」という意味で any friends を修飾する形容詞的用法の現在分詞（～ing）が適切。「フィンランドに住んでいる友達はいますか？」「はい，ヘルシンキに４人います」

2．The gate が主語なので，「修理される」という受け身にする。助動詞を含む文の受け身形は，‘助動詞＋be＋過去分詞’という形になる。　「その門は今すぐ修理されるべきだ」

3．直前に‘人以外’に当たる名詞があり，直後に‘主語＋動詞…’の形が続くので，‘人以外’の名詞を先行詞とする目的格の関係代名詞の which が適切。　「あそこに見える建物はサイモンの会社だ」

4．「クリスは家で仕事をしていた」と「彼女はよく音楽を聴いていた」をつなぐ語として，While「～している間」が適切。　「クリスは家で仕事をする間，よく音楽を聴いていた」

5．「何か話すこと」は anything to tell と to不定詞の形容詞的用法で表すが，「何か新しい話すこと」は anything new to tell のように new を anything の後に置く。このように，something や anything，nothing を修飾する形容詞はその後ろに置く。　「今日は私に何か新しい話がありますか」

4〔長文読解総合―ノンフィクション〕

≪全訳≫❶幼い頃，パティ・ウィルソンは医者からてんかんの持病があると言われた。父親のジム・ウィルソンは，朝にジョギングをする人だった。ある日，彼女は笑顔でこう言った。「お父さん，私が本当に好きなことは毎日お父さんと一緒に走ることなんだけど，てんかんの発作が起きそうで怖いの」**❷**父親は「発作が起きたら，どうすればいいか私にはわかっている，だから一緒に走ろう！」と彼女に言った。**❸**それはまさに彼らが行う日課となった。それは彼らが共有するすばらしい経験だった。彼女が走っている間，トラブルは全く起きなかった。数週間後，彼女は父親に言った。「パパ，私が本当にやりたいことは，女性の長距離走の世界記録を破ることよ」**❹**父親がギネスブックを調べたところ，女性が走った最長距離は130kmだった。パティは「オレンジカウンティからサンフランシスコまで走ろうと思っているわ。その後，オレゴン州のポートランドまで走るの。最後に，ホワイトハウスまで走るわ」**❺**パティはハンディキャップがあっても，それを小さな不自由としか考えない，強い女性だった。**❻**パティは，“I Love Epileptics（私はてんかん患者が大好き）”と書かれたＴシャツを着て，サンフランシスコまで完走した。父親も一緒に走り，看護師をしている母親は後ろから車でついてきた。**❼**２年目，パティのクラスメートが彼女を応援した。彼らは，「走れ，パティ，走れ！」と書かれた巨大な看板をつくった。ポートランドまで走る途中，彼女は足を骨折した。医者は彼女に「走るのをやめなければなりません」と言った。「先生，あなたはわかっていません」と彼女は言った。「私は趣味で走っているのではありません。自分のためだけにそうしているのでもありません。他の多くの人を止めている心の鎖を断ち切るためにそうしているんです。私が走り続けられる方法はないのですか？」　彼は彼女にアイデアを与えた。彼は，彼女が走り続けるための方法を教えてくれた。それは，足を強く包むことだった。しかしそれは，相当な苦痛を与えると彼は言った。彼は彼女に「それでもいいですか？」ときいた。彼女は「いいです」と言った。❽オレゴン州の州知事も，彼女と一緒にポートランドまで走った。新聞でこれを見たかもしれない。「スーパーランナー，パティ・ウィルソン，17歳の誕生日にてんかんへの挑戦を終える」❾西海岸から東海岸まで走り続けた4か月後，パティはワシントンD.C.に到着し，アメリカ大統領と握手した。彼女は彼にこう言った。「てんかん患者も普通の生活を送る普通の人間であることを，皆さんに知ってほしかったのです」❿私は今から少し前に，ある会場でこの話をした。話が終わると，ニコニコした大きな男性が私の所に来て，握手しながらこう言った。「マークさん，私はジム・ウィルソンといいます。あなたは娘のパティのことを話してくださいました。娘の大きな努力のおかげで，私たちは全国に19のてんかんセンターを開設できるほどの資金を得ることができたんです」

問1＜要旨把握＞A.「パティは自分が病気であることを知った」(第1段落)→C.「パティは父親と一緒に走り始めた」(第2段落)→D.「パティは17歳のとき，ポートランドまで走ることができた」(第8段落)→B.「パティはホワイトハウスまで走り，アメリカ大統領に会った」(第9段落)

問2＜英問英答＞「パティは自分のハンディキャップをどのように考えていたのか」―③「病気であることは，とても悲しいことだと思っていた」　第5段落参照。

問3＜英問英答＞「パティの父親と話して，筆者は何を知ったか」―②「てんかん患者は普通の人間であることを知った」　第9段落参照。てんかん患者も普通の人間である，というのは，パティがワシントンD.C.に到着したときアメリカ大統領に言った言葉である。

問4＜内容一致＞「パティのケガがひどかったので，医者は心配した」　第7段落中盤参照。　be worried about ～「～について心配する」

問5＜内容一致＞「パティは医者の最初の忠告を聞いたとき，少し腹を立てた」　第7段落中盤参照。医者から走るのをやめるように言われたパティが，「先生，あなたはわかっていないのですね」と言い返していることから推測できる。

問6＜内容一致＞「パティの父親は娘についてのスピーチを聞いたので，うれしかった」　第10段落参照。パティの父親は笑顔になっている。

問7＜内容真偽＞①「パティは自分がすぐに治ると思っていた」…×　このような記述はない。　②「パティは自分の病気に対する人々の考えを変えたいと思った」…○　第9段落でパティはアメリカ大統領に，「てんかん患者も普通の生活を送る普通の人間であることを皆さんに知ってほしかったのです」と語っている。　③「パティは病気のため，走ることを諦めた」…×　パティはてんかんという持病がありながらも走り続けた。　④「パティがやりたいことは世界記録を破ることだけだった」…×　第9段落参照。てんかん患者も普通の生活を送る普通の人間であることを知ってほしい，という願いもあった。

5 **〔長文読解総合―ノンフィクション〕**

≪全訳≫❶1956年，ジョンとその友人たちは，最初のバンド「クォリーメン」を結成した。ジュリアは彼らの一番のファンだった。彼女はジョンに対して母親のようには振る舞わなかった。彼に何をすべきかを指図せず，彼の行動を変えようとしない友人であった。❷ジュリア・レノンは，他の母親とは違っていた。当時，ほとんどの女性はズボンを履かなかったが，ジュリアは履いていた。他人がどう思うかを心配することなく話した。ジョンもまた，自分の好きなように話し，好きなように行動した。ジョンと母親はとても仲が良かった。だから，母親が死んだとき，ジョンはショックを受けた。❸母親が死んでから，ジョンは心を開かなくなった。とても静かになり，誰とも話さなくなった。しかし，そんなジョンの気持ちを理解してくれる，クォリーメンのメンバーである友人がいた。ポールである。ポールの母親は2年前に亡くなっていた。ジョンとポールは，ジョンの母親をしのんで「ジュリア」という曲を一緒につくった。❹ミミおばさんは，ジョンが一生懸命勉強して大学へ行くことを望んでいた。「ジョン，あなたがギターを上手に弾くことは知っているわ」と彼女は言った。「でも，ギターを弾くだけでは生活していけないでしょ」　ジョンはミミに「僕は本当に音楽をやりたいんだ」と言った。最後には納得してくれたが，彼女はそれでも音楽をやることにあまり未来はないと思っていた。❺音楽はジョンにとって何よりも大切だったので，諦めることができなかった。彼は音楽から離れることがなく，学業は上向かなかった。どこの大学にも合格する見込みはなかったが，1957年にリバプール・カレッジ・オブ・アートに入学することができるほどの成績は取れた。ジョンのアーティストとしての才能は，先生やクラスメートの目にも明らかであった。❻ジョン・レノンとポール・マッカートニーは，何時間も一緒に練習をした。曲づくりも一緒にするようになった。クォリーメンは，3人のギタリストと1人のドラマーで構成されていた。1958年の初め，新しいギタリストがバンドに加入した。彼の名はジョージ・ハリスン。彼らは2年間，一緒に演奏した。その間，彼らはどんどんうまくなっていった。そして，グループの名前は何度か変わった。クォリーメン，ジョニー・アンド・ザ・ムーンドッグス，ビートルズなどである。❼1960年，バンドはビートルズとして初めてプロの仕事をした。バンドメンバーはジョン，ポール，ジョージ，ベーシストのスチュアート，ドラマーのピートとなった。スチュアートは1961年にグループを脱退した。その1年後，ピートはリンゴ・スターと交代した。❽1960年代は，「ビートルズの10年」と呼ばれている。彼らの曲は世界中で演奏された。「イエロー・サブマリン」「イエスタデイ」「オール・ユー・ニード・イズ・ラブ」などのヒット曲は今も演奏されている。

問1＜英文解釈＞手前に most women did not wear pants「ほとんどの女性はズボンを履かなかった」とあるので Julia did は Julia wore pants「ジュリアはズボンを履いた」を意味することがわかる。

問2＜英文解釈＞shell とは「殻」のこと。したがって，下線部④の「ジョンは殻に閉じこもった」は，「ジョンは心を開かなくなった」という意味だとわかる。

問3＜適語句選択＞これより前で，ミミおばさんがジョンに，ギターを弾くだけでは生活していけないと忠告したことが述べられている。ここから，ジョンが音楽をやることを納得した後でも，彼女が音楽をやることにあまり未来はないと考えていたことがわかる。future は‘数えられない名詞’なので，many ではなく much で修飾する。

問4＜整序結合＞「～にとってあまりにも…なので―することができない」は‘too … for ～ to ―’の構文で表せる。「諦める」は give up。　Music was too important for John to give up.

問5＜適語選択＞「1958年の初め，新しいギタリストがバンドに」につながる内容なので，joined「加入した」が適切。

問6＜要旨把握＞C．(第3段落最後から2文目参照)→A．(第2段落最終文参照)→B．(第7段落第1文参照)→D．(第7段落最終文参照)

問7＜内容真偽＞①「ジュリアはジョンがビートルズのメンバーとして成功することを望んでいた」…×　ジュリアは，バンドが「ビートルズ」と名前を変えたときにはすでに亡くなっていた。②「クォリーメンというのは，ビートルズ以前のバンド名の1つだ」…○　第6段落最終文に一致する。　③「スチュアートはビートルズの最初のメンバーの1人だった」…○　第7段落第2文に一致する。　④「1960年代，世界で最も人気のあるバンドの1つがビートルズだった」…○　第8段落第1，2文に一致する。

数学解答

1 (1) ⑦　(2) ⑤　(3) ⑥　(4) ③
(5) ③

2 (1) 3　(2) ⑦…6　⑧…5　⑨…0
(3) ⑩…1　⑪…8　⑫…5
(4) ⑬…3　⑭…5　⑮…5
(5) (ア) ⑯…2　⑰…5
(イ) ⑱…5　⑲…2

3 (1) ⑳…2　㉑…1
(2) ㉒…6　㉓…1　㉔…8
(3) ㉕…8　㉖…6　㉗…3

4 (1) ㉘…1　㉙…1
(2) ㉚…3　㉛…2
(3) ㉜…3　㉝…3　㉞…2
(4) ㉟…1　㊱…4

1〔独立小問集合題〕

(1)＜数の計算＞与式$=6+36\times\frac{3}{2}+(-36)\times\frac{2}{3}=6+54-24=36$

(2)＜数の計算＞与式$=5-4+5+4\sqrt{5}+4=10+4\sqrt{5}$

(3)＜式の計算＞与式$=\frac{4(a+3b)-3(7a-2b)+2(a-3b)}{12}=\frac{4a+12b-21a+6b+2a-6b}{12}=\frac{-15a+12b}{12}$
$=\frac{-5a+4b}{4}$

(4)＜二次方程式＞$4x^2+4x+1=2(x^2+3x+2)$，$4x^2+4x+1=2x^2+6x+4$，$2x^2-2x-3=0$となるので，解の公式より，$x=\frac{-(-2)\pm\sqrt{(-2)^2-4\times2\times(-3)}}{2\times2}=\frac{2\pm\sqrt{28}}{4}=\frac{2\pm2\sqrt{7}}{4}=\frac{1\pm\sqrt{7}}{2}$となる。

(5)＜数の計算＞与式$=x^2-2xy+y^2+2xy-2y^2=x^2-y^2=(x+y)(x-y)$と因数分解できる。これに$x=6.3$，$y=3.7$を代入すると，与式$=(6.3+3.7)\times(6.3-3.7)=10\times2.6=26$となる。

2〔独立小問集合題〕

(1)＜関数—比例定数＞関数$y=ax^2$のyの変域が$-12\leqq y\leqq0$より，比例定数aは負であり，xの絶対値が大きくなるとyの値は小さくなる。よって，xの変域が$-1\leqq x\leqq2$より，xの絶対値が最大の$x=2$のときyの値は最小で，-12である。したがって，$-12=a\times2^2$より，$4a=-12$，$a=-3$である。

(2)＜一次方程式の応用＞橋の長さは，列車が渡りきるのに走った距離と列車の全長との差となる。全長110mの普通列車の速度を秒速xmとおくと，渡りきるのに38秒かかったので，走った距離は$x\times38=38x$(m)となり，この橋の長さは$38x-110$mと表せる。また，全長190mの快速列車の速度は，$x\times1.4=1.4x$より，秒速$1.4x$mで，渡りきるのに30秒かかったので，走った距離は$1.4x\times30=42x$(m)となり，この橋の長さは$42x-190$mとも表せる。よって，$42x-190=38x-110$が成り立ち，これを解くと，$4x=80$，$x=20$となるので，求める橋の長さは，$38\times20-110=760-110=650$(m)である。

(3)＜確率—さいころ＞大小２つのさいころを１回ずつ投げるとき，それぞれ６通りの目の出方があるから，目の出方は全部で$6\times6=36$(通り)ある。このうち，数直線上の原点Oにあった点Pが，２以上で止まるのは，大きなさいころの目が小さなさいころの目より２以上大きいときだから，(大，小)＝(6，1)，(6，2)，(6，3)，(6，4)，(5，1)，(5，2)，(5，3)，(4，1)，(4，2)，(3，1)の10通りある。よって，求める確率は$\frac{10}{36}=\frac{5}{18}$である。

(4)＜空間図形—体積＞次ページの図１のように，円錐の側面のおうぎ形の中心をP，弧を$\overset{\frown}{AA'}$，底面の円の中心をO，半径を r とすると，これを組み立てた円錐は右図２のようになる。図１で，円Oの周の長さと，おうぎ形PAA′ の $\overset{\frown}{AA'}$ の長さは等しいので，$2\pi r=2\pi\times8\times\frac{135°}{360°}$ が成り立ち，これより，$r=8\times\frac{3}{8}=3$ となる。よって，図２の△PAO で三平方の定理より，$PO=\sqrt{PA^2-OA^2}=\sqrt{8^2-3^2}=\sqrt{55}$ であるから，求める円錐の体積は，$\frac{1}{3}\times\pi\times3^2\times\sqrt{55}=3\sqrt{55}\,\pi$ である。

図１

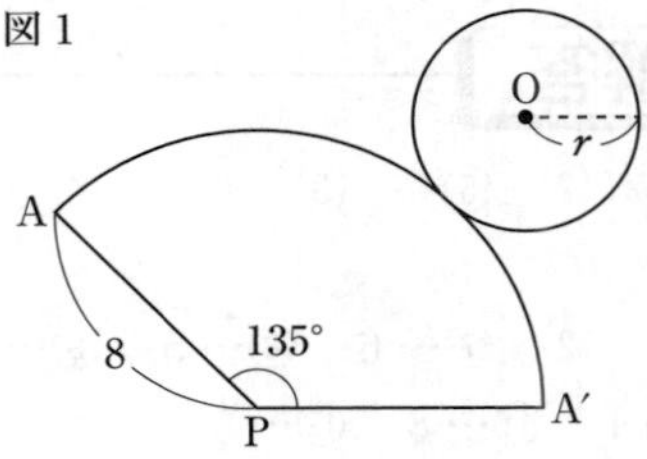

図２

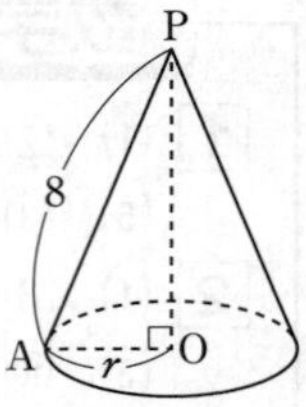

⑸＜データの活用―累積相対度数，平均値＞㋐ヒストグラムより，全体の生徒数は $2+7+10+7+4+4+2=36$(人)で，点数が20点以上40点未満の生徒は $2+7=9$(人)である。よって，点数が20点以上40点未満の生徒は全体の $9\div36\times100=25$(%)を占めている。　㋑階級値は階級の中央の値だから，各階級の階級値は25点，35点，45点，55点，65点，75点，85点となる。よって，$(25\times2+35\times7+45\times10+55\times7+65\times4+75\times4+85\times2)\div36=1860\div36=51.6\cdots$ より，求める平均点は52点である。

３〔**関数―関数 $y=ax^2$ と一次関数のグラフ**〕

≪基本方針の決定≫⑶　長方形の面積を２等分する直線は対角線の交点を通る。

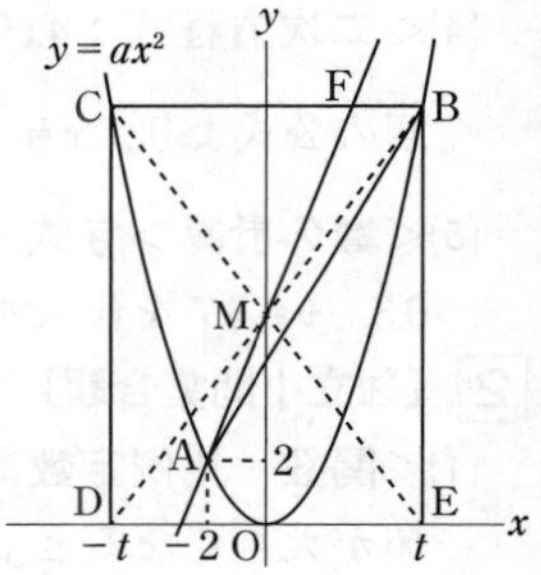

⑴＜**比例定数**＞右図で放物線 $y=ax^2$ は A$(-2,\ 2)$を通るので，$y=ax^2$ に $x=-2$，$y=2$ を代入して，$2=a\times(-2)^2$ より，$2=4a$，$a=\frac{1}{2}$ である。

⑵＜**座標**＞⑴より点Bは放物線 $y=\frac{1}{2}x^2$ 上の点だから，右図のように，点Bの x 座標を $t(t>0)$ とすると，$B\left(t,\ \frac{1}{2}t^2\right)$ となり，点Cは点Bと y 軸について線対称な点だから，$C\left(-t,\ \frac{1}{2}t^2\right)$ と表せる。これより，$BE=CD=\frac{1}{2}t^2$，$BC=DE=t-(-t)=2t$ となるので，長方形BCDE の周の長さは $2\left(\frac{1}{2}t^2+2t\right)$ と表せ，これが60のとき，$2\left(\frac{1}{2}t^2+2t\right)=60$ が成り立つ。これを解くと，$t^2+4t-60=0$，$(t+10)(t-6)=0$，$t=-10$，6となり，$t>0$ より，$t=6$ である。よって，$y=\frac{1}{2}\times6^2=18$ より，B(6，18)である。

⑶＜**面積比**＞右上図のように，長方形BCDE の２本の対角線BD，CE の交点をMとすると，点Aを通り四角形BCDE の面積を二等分する直線は，直線AM となる。点Mは線分BD の中点だから，B(6，18)，D(−6，0)より，x 座標は $\frac{6+(-6)}{2}=0$，y 座標は $\frac{18+0}{2}=9$ となり，M(0，9)である。２点A(−2，2)，M(0，9)を通る直線の傾きは $\frac{9-2}{0-(-2)}=\frac{7}{2}$ で，切片は９であるから，直線AM の式は $y=\frac{7}{2}x+9$ となる。点Fは直線 $y=\frac{7}{2}x+9$ 上の点で，y 座標は18だから，$18=\frac{7}{2}x+9$，$\frac{7}{2}x=9$，$x=\frac{18}{7}$ より，$F\left(\frac{18}{7},\ 18\right)$ である。よって，△ABF の底辺をBF と見ると，$BF=6-\frac{18}{7}=\frac{24}{7}$ となり，高さは点Bと点Aの y 座標より，$18-2=16$ となるから，$\triangle ABF=\frac{1}{2}\times\frac{24}{7}\times16=\frac{192}{7}$ となる。また，〔四角形BCDE〕$=BC\times BE=12\times18=216$ となる。以上より，△ABF：〔四角形BCDE〕

$=\dfrac{192}{7}：216=8：63$ である。

4 〔平面図形―三角形〕

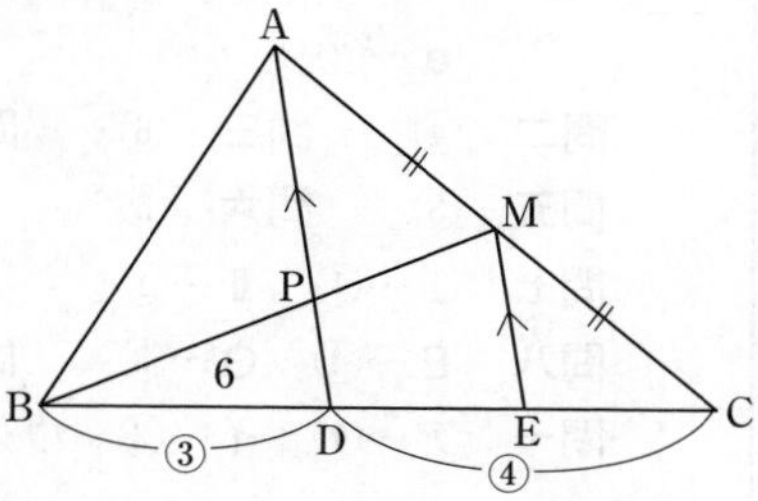

⑴＜長さの比＞右図の△ADCで，点Mは辺ACの中点だから，CM：MA＝1：1であり，AD∥MEより，CE：ED＝CM：MA＝1：1である。

⑵＜長さの比＞右図で，⑴より，点Eは線分CDの中点だから，BD：DC＝3：4より，BD：DE＝BD：$\dfrac{1}{2}$DC＝3：$\left(\dfrac{1}{2}\times4\right)$＝3：2となる。よって，△BEMで，DP∥EMより，BP：PM＝BD：DE＝3：2である。

⑶＜面積＞右上図で，PD∥MEより，△BDP∽△BEMとなり，相似比は，⑵よりBD：BE＝BD：(BD＋DE)＝3：(3＋2)＝3：5である。よって，△BDP：△BEM＝$3^2：5^2$＝9：25となるから，△BDP＝6より，△BEM＝$\dfrac{25}{9}$△BDP＝$\dfrac{25}{9}\times6=\dfrac{50}{3}$である。したがって，〔四角形DEMP〕＝△BEM－△BDP＝$\dfrac{50}{3}-6=\dfrac{32}{3}$である。

⑷＜面積＞⑶より△BDPと△BEMの相似比は3：5だから，PD：ME＝3：5である。また，⑴より右上図の△ADCで，点M，Eはそれぞれ辺AC，DCの中点だから，中点連結定理より，AD＝2MEである。よって，PD：AD＝PD：2ME＝3：(2×5)＝3：10となる。したがって，PD：AP＝PD：(AD－PD)＝3：(10－3)＝3：7より，△BDP：△ABP＝PD：AP＝3：7だから，△ABP＝$\dfrac{7}{3}$△BDP＝$\dfrac{7}{3}\times6=14$である。

2022年度／東京農業大学第三高等学校（第２回）

国語解答

一 問一　a…④　b…⑤　c…②　d…①
e…③　オ…②
問二　④　問三　⑥　問四　⑤
問五　③　問六　⑤
問七　Ⅰ…①　Ⅱ…①
問八　E…④　G…③　問九　⑤
問十　ア…①　イ…②　ウ…①　エ…②

二 問一　④　問二　①　問三　②
問四　④　問五　⑤　問六　②
問七　③　問八　②

三 問一　②　問二　④　問三　①
問四　③　問五　②　問六　③
問七　⑤　問八　④

一〔**論説文の読解―文化人類学的分野―日本人**〕出典；犬飼裕一『世間体国家・日本』。

≪本文の概要≫人間が，生きていくうえでどこに価値を見出すかは，人によって異なるが，社会と個人との相互作用の中で，その意味が与えられることになる。なぜなら，どんな価値を求めるにしても，人間は，一人の力では成し遂げられず，世間体の中で生きることになるからである。自分を信頼していれば周囲のことは気にならないが，内面が空虚な人は，自分を存在させる基盤を世間体に置く比重が大きいので，絶えず世間体を気にして生きていくことになる。人間は，具体的な物品だけではなく，手に触れられない概念も言語によって共有しているので，本質的に他者との間でつくり出したフィクションの中に生きていることになるが，人間が自分の社会的ポジションと役割をもとに言動を取っているということにおいても，世間体というフィクションが介在する。各人が他者や社会との関係性の中での許容される範囲で言動を行うのが，社会性のある人の在り方であり，その範囲を決定づけるのは，世間体である。つまり，人間は，世間体というフィクションとともに生きざるをえないのである。

問一＜漢字＞a．「根源」と書く。　b．「奉仕」と書く。　c．「変革」と書く。　d．「基盤」と書く。　e．「想起」と書く。

問二＜文章内容＞人間は，「価値をどこに置くか」で「個人の生き方が決まる」が，その価値は，「社会と個人との相互作用の中」で決まる。人間は，「糧」や「貨幣」を得るにしても「よく生きる」にしても，「一人の力では成し遂げられない」ため，「社会との間の相互作用の中に存在」し，「規律構造である世間体の中で生きること」になるからである。

問三＜接続語＞Ⅰ．人間が「社会との間の相互作用の中に存在」し，「規律構造である世間体の中で生きること」を具体的に説明するために，「過度なナルシスト」の例が挙げられている。　Ⅱ．「過度なナルシスト」が，どうして「自分を支えるために絶えず自分に対する周囲からの称賛を必要とする」のかというと，「ナルシストは日常的に自分自身に自信がないから」である。　Ⅲ．「比較的自分に自信のある人」は，「ある程度，自己の内部で自己完結ができている」ので，「周囲からの称賛をいたずらに求めること」はしない。　Ⅳ．「内面が空虚である人」は，「世間体を気にしながら生きていく」ことにより，「他人の目が気になる」といった状態になるが，当然のことながら，「そうでない人も多く」いる。

問四＜文章内容＞「内面が空虚である人」は，「世間体を気にしながら生きていく」ために「他人の目が気になる」状態になる。「他人の目が気になる」ということは，「世間体に価値を置きすぎている」ということなので，それは，「内面が空虚」であるということになる。

問五＜文章内容＞「自己の内部で自己完結」ができており，「内面化された世間体」が「よく発露される場合」は，世間体は，「治安や公衆衛生の良好さ」「人当たりの良さ」といった面で示される（…

ア・イ)。これに対して「内面が空虚」で「価値を過度に置かれた世間体」は，「自己蔑視」「自死」「他者を過剰に裁く攻撃性」として発現されることになる(…ウ・エ・オ)。

問六＜表現＞人間は，「具体的な物品」だけではなく，「愛」「希望」などの「具体的な物体として存在しない」事象，つまり抽象的な「概念」も，言葉としてやりとりすることで共有できる。

問七．Ⅰ＜文章内容＞人間は，「山」を思い浮かべても人によって思い浮かべるものが違うし，「富士山」を思い浮かべても，細部や色まで同じということはない。人間は，自分のつくり出した「フィクション」を，それを互いに理解していることを前提としてコミュニケーションを取っているのである。　Ⅱ＜語句＞「フィクション」は，つくりごと，虚構のこと。

問八＜表現技法＞「ようだ」などの語を用いないでたとえる表現技法を隠喩法という。また，「よう(だ)」などの語を用いて，ある事物を他のものにたとえる表現技法を直喩法という。倒置法は，文の順序を入れかえて印象を強める技法。擬人法は，人間でないものの様子や状態を人間の動作になぞらえて表現する技法。対句法は，表現形式が同じか似ている二つの句を並べることによって印象を強める技法。省略法は，文章を途中で切って言葉を省くことにより印象を強めたり余韻を感じ取らせたりする技法。

問九＜文章内容＞人間の言動の「許容される範囲」とは，世間体によって「その場その場で，対面する他者との関係性や相互作用の中」で決定づけられるものである。

問十＜要旨＞何に価値を置いて生きていくかは人によって異なるが，一人の力では何も成し遂げられない，つまり，社会との間の相互作用の中に存在する人間は，「規律構造である世間体の中で生きること」になる(ア…○，イ…×)。そして，「内面が空虚である人」は，世間体に価値を置くが，そのような「内面化された世間体」は，良い面と悪い面とにおいて発露される(ウ…○)。また，人間は，社会において取るべき言動を，世間体によって規定しているため，世間体の中で生きざるをえないのである(エ・オ…×)。

二〔小説の読解〕出典；加藤シゲアキ『オルタネート』。

問一＜接続語＞a．凪津は，武生の「一挙手一投足」に「ときめき」を感じず，「学校にいる男子と何も違わ」ないどころか，どちらかといえば「それ以下かも」しれないと思った。　b．凪津は，武生から「意識を逸らそう」と思ったので，「飛躍したことを考えよう」としたが，「どれもぶつ切り」になって続かなかった。　c．凪津は，「私たちは本来は相性がいいはずなんです」という前提に続けて，「どのように相性がいいのか，私は知りたいんです」と武生に訴えた。

問二＜文章内容＞出会いに「劇的なものを期待」していた凪津は，武生に「なんらときめき」を感じなかったので，「復讐めいた気持ち」もあり，質問に対してぶっきらぼうに答えた。

問三＜文章内容＞「ジーンマッチ」でつながった人と会ったことはないという武生の答えを聞き，凪津は，自分の心が「冷め切って」はいないと感じたが，「完璧な相性」には「劇的なもの」がついてくるはずだと期待していただけに，「ときめき」を感じない武生を恋愛の対象として見ることはできず，「復讐心」のような気持ちから，「何人か」会ったことがあるとうそをついた。

問四＜文章内容＞「長い沈黙」が続いていたが，凪津は「何を話せばいいのか」わからなくて沈黙しているときこそ，「その人の人間性」，つまり人間としての根本の性質が見えると思った。

問五＜表現＞会話のない「不毛」な時間が続き，「桂田武生はありえない」と凪津は思ったが，オルタネートの「九十二・三パーセント」という高い確率によって「裏打ちされた出会い」であるという思いもあったので，「どのように相性がいいのか」ということを，凪津は知りたくなった。

問六＜文章内容＞武生は他の人との相性が「七十パーセントいくかどうか」で，凪津との相性は「九十二・三パーセント」だったので，二十パーセント以上の開きがある。「桂田にとっての凪津は，凪津にとっての桂田よりも群を抜いているようだった」とあるので，凪津と，武生以外の人との相性の開きは，二十パーセント以下であると考えられる。

問七＜心情＞「九十二・三パーセント」という非常に高い相性の数値は「オルタネートの膨大なデータに裏打ちされている」と言いながらも，凪津が「今のところ，そうでもなさそうじゃないですか」と言ったので，武生は，きまりが悪いと思った。

問八＜文脈＞凪津は，「オルタネートに裏打ちされた出会いならば，どんな相手でもきっと後から恋心がやってくる」から，「最初の出会いはそれほど重要ではない」と思っていたはずなのに，凪津は，「どこかで劇的なものを期待していた」のである。

三〔**古文の読解―説話**〕出典；『宇治拾遺物語』巻第四ノ二。

≪現代語訳≫能登の国には，鉄という物の(材料にする)，素鉄という状態のものを採掘して，国の長官に献上する者が，六十人ほどいるそうだ。藤原実房という国の長官のときに，鉄取六十人の長であった者が，「佐渡の国に，金の花が咲いている場所があった」と人に言っているのを，国の長官が聞き及び，その男を国の長官が呼びつけ，物を与えるなどして，機嫌を取って尋ねたところ，「佐渡の国には，本物の金があります。あった所は見とどけてあります」と言うので，「それならば行って，取ってこないか」と言うと，「私を遣わされるなら参りましょう」と言う。「では舟を用意しよう」と言うと，「供の者はいただきたくありません。ただ小舟を一隻と食べ物を少しいただき，参りまして，もしうまくいったら取って戻ります」と言うので，この男が言うのに任せ，人にも知らせず，小舟一隻と食べ物少しを与えると，(男は)それを持って，佐渡の国へと渡った。

一月ほどして，忘れた頃に，この男が，ふとやってきて，国の長官に目配せすると，国の長官は心得て，人づてには受け取らないで，自ら出ていって面会すると，袖移しに，黒ずんだ布切れに包んだ物を持たせたので，国の長官は(それを)重たそうに下げて，懐に入れ，帰っていった。その後，その金を取ってきた男はどこへともなく消え失せて，あちらこちらに尋ねたが，行方も知れず，そのままになった。どう思って消え失せたのかわからない。金のある場所を問われるとでも思ったのかと，(実房は)疑った。その金は八千両ほどあったと，語り伝えられている。こういうわけで佐渡の国には〈金〉があるということを，能登の国の者たちは語ったということだ。

問一＜古文の内容理解＞実房は，物を与えて「長」の機嫌を取り，金のある場所を聞こうとした。

問二＜古典の知識＞旧国名の佐渡国は，現在の新潟県の西部に位置する佐渡島にあたる。

問三＜現代語訳＞「なんや」は，～してくれないか，～つもりはないか，などと訳す。実房は，鉄取の長に，佐渡に行って金を取ってくることを頼んだ。

問四＜古文の内容理解＞実房は，「男」が目配せをしてきたのは金を持ってきたからだろうと考え，人を介さずに「男」と面会した。

問五＜古文の内容理解＞実房は，「男」が金のある場所を問われると思ったためにいなくなったのではないかと疑った。

問六＜古典文法＞文中に「ぞ」「なむ」「や」「か」という助詞があるときは文末を連体形で結び，「こそ」という助詞があるときは文末を已然形で結ぶ古典文法のきまりを，係り結びの法則という。

問七＜古文の内容理解＞男が持ち帰った金は八千両もあったと言い伝えられているので，能登国の人々は，佐渡国に金があるということを語り合った。

問八＜文学史＞『宇治拾遺物語』は，鎌倉時代に成立した説話集。『今昔物語集』は，平安時代末期に成立した説話集。『竹取物語』は，平安時代初期に成立した物語。『伊勢物語』は，平安時代前期に成立した歌物語。『源氏物語』は，平安時代中期に成立した物語で，作者は紫式部。『平家物語』は，鎌倉時代に成立した軍記物語。

Memo

Memo

2021年度 東京農業大学第三高等学校(第1回)

【英　語】(45分)〈満点:100点〉

1 この問題は、対話を聞き、各質問に対して最も適当な答えを選ぶ形式です。対話はそれぞれ二度くり返されます。解答番号は[1]～[4]の4題で、解答時間はそれぞれ10秒です。

(編集部注:放送文は未公表のため掲載してありません。)

1 Why can't Tom go to the club meeting?　　解答番号は[1]

① He has to do his homework.
② He has to go to the meeting.
③ He has to see the dentist.
④ He has to tell her the reason.

2 What does Ted want to do?　　解答番号は[2]

① He wants to borrow something from Julia.
② He wants to do homework with Julia.
③ He wants to go and see Julia's club activity.
④ He wants to lend Julia his notebook.

3 What does the girl think the boy should buy?　　解答番号は[3]

① A ballpoint pen.
② A belt.
③ A tie.
④ A T-shirt.

4 What will the woman do next?　　解答番号は[4]

① She will go home by bus.
② She will go to the soccer stadium by taxi.
③ She will take the No. 5 bus.
④ She will wait for the bus to come.

2 この問題は、英文を聞き、各質問に対して最も適当な答えを選ぶ形式です。英文はそれぞれ二度くり返されます。解答番号は 5 ～ 8 の4題で、解答時間はそれぞれ10秒です。

(編集部注：放送文は未公表のため掲載してありません。)

1 What time did his sister get home today? 解答番号は 5

① At 4:50.
② At 5:30.
③ At 6:30.
④ At 6:40.

2 Where was Aki born? 解答番号は 6

① In America.
② In Canada.
③ In China.
④ In Japan.

3 Who was the winner of the race? 解答番号は 7

① Ken.
② Mike.
③ Mike's father.
④ Tom.

4 What is the boy going to do this weekend? 解答番号は 8

① He is going to clean his room.
② He is going to do his homework.
③ He is going to help his mother.
④ He is going to study for a test.

3 各文の（　　）に入る最も適当なものを選び、その番号をマークしなさい。

1　I went to the park（　　）I finished my homework.　　解答番号は [9]

① after　　② if　　③ until　　④ while

2　Tom is very（　　）in music.　He uses two online music streaming services.　　解答番号は [10]

① excited　　② interested　　③ surprised　　④ worried

3　Have you ever（　　）to India?　　解答番号は [11]

① been　　② gone　　③ went　　④ were

4　This smartphone is more useful（　　）that one.　　解答番号は [12]

① as　　② for　　③ or　　④ than

5　Mike showed me an email（　　）in English.　　解答番号は [13]

① write　　② writing　　③ written　　④ wrote

4 次の英文を読み、後の問に答えなさい。

An American businessman was by the sea in a little Mexican village when a small boat with just one fisherman arrived.　Inside the small boat were several large fish. The American told the Mexican how good the fish looked and asked how long it took to catch them.　The Mexican said that ㋐it took a short time.

The American then asked why he didn't stay out longer and catch more（ ㋑ ）.　The Mexican said that he had caught enough for himself and his family. The American then asked, "But what do you do after fishing?"　The fisherman said, "I usually play with my children.　Sometimes, I take a nap with my wife, Maria.　I also like to drink wine and play the guitar with my friends.　I have a full and（ ㋒ ）life, sir."　The American laughed.　"I graduated from a very famous university, so I can help you make a lot of money," he said.　"㋓（1 more　2 should　3 spend　4 time　5 you）fishing.　If you do, you can buy a bigger boat with the money you make.

With the extra money, you can buy several fishing boats! Instead of selling your fish at the local market, you can sell it directly to the fish factories. But why stop there? You can open your own *cannery. You will need to leave this little village and move to a big city. You can have your own fishing business." The fisherman asked, "(㋔)" The American replied, "Fifteen years." "But then what, sir?" The American laughed and said, "That's the best part. When the time is right, you can sell your company and you will become (㋕). You will have made millions!" "Millions, sir? Then what?" The American said, "Then you can retire. You can move to a little fishing village. You can sleep late, fish a little, play with your... OK, your kids will have grown up, but you can take a nap with your wife, and you can drink wine and play the guitar with your friends. Doesn't that sound like the perfect life?"

cannery 缶詰工場

問1 下線部㋐it が指す内容として最も適当なものを次から選び、その番号をマークしなさい。 解答番号は 14

① メキシコ人の乗った小さな船が到着したこと
② あるアメリカ人が、舟に乗ったメキシコ人と会ったこと
③ 舟に乗ったメキシコ人が魚を捕まえたこと
④ あるアメリカ人が、メキシコ人に魚の長さをたずねたこと

問2 本文中の空欄(㋑)に入る最も適当なものを次から選び、その番号をマークしなさい。 解答番号は 15

① boats ② fish ③ money ④ time

問3 本文中の空欄(㋒)に入る最も適当なものを次から選び、その番号をマークしなさい。 解答番号は 16

① boring ② difficult ③ happy ④ sad

問4　下線部㋓の（　　）内の語を次の日本語に合うように並べかえるとき、（　　）内で２番目と４番目にくるものとして最も適当な組み合わせを選び、その番号をマークしなさい。ただし、文頭にくるべき語も小文字になっています。

解答番号は 17

「君は、漁にもっと多くの時間を使うべきだ。」

① 2 − 1　② 2 − 4　③ 3 − 4　④ 3 − 5

問5　本文中の空欄（　㋔　）に入る最も適当なものを次から選び、その番号をマークしなさい。

解答番号は 18

① But sir, how good will all this be ?
② But sir, how long will all this take ?
③ But sir, how many boats will all this take ?
④ But sir, how old will all this be ?

問6　本文中の空欄（　㋕　）に入る最も適当なものを次から選び、その番号をマークしなさい。

解答番号は 19

① very much　② very nice　③ very poor　④ very rich

問7　本文の内容と一致しないものを次から１つ選び、その番号をマークしなさい。

解答番号は 20

① The American saw several large fish inside the fisherman's boat.
② The fisherman plays the guitar, takes a nap and plays with his children after fishing.
③ The American advised the fisherman to get more fish and buy several boats.
④ The fisherman decided to move to a big city.

5　次の英文を読み、後の問に答えなさい。

Imagine this: You're searching for something on the Internet and find a website with interesting *articles. Some are news stories. Their goal is to share information. Others only look like news stories. They're actually *advertisements, or "ads". The goal of an ad is to get you to buy something. How do you tell the difference between a news story and an ad ? When I was young, it was (　㋐　). We got most of our information from newspapers. Big news stories were on the front page and ads were written in boxes. But on the Internet, ads are often not written in boxes. ㋑It (① can be ② hard ③ is which ④ to tell ⑤ which).

My research group did a study. We showed some students the home page of a popular magazine. We asked them to tell us what was a news story and what was an ad. The students were good at finding most of the ads. "They have coupons, company logos, and the word, *sale* in them," one student wrote about ads on the site. So what was difficult for the students?

Some ads seem the same as real news stories. They have headlines and information. But they may also have the words *sponsored content*. *Sponsored* means "paid for," and *content* means the information in the story. "Sponsored content" is a way of saying that something is an ad. Most students in our study didn't know this.

Sponsored content often looks like news, but it's not. Companies pay money for it to be on the Internet. They pay for readers to see their ads, so the readers will buy their products.

As a reader, you should know who pays for the information you're reading. So look for the words *sponsored content*. Look carefully. Sometimes, it is written in very small print. The Internet has a lot of information. Learning to tell the difference between an ad and a news story is important.

article 記事　advertisement 広告

問1　本文中の空欄（ ㋐ ）に入る最も適当なものを次から選び、その番号をマークしなさい。　解答番号は 21

① easy　② hard　③ long　④ short

問2　下線部㋑の（　　）内の語（句）を日本語に合うように並べかえるとき、（　　）内で3番目にくるものを選び、その番号をマークしなさい。　解答番号は 22

「どちらがどっちか見分けることは難しい場合がある。」

問３　次の書き出しに続く英語として最も適当なものを次から選び、その番号をマークしなさい。　解答番号は 23

According to the article, the writer of this story might be a ______________.

① computer programmer　② newspaper salesperson
③ researcher　④ student

問４　次の英文中の空欄に入る最も適当なものを次から選び、その番号をマークしなさい。　解答番号は 24

The students saw ____________ in the study.

① a movie　② a newspaper
③ a TV commercial　④ the home page of a magazine

問５　次の書き出しに続く英語として最も適当なものを次から選び、その番号をマークしなさい。　解答番号は 25

The words *sponsored content* means that ______________.

① the information has a headline
② the information is an ad
③ you must pay money for reading the information
④ you must read the information

問６　次の質問の答えとして、最も適当なものを次から選び、その番号をマークしなさい。　解答番号は 26

Why do companies pay for the information ?

① They want the readers to buy something.
② They want the readers to forget the information.
③ They want the readers to read newspapers more.
④ They want the readers to use the Internet well.

問７　本文の内容と一致するものを次から１つ選び、その番号をマークしなさい。
解答番号は 27

① Some news stories make us buy something expensive.
② When we find the word *sale*, we usually know the article is an ad.
③ The goal of companies is to give coupons to us.
④ It is not important for us to tell the difference between an ad and a news story.

【数　学】　(45分)　〈満点：100点〉

1　次の各問いに答えよ。

(1)　$5-(-3)^3 \div \left(-\dfrac{3}{2}\right)^3$ を計算せよ。

解答群								
	①	-13	②	-8	③	-5	④	-3
	⑤	3	⑥	5	⑦	8	⑧	13

答 ①

(2)　$\sqrt{12}(\sqrt{3}-1)-\dfrac{\sqrt{27}-6}{\sqrt{3}}$ を計算せよ。

解答群								
	①	$3+\sqrt{3}$	②	$9+\sqrt{3}$	③	$3-2\sqrt{3}$	④	$9-2\sqrt{3}$
	⑤	$3-4\sqrt{3}$	⑥	$9-4\sqrt{3}$	⑦	3	⑧	9

答 ②

(3)　$(xy^2)^3 \div \left(-\dfrac{2x}{3y}\right)^2 \div 3xy$ を計算せよ。

解答群						
	①	$\dfrac{4}{3}y^7$	②	$-\dfrac{4}{3}y^7$	③	$\dfrac{27}{4}x^2y^9$
	④	$-\dfrac{27}{4}x^2y^9$	⑤	$\dfrac{3}{4}y^7$	⑥	$-\dfrac{3}{4}y^7$
	⑦	$\dfrac{4}{27}x^2y^9$	⑧	$-\dfrac{4}{27}x^2y^9$		

答 ③

(4)　$\dfrac{7a-3b}{2}-b-\dfrac{4a-3b}{3}$ を計算せよ。

解答群						
	①	$\dfrac{13a-9b}{6}$	②	$\dfrac{13a-4b}{6}$	③	$\dfrac{13a-18b}{6}$
	④	$\dfrac{13a-7b}{6}$	⑤	$\dfrac{7a-9b}{6}$	⑥	$\dfrac{13a-3b}{6}$
	⑦	$\dfrac{13a+2b}{6}$	⑧	$\dfrac{7a+3b}{6}$		

答 ④

(5)　方程式 $x(x-4)+(x+3)(x-3)=-3$ を解け。

解答群	① $x=-3,\ 1$	② $x=-1,\ 3$	③ $x=0,\ 2$
	④ $x=-2,\ 0$	⑤ $x=-1\pm\sqrt{7}$	⑥ $x=1\pm\sqrt{7}$
	⑦ $x=-2\pm\sqrt{10}$	⑧ $x=2\pm\sqrt{10}$	

答　⑤

2　次の各問いに答えよ。

(1)　1から6までの自然数が1つずつ書かれた6枚のカードがある。これらのカードから1枚引き，引いたカードはもとにもどさずに，さらに1枚引く。1枚目のカードを十の位の数，2枚目のカードを一の位の数として2桁の自然数を作るとき，その自然数が3の倍数になる確率を求めよ。

答　$\frac{⑦}{⑥}$

(2)　右の図は長方形と正三角形を重ねたものである。
∠x の大きさを求めよ。

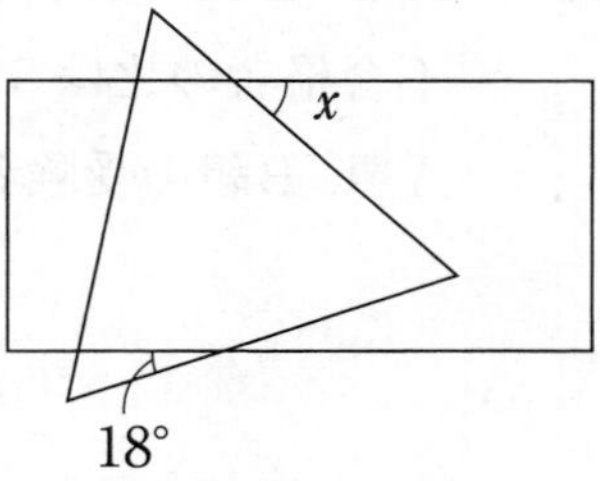

答　$x=$ ⑧⑨ °

(3)　次の11個のデータの平均値，中央値，最頻値をそれぞれ求めよ。

7，1，8，2，4，6，7，3，8，1，8

答　平均値 ⑩　中央値 ⑪　最頻値 ⑫

(4)　底面の半径が等しく，高さが 16 cm，12 cm の大小のアルミ缶がいくつかある。このとき，次の各問いに答えよ。

（ア）　大きいアルミ缶を１個と小さいアルミ缶を何個か重ねて高さ 1 m の円柱を作る。このとき，小さいアルミ缶は何個必要か求めよ。

答　⑬　個

（イ）　高さが 1 m の円柱を作ることができる大小のアルミ缶の組合わせは（ア）以外にもう１通りの場合がある。その場合の大小のアルミ缶の個数をそれぞれ求めよ。

答　大きいアルミ缶　⑭　個

小さいアルミ缶　⑮　個

(5)　A組，B組に数学の試験を行ったところ，A組，B組の受験者の比は 9：7 で，不合格者の比は 5：3 であった。合格者はA組は 21 人，B組は 27 人であった。A組，B組の受験者数をそれぞれ求めよ。

答　A組　⑯⑰　人

B組　⑱⑲　人

3 右の図のように，放物線 $y=ax^2$ …① と直線 $y=\frac{1}{2}x+6$ …② が，２点Ａ，Ｂで交わっている。点Ａの x 座標が負，y 座標が $\frac{9}{2}$ であるとき，次の各問いに答えよ。

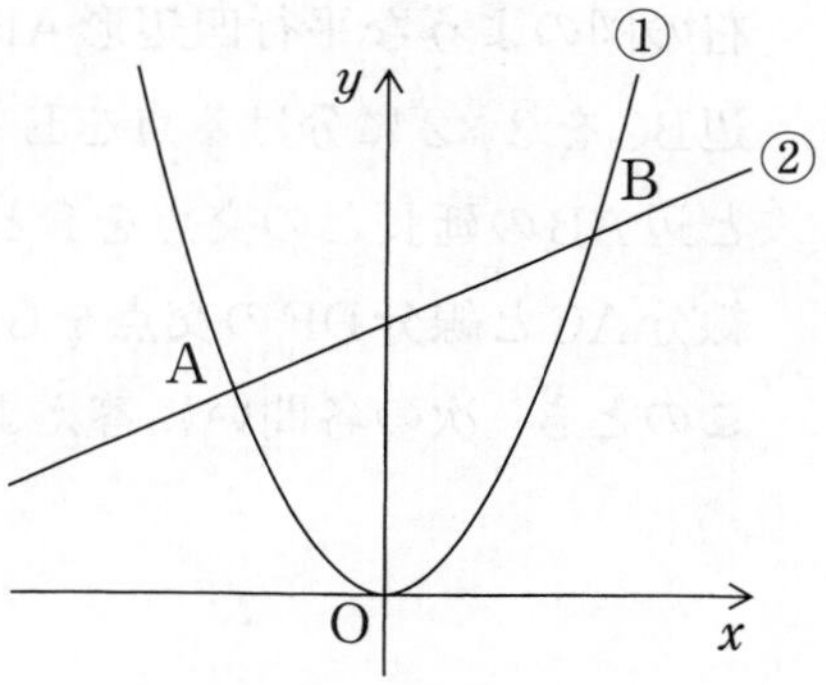

(1)　a の値を求めよ。

答　$a=$ $\frac{㉑}{⑳}$

(2)　点Ｂの座標を求めよ。

答　（ ㉒ ， ㉓ ）

(3)　放物線①上の点Ｏから点Ｂの間に，点Ｐを△APBの面積が $\frac{35}{2}$ となるようにとる。このとき，点Ｐの座標を求めよ。

答　（ ㉔ ， ㉕ ）

(4)　(3)のとき，y 軸の正の部分に点Ｃをとる。△APCの面積と△APBの面積が等しくなるとき，直線BCの方程式を求めよ。

答　$y=-\frac{㉗}{㉖}x+$ ㉘㉙

4 右の図のような平行四辺形ABCDにおいて，辺BCを3：2に分ける点をEとし，直線DEと辺ABの延長との交点をFとする。また，線分ACと線分DFの交点をGとする。
このとき，次の各問いに答えよ。

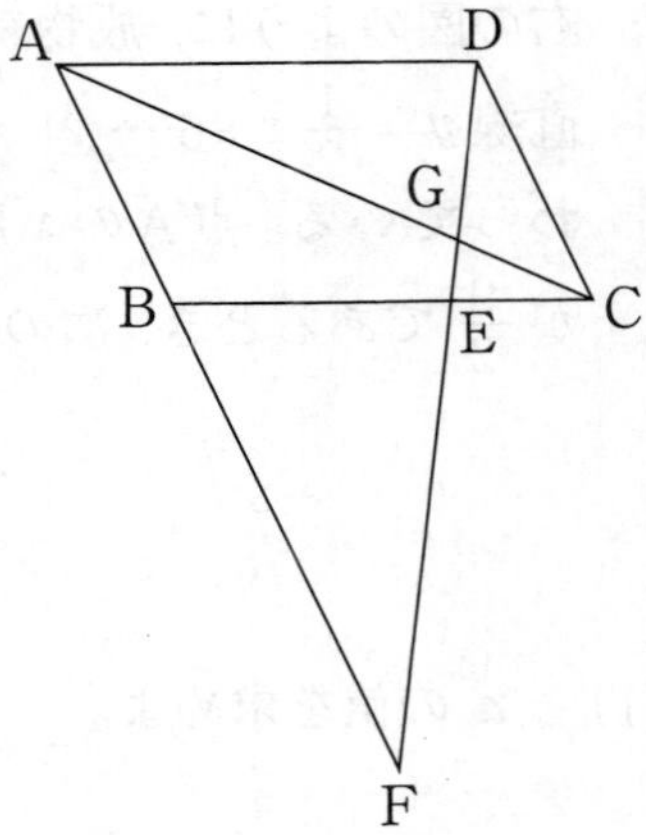

(1)　AD：CEを最も簡単な整数比で表せ。

答　AD：CE＝ ㉚ ： ㉛

(2)　△AFGと△CDGの面積比を最も簡単な整数比で表せ。

答　△AFG：△CDG＝ ㉜㉝ ： ㉞

(3)　平行四辺形ABCDの面積は△CDGの面積の何倍か求めよ。

答 ㉟ 倍

── 解答の仕方の注意 ──

数学の問題では，次の２通りの答え方がありますから注意しなさい。

(1) 解答群から選んで答える問題

答えを解答群から１つ選び解答カードにマークしなさい。

（例１） 5 + 3 = $\boxed{\ ⑥\ }$ （⑥解答番号です）

解 答 群	$\boxed{1}$ 2	$\boxed{2}$ 4	$\boxed{3}$ 6	$\boxed{4}$ 8	$\boxed{5}$ 10

例１の答えは８で解答群の $\boxed{4}$ が正解ですから，解答カードの解答番号⑥の解答欄の $\boxed{4}$ をぬりつぶして答えなさい。

(2) 解答群がなく，数値で答える問題

（例２） $\dfrac{1}{15}+\dfrac{3}{15}=\boxed{\dfrac{⑪}{⑨⑩}}$

例２の答えは $\dfrac{4}{15}$ です。解答群がありませんから

解答番号⑨の解答欄の $\boxed{1}$
解答番号⑩の解答欄の $\boxed{5}$
解答番号⑪の解答欄の $\boxed{4}$
をそれぞれぬりつぶして答えなさい。

また $\boxed{⑯⑰}$ のように $\boxed{\quad}$ 内に解答番号⑯，⑰がある場合には，答えの数の十の位の数が⑯に，一の位の数が⑰に，それぞれ必ず１つ数字が入ります。

答えが分数になる場合は，必ず約分して答えなさい。

問六　傍線部**E**「かしこ」は何を指すか。最も適当なものを次から選び、その番号をマークしなさい。解答番号は 28 。

① 宮中
② 朱雀門
③ 博雅の墓
④ 直衣を着た男の家
⑤ 浄蔵のいる所

問七　本文の内容と合致するものとして、適当なものを次から**二つ**選び、その番号をマークしなさい。ただし、解答の順序は問わない。解答番号は 29 ・ 30 。

① 博雅は、見慣れぬ男から声を掛けられて笛の交換をせがまれた
② 直衣を着た男との勝負に勝った博雅は、男から笛をもらった
③ 博雅は、帝の仰せのとおりに門の辺で一晩中笛を吹いていた
④ 博雅は、見知らぬ男と笛を交換したまま長らく返さなかった
⑤ 帝は、博雅から受け継がれてきた秘曲の演奏を浄蔵に依頼した
⑥ 博雅が朱雀門の辺で出会った男と交換した笛は、鬼のものだった

問八　本文の出典である説話集『十訓抄』と同じジャンルに属する作品を次から選び、その番号をマークしなさい。解答番号は 31 。

① 平家物語
② 枕草子
③ 土佐日記
④ 徒然草
⑤ 宇治拾遺物語

問三　傍線部**C**「三位失せて後」の解釈として、最も適当なものを次から選び、その番号をマークしなさい。解答番号は **25** 。

① 博雅が三位の位を失った後
② 博雅の行方が分からなくなった後
③ 博雅が亡くなった後
④ 博雅が笛をなくした後
⑤ 博雅の笛が盗まれた後

問四　傍線部**D**「帝御感ありて」とあるが、帝が感心した理由として、最も適当なものを次から選び、その番号をマークしなさい。解答番号は **26** 。

① 姿を消していた博雅が、名を浄蔵に変えて戻ってきたから
② 浄蔵が、何者かに盗まれた博雅の笛を見つけだしたから
③ 浄蔵が、博雅と同じ音の出る笛を持っていたから
④ 浄蔵の吹く笛の音が、博雅に引けを取らなかったから
⑤ 浄蔵が、笛の名人であった博雅の正体を見事に見破ったから

問五　空欄 X に入る語として、最も適当なものを次から選び、その番号をマークしなさい。解答番号は **27** 。

① 聞か（未然形）
② 聞き（連用形）
③ 聞く（終止形）
④ 聞く（連体形）
⑤ 聞け（已然形）
⑥ 聞け（命令形）

(4) 夜ごろになりぬ…いく晩か過ぎていった
(5) なほなほ月頃…さらに数ヶ月
(6) 時の笛吹きども…当時の有名な笛吹きたち
(7) 浄蔵…平安時代中期の僧
(8) 楼上…高く造られた建物の上
(9) 「かく」と奏しければ…「こうこう」と帝に申し上げたところ
(10) しろしめしけり…お分かりになった

問一 傍線部**A**「かれ」は何を指すか。最も適当なものを次から選び、その番号をマークしなさい。解答番号は **23** 。

① 音
② 笛
③ 直衣
④ 位
⑤ 人

問二 傍線部**B**「世になき程の笛」とあるが、具体的にはどのような笛なのか。最も適当なものを次から選び、その番号をマークしなさい。解答番号は **24** 。

① この世のものとは思えないような気味の悪い笛
② この世にないほど美しい形状をした笛
③ この世に比べるものがないほど鮮やかな色の笛
④ この世に並ぶものがないほどすばらしい音のする笛
⑤ この世にない材料で作られためずらしい笛

三　次の文章を読んで、後の問いに答えなさい。

博雅三位[1]、月の明かりける夜、直衣《なほし》[2]にて朱雀門[3]の前に遊びて、夜もすがら笛を吹かれけるに、同じ様に直衣着たる男の笛吹きければ、「誰ならむ」と思ふほどに、その笛の音、この世にたぐひなくめでたく聞こえければ、怪しくて近寄りて見ければ、いまだ見ぬ人なりけり。我もものをも言はず、かれも言ふことなし。かくのごとく、月の夜毎《ごと》に行きあひて吹くこと、夜ごろ[4]になりぬ。かの人の笛の音、ことにめでたかりければ、試みにAかれをとりかへて吹きければ、B世になき程の笛なり。その後なほなほ[5]月頃になれば、行きあひて吹きけれど、「もとの笛をかへしとらむ」とも言はざりければ、長くかへてやみにけり。C三位失《う》せて後、帝この笛を召して、時[6]の笛吹きどもに吹かせらるれど、その音を吹きあらはす人なかりけり。その後、浄蔵[7]といふめでたき笛吹きありけり。召して吹かせ給ふに、かの三位に劣らざりければ、D帝御感ありて、「この笛の主、朱雀門の辺にて得たりけるとこそ［X］。浄蔵この所に行きて吹け」と仰せられければ、月の夜、仰せのごとくEかしこに行きてこの笛を吹きけるに、かの門の楼上[8]に、高く大きなる声にて、「なほ逸物かな」とほめけるを、「かく[9]」と奏しければ、はじめて鬼の笛としろしめし[10]けり。

（『十訓抄』による）

（注記）

（1）博雅三位…源博雅

（2）直衣…男性貴族の平服

（3）朱雀門…大内裏の南にある二階建ての正門

問七　傍線部**D**「満たされる静謐」とはどのような気持ちか。最も適当なものを次から選び、その番号をマークしなさい。解答番号は 20 。

① 穏やかな気持ち
② 寂しい気持ち
③ 悲しい気持ち
④ 悔しい気持ち
⑤ 驚きの気持ち

問八　傍線部**E**「君嶋は不思議なものを見た」とあるが、「不思議なもの」とは何か。最も適当なものを次から選び、その番号をマークしなさい。解答番号は 21 。

① 歓喜の輪の中に消えて見えなくなった10番の後姿
② 歓喜の雄叫びを上げる勝者の姿と力尽き崩れ落ちた敗者の姿
③ 力尽きグラウンドに膝をつけた敗者の残酷な姿
④ お互いの健闘を称えあい言葉を交わす両チームの選手の姿
⑤ 観衆の両チームが過ごした濃密な時間を惜しむ姿

問九　傍線部**F**「シナリオにはないドラマ」とはどういうことか。最も適当なものを次から選び、その番号をマークしなさい。解答番号は 22 。

① どちらに勝敗が転ぶか予想もつかないほどのすばらしい試合だったということ
② スタンドから贈られた歓声と拍手は、敗者に贈られたものだったということ
③ サイクロンズにはまさか勝てるとも思っていなかった素晴らしい選手たちだということ
④ 両チームの選手が円陣を組み、スタッフまでもがその輪に加わったということ
⑤ 両チームへの惜しみない拍手がスタンドからいつまでも続いているということ

問四　空欄 Ⅲ に入る言葉として、最も適当なものを次から選び、その番号をマークしなさい。解答番号は 17 。

① 獅子奮迅《ししふんじん》
② 孤軍奮闘《こぐんふんとう》
③ 唯々諾々《いいだくだく》
④ 虎視眈々《こしたんたん》
⑤ 意欲満々《いよくまんまん》

問五　傍線部**B**「楔を打ち込み」とあるが、ここでの意味とほぼ同じ使い方のものを選び、その番号をマークしなさい。解答番号は 18 。

① 派閥に楔を打ち込んで勢力を分散させる
② 二人の仲をねたんで楔を打ち込む
③ 問題が大きくならないうちに楔を打ち込む
④ 遊びすぎないように楔を打ち込んでおく
⑤ 壊れそうな橋に楔を打ち込んで修理する

問六　傍線部**C**「鉄壁の防御網」では**ないもの**を選び、その番号をマークしなさい。解答番号は 19 。

① ネズミ一匹通さぬ勢い
② 目を爛々と輝かせて横一列のディフェンスライン
③ 密集して抜かれるだけのスペースはない
④ ひとつのミスも許されない
⑤ ラックから飛び出す選手を潰そうと待ち構えている

(注記)

(1) 掉尾を飾る…物事の終りに至って勢いのふるい立つこと。

問一　傍線部**A**「どういうわけかこみ上げてきた涙」とはどのような「涙」か。最も適当なものを次から選び、その番号をマークしなさい。
解答番号は **14** 。

① 敗色濃厚になった局面に、七尾がいないことを残念がる涙
② 七尾が退場し、ただ時間だけが経過していくことへの苛《いら》立《だ》ちの涙
③ 退場していた七尾をピッチの外に見つけた感激の涙
④ サイクロンズとの攻防が色褪《あ》せて見え始めた諦《あきら》めの涙
⑤ アストロズ応援団から沸き上がった七尾コールへの共感の涙

問二　空欄 Ⅰ に入る言葉として、最も適当なものを次から選び、その番号をマークしなさい。解答番号は **15** 。

① 「もう時間がないよ、浜畑」
② 「もう時間がないよ、七尾」
③ 「もう時間がないよ、佐々」
④ 「もう時間がないよ、岸和田」
⑤ 「もう時間がないよ、岬」

問三　空欄 Ⅱ に入る言葉として、最も適当なものを次から選び、その番号をマークしなさい。解答番号は **16** 。

① 「なんとかして。浜畑なら大丈夫でしょ」
② 「なんとかして。勝つといったのは理彩でしょ」
③ 「なんとかして。やっぱりあなたでしょ」
④ 「なんとかして。アストロズでしょ」
⑤ 「なんとかして。君なら出来るでしょ」

見つめ続けた。

E
そのとき、君嶋は不思議なものを見た。

フルタイムを迎えたグラウンドには、時として残酷な明暗が存在するものだ。

抱き合い、肩をたたき合い、歓喜の雄叫《おたけ》びを上げている勝者の背後には、地面に崩れ落ち力尽きた敗者の姿がある——はずであった。

だが、このときは違った。

アストロズの歓喜の瞬間が去ると彼らは、力尽き、グラウンドに膝をついたサイクロンズの選手たちの手を取って立ちあがらせ、握手をし、お互いの肩を叩いて言葉を掛け合う。フルタイムまでの八十分、両チームが過ごした濃密な時間が過ぎ去ったことを惜しみ、ここに人生の尊い一瞬を見出した者同士の融和が生まれようとしていた。

——これがラグビーか。

そのとき君嶋は思った。これこそ、ノーサイドの精神そのものだと。

終わってしまえば勝者も敗者も無い代わり、終わるまでは徹底的に勝利にこだわって技術と体力、知略の全てを尽くす——その相反する現実を許容するだけの精神性こそ、ここに証明されているものだ。

さざ波のようにスタンドから贈られる歓声と拍手は、決して勝者にだけ向けられたものではない。

「やってくれたな、君嶋くん。——すばらしい試合だった」

目を赤くして新堂工場長が手を差し伸べてきた。「素晴らしい選手たちだ。そしてどうだい、これは。アストロズを誇りに思うよ」

いま、アストロズとサイクロンズの選手が一緒になって円陣を組んだところだ。

F
シナリオにはないドラマがまたひとつ生まれようとしている。

その輪の中に紫門が加わり、いまサイクロンズの津田も加わった。スタッフたちもだ。

「私たちも行きましょう」

多英にうながされ、君嶋もピッチへ続く階段を駆け下りていく。

スタンドからは、惜しみない拍手がいつまでも降り注いでいる。秩父宮のグラウンドに斜めに射し込む西日が深紅と濃紺のジャージーを眩《まぶ》しいほどに輝かせ、両チームの健闘を祝福しているかのようであった。


（池井戸潤『ノーサイド・ゲーム』による）

を引くような無回転のボールだった。

これにはサイクロンズも、いや二万人の観客全員が度肝《どぎも》を抜かれた。

右サイドの攻撃で手薄になり、裏へのパントキックを警戒していたサイクロンズの、完全に裏を掻《か》く——いや、想像を絶する左サイドへのキックパスだったからだ。

視界に、ひとりの男が飛び込んできたのはそのときだった。

ウイングの位置に走り込んだフルバックの岬である。

数十メートルもの距離を正確に通したキックパスが岬の懐《ふところ》にすっぽりと収まったとき、スタンドの歓声はまさに爆発したかのようであった。

「走れ、走れ、走れーっ！」

もはやレナは絶叫していた。理彩もだ。弾け飛びそうになる意識の中で、なにかとんでもないことが起きようとしていることだけはわかる。

いまやスタンドは総立ちで、スタジアム全体が熱狂の渦《うず》に呑《の》み込まれ、溶けてしまいそうな興奮の中に放り出されている。

サイクロンズの選手たちが、岬に突進していた。いまにもタックルされそうになった岬のフォローに回ったのは、キックと同時に猛ダッシュした七尾だ。その七尾にパスが出たとき、レナの耳にはもはや何も聞こえなくなった。色彩が弾《はじ》け飛び、頭の芯が痺《しび》れたようになって目に映る光景はスローモーションのようだ。

ゴールライン直前でサイクロンズのフルバックが、渾身《こんしん》のタックルを仕掛けてきた。

それをハンドオフで一瞬にして地面に叩《たた》き付けたとき、勝負は決まった。

逆転のトライだ。

絶叫とともに理彩が両手の拳《こぶし》を天に突き出している。このとき——。

レナの心に訪れたのは**D**満たされた静謐《せいひつ》であった。

スタンドを埋める大歓声、悲鳴、狂喜と落胆が激しく入り乱れる渦中《かちゅう》で到達したのは、温かい万感の思いだ。

錯雑《さくざつ》とし、激しく翻弄《ほんろう》された感情の起伏から解放されてみると、ただ涙が溢《あふ》れだした。

——七尾、ありがとうね。

いま冷静にコンバージョンキックを決め、歓喜の輪の中に見えなくなった10番を、この瞬間を目に焼き付けようと、レナは瞬《まばた》きすら忘れまさに、死闘の(1)掉尾《ちょうび》を飾る、最後の猛攻であった。

佐々から七尾にボールが出された。まるで、そっと手渡すような丁寧なパスだ。

七尾から浜畑へ。そのボールを浜畑が確実にフォワードへ渡し、右へ走らせる。守勢にまわるサイクロンズも必死だ。C鉄壁の防御網を張り、ネズミ一匹通さぬ勢いで目を爛々《らんらん》と輝かせて横一列のディフェンスラインを敷いている。

ラックから佐々が出したボールを、七尾が右へパスした。

「右か」

理彩がいう。グラウンドの左サイドは大きく空いているのに、七尾が選んだのは、狭いスペースの方だ。そこには選手が密集して抜けられるだけのスペースはない。

スタンド全体が最高潮に盛り上がり、両チームのファンによる声を嗄《か》らしての応援が続いている。

ひとつのミスも許されない中、再びラックが出来た。横一列のサイクロンズの選手たちがラックから飛び出す選手を潰《つぶ》そうと待ち構えている。

そのとき、素早くスタンドオフの位置に浜畑が入り、七尾がポジションを下げるのをレナは見た。パスを受けたときにプレッシャーを受けないようにするためだろうか。いや、違う——。

裏に蹴《け》り込むつもりだ。

瞬時にレナが理解したとき、佐々から浜畑へパスが出た。浜畑はダミーパスをかませ、相手フォワードの目先を変えてから、後方に位置取りしていた七尾にパスを出す。

そのとき——

「嘘でしょ」

レナは自分の洩《も》らした声をきいた。

七尾が選択したのは、レナの予想した通り、やはりキックだった。だが、蹴られたボールは、前にではなく、とんでもない方向に向かって低い放物線を描いたのである。

ほぼ真横に蹴られた、キックパスだった。

いわば、サッカーのクロスに近い。グラウンド右サイドから左サイドへの、ロングパスだ。

ラグビーのグラウンドは幅七十メートルある。その大半を横切るようなキックパスが、右サイドから左サイドに向かって飛んでいる。糸ハーフウェイライン付近でのマイボールのスクラムだ。佐々がボールを入れ、すぐに七尾に渡った。走り込んできたバックスに投げたパスは、一瞬のうちにタイミングを計った見事なロングパスで、もう少しで相手のディフェンスを抜くところであった。

密集戦から、佐々が再び七尾に出し、攻撃が組み立てられていく。

浜畑と七尾のパス交換があり、フォワードの素早い集散で、相手の守備ラインが整ってしまう前に動かそうとする意図が見える。

時間はない。

だけど、焦ってもいない。

七尾の組み立てる攻撃は、流れの中から、[Ⅲ]とチャンスを狙っている。

右へ、右へ、パスが回っている。フォワードが突進してB楔《くさび》を打ち込み、素早く反対方向へ戻すようにパスを回し始めた。

佐々から七尾、七尾から浜畑。さらに七尾へ――。

22メートルライン付近だ。相手ディフェンスが整然と並び、穴はないように見える。

――どうするの。

レナが胸の中で問うたのと、ボールを持っていた七尾の右足が一閃《いっせん》したのは同時だ。

ふわりと柔らかなボールがディフェンスの裏へと上がった。

ゴールラインの向こう側に落とす絶妙なキックだった。

慌てて走る相手ディフェンスと、疾走するアストロズのナンバーエイト、岸和田が競走になる。

インゴールに落ちたボールが、大きく右へ跳《は》ねた。

猛然とそれに向かって飛び込んだのは、岸和田だ。抑え込んだ瞬間、大歓声が上がり、スタンドは騒然となった。観客は総立ちだ。

ゴールほぼ正面からコンバージョンキックを、七尾が慎重に決めると、トキワコールが始まった。

二十四対二十八。再び四点差に詰め寄った。

〈中略〉

後半四十分を告げるホーンが鳴った。

ラストワンプレーだ。

この攻撃が途切れたとき、試合が終わる。

二 次の文章を読んで、後の問いに答えなさい。

敗色濃厚のこの場面に、七尾はいない。

「あいつがいれば、なんとかしてくれるのに」

悔しさに唇を噛んだレナは、スコアボードの時計をみやった。

後半も三十分を過ぎている。

七尾が退場して、もう五分ほど経過しただろうか。

「帰ってこないのかな、七尾」

理彩が心配そうにつぶやいた。

レナは返事もなく、無言でグラウンドを見つめている。

浜畑のキックで、再び試合がスタートした。サイクロンズとの攻防が色褪《あ》せて見えるが、そのとき――。

どこかで歓声が沸き上がった。

「見て、レナ」

理彩が指さす方向を見たレナは、A<u>どういうわけかこみ上げてきた涙</u>をどうすることもできなかった。

タッチライン近くに立つ、10番を背負った深紅のジャージーをそこに見つけたからだ。

「七尾!」

レナは声を張り上げた。「がんばって!」

アストロズ応援団から、七尾コールが沸き上がる。

帰ってきたのだ。

チームのために。私たちのために。

プレーが切れ、主審が手振りで七尾に戻るよう指示した。

ピッチに入る七尾が振り返り、背後にある電光掲示板が表示する時間を確認したのがわかった。

「［ Ⅰ ］」

レナは心の中で語りかける。「［ Ⅱ ］」

問七　傍線部**E**「ゴジラと大鯰はともに海の彼方から出現した妖怪であり、かれらが都市文明を破壊するということはいったい何を意味しているのだろうか」とあるが、筆者の考えはどういうものか。最も適当なものを次から選び、その番号をマークしなさい。解答番号は 7 。

① 破壊することによって改心した人間を生み出そうという意図がある
② 破壊することで、人間社会を批判するという意図がある
③ 破壊した後で、怪獣や妖怪の世界を作ろうという意図がある
④ 破壊した後に人間世界を再生させようという意図がある
⑤ 破壊してみることで人間社会を理解しようという意図がある

問八　傍線部**F**「深層心理における人間と自然の関係を象徴的にあらわすものだ」とあるが、なぜ「象徴的」なのか。最も適当なものを次から選び、その番号をマークしなさい。解答番号は 8 。

① ゴジラや鯰男が自然の象徴であり、人間が自然に対して抱いている考え方と同じだから
② ゴジラや鯰男は破壊者であり、人間が自然を破壊しているという考え方と同じだから
③ ゴジラや鯰男は人間の象徴であり、人間が自然を再生させるという考え方と同じだから
④ ゴジラや鯰男と自然との関係は、人間と自然との関係と変わらないという考え方と同じだから
⑤ ゴジラや鯰男は自然ではなく、人間の驕《おご》りを破壊するものだという考え方と同じだから

問九　二重傍線部**a**～**e**のカタカナを漢字に直した時、その漢字を含むものを次の各群から選び、その番号をマークしなさい。解答番号は 9 ～ 13 。

a	提キ	9	① キ立	② キ節	③ キ分	④ キ読	⑤ キ則
b	人生カン	10	① カン光	② カン誘	③ カン督	④ カン動	⑤ カン元
c	イ然	11	① イ頼	② イ動	③ イ見	④ イ置	⑤ イ員
d	サン成	12	① サン否	② サン加	③ サン歩	④ サン素	⑤ サン地
e	シ摘	13	① シ揮	② シ援	③ シ発	④ シ服	⑤ シ験

問三　傍線部**A**「いうにいわれぬ」とあるが、同様の言い回しとして、最も適当なものを次から選び、その番号をマークしなさい。解答番号は [3] 。

① 言わぬが花　② 言わずもがな　③ えも言われぬ
④ 言い得て妙　⑤ 言うに事欠いて

問四　傍線部**B**「現実のわれわれの生活のなかに不可思議な世界が生き残っており、しかも現実に機能している」とあるが、その例としてどのようなものがあるか。最も適当なものを次から選び、その番号をマークしなさい。解答番号は [4] 。

① 正月に神社に初詣をする　② 子供同士でかくれんぼをする
③ 挨拶をするときにお辞儀をする　④ 親戚にお中元を贈る
⑤ 食べてすぐ寝ると牛になる

問五　傍線部**C**「まがまがしい気分」とあるが、どういう気分か。最も適当なものを次から選び、その番号をマークしなさい。解答番号は [5] 。

① 気に食わなくてしゃくにさわる気分　② 悪意が感じられて憎らしい気分
③ 腹立たしくて残念な気分　④ 縁起が悪くて不吉な気分
⑤ わざとらしくて信じられない気分

問六　傍線部**D**「鯰男という妖怪が出現して」とあるが、ここに人々は何を感じ取ったというのか。最も適当なものを次から選び、その番号をマークしなさい。解答番号は [6] 。

① 妖怪の出現で世直しが行われる　② 妖怪の出現でこの世の中が終わる
③ 妖怪の出現でお金持ちがいなくなる　④ 妖怪の出現でみな平等になる
⑤ 妖怪の出現で人々が再生される

壊していくが、江戸の庶民たちは、鯰男の援助を受けて世直しが行われるものと考えていた。鯰男の破壊には「世直し」のイメージが伴っていることがeシ摘されている。ゴジラにしろ、鯰男にしろ、破壊者としてのイメージを正面に持ちながら、結果的には人間を救済する方向に働いている。そしてこのことは自然と人間の関係において、人間の方が自然に対して潜在的に抱いている考え方の一つの表われではないかと思われる。

ゴジラ、あるいは鯰男に示される妖怪をみると、われわれが、妖怪を絶えず身近にイメージしており、つくり出された妖怪を、われわれが恐れたり、あるいは愛したりすることが分かる。それは、F深層心理における人間と自然の関係を象徴的にあらわすものだといって差し支えないのである。

（宮田登『妖怪としてのゴジラ』による）

（注記）

（1）瓦版…江戸時代に事件を急報するのに町を売り歩いた、簡単な印刷物。

問一　空欄 Ⅰ ・ Ⅲ ・ Ⅳ に入る語の組み合わせとして、最も適当なものを次から選び、その番号をマークしなさい。解答番号は **1** 。

	Ⅰ	Ⅲ	Ⅳ
①	あるいは	いわゆる	そもそも
②	そもそも	あるいは	いわゆる
③	いわゆる	そもそも	あるいは
④	そもそも	いわゆる	あるいは
⑤	あるいは	そもそも	いわゆる
⑥	いわゆる	あるいは	そもそも

問二　空欄 Ⅱ に入る語として、最も適当なものを次から選び、その番号をマークしなさい。解答番号は **2** 。

① 印象的　② 理性的　③ 生理的　④ 学問的　⑤ 合理的

世界が生き残っており、しかも現実に機能している、そして何かの意味をわれわれの日常生活のなかにもたらしているのだ、という考え方をする必要があるのである。

〈中略〉

「お化け」については誰でも、多かれ少なかれ関心をもっている。以前「オバQ」というテレビ漫画があったし、昭和三十年代には、「ゲゲゲの鬼太郎」という漫画が名高かった。怪獣映画の主人公、「ゴジラ」がふたたび復活してきて話題となっている。

ところでゴジラは、東京の真中の有楽町に出現して、かつての娯楽の殿堂であった日劇を破壊して、さらに大東京をメチャクチャにこわした大怪獣である。このゴジラが復活するというのはもちろん映画であるが、その映画の広告記事をみると「一九八四年一二月一五日上陸」とあり、ファンたちによるゴジラ讃歌がのせられていた。

作家の北杜夫は、「怪獣本来の原点に戻るという意見は d大サン成です。怖さ、不気味さは人間本能の原点です」といっているし、漫画家の水木しげるは、「ゴジラこそ最高の怪獣である。ゴジラを追い越せる怪獣は世界にない」。また糸井重里は、「かつてゴジラは大人の心胆《しんたん》を寒からしめる怖るべき存在でした。Cあのまがまがしい気分は忘れ難いものです。またわれわれを戦りつさせて下さい」という。たしかにあのゴジラのモチーフは、海の向うから巨大な怪獣が大東京を襲って破壊し、さらに、日本列島全域を襲っていくものである。東京湾の彼方から荒波を蹴立てながら、東京湾に上陸してくる姿は何ともいえぬものであった。大東京が破壊されて、東京終末のシーンとなっているのである。

海の彼方からやってくる大怪獣というモチーフは、ちょうど安政二年（一八五五）に安政大地震が起こったとき、海の彼方から大怪獣・鯰《なまず》男が出現したという鯰絵のモチーフと同じである。D鯰男という妖怪が出現して、江戸で栄華を誇っていた、大金持とか、有力な豪商たちをつぎつぎとやっつける。これを描いた鯰絵は一種の⑴瓦版《かわらばん》形式であるが、「鯰絵」と称されてもてはやされた。この鯰絵に描かれた鯰男の姿は、ゴジラの姿をほうふつとさせるものである。

Eゴジラと大鯰はともに海の彼方から出現した妖怪であり、かれらが都市文明を破壊するということはいったい何を意味しているのだろうか。大鯰やゴジラは自然界をシンボライズした姿である。そして鯰男にしろ、ゴジラにしろ、妖怪変化の形をとっているのである。怪獣、あるいは妖怪といわれるものは、人間がつくり出したものであり、かつ人間自身を破滅に導く方向をもっていることは確かだが、興味深いのは破壊した後に人間世界を再生させようとする意図が秘められていることである。巨大な都市文明が破壊された後、また新しいものが創り出されてくる、そういう考え方が基本にあるといえる。

たしかにゴジラは、メチャクチャに暴れながら、結局は人間の味方をするようになっているし、鯰男も怪獣となってあらわれて江戸を破

二〇二一年度 東京農業大学第三高等学校（第1回）

【国語】（四五分）〈満点：一〇〇点〉

一 次の文章を読んで、後の問いに答えなさい。

いわゆるお化けの問題が、学問の対象になるのかどうかを考えるとき、まず、柳田国男『妖怪談義』が一つの参考になるだろう。妖怪はいわゆるお化けのことである。そこで、なぜお化けを研究するのかということについて、柳田国男は問題を提aキしているのである。

Ⅰ お化けとは人間のつくり出した文化の産物であるが、Ⅱ に説明のつきかねる世界に属している。従来も、本居宣長や平田篤胤《あつたね》以来多くの人々が研究の対象にしてきた。たとえば平田篤胤の『古今妖魅考』のなかには、天狗とか、河童とか、われわれが少年時代に誰でも一度は耳にしたことのある妖怪変化の話が数多く記されているのである。

篤胤は近世の知識人の一人であるが、こうした知識人の考えるお化けとは別に、ごくふつうの庶民が日常的世界のなかで、不可思議な存在に対して、Aいうにいわれぬ感情を持っていたことは明らかである。それは説明のつきにくい生活感情、Ⅲ 潜在意識のなかに横たわっているものであり、深層心理に属している。それを研究対象として客観化できる領域に引き上げて、とくに民俗文化の問題として考えていく場合に何が明らかにできるのだろうか。

柳田国男はこういっている。第一に日本人が持っている畏怖《いふ》感というもの、これは恐怖の感情である。この畏怖感の最も原始的な形はどんなものだったのだろうかと設問している。恐怖とか畏怖の感情が基本にあって、それがさまざまに変化していき、お化けを生み出すようになってきたのだという。

Ⅳ 、不可思議な感情については、現代人であればあるほどばかばかしい話として、笑い話とか戯《ざ》れ話とか、そういう形でしか理解できないような対象になってしまっている。しかし、日本文化の歴史のなかに、畏怖とか恐怖の原始的な文化の型を、とらえるとしたらどうなるだろうか。それを明らかにしていくと少なくとも、日本人の人生bカンや信仰・宗教の変化を知ることができるのではないかと柳田国男は『妖怪談義』のなかでのべている。

この問題を考えるとき、現代の文明が高度に発達した社会のなかには、cイ然として古代的信仰の残存という形である種の民俗資料があるわけで、これをたんに昔から現代社会に伝えられて残っているのだという表面だけで考えずに、B現実のわれわれの生活のなかに不可思議な

2021年度／東京農業大学第三高等学校（第１回）

英語解答

1　1 ③　2 ①　3 ②　4 ③

2　1 ③　2 ④　3 ④　4 ①

3　1 ①　2 ②　3 ①　4 ④　5 ③

4　問1 ③　問2 ②　問3 ③　問4 ①　問5 ②　問6 ④　問7 ④

5　問1 ①　問2 ④　問3 ③　問4 ④　問5 ②　問6 ①　問7 ②

1・2〔放送問題〕放送文未公表

3〔適語選択〕

1．「私は公園に行った」と「私は宿題を終えた」をつなぐ語として，after「～後」が適切。　「私は宿題を終えた後，公園に行った」

2．be interested in ～ で「～に興味がある」。　「トムは音楽にとても興味がある。彼は２つのオンライン音楽ストリーミングサービスを使っている」

3．「あなたはインドに行ったことがありますか？」という現在完了（‘have/has＋過去分詞’）の‘経験’を表す文。「～に行ったことがある」は have/has been to ～ で表す。

4．more useful は useful の比較級なので，後ろにくる語として than ～「～よりも」が適切。「このスマートフォンはあれよりも便利だ」

5．an email を「～で書かれた」と受け身の意味で修飾する形容詞的用法の過去分詞が適する。write－wrote－written　「マイクは英語で書かれたメールを私に見せてくれた」

4〔長文読解総合―物語〕

≪全訳≫❶ただ１人の漁師を乗せた小さな船が着いたとき，あるアメリカ人ビジネスマンはメキシコの小さな村の海辺にいた。小さな船の中には，何匹かの大きな魚が積まれていた。アメリカ人はメキシコ人に，魚がどれほどおいしそうに見えるかを話し，魚を捕まえるのにどれくらいの時間がかかるのか尋ねた。メキシコ人は，それはわずかな時間だと言った。❷するとアメリカ人は，なぜ彼がもっと長く海にとどまり，もっと多くの魚を捕まえないのかと尋ねた。メキシコ人は，自分と家族にとって十分な数を捕まえたからだと言った。するとアメリカ人は，「でも，君は釣りの後に何をするのかね？」と尋ねた。漁師は，「ふだんは子どもと遊んでいます。妻のマリアと一緒に昼寝をすることもあります。友達とワインを飲んだり，ギターを弾いたりするのも好きですね。充実した幸せな生活を送っていますよ，旦那」と言った。アメリカ人は笑った。「私はとても有名な大学を卒業したので，君がたくさんのお金を稼ぐのを手伝うことができる」と彼は言った。「君は釣りにもっと多くの時間を使うべきだ。そうすれば，稼いだお金でもっと大きな船を買うことができるからね。余ったお金で，何隻かの漁船を買うことだってできる！　地元の市場で魚を売る代わりに，魚工場に直接売ればいい。でも，そこでやめてはいけない。君は自分の缶詰工場を開くことができる。この小さな村を離れて，大都市に引っ越す必要があるがね。自分の漁業ビジネスを営むことができるんだ」　漁師は尋ねた。「でも，それを全部達成するにはどれくらい時間がかかるのですか，旦那？」　アメリカ人は「15年だな」と答えた。「でもその後はどうなるんですか，旦那？」　アメリカ人は笑って言った。「そこからが一番いいところなんだ。

時期を見計らって君の会社を売ったら，大金持ちになれる。君は何百万ドルも稼いでいるだろうからね！」　「何百万ドルですって，旦那？　それで，その後は？」　アメリカ人は言った。「その後は引退するのさ。君は小さな漁村に引っ越せばいい。夜遅くに寝たり，少し釣りをしたり，遊んだりできるよ…。ああ，子どもさんは大きくなっているだろうが，奥さんと一緒に昼寝をしたり，友達とワインを飲んだりギターを弾いたりできる。それは完璧な人生のように聞こえないかい？」

問１＜指示語＞直前に，「魚を捕まえるのにどれくらいの時間がかかるのか尋ねた」とある。したがって，「それはわずかな時間だ」の「それ」は，魚を捕まえるのにかかった時間を指すとわかる。‘it takes＋時間＋to ～’「～するのに〈時間〉が…かかる」　a short time「わずかな時間」

問２＜適語選択＞アメリカ人がメキシコ人に，魚を捕まえるのにかかる時間を尋ねたところ，メキシコ人はわずかな時間だと答えた。そこでアメリカ人は，金儲けをするチャンスを失ってはいけないことをメキシコ人に教えようとして，もっと多くの「魚」を捕まえるようにアドバイスしたのである。なお，fish は単複同形で，ここでは複数形として使われている。

問３＜適語選択＞メキシコ人は今の自分の生活について，ふだんは子どもと遊び，妻と一緒に昼寝をし，友達とワインを飲んだりギターを弾いたりする，と述べている。and の直前に full「充実した」とあることからもわかるように，彼はこの生活を「幸せな生活」と考えているのである。

問４＜整序結合＞You should で始め，この後の動詞の原形を spend にする。この後は‘spend＋時間＋～ing’「～して〈時間〉を過ごす」の形を使って，spend more time fishing とする。　You should spend more time fishing.

問５＜適文選択＞メキシコ人漁師の質問にアメリカ人は「15年」と答えている。したがって，時間の長さを問うときの表現である how long が含まれる②が適切。

問６＜適語句選択＞この後，アメリカ人は「君は何百万ドルも稼いでいるだろう」と言っている。したがって，会社を売った後のメキシコ人の状況を表す語句として，④「大金持ちの」が適切。

問７＜内容真偽＞①「アメリカ人は漁師の船の中に何匹かの大きな魚を見た」…○　第１段落第２文に一致する。　②「漁師は釣りをした後はギターを弾き，昼寝をし，子どもたちと遊んでいる」…○　第２段落前半に一致する。　③「アメリカ人は漁師にもっと多くの魚を捕まえて数隻の船を買うようにアドバイスした」…○　第２段落中盤に一致する。　④「漁師は大都市に引っ越すことにした」…×　第２段落中盤参照。アメリカ人は漁師に大都市に引っ越すようにアドバイスしたが，漁師はそのアドバイスに従ったわけではない。

5〔**長文読解総合―説明文**〕

≪全訳≫❶次のことを想像してみよう。あなたはインターネットで何かを探していて，興味深い記事が掲載されているウェブサイトを見つけた。そのうちのいくつかはニュース記事だ。それらの目的は情報を与えることだ。他のものは，ニュース記事のように見えるだけのものだ。それらは実際には広告，つまり「宣伝」だ。宣伝の目的は，何かを購入してもらうことだ。ニュース記事と宣伝の違いを，どうやって見分けるか。私が若い頃，それは簡単だった。私たちは情報のほとんどを新聞から入手した。大きなニュース記事は第１面にあり，宣伝は枠の中に書かれていた。しかし，インターネットでは，宣伝が枠の中に書かれていないことがよくある。どちらがどっちか見分けることは難しい場合がある。❷私の研究グループが調査を行った。人気の雑誌のホームページを何人かの学生に見せた。ニュース記事はどれか，宣伝はどれかを指摘してくれるように頼んだ。学生たちは宣伝のほとんどをうまく見つけた。「クーポン，会社のロゴ，そしてセールという言葉が入っている」とある学生はサイトの宣伝について書いた。では，学生にとっては何が難しかったか。❸一部の宣伝は，実際のニュース記事と同じように見える。それらには見出しと情報がある。しかし，それらには「スポンサーつきコンテンツ」という言葉も表示されているかもしれない。スポンサーつきとは「それに対してお金が払われていること」を意味し，コンテンツとはストーリー内の情報を意味する。「スポンサーつきコンテンツ」とは，それが宣伝であると伝えるための手段だ。私たちが調査したほとんどの学生は，このことを知らなかった。❹スポンサーつきコンテンツはニュースのように見えることがよくあるが，実際はニュースではない。企業がお金を払ってそれをインターネットに載せている。彼らは，読者が宣伝を見て彼らの製品を買うようにするためにお金を払っているのだ。❺読者として，あなたは自分が読んでいる情報に対して誰がお金を払っているのかを知るべきだ。だから，スポンサーつきコンテンツという言葉を探していただきたい。注意深く見てほしい。ときどき，それは非常に小さな文字で書かれている。インターネットにはたくさんの情報がある。宣伝とニュース記事の違いを見分けられるようになることが重要だ。

問１＜適語選択＞直前の it は，前の文の内容である，「ニュース記事と宣伝の違いを見分けること」を指す。２文後に「大きなニュース記事は第１面にあり，宣伝は枠の中に書かれていた」とあるので，両者を見分けることは「簡単」だったのだと推測できる。

問２＜整序結合＞「～することは…だ」は 'It is … to ～' の形式主語の構文で表せる。「どちらがどっちか見分けることは」は to tell which is which とする。　It can be hard to tell which is which.

問３＜内容一致＞「記事によると，この話の筆者は(　　)かもしれない」―③「研究者」　第２段落第１文に「私の研究グループが調査を行った」とあることから判断できる。

問４＜内容一致＞「学生たちはその調査の中で(　　)を見た」―④「雑誌のホームページ」　第２段落第２文参照。

問５＜内容一致＞「スポンサーつきコンテンツという言葉は(　　)を意味する」―②「その情報が宣伝であること」　第３段落最後から２番目の文参照。

問６＜英問英答＞「なぜ企業は情報にお金を払うのか」―①「読者に何かを買ってもらいたいから」　第４段落第２，３文参照。

問７＜内容真偽＞①「私たちに高価なものを買わせるニュース記事もある」…×　第４段落参照。私たちに製品を買わせようとするものは，ニュース記事を装った宣伝である。　②「セールという言葉があれば，普通，その記事は宣伝であることがわかる」…○　第２段落第４，５文に一致する。③「企業の目的は私たちにクーポンを提供することだ」…×　第４段落参照。企業の目的は，お金を払って宣伝をインターネットに載せ，読者に製品を買わせることである。　④「宣伝とニュース記事の違いを見分けることは私たちにとって重要ではない」…×　第５段落最終文参照。

数学解答

1 (1) ④　(2) ⑦　(3) ⑤　(4) ①
(5) ②

2 (1) ⑥…3　⑦…1
(2) ⑧…4　⑨…2
(3) ⑩…5　⑪…6　⑫…8
(4) (ア) 7　(イ) ⑭…4　⑮…3
(5) ⑯…8　⑰…1　⑱…6　⑲…3

3 (1) ⑳…2　㉑…1
(2) ㉒…4　㉓…8
(3) ㉔…2　㉕…2
(4) ㉖…2　㉗…1　㉘…1　㉙…0

4 (1) ㉚…5　㉛…2
(2) ㉜…2　㉝…5　㉞…4　(3) 7

1〔独立小問集合題〕

(1)＜数の計算＞与式 $=5-(-27)\div\left(-\dfrac{27}{8}\right)=5-(-27)\times\left(-\dfrac{8}{27}\right)=5-8=-3$

(2)＜平方根の計算＞与式 $=\sqrt{2^2\times3}(\sqrt{3}-1)-\left(\dfrac{\sqrt{27}}{\sqrt{3}}-\dfrac{6}{\sqrt{3}}\right)=2\sqrt{3}\times\sqrt{3}-2\sqrt{3}-\left(\sqrt{9}-\dfrac{6\times\sqrt{3}}{\sqrt{3}\times\sqrt{3}}\right)=6-2\sqrt{3}-\left(3-\dfrac{6\sqrt{3}}{3}\right)=6-2\sqrt{3}-(3-2\sqrt{3})=6-2\sqrt{3}-3+2\sqrt{3}=3$

(3)＜式の計算＞与式 $=x^3y^6\div\dfrac{4x^2}{9y^2}\div3xy=x^3y^6\times\dfrac{9y^2}{4x^2}\times\dfrac{1}{3xy}=\dfrac{3}{4}y^7$

(4)＜式の計算＞与式 $=\dfrac{3(7a-3b)-6b-2(4a-3b)}{6}=\dfrac{21a-9b-6b-8a+6b}{6}=\dfrac{13a-9b}{6}$

(5)＜二次方程式＞$x^2-4x+x^2-9=-3$，$2x^2-4x-6=0$，$x^2-2x-3=0$，$(x+1)(x-3)=0$　$\therefore x=-1,\ 3$

2〔独立小問集合題〕

(1)＜確率―カード＞十の位の数は１枚目に引いたカードに書かれた数で，１～６の６通りあり，一の位の数は１枚目に引いたカードに書かれていた数以外の５通りだから，２けたの自然数は全部で $6\times5=30$（通り）できる。このうち，３の倍数となるのは十の位の数と一の位の数の和が３の倍数になる自然数で，12，15，21，24，36，42，45，51，54，63の10通りある。よって，求める確率は $\dfrac{10}{30}=\dfrac{1}{3}$ である。

(2)＜図形―角度＞右図のように，長方形の各頂点をＡ，Ｂ，Ｃ，Ｄ，正三角形の各頂点をＥ，Ｆ，Ｇと定め，辺ADと辺EF，辺BCと辺FGとの交点をそれぞれＨ，Ｉとする。また，点Ｆを通り，辺BCと平行な直線を引き，辺EGとの交点をＪとする。JF∥BIより，同位角は等しいから，∠JFG＝∠BIG＝18°であり，正三角形の１つの内角は60°だから，∠EFG＝60°である。よって，∠HFJ＝∠EFG－∠JFG＝60°－18°＝42°となる。さらに，HD∥JFより，錯角は等しいから，∠x＝∠DHF＝∠HFJ＝42°である。

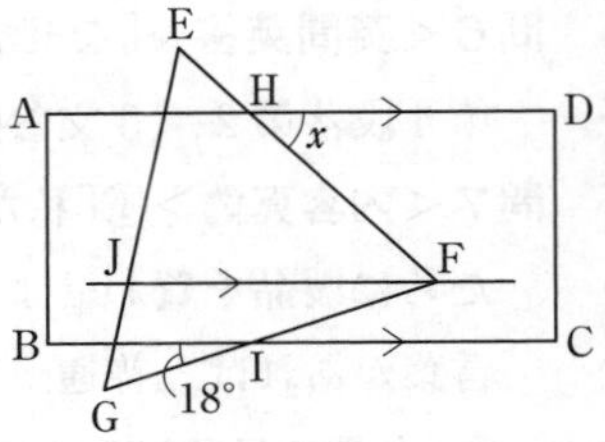

(3)＜資料の活用―平均値，中央値，最頻値＞与えられた11個のデータを小さい順に並べると，１，１，２，３，４，６，７，７，８，８，８となる。この11個のデータの平均値は，$(1+1+2+3+4+6+7+7+8+8+8)\div11=55\div11=5$（点）である。中央値は，11個のデータの小さい方から６番目のデータの値だから，６点である。最頻値は，最も度数が多いデータだから，３個の８点である。

(4)＜数と式―数の計算，数の性質＞(ア)高さ16cmの大きいアルミ缶を１個と小さいアルミ缶を何個か重ねて高さ１m，つまり，100cmの円柱をつくるので，高さ12cmの小さいアルミ缶を重ねて，高

さ $100-16=84$(cm)にしなければならない。よって，小さいアルミ缶は，$84\div12=7$(個)必要である。　(イ)16cmと12cmの最小公倍数は48cmで，$48=16\times3=12\times4$ より，大きいアルミ缶を3個重ねた高さと，小さいアルミ缶を4個重ねた高さが48cmで同じになる。よって，(ア)のときの小さいアルミ缶7個のうち4個を，大きいアルミ缶3個にかえれば，1mの高さは変わらない。したがって，大きいアルミ缶 $1+3=4$(個)，小さいアルミ缶 $7-4=3$(個)の組合せがある。

(5)＜**一次方程式の応用**＞A組，B組の受験者の比が9：7より，A組，B組の受験者数はそれぞれ $9x$ 人，$7x$ 人とおける。このとき，A組の合格者は21人だから，A組の不合格者は $9x-21$ 人と表せ，B組の合格者は27人だから，B組の不合格者は $7x-27$ 人と表せる。よって，A組，B組の不合格者の比が5：3であることから，$(9x-21):(7x-27)=5:3$ が成り立つ。これを解くと，$(7x-27)\times5=(9x-21)\times3$ より，$35x-135=27x-63$，$8x=72$，$x=9$ となる。よって，A組の受験者数は，$9x=9\times9=81$(人)，B組の受験者数は，$7x=7\times9=63$(人)である。

3　〔**関数―関数 $y=ax^2$ と直線**〕

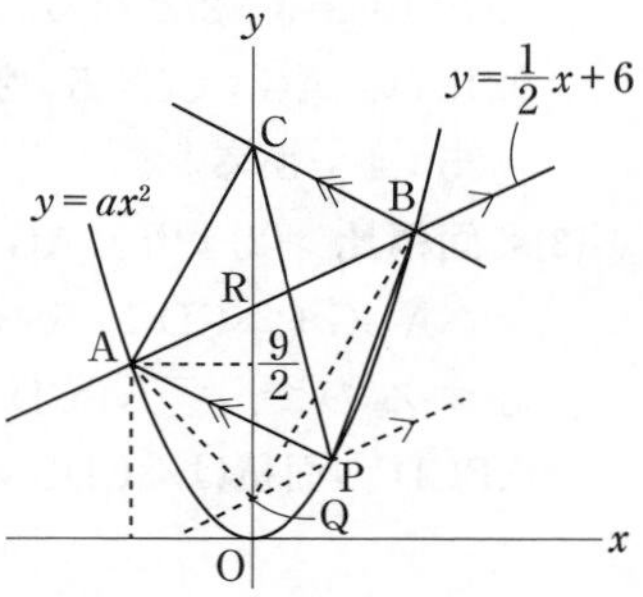

(1)＜**a の値**＞右図で，点Aは直線 $y=\frac{1}{2}x+6$ 上の点であり，y 座標が $\frac{9}{2}$ だから，$\frac{9}{2}=\frac{1}{2}x+6$ より，$9=x+12$，$x=-3$ となり，$\mathrm{A}\left(-3,\ \frac{9}{2}\right)$ である。よって，点Aが放物線 $y=ax^2$ 上にあるので，$\frac{9}{2}=a\times(-3)^2$ が成り立ち，これを解くと，$\frac{9}{2}=9a$，$a=\frac{1}{2}$ となる。

(2)＜**交点の座標**＞右図で，点Bは，放物線 $y=\frac{1}{2}x^2$ と直線 $y=\frac{1}{2}x+6$ との交点のうち点Aでない方である。よって，2式から y を消去して，$\frac{1}{2}x^2=\frac{1}{2}x+6$ より，$x^2=x+12$，$x^2-x-12=0$，$(x+3)(x-4)=0$　$\therefore x=-3,\ 4$　したがって，点Bの x 座標は $x=4$ だから，$y=\frac{1}{2}\times4^2=8$ より，B(4，8)である。

(3)＜**点の座標―等積変形**＞点Pは放物線 $y=\frac{1}{2}x^2$ 上の点Oから点Bの間の点だから，その x 座標は $0<x<4$ である。また，右上図のように，点Pを通り直線ABと平行な直線を引き，y 軸との交点をQとすると，AB∥QPより，$\triangle\mathrm{AQB}=\triangle\mathrm{APB}=\frac{35}{2}$ である。ここで，直線ABと y 軸との交点をRとすると，$\triangle\mathrm{AQB}=\triangle\mathrm{AQR}+\triangle\mathrm{BQR}$ であり，△AQR，△BQRの底辺をRQと見るとき，それぞれの高さは点A，Bの x 座標より3，4である。よって，$\mathrm{RQ}=t$ とおくと，$\frac{1}{2}t\times3+\frac{1}{2}t\times4=\frac{35}{2}$ が成り立ち，これを解くと，$3t+4t=35$，$7t=35$，$t=5$ となり，直線ABの切片より，$\mathrm{RO}=6$ だから，$\mathrm{OQ}=\mathrm{RO}-\mathrm{RQ}=6-5=1$ となる。つまり，直線PQは，傾きが直線ABの傾きと等しく $\frac{1}{2}$ で，切片は1だから，その式は $y=\frac{1}{2}x+1$ である。以上より，点Pは，放物線 $y=\frac{1}{2}x^2$ と直線 $y=\frac{1}{2}x+1$ との交点のうち，x 座標が $0<x<4$ の点である。2式から y を消去して，$\frac{1}{2}x^2=\frac{1}{2}x+1$ より，$x^2=x+2$，$x^2-x-2=0$，$(x+1)(x-2)=0$　$\therefore x=-1,\ 2$　したがって，点Pの x 座標は $x=2$ だから，$y=\frac{1}{2}\times2^2=2$ より，P(2，2)である。

(4)＜**直線の式―等積変形**＞右上図で，$\triangle\mathrm{APC}=\triangle\mathrm{APB}$ のとき，AP∥CBとなる。$\mathrm{A}\left(-3,\ \frac{9}{2}\right)$，P(2，

2)より，直線APの傾きは，$\left(2-\frac{9}{2}\right)\div\{2-(-3)\}=-\frac{5}{2}\div5=-\frac{1}{2}$となるので，直線BCの傾きも$-\frac{1}{2}$である。よって，直線BCの式を$y=-\frac{1}{2}x+b$とおくと，この直線上にB(4，8)があるので，$8=-\frac{1}{2}\times4+b$より，$8=-2+b$，$b=10$となる。したがって，直線BCの式は$y=-\frac{1}{2}x+10$である。

4〔平面図形―平行四辺形と三角形〕

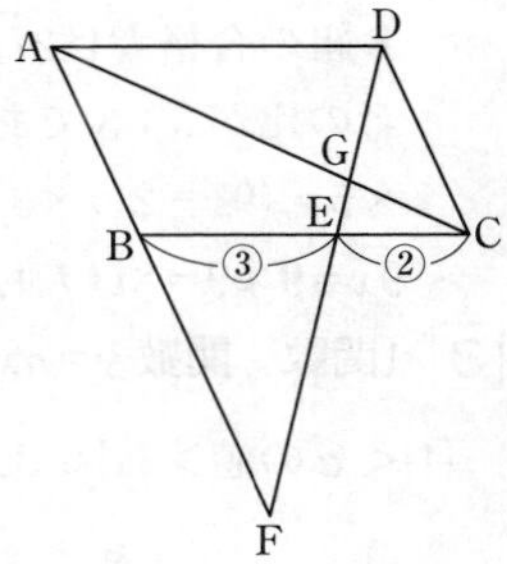

(1)＜長さの比＞右図で，平行四辺形の対辺は等しいから，AD＝BCである。よって，BC＝BE＋CE，BE：CE＝3：2より，AD：CE＝BC：CE＝(3＋2)：2＝5：2である。

(2)＜面積比―相似＞右図で，AD∥ECより，△ADG∽△CEGだから，AG：CG＝AD：CEである。よって，(1)より，AD：CE＝5：2なので，AG：CG＝5：2となる。同様に，AF∥DCより，△AFG∽△CDGで，相似比は，AG：CG＝5：2である。したがって，△AFG：△CDG＝5^2：2^2＝25：4である。

(3)＜面積比＞(2)より，AG：CG＝5：2だから，△CDG＝2Sとおくと，△ADG＝5Sと表せ，△ADC＝△ADG＋△CDG＝5S＋2S＝7Sとなる。また，平行四辺形の対角線は，平行四辺形の面積を2等分するので，▱ABCD＝2△ADCである。よって，▱ABCD＝2×7S＝14Sより，平行四辺形ABCDの面積は△CDGの面積の，14S÷2S＝7(倍)である。

2021年度／東京農業大学第三高等学校（第１回）

国語解答

一　問一　②　　問二　⑤　　問三　③
問四　①　　問五　④　　問六　①
問七　④　　問八　①
問九　a…①　b…①　c…①　d…①
e…①

二　問一　③　　問二　②　　問三　⑤
問四　④　　問五　①　　問六　④
問七　①　　問八　④　　問九　④

三　問一　②　　問二　④　　問三　③
問四　④　　問五　⑤　　問六　②
問七　④，⑥　　問八　⑤

一〔**論説文の読解―文化人類学的分野―日本文化**〕出典；宮田登「妖怪としてのゴジラ」。

≪**本文の概要**≫日本人は，不可思議な存在に対して言葉では表せない感情を抱いており，その日本人の心の中にある恐怖や畏怖といった不可思議な感情がさまざまに変化し，お化けを生み出すようになったと『妖怪談義』を著した柳田国男は説いている。そして，現代社会においても，私たちの生活の中には不可思議な世界が生き残っており，しかも現実に機能している。さらに，お化けについては誰もが多かれ少なかれ興味を持っており，怪獣映画の主人公であるゴジラの人気も復活している。ゴジラは，海の向こうからやってきて東京を破壊するが，それと同じように江戸時代の鯰男も，海の彼方に出現して江戸を破壊した大怪獣である。どちらも都市を破壊するが，結局ゴジラは，人間の味方をするようになっているし，鯰男も，世直しを行うようになる。これらの作者は，破壊者のイメージを正面に持たせながら，結果的には人間を救済するように創作している。私たちは，妖怪を絶えず身近にイメージしているが，これは深層心理における人間と自然の関係を象徴的に表すものだといえる。

問一＜表現＞Ⅰ．もともと「お化けとは人間のつくり出した文化の産物」である。　Ⅲ．「ごくふつうの庶民が日常的世界のなか」で，「不可思議な存在」に対して抱いていた感情は，「説明のつきにくい生活感情」，または「潜在意識のなかに横たわって」いて「深層心理に属し」ているものである。　Ⅳ．世間で一般的にいわれている「不可思議な感情」は，現代人にとっては「ばかばかしい話」や「笑い話」といった「形でしか理解できないような対象」になっている。

問二＜表現＞お化けは，「人間のつくり出した文化の産物」ではあるが，筋の通った論理では「説明のつきかねる世界に属し」ている。

問三＜語句＞「いうにいわれぬ」と「えも言われぬ」は，言葉で説明することができない，という意味。

問四＜文章内容＞「われわれの生活のなか」に生き残っている「不可思議な世界」は，子どもの遊びや礼儀に関する慣習や日々の生活における教訓とは違い，合理的な説明はつかないけれども，「潜在意識のなかに」あるものである。また，正月の初詣は，現代に伝え残されている民俗資料などと同様，「古代的信仰の残存」ともいえる。

問五＜語句＞「まがまがしい」は，縁起が悪くて災いをもたらしそうで不吉なさま。

問六＜文章内容＞「江戸の庶民たち」は，鯰男が「江戸で栄華を誇っていた，大金持とか，有力な豪商たち」を次々に「やっつける」ことを期待し，「鯰男の援助」によって「世直しが行われるものと考え」ていた。

問七＜文章内容＞ゴジラも鯰男も「破壊者」としてのイメージを持っているが，それらの怪獣や妖怪には，「破壊した後に人間世界を再生させようとする意図が秘められている」と考えられる。

問八＜文章内容＞人間が「自然界をシンボライズした姿」として「大鯰やゴジラ」をつくり出した根

底には，「巨大な都市文明が破壊された後，また新しいものが創り出されてくる」という考え方があった。人間は，自分たちが「自然に対して潜在的に抱い」ているのと同じように，妖怪や怪獣に対しても，「結果的には人間を救済」してくれるものという考え方を持っているのである。

問九＜漢字＞ａ．「提起」と書く。②は「季節」，③は「気分」，④は「既読」，⑤は「規則」。　ｂ．「人生観」と書く。①は「観光」または「感光」，②は「勧誘」，③は「監督」，④は「感動」，⑤は「還元」。　ｃ．「依然」と書く。②は「移動」または「異動」，③は「意見」または「異見」，④は「位置」，⑤は「委員」また「医員」。　ｄ．「賛成」と書く。②は「参加」，③は「散歩」または「参歩」，④は「酸素」，⑤は「産地」または「山地」。　ｅ．「指摘」と書く。②は「支援」，③は「始発」，④は「私服」，⑤は「試験」。

二〔**小説の読解**〕出典；池井戸潤『ノーサイド・ゲーム』。

問一＜文章内容＞後半も三十分を過ぎて「敗色濃厚」となっていたので，レナは，退場した七尾がいてくれれば「なんとかしてくれるのに」と悔しい思いをしていた。だが，ちょうどそのとき，頼みにしていた七尾が戻ってきたので，レナは，激しく感動して涙を流したのである。

問二＜文章内容＞ピッチに入る七尾が電光掲示板で時間を確認したので，レナは，七尾に「もう時間がないよ」と声をかけた。

問三＜文章内容＞レナは，ピッチに戻る七尾に向かって，「君なら」きっと逆転できるという望みを心の中で託した。

問四＜四字熟語＞「虎視眈々」は，敵の様子を見ながらじっくりと攻める機会をうかがうこと。七尾は，相手の状況を観察しつつ，「流れの中」から攻撃の機会を「狙って」いた。「獅子奮迅」は，激しい勢いで奮闘すること。「孤軍奮闘」は，助けがない状態で一人で懸命に戦うこと。「唯々諾々」は，逆らわずに他人の言いなりになること。「意欲満々」は，積極的に取り組む意欲に満ちていること。

問五＜慣用句＞「楔を打ち込む」は，攻めていって敵の勢力を二分する，という意味。「七尾の組み立てる攻撃」は，パスを回し，フォワードが突進することによって，相手の力を二分した。

問六＜文章内容＞サイクロンズは，「ネズミ一匹通さぬ勢いで目を爛々と輝かせて横一列のディフェンスラインを敷いて」いたので(①・②…○)，七尾は，あえて「選手が密集して抜けられるだけのスペース」がない右へパスした(③…○)。そして，アストロズとして「ひとつのミスも許されない」状況の中でラックを形成したが(④…×)，サイクロンズの選手たちは，「ラックから飛び出す選手を潰そうと待ち構え」ていた(⑤…○)。

問七＜心情＞「静謐」は，安らかで静かなこと。アストロズの逆転の後，スタンドは「大歓声，悲鳴，狂喜と落胆」の声などが入り乱れていたが，レナの心には，安らかで静かな「温かい」思いが訪れていた。

問八＜文章内容＞フルタイムを終えたグラウンドでは，歓喜している勝者と力尽きて地面に崩れ落ちている敗者の間に「残酷な明暗」が見られるものだが，今は両チームの選手が握手をし，互いに「肩を叩《たた》いて言葉を掛け合う」という「人生の尊い一瞬を見出した者同士の融和」の姿が見られた。

問九＜文章内容＞試合中は「徹底的に勝利にこだわって」全力を尽くすが，試合が終われば勝ち負けもないという「現実を許容」するのが「ノーサイドの精神」であるから，両チームの選手たちが「一緒になって円陣」を組むところまでは理想的な光景である。しかし，今はさらに，「スタッフたち」も加わっていることが，「シナリオにはない」感動的な光景なのである。

三〔**古文の読解―説話**〕出典；『十訓抄』十ノ二十。

≪現代語訳≫博雅三位が，月の明るかった夜に，直衣姿で朱雀門の前において音楽を奏で，夜通し笛をお吹きになったとき，（自分と）同じように直衣を着た男が笛を吹いていたので，（博雅三位は）「誰だろう」と思っていたところ，その笛の音が，この世では類ないくらいにすばらしく聞こえたので，不思議に思って（その男）に近寄って見たところ，今まで会ったことのない人であった。自分も何も言わず，その人も何も言わない。このように，月夜のたびに行き合わせて（一緒に笛を）吹くことが，いく晩か過ぎていった。その人の笛の音が，特にすばらしかったので，（ある夜のこと，博雅三位は）試しにその笛と（自分の笛とを）交換して吹いてみたところ，この世に並ぶものがないほどすばらしい笛（の音）であった。その後さらに（このようなことが）数か月たっても，（二人は）行き合わせて（ともに）笛を吹いたが，「もとの笛を返してもらおう」とも（その人は）言わなかったので，（そのまま）長く（互いの笛を）交換したままになっていた。（そして）三位が亡くなった後，帝はこの笛をお取り寄せになって，当時の有名な笛吹きたちに吹かせなさったが，（博雅三位ほどの）音を出せる者はいなかった。その後のこと，浄蔵というすばらしい笛吹きがいた。（帝は浄蔵を）お呼びになって笛を吹かせなさったところ，あの三位（の音色）に劣らなかったので，帝は感心なさって，「この笛の持ち主は，朱雀門の辺りで（この笛を）手に入れたと〈聞いている〉。浄蔵よ（，）この場所に行って笛を吹け」とおっしゃられたので，（浄蔵は）月の夜に，（帝の）仰せのようにそこに行ってこの笛を吹いたところ，その門の楼上から，（誰かが）高く大きな声で，「やはり（その笛は）優れたものであることよ」と褒めたのを，「こうこう」と帝に申し上げたところ，（帝は）初めて（この笛が）鬼の笛であるとおわかりになった。

問一＜古文の内容理解＞博雅三位は，「直衣着たる男」の笛の音がすばらしかったので，試しに自分の笛と交換して吹いてみた。

問二＜古文の内容理解＞「世になき」は，並ぶものがないほどの，という意味。博雅三位は，男の奏でる笛の音が「ことにめでたかりけれ」と思ったので，試しに交換して自分で吹いてみたところ，やはりすばらしい音であった。

問三＜現代語訳＞「失せて」は，亡くなって，という意味。

問四＜古文の内容理解＞帝は，浄蔵の吹く笛の音が「三位に劣ら」ないほどだったので，感動した。

問五＜古典文法＞文中に「ぞ」「なむ」「や」「か」という助詞があるときは文末を連体形で結び，「こそ」という助詞があるときは文末を已然形で結ぶ古典文法のきまりを，係り結びの法則という。

問六＜古文の内容理解＞帝は，笛が朱雀門の辺りで手に入れられたものだと聞いていたので，浄蔵に朱雀門の辺りで吹けと命じ，浄蔵はそのとおりにした。

問七＜古文の内容理解＞博雅三位は，朱雀門のところで，すばらしい音で笛を奏でる男と出会い，互いに笛を交換し，そのままになっていた（①・②…×，④…○）。博雅が亡くなった後，帝は，博雅が持っていた笛を多くの名人たちに吹かせたところ，すばらしい音を出せる者はいなかったが，浄蔵だけは博雅に劣らぬ音を奏でることができた（⑤…×）。その音に感動した帝が，浄蔵に朱雀門の辺りで吹くことを命じ，浄蔵がそのとおりに朱雀門の辺りで吹いていると（③…×），楼上から高く大きな声で，笛を褒める声が聞こえたといったことから，帝は，その笛が鬼のものだっと知った（⑥…○）。

問八＜文学史＞『平家物語』は，鎌倉時代に成立した軍記物語で，作者は未詳。『枕草子』は，平安時代に成立した随筆で，作者は清少納言。『土佐日記』は，平安時代に成立した日記文学で，作者は紀貫之。『徒然草』は，鎌倉時代末期に成立した随筆で，作者は兼好法師。『宇治拾遺物語』は，鎌倉時代に成立した説話集で，編者は未詳。

Memo

Memo

Memo

高校を受験する生徒とご父母のための…

2025年度用 高校合格資料集

■首都圏有名書店にて今秋発売予定！

※表紙は昨年のものです。

内容目次

定価1430円（税込）

スーパー過去問の **解説執筆・解答作成スタッフ（在宅）募集！** ※募集要項の詳細は、10月に弊社ホームページ上に掲載します。

2025年度用

高校スーパー過去問

■編集人 声の教育社・編集部

■発行所 株式会社 声の教育社

〒162-0814 東京都新宿区新小川町8-15

☎03-5261-5061㈹ FAX03-5261-5062

https://www.koenokyoikusha.co.jp

東京農業大学第三高等学校

別冊 解答用紙

丁寧に抜きとって、別冊としてご使用ください。

注意

○ 解答用紙は、収録の都合により縮小したものや、小社独自に作成したものもあります。
○ 学校配点は学校発表のもの、推定配点は小社で作成したものです。
○ 無断転載を禁じます。
○ 解答用紙を拡大コピーする場合、表示した拡大率に対応する用紙サイズは以下のとおりです。
101%～102%＝B5　103%～118%＝A4　119%～144%＝B4　145%～167%＝A3
（タイトルと配点表は含みません）

２０２４年度　東京農業大学第三高等学校　第１回

英語解答用紙

評点	／100

受験番号			
0	0	0	0
1	1	1	1
2	2	2	2
3	3	3	3
4	4	4	4
5	5	5	5
6	6	6	6
7	7	7	7
8	8	8	8
9	9	9	9

氏 名	

番号	①	②	③	④	⑤	⑥	⑦	⑧	⑨	⑩	⑪	⑫	⑬	⑭	⑮	⑯	⑰	⑱	⑲	⑳	㉑	㉒	㉓	㉔	㉕	㉖	㉗	㉘	㉙	㉚	㉛	㉜	㉝	㉞	㉟	㊱	㊲	㊳	㊴	㊵	㊶	㊷	㊸	㊹	㊺	㊻	㊼
解答欄	0	0	0	0	0	0	0	0	0	0	0	0	0	0	0	0	0	0	0	0	0	0	0	0	0	0	0	0	0	0	0	0	0	0	0	0	0	0	0	0	0	0	0	0	0	0	0
	1	1	1	1	1	1	1	1	1	1	1	1	1	1	1	1	1	1	1	1	1	1	1	1	1	1	1	1	1	1	1	1	1	1	1	1	1	1	1	1	1	1	1	1	1	1	1
	2	2	2	2	2	2	2	2	2	2	2	2	2	2	2	2	2	2	2	2	2	2	2	2	2	2	2	2	2	2	2	2	2	2	2	2	2	2	2	2	2	2	2	2	2	2	2
	3	3	3	3	3	3	3	3	3	3	3	3	3	3	3	3	3	3	3	3	3	3	3	3	3	3	3	3	3	3	3	3	3	3	3	3	3	3	3	3	3	3	3	3	3	3	3
	4	4	4	4	4	4	4	4	4	4	4	4	4	4	4	4	4	4	4	4	4	4	4	4	4	4	4	4	4	4	4	4	4	4	4	4	4	4	4	4	4	4	4	4	4	4	4
	5	5	5	5	5	5	5	5	5	5	5	5	5	5	5	5	5	5	5	5	5	5	5	5	5	5	5	5	5	5	5	5	5	5	5	5	5	5	5	5	5	5	5	5	5	5	5
	6	6	6	6	6	6	6	6	6	6	6	6	6	6	6	6	6	6	6	6	6	6	6	6	6	6	6	6	6	6	6	6	6	6	6	6	6	6	6	6	6	6	6	6	6	6	6
	7	7	7	7	7	7	7	7	7	7	7	7	7	7	7	7	7	7	7	7	7	7	7	7	7	7	7	7	7	7	7	7	7	7	7	7	7	7	7	7	7	7	7	7	7	7	7
	8	8	8	8	8	8	8	8	8	8	8	8	8	8	8	8	8	8	8	8	8	8	8	8	8	8	8	8	8	8	8	8	8	8	8	8	8	8	8	8	8	8	8	8	8	8	8
	9	9	9	9	9	9	9	9	9	9	9	9	9	9	9	9	9	9	9	9	9	9	9	9	9	9	9	9	9	9	9	9	9	9	9	9	9	9	9	9	9	9	9	9	9	9	9

（注）この解答用紙は実物を縮小してあります。Ｂ４用紙に139%拡大コピーすると、ほぼ実物大で使用できます。（タイトルと配点表は含みません）

推定配点		計
	1, 2　各３点×８　　3～5　各４点×19	100点

２０２４年度　東京農業大学第三高等学校　第１回

数学解答用紙

評点	／100

受験番号			
0	0	0	0
1	1	1	1
2	2	2	2
3	3	3	3
4	4	4	4
5	5	5	5
6	6	6	6
7	7	7	7
8	8	8	8
9	9	9	9

氏名	

	1					2									3				4																												
番号	①	②	③	④	⑤	⑥	⑦	⑧	⑨	⑩	⑪	⑫	⑬	⑭	⑮	⑯	⑰	⑱	⑲	⑳	㉑	㉒	㉓	㉔	㉕	㉖	㉗	㉘	㉙	㉚	㉛	㉜	㉝	㉞	㉟	㊱	㊲	㊳	㊴	㊵	㊶	㊷	㊸	㊹	㊺	㊻	㊼
	0	0	0	0	0	0	0	0	0	0	0	0	0	0	0	0	0	0	0	0	0	0	0	0	0	0	0	0	0	0	0	0	0	0	0	0	0	0	0	0	0	0	0	0	0	0	0
	1	1	1	1	1	1	1	1	1	1	1	1	1	1	1	1	1	1	1	1	1	1	1	1	1	1	1	1	1	1	1	1	1	1	1	1	1	1	1	1	1	1	1	1	1	1	1
	2	2	2	2	2	2	2	2	2	2	2	2	2	2	2	2	2	2	2	2	2	2	2	2	2	2	2	2	2	2	2	2	2	2	2	2	2	2	2	2	2	2	2	2	2	2	2
解	3	3	3	3	3	3	3	3	3	3	3	3	3	3	3	3	3	3	3	3	3	3	3	3	3	3	3	3	3	3	3	3	3	3	3	3	3	3	3	3	3	3	3	3	3	3	3
	4	4	4	4	4	4	4	4	4	4	4	4	4	4	4	4	4	4	4	4	4	4	4	4	4	4	4	4	4	4	4	4	4	4	4	4	4	4	4	4	4	4	4	4	4	4	4
答	5	5	5	5	5	5	5	5	5	5	5	5	5	5	5	5	5	5	5	5	5	5	5	5	5	5	5	5	5	5	5	5	5	5	5	5	5	5	5	5	5	5	5	5	5	5	5
欄	6	6	6	6	6	6	6	6	6	6	6	6	6	6	6	6	6	6	6	6	6	6	6	6	6	6	6	6	6	6	6	6	6	6	6	6	6	6	6	6	6	6	6	6	6	6	6
	7	7	7	7	7	7	7	7	7	7	7	7	7	7	7	7	7	7	7	7	7	7	7	7	7	7	7	7	7	7	7	7	7	7	7	7	7	7	7	7	7	7	7	7	7	7	7
	8	8	8	8	8	8	8	8	8	8	8	8	8	8	8	8	8	8	8	8	8	8	8	8	8	8	8	8	8	8	8	8	8	8	8	8	8	8	8	8	8	8	8	8	8	8	8
	9	9	9	9	9	9	9	9	9	9	9	9	9	9	9	9	9	9	9	9	9	9	9	9	9	9	9	9	9	9	9	9	9	9	9	9	9	9	9	9	9	9	9	9	9	9	9

── 解答の仕方の注意 ──

数学の問題では，次の２通りの答え方がありますから注意しなさい。

(1) 解答群から選んで答える問題

答えを解答群から１つ選び解答カードにマークしなさい。

（例１） 5 + 3 = ⑥　　　　（⑥解答番号です）

解答群	1　2	2　4	3　6	4　8	5　10

例１の答えは８で解答群の 4 が正解ですから，解答カードの解答番号⑥の解答欄の 4 をぬりつぶして答えなさい。

(2) 解答群がなく，数値で答える問題

（例２） $\dfrac{1}{15}+\dfrac{3}{15}=\dfrac{\text{⑪}}{\text{⑨⑩}}$

例２の答えは $\dfrac{4}{15}$ です。解答群がありませんから

解答番号⑨の解答欄の 1
解答番号⑩の解答欄の 5
解答番号⑪の解答欄の 4
をそれぞれぬりつぶして答えなさい。

また ⑯⑰ のように □ 内に解答番号⑯，⑰がある場合には，答えの数の十の位の数が⑯に，一の位の数が⑰に，それぞれ必ず１つ数字が入ります。

答えが分数になる場合は，必ず約分して答えなさい。

推定配点		計
	1 各５点×５　2 各６点×５ 3 (1)，(2) 各６点×２　(3) ７点 4 (1)，(2) 各６点×２　(3)，(4) 各７点×２	100点

二〇二四年度　東京農業大学第三高等学校　第一回

国語解答用紙

評点	／100

受験番号			
0	0	0	0
1	1	1	1
2	2	2	2
3	3	3	3
4	4	4	4
5	5	5	5
6	6	6	6
7	7	7	7
8	8	8	8
9	9	9	9

氏名	

番号	①	②	③	④	⑤	⑥	⑦	⑧	⑨	⑩	⑪	⑫	⑬	⑭	⑮	⑯	⑰	⑱	⑲	⑳	㉑	㉒	㉓	㉔	㉕	㉖	㉗	㉘	㉙	㉚	㉛	㉜	㉝	㉞	㉟	㊱	㊲	㊳	㊴	㊵	㊶	㊷	㊸	㊹	㊺	㊻	㊼
解答欄	0	0	0	0	0	0	0	0	0	0	0	0	0	0	0	0	0	0	0	0	0	0	0	0	0	0	0	0	0	0	0	0	0	0	0	0	0	0	0	0	0	0	0	0	0	0	0
	1	1	1	1	1	1	1	1	1	1	1	1	1	1	1	1	1	1	1	1	1	1	1	1	1	1	1	1	1	1	1	1	1	1	1	1	1	1	1	1	1	1	1	1	1	1	1
	2	2	2	2	2	2	2	2	2	2	2	2	2	2	2	2	2	2	2	2	2	2	2	2	2	2	2	2	2	2	2	2	2	2	2	2	2	2	2	2	2	2	2	2	2	2	2
	3	3	3	3	3	3	3	3	3	3	3	3	3	3	3	3	3	3	3	3	3	3	3	3	3	3	3	3	3	3	3	3	3	3	3	3	3	3	3	3	3	3	3	3	3	3	3
	4	4	4	4	4	4	4	4	4	4	4	4	4	4	4	4	4	4	4	4	4	4	4	4	4	4	4	4	4	4	4	4	4	4	4	4	4	4	4	4	4	4	4	4	4	4	4
	5	5	5	5	5	5	5	5	5	5	5	5	5	5	5	5	5	5	5	5	5	5	5	5	5	5	5	5	5	5	5	5	5	5	5	5	5	5	5	5	5	5	5	5	5	5	5
	6	6	6	6	6	6	6	6	6	6	6	6	6	6	6	6	6	6	6	6	6	6	6	6	6	6	6	6	6	6	6	6	6	6	6	6	6	6	6	6	6	6	6	6	6	6	6
	7	7	7	7	7	7	7	7	7	7	7	7	7	7	7	7	7	7	7	7	7	7	7	7	7	7	7	7	7	7	7	7	7	7	7	7	7	7	7	7	7	7	7	7	7	7	7
	8	8	8	8	8	8	8	8	8	8	8	8	8	8	8	8	8	8	8	8	8	8	8	8	8	8	8	8	8	8	8	8	8	8	8	8	8	8	8	8	8	8	8	8	8	8	8
	9	9	9	9	9	9	9	9	9	9	9	9	9	9	9	9	9	9	9	9	9	9	9	9	9	9	9	9	9	9	9	9	9	9	9	9	9	9	9	9	9	9	9	9	9	9	9

（注）この解答用紙は実物を縮小してあります。Ｂ４用紙に139％拡大コピーすると、ほぼ実物大で使用できます。（タイトルと配点表は含みません）

推定配点		計
	一　問一　各２点×５　問二～問五　各４点×４　問六　各２点×３　問七～問九　各４点×３　二　問一　各２点×２　問二，問三　各４点×２　問四　３点　問五～問七　各４点×３　三　問一，問二　各２点×２　問三，問四　各３点×３　問五　４点　問六，問七　各３点×２　問八　４点　問九　２点	100点

２０２４年度　東京農業大学第三高等学校　第２回

英語解答用紙

評点	／100

受験番号			
0	0	0	0
1	1	1	1
2	2	2	2
3	3	3	3
4	4	4	4
5	5	5	5
6	6	6	6
7	7	7	7
8	8	8	8
9	9	9	9

氏名	

番号	①	②	③	④	⑤	⑥	⑦	⑧	⑨	⑩	⑪	⑫	⑬	⑭	⑮	⑯	⑰	⑱	⑲	⑳	㉑	㉒	㉓	㉔	㉕	㉖	㉗	㉘	㉙	㉚	㉛	㉜	㉝	㉞	㉟	㊱	㊲	㊳	㊴	㊵	㊶	㊷	㊸	㊹	㊺	㊻	㊼
解答欄	0	0	0	0	0	0	0	0	0	0	0	0	0	0	0	0	0	0	0	0	0	0	0	0	0	0	0	0	0	0	0	0	0	0	0	0	0	0	0	0	0	0	0	0	0	0	0
	1	1	1	1	1	1	1	1	1	1	1	1	1	1	1	1	1	1	1	1	1	1	1	1	1	1	1	1	1	1	1	1	1	1	1	1	1	1	1	1	1	1	1	1	1	1	1
	2	2	2	2	2	2	2	2	2	2	2	2	2	2	2	2	2	2	2	2	2	2	2	2	2	2	2	2	2	2	2	2	2	2	2	2	2	2	2	2	2	2	2	2	2	2	2
	3	3	3	3	3	3	3	3	3	3	3	3	3	3	3	3	3	3	3	3	3	3	3	3	3	3	3	3	3	3	3	3	3	3	3	3	3	3	3	3	3	3	3	3	3	3	3
	4	4	4	4	4	4	4	4	4	4	4	4	4	4	4	4	4	4	4	4	4	4	4	4	4	4	4	4	4	4	4	4	4	4	4	4	4	4	4	4	4	4	4	4	4	4	4
	5	5	5	5	5	5	5	5	5	5	5	5	5	5	5	5	5	5	5	5	5	5	5	5	5	5	5	5	5	5	5	5	5	5	5	5	5	5	5	5	5	5	5	5	5	5	5
	6	6	6	6	6	6	6	6	6	6	6	6	6	6	6	6	6	6	6	6	6	6	6	6	6	6	6	6	6	6	6	6	6	6	6	6	6	6	6	6	6	6	6	6	6	6	6
	7	7	7	7	7	7	7	7	7	7	7	7	7	7	7	7	7	7	7	7	7	7	7	7	7	7	7	7	7	7	7	7	7	7	7	7	7	7	7	7	7	7	7	7	7	7	7
	8	8	8	8	8	8	8	8	8	8	8	8	8	8	8	8	8	8	8	8	8	8	8	8	8	8	8	8	8	8	8	8	8	8	8	8	8	8	8	8	8	8	8	8	8	8	8
	9	9	9	9	9	9	9	9	9	9	9	9	9	9	9	9	9	9	9	9	9	9	9	9	9	9	9	9	9	9	9	9	9	9	9	9	9	9	9	9	9	9	9	9	9	9	9

（注）この解答用紙は実物を縮小してあります。Ｂ４用紙に139％拡大コピーすると、ほぼ実物大で使用できます。（タイトルと配点表は含みません）

推定配点		計
	1, 2　各３点×８　　3～5　各４点×19	100点

数学解答用紙

評点	／100

受験番号			
0	0	0	0
1	1	1	1
2	2	2	2
3	3	3	3
4	4	4	4
5	5	5	5
6	6	6	6
7	7	7	7
8	8	8	8
9	9	9	9

氏名	

1

番号	①	②	③	④	⑤
解答欄	0	0	0	0	0
	1	1	1	1	1
	2	2	2	2	2
	3	3	3	3	3
	4	4	4	4	4
	5	5	5	5	5
	6	6	6	6	6
	7	7	7	7	7
	8	8	8	8	8
	9	9	9	9	9

2

番号	⑥	⑦	⑧	⑨	⑩	⑪	⑫	⑬	⑭	⑮
解答欄	0	0	0	0	0	0	0	0	0	0
	1	1	1	1	1	1	1	1	1	1
	2	2	2	2	2	2	2	2	2	2
	3	3	3	3	3	3	3	3	3	3
	4	4	4	4	4	4	4	4	4	4
	5	5	5	5	5	5	5	5	5	5
	6	6	6	6	6	6	6	6	6	6
	7	7	7	7	7	7	7	7	7	7
	8	8	8	8	8	8	8	8	8	8
	9	9	9	9	9	9	9	9	9	9

3

番号	⑯	⑰	⑱	⑲	⑳	㉑	㉒	㉓
解答欄	0	0	0	0	0	0	0	0
	1	1	1	1	1	1	1	1
	2	2	2	2	2	2	2	2
	3	3	3	3	3	3	3	3
	4	4	4	4	4	4	4	4
	5	5	5	5	5	5	5	5
	6	6	6	6	6	6	6	6
	7	7	7	7	7	7	7	7
	8	8	8	8	8	8	8	8
	9	9	9	9	9	9	9	9

4

番号	㉔	㉕	㉖	㉗	㉘	㉙	㉚	㉛	㉜	㉝	㉞	㉟	㊱	㊲	㊳	㊴	㊵	㊶	㊷	㊸	㊹	㊺	㊻	㊼
解答欄	0	0	0	0	0	0	0	0	0	0	0	0	0	0	0	0	0	0	0	0	0	0	0	0
	1	1	1	1	1	1	1	1	1	1	1	1	1	1	1	1	1	1	1	1	1	1	1	1
	2	2	2	2	2	2	2	2	2	2	2	2	2	2	2	2	2	2	2	2	2	2	2	2
	3	3	3	3	3	3	3	3	3	3	3	3	3	3	3	3	3	3	3	3	3	3	3	3
	4	4	4	4	4	4	4	4	4	4	4	4	4	4	4	4	4	4	4	4	4	4	4	4
	5	5	5	5	5	5	5	5	5	5	5	5	5	5	5	5	5	5	5	5	5	5	5	5
	6	6	6	6	6	6	6	6	6	6	6	6	6	6	6	6	6	6	6	6	6	6	6	6
	7	7	7	7	7	7	7	7	7	7	7	7	7	7	7	7	7	7	7	7	7	7	7	7
	8	8	8	8	8	8	8	8	8	8	8	8	8	8	8	8	8	8	8	8	8	8	8	8
	9	9	9	9	9	9	9	9	9	9	9	9	9	9	9	9	9	9	9	9	9	9	9	9

── 解答の仕方の注意 ──

数学の問題では，次の２通りの答え方がありますから注意しなさい。

(1) 解答群から選んで答える問題

答えを解答群から１つ選び解答カードにマークしなさい。

（例１） 5 + 3 = ［⑥］　　（⑥解答番号です）

解答群	1　2	2　4	3　6	4　8	5　10

例１の答えは８で解答群の 4 が正解ですから，解答カードの解答番号⑥の解答欄の 4 をぬりつぶして答えなさい。

(2) 解答群がなく，数値で答える問題

（例２） $\frac{1}{15}+\frac{3}{15}=\frac{\text{⑪}}{\text{⑨⑩}}$

例２の答えは $\frac{4}{15}$ です。解答群がありませんから

解答番号⑨の解答欄の 1
解答番号⑩の解答欄の 5
解答番号⑪の解答欄の 4
をそれぞれぬりつぶして答えなさい。

また［⑯⑰］のように［　］内に解答番号⑯，⑰がある場合には，答えの数の十の位の数が⑯に，一の位の数が⑰に，それぞれ必ず１つ数字が入ります。

答えが分数になる場合は，必ず約分して答えなさい。

推定配点		計
	1 各５点×５　2 各６点×５ 3 (1)，(2) 各７点×２　(3) ８点 4 (1) ７点　(2)，(3) 各８点×２	100点

二〇二四年度　東京農業大学第三高等学校　第二回

国語解答用紙

評点	／100

受験番号			
0	0	0	0
1	1	1	1
2	2	2	2
3	3	3	3
4	4	4	4
5	5	5	5
6	6	6	6
7	7	7	7
8	8	8	8
9	9	9	9

氏名	

番号	①	②	③	④	⑤	⑥	⑦	⑧	⑨	⑩	⑪	⑫	⑬	⑭	⑮	⑯	⑰	⑱	⑲	⑳	㉑	㉒	㉓	㉔	㉕	㉖	㉗	㉘	㉙	㉚	㉛	㉜	㉝	㉞	㉟	㊱	㊲	㊳	㊴	㊵	㊶	㊷	㊸	㊹	㊺	㊻	㊼
解答欄	0	0	0	0	0	0	0	0	0	0	0	0	0	0	0	0	0	0	0	0	0	0	0	0	0	0	0	0	0	0	0	0	0	0	0	0	0	0	0	0	0	0	0	0	0	0	0
	1	1	1	1	1	1	1	1	1	1	1	1	1	1	1	1	1	1	1	1	1	1	1	1	1	1	1	1	1	1	1	1	1	1	1	1	1	1	1	1	1	1	1	1	1	1	1
	2	2	2	2	2	2	2	2	2	2	2	2	2	2	2	2	2	2	2	2	2	2	2	2	2	2	2	2	2	2	2	2	2	2	2	2	2	2	2	2	2	2	2	2	2	2	2
	3	3	3	3	3	3	3	3	3	3	3	3	3	3	3	3	3	3	3	3	3	3	3	3	3	3	3	3	3	3	3	3	3	3	3	3	3	3	3	3	3	3	3	3	3	3	3
	4	4	4	4	4	4	4	4	4	4	4	4	4	4	4	4	4	4	4	4	4	4	4	4	4	4	4	4	4	4	4	4	4	4	4	4	4	4	4	4	4	4	4	4	4	4	4
	5	5	5	5	5	5	5	5	5	5	5	5	5	5	5	5	5	5	5	5	5	5	5	5	5	5	5	5	5	5	5	5	5	5	5	5	5	5	5	5	5	5	5	5	5	5	5
	6	6	6	6	6	6	6	6	6	6	6	6	6	6	6	6	6	6	6	6	6	6	6	6	6	6	6	6	6	6	6	6	6	6	6	6	6	6	6	6	6	6	6	6	6	6	6
	7	7	7	7	7	7	7	7	7	7	7	7	7	7	7	7	7	7	7	7	7	7	7	7	7	7	7	7	7	7	7	7	7	7	7	7	7	7	7	7	7	7	7	7	7	7	7
	8	8	8	8	8	8	8	8	8	8	8	8	8	8	8	8	8	8	8	8	8	8	8	8	8	8	8	8	8	8	8	8	8	8	8	8	8	8	8	8	8	8	8	8	8	8	8
	9	9	9	9	9	9	9	9	9	9	9	9	9	9	9	9	9	9	9	9	9	9	9	9	9	9	9	9	9	9	9	9	9	9	9	9	9	9	9	9	9	9	9	9	9	9	9

（注）この解答用紙は実物を縮小してあります。Ｂ４用紙に139%拡大コピーすると、ほぼ実物大で使用できます。（タイトルと配点表は含みません）

推定配点		計
	一　問一，問二　各２点×６　問三～問八　各３点×８ 二　問一～問六　各３点×６　問七，問八　各２点×３　問九，問十　各３点×２ 三　問一，問二　各２点×２　問三　３点　問四　各２点×２　問五～問九　各３点×５　問十　２点　問十一　各１点×４　問十二　２点	100点

２０２３年度　東京農業大学第三高等学校　第１回

英語解答用紙

評点	／100

受験番号			
0	0	0	0
1	1	1	1
2	2	2	2
3	3	3	3
4	4	4	4
5	5	5	5
6	6	6	6
7	7	7	7
8	8	8	8
9	9	9	9

氏名	

番号	1	2	3	4	5	6	7	8	9	10	11	12	13	14	15	16	17	18	19	20	21	22	23	24	25	26	27	28	29	30	31	32	33	34	35	36	37	38	39	40	41	42	43	44	45	46	47
解答欄	0	0	0	0	0	0	0	0	0	0	0	0	0	0	0	0	0	0	0	0	0	0	0	0	0	0	0	0	0	0	0	0	0	0	0	0	0	0	0	0	0	0	0	0	0	0	0
	1	1	1	1	1	1	1	1	1	1	1	1	1	1	1	1	1	1	1	1	1	1	1	1	1	1	1	1	1	1	1	1	1	1	1	1	1	1	1	1	1	1	1	1	1	1	1
	2	2	2	2	2	2	2	2	2	2	2	2	2	2	2	2	2	2	2	2	2	2	2	2	2	2	2	2	2	2	2	2	2	2	2	2	2	2	2	2	2	2	2	2	2	2	2
	3	3	3	3	3	3	3	3	3	3	3	3	3	3	3	3	3	3	3	3	3	3	3	3	3	3	3	3	3	3	3	3	3	3	3	3	3	3	3	3	3	3	3	3	3	3	3
	4	4	4	4	4	4	4	4	4	4	4	4	4	4	4	4	4	4	4	4	4	4	4	4	4	4	4	4	4	4	4	4	4	4	4	4	4	4	4	4	4	4	4	4	4	4	4
	5	5	5	5	5	5	5	5	5	5	5	5	5	5	5	5	5	5	5	5	5	5	5	5	5	5	5	5	5	5	5	5	5	5	5	5	5	5	5	5	5	5	5	5	5	5	5
	6	6	6	6	6	6	6	6	6	6	6	6	6	6	6	6	6	6	6	6	6	6	6	6	6	6	6	6	6	6	6	6	6	6	6	6	6	6	6	6	6	6	6	6	6	6	6
	7	7	7	7	7	7	7	7	7	7	7	7	7	7	7	7	7	7	7	7	7	7	7	7	7	7	7	7	7	7	7	7	7	7	7	7	7	7	7	7	7	7	7	7	7	7	7
	8	8	8	8	8	8	8	8	8	8	8	8	8	8	8	8	8	8	8	8	8	8	8	8	8	8	8	8	8	8	8	8	8	8	8	8	8	8	8	8	8	8	8	8	8	8	8
	9	9	9	9	9	9	9	9	9	9	9	9	9	9	9	9	9	9	9	9	9	9	9	9	9	9	9	9	9	9	9	9	9	9	9	9	9	9	9	9	9	9	9	9	9	9	9

（注）この解答用紙は実物を縮小してあります。Ｂ４用紙に139％拡大コピーすると、ほぼ実物大で使用できます。（タイトルと配点表は含みません）

推定配点		計
	1～3　各３点×13 4　問１～問３　各３点×３　問４～問６　各４点×３　問７　５点 5　各５点×７	100点

2023年度　東京農業大学第三高等学校　第1回

数学解答用紙

評点	／100

受験番号			
0	0	0	0
1	1	1	1
2	2	2	2
3	3	3	3
4	4	4	4
5	5	5	5
6	6	6	6
7	7	7	7
8	8	8	8
9	9	9	9

氏名	

	1					2											3							4																							
番号	①	②	③	④	⑤	⑥	⑦	⑧	⑨	⑩	⑪	⑫	⑬	⑭	⑮	⑯	⑰	⑱	⑲	⑳	㉑	㉒	㉓	㉔	㉕	㉖	㉗	㉘	㉙	㉚	㉛	㉜	㉝	㉞	㉟	㊱	㊲	㊳	㊴	㊵	㊶	㊷	㊸	㊹	㊺	㊻	㊼
	0	0	0	0	0	0	0	0	0	0	0	0	0	0	0	0	0	0	0	0	0	0	0	0	0	0	0	0	0	0	0	0	0	0	0	0	0	0	0	0	0	0	0	0	0	0	0
	1	1	1	1	1	1	1	1	1	1	1	1	1	1	1	1	1	1	1	1	1	1	1	1	1	1	1	1	1	1	1	1	1	1	1	1	1	1	1	1	1	1	1	1	1	1	1
	2	2	2	2	2	2	2	2	2	2	2	2	2	2	2	2	2	2	2	2	2	2	2	2	2	2	2	2	2	2	2	2	2	2	2	2	2	2	2	2	2	2	2	2	2	2	2
解	3	3	3	3	3	3	3	3	3	3	3	3	3	3	3	3	3	3	3	3	3	3	3	3	3	3	3	3	3	3	3	3	3	3	3	3	3	3	3	3	3	3	3	3	3	3	3
	4	4	4	4	4	4	4	4	4	4	4	4	4	4	4	4	4	4	4	4	4	4	4	4	4	4	4	4	4	4	4	4	4	4	4	4	4	4	4	4	4	4	4	4	4	4	4
答	5	5	5	5	5	5	5	5	5	5	5	5	5	5	5	5	5	5	5	5	5	5	5	5	5	5	5	5	5	5	5	5	5	5	5	5	5	5	5	5	5	5	5	5	5	5	5
欄	6	6	6	6	6	6	6	6	6	6	6	6	6	6	6	6	6	6	6	6	6	6	6	6	6	6	6	6	6	6	6	6	6	6	6	6	6	6	6	6	6	6	6	6	6	6	6
	7	7	7	7	7	7	7	7	7	7	7	7	7	7	7	7	7	7	7	7	7	7	7	7	7	7	7	7	7	7	7	7	7	7	7	7	7	7	7	7	7	7	7	7	7	7	7
	8	8	8	8	8	8	8	8	8	8	8	8	8	8	8	8	8	8	8	8	8	8	8	8	8	8	8	8	8	8	8	8	8	8	8	8	8	8	8	8	8	8	8	8	8	8	8
	9	9	9	9	9	9	9	9	9	9	9	9	9	9	9	9	9	9	9	9	9	9	9	9	9	9	9	9	9	9	9	9	9	9	9	9	9	9	9	9	9	9	9	9	9	9	9

― 解答の仕方の注意 ―

数学の問題では，次の2通りの答え方がありますから注意しなさい。

(1) 解答群から選んで答える問題

答えを解答群から1つ選び解答カードにマークしなさい。

（例1） 5 + 3 = ⑥　　　　（⑥解答番号です）

解答群	1　2	2　4	3　6	4　8	5　10

例1の答えは8で解答群の 4 が正解ですから，解答カードの解答番号⑥の解答欄の 4 をぬりつぶして答えなさい。

(2) 解答群がなく，数値で答える問題

（例2） $\frac{1}{15}+\frac{3}{15}=\frac{⑪}{⑨⑩}$

例2の答えは $\frac{4}{15}$ です。解答群がありませんから

解答番号⑨の解答欄の 1
解答番号⑩の解答欄の 5
解答番号⑪の解答欄の 4
をそれぞれぬりつぶして答えなさい。

また ⑯⑰ のように □ 内に解答番号⑯，⑰がある場合には，答えの数の十の位の数が⑯に，一の位の数が⑰に，それぞれ必ず1つ数字が入ります。

答えが分数になる場合は，必ず約分して答えなさい。

推定配点		計
	1 各5点×5　2 各6点×5 3 (1)，(2) 各6点×2　(3)，(4) 各7点×2 4 (1)，(2) 各6点×2　(3) 7点	100点

二〇二三年度　東京農業大学第三高等学校　第一回

国語解答用紙

評点	／100

受験番号			
0	0	0	0
1	1	1	1
2	2	2	2
3	3	3	3
4	4	4	4
5	5	5	5
6	6	6	6
7	7	7	7
8	8	8	8
9	9	9	9

氏名

番号	1	2	3	4	5	6	7	8	9	10	11	12	13	14	15	16	17	18	19	20	21	22	23	24	25	26	27	28	29	30	31	32	33	34	35	36	37	38	39	40	41	42	43	44	45	46	47
解答欄	0	0	0	0	0	0	0	0	0	0	0	0	0	0	0	0	0	0	0	0	0	0	0	0	0	0	0	0	0	0	0	0	0	0	0	0	0	0	0	0	0	0	0	0	0	0	0
	1	1	1	1	1	1	1	1	1	1	1	1	1	1	1	1	1	1	1	1	1	1	1	1	1	1	1	1	1	1	1	1	1	1	1	1	1	1	1	1	1	1	1	1	1	1	1
	2	2	2	2	2	2	2	2	2	2	2	2	2	2	2	2	2	2	2	2	2	2	2	2	2	2	2	2	2	2	2	2	2	2	2	2	2	2	2	2	2	2	2	2	2	2	2
	3	3	3	3	3	3	3	3	3	3	3	3	3	3	3	3	3	3	3	3	3	3	3	3	3	3	3	3	3	3	3	3	3	3	3	3	3	3	3	3	3	3	3	3	3	3	3
	4	4	4	4	4	4	4	4	4	4	4	4	4	4	4	4	4	4	4	4	4	4	4	4	4	4	4	4	4	4	4	4	4	4	4	4	4	4	4	4	4	4	4	4	4	4	4
	5	5	5	5	5	5	5	5	5	5	5	5	5	5	5	5	5	5	5	5	5	5	5	5	5	5	5	5	5	5	5	5	5	5	5	5	5	5	5	5	5	5	5	5	5	5	5
	6	6	6	6	6	6	6	6	6	6	6	6	6	6	6	6	6	6	6	6	6	6	6	6	6	6	6	6	6	6	6	6	6	6	6	6	6	6	6	6	6	6	6	6	6	6	6
	7	7	7	7	7	7	7	7	7	7	7	7	7	7	7	7	7	7	7	7	7	7	7	7	7	7	7	7	7	7	7	7	7	7	7	7	7	7	7	7	7	7	7	7	7	7	7
	8	8	8	8	8	8	8	8	8	8	8	8	8	8	8	8	8	8	8	8	8	8	8	8	8	8	8	8	8	8	8	8	8	8	8	8	8	8	8	8	8	8	8	8	8	8	8
	9	9	9	9	9	9	9	9	9	9	9	9	9	9	9	9	9	9	9	9	9	9	9	9	9	9	9	9	9	9	9	9	9	9	9	9	9	9	9	9	9	9	9	9	9	9	9

(注) この解答用紙は実物を縮小してあります。Ｂ４用紙に139%拡大コピーすると、ほぼ実物大で使用できます。(タイトルと配点表は含みません)

推定配点		計
	㊀ 問一，問二　各２点×６　問三～問五　各４点×３　問六　３点 問七　各２点×５　問八　⑴　３点　⑵　２点 ㊁ 問一　２点　問二　４点　問三　３点　問四　２点　問五　４点　問六　２点 問七，問八　各４点×２　問九　３点　㊂ 問一　２点　問二～問四　各３点×３ 問五　２点　問六　４点　問七　３点　問八，問九　各４点×２　問十　２点	100点

２０２３年度　東京農業大学第三高等学校　第２回

英語解答用紙

評点	／100

受験番号

0	0	0	0
1	1	1	1
2	2	2	2
3	3	3	3
4	4	4	4
5	5	5	5
6	6	6	6
7	7	7	7
8	8	8	8
9	9	9	9

氏名	

解答欄

番号	①	②	③	④	⑤	⑥	⑦	⑧	⑨	⑩	⑪	⑫	⑬	⑭	⑮	⑯	⑰	⑱	⑲	⑳	㉑	㉒	㉓	㉔	㉕	㉖	㉗	㉘	㉙	㉚	㉛	㉜	㉝	㉞	㉟	㊱	㊲	㊳	㊴	㊵	㊶	㊷	㊸	㊹	㊺	㊻	㊼
	0	0	0	0	0	0	0	0	0	0	0	0	0	0	0	0	0	0	0	0	0	0	0	0	0	0	0	0	0	0	0	0	0	0	0	0	0	0	0	0	0	0	0	0	0	0	0
	1	1	1	1	1	1	1	1	1	1	1	1	1	1	1	1	1	1	1	1	1	1	1	1	1	1	1	1	1	1	1	1	1	1	1	1	1	1	1	1	1	1	1	1	1	1	1
	2	2	2	2	2	2	2	2	2	2	2	2	2	2	2	2	2	2	2	2	2	2	2	2	2	2	2	2	2	2	2	2	2	2	2	2	2	2	2	2	2	2	2	2	2	2	2
	3	3	3	3	3	3	3	3	3	3	3	3	3	3	3	3	3	3	3	3	3	3	3	3	3	3	3	3	3	3	3	3	3	3	3	3	3	3	3	3	3	3	3	3	3	3	3
	4	4	4	4	4	4	4	4	4	4	4	4	4	4	4	4	4	4	4	4	4	4	4	4	4	4	4	4	4	4	4	4	4	4	4	4	4	4	4	4	4	4	4	4	4	4	4
	5	5	5	5	5	5	5	5	5	5	5	5	5	5	5	5	5	5	5	5	5	5	5	5	5	5	5	5	5	5	5	5	5	5	5	5	5	5	5	5	5	5	5	5	5	5	5
	6	6	6	6	6	6	6	6	6	6	6	6	6	6	6	6	6	6	6	6	6	6	6	6	6	6	6	6	6	6	6	6	6	6	6	6	6	6	6	6	6	6	6	6	6	6	6
	7	7	7	7	7	7	7	7	7	7	7	7	7	7	7	7	7	7	7	7	7	7	7	7	7	7	7	7	7	7	7	7	7	7	7	7	7	7	7	7	7	7	7	7	7	7	7
	8	8	8	8	8	8	8	8	8	8	8	8	8	8	8	8	8	8	8	8	8	8	8	8	8	8	8	8	8	8	8	8	8	8	8	8	8	8	8	8	8	8	8	8	8	8	8
	9	9	9	9	9	9	9	9	9	9	9	9	9	9	9	9	9	9	9	9	9	9	9	9	9	9	9	9	9	9	9	9	9	9	9	9	9	9	9	9	9	9	9	9	9	9	9

（注）この解答用紙は実物を縮小してあります。Ｂ４用紙に139％拡大コピーすると、ほぼ実物大で使用できます。（タイトルと配点表は含みません）

推定配点		計
	1～3　各３点×13 4　問１　３点　問２　４点　問３　３点　問４～問７　各４点×４ 5　各５点×７	100点

２０２３年度　東京農業大学第三高等学校　第２回

数学解答用紙

評点	／100

受験番号			
0	0	0	0
1	1	1	1
2	2	2	2
3	3	3	3
4	4	4	4
5	5	5	5
6	6	6	6
7	7	7	7
8	8	8	8
9	9	9	9

氏名	

解答欄

1

番号	①	②	③	④	⑤
	0	0	0	0	0
	1	1	1	1	1
	2	2	2	2	2
	3	3	3	3	3
	4	4	4	4	4
	5	5	5	5	5
	6	6	6	6	6
	7	7	7	7	7
	8	8	8	8	8
	9	9	9	9	9

2

番号	⑥	⑦	⑧	⑨	⑩	⑪	⑫	⑬	⑭	⑮	⑯	⑰	⑱
	0	0	0	0	0	0	0	0	0	0	0	0	0
	1	1	1	1	1	1	1	1	1	1	1	1	1
	2	2	2	2	2	2	2	2	2	2	2	2	2
	3	3	3	3	3	3	3	3	3	3	3	3	3
	4	4	4	4	4	4	4	4	4	4	4	4	4
	5	5	5	5	5	5	5	5	5	5	5	5	5
	6	6	6	6	6	6	6	6	6	6	6	6	6
	7	7	7	7	7	7	7	7	7	7	7	7	7
	8	8	8	8	8	8	8	8	8	8	8	8	8
	9	9	9	9	9	9	9	9	9	9	9	9	9

3

番号	⑲	⑳	㉑	㉒	㉓	㉔	㉕	㉖	㉗	㉘
	0	0	0	0	0	0	0	0	0	0
	1	1	1	1	1	1	1	1	1	1
	2	2	2	2	2	2	2	2	2	2
	3	3	3	3	3	3	3	3	3	3
	4	4	4	4	4	4	4	4	4	4
	5	5	5	5	5	5	5	5	5	5
	6	6	6	6	6	6	6	6	6	6
	7	7	7	7	7	7	7	7	7	7
	8	8	8	8	8	8	8	8	8	8
	9	9	9	9	9	9	9	9	9	9

4

番号	㉙	㉚	㉛	㉜	㉝	㉞	㉟	㊱	㊲	㊳	㊴	㊵	㊶	㊷	㊸	㊹	㊺	㊻	㊼
	0	0	0	0	0	0	0	0	0	0	0	0	0	0	0	0	0	0	0
	1	1	1	1	1	1	1	1	1	1	1	1	1	1	1	1	1	1	1
	2	2	2	2	2	2	2	2	2	2	2	2	2	2	2	2	2	2	2
	3	3	3	3	3	3	3	3	3	3	3	3	3	3	3	3	3	3	3
	4	4	4	4	4	4	4	4	4	4	4	4	4	4	4	4	4	4	4
	5	5	5	5	5	5	5	5	5	5	5	5	5	5	5	5	5	5	5
	6	6	6	6	6	6	6	6	6	6	6	6	6	6	6	6	6	6	6
	7	7	7	7	7	7	7	7	7	7	7	7	7	7	7	7	7	7	7
	8	8	8	8	8	8	8	8	8	8	8	8	8	8	8	8	8	8	8
	9	9	9	9	9	9	9	9	9	9	9	9	9	9	9	9	9	9	9

── 解答の仕方の注意 ──

数学の問題では，次の２通りの答え方がありますから注意しなさい。

(1) 解答群から選んで答える問題

答えを解答群から１つ選び解答カードにマークしなさい。

（例１） 5 + 3 = ［⑥］　　　　（⑥解答番号です）

解答群	1　2	2　4	3　6	4　8	5　10

例１の答えは８で解答群の 4 が正解ですから，解答カードの解答番号⑥の解答欄の 4 をぬりつぶして答えなさい。

(2) 解答群がなく，数値で答える問題

（例２） $\frac{1}{15}+\frac{3}{15}=$ ［$\frac{⑪}{⑨⑩}$］

例２の答えは $\frac{4}{15}$ です。解答群がありませんから

解答番号⑨の解答欄の 1
解答番号⑩の解答欄の 5
解答番号⑪の解答欄の 4
をそれぞれぬりつぶして答えなさい。

また ［⑯⑰］ のように［　　］内に解答番号⑯，⑰がある場合には，答えの数の十の位の数が⑯に，一の位の数が⑰に，それぞれ必ず１つ数字が入ります。

答えが分数になる場合は，必ず約分して答えなさい。

推定配点		計
	1 (1)～(3)　各４点×３　(4)，(5)　各５点×２ 2～4　各６点×13	100点

二〇二三年度　東京農業大学第三高等学校　第二回

国語解答用紙

評点	／100

受験番号			
0	0	0	0
1	1	1	1
2	2	2	2
3	3	3	3
4	4	4	4
5	5	5	5
6	6	6	6
7	7	7	7
8	8	8	8
9	9	9	9

氏名	

番号	①	②	③	④	⑤	⑥	⑦	⑧	⑨	⑩	⑪	⑫	⑬	⑭	⑮	⑯	⑰	⑱	⑲	⑳	㉑	㉒	㉓	㉔	㉕	㉖	㉗	㉘	㉙	㉚	㉛	㉜	㉝	㉞	㉟	㊱	㊲	㊳	㊴	㊵	㊶	㊷	㊸	㊹	㊺	㊻	㊼
解答欄	0	0	0	0	0	0	0	0	0	0	0	0	0	0	0	0	0	0	0	0	0	0	0	0	0	0	0	0	0	0	0	0	0	0	0	0	0	0	0	0	0	0	0	0	0	0	0
	1	1	1	1	1	1	1	1	1	1	1	1	1	1	1	1	1	1	1	1	1	1	1	1	1	1	1	1	1	1	1	1	1	1	1	1	1	1	1	1	1	1	1	1	1	1	1
	2	2	2	2	2	2	2	2	2	2	2	2	2	2	2	2	2	2	2	2	2	2	2	2	2	2	2	2	2	2	2	2	2	2	2	2	2	2	2	2	2	2	2	2	2	2	2
	3	3	3	3	3	3	3	3	3	3	3	3	3	3	3	3	3	3	3	3	3	3	3	3	3	3	3	3	3	3	3	3	3	3	3	3	3	3	3	3	3	3	3	3	3	3	3
	4	4	4	4	4	4	4	4	4	4	4	4	4	4	4	4	4	4	4	4	4	4	4	4	4	4	4	4	4	4	4	4	4	4	4	4	4	4	4	4	4	4	4	4	4	4	4
	5	5	5	5	5	5	5	5	5	5	5	5	5	5	5	5	5	5	5	5	5	5	5	5	5	5	5	5	5	5	5	5	5	5	5	5	5	5	5	5	5	5	5	5	5	5	5
	6	6	6	6	6	6	6	6	6	6	6	6	6	6	6	6	6	6	6	6	6	6	6	6	6	6	6	6	6	6	6	6	6	6	6	6	6	6	6	6	6	6	6	6	6	6	6
	7	7	7	7	7	7	7	7	7	7	7	7	7	7	7	7	7	7	7	7	7	7	7	7	7	7	7	7	7	7	7	7	7	7	7	7	7	7	7	7	7	7	7	7	7	7	7
	8	8	8	8	8	8	8	8	8	8	8	8	8	8	8	8	8	8	8	8	8	8	8	8	8	8	8	8	8	8	8	8	8	8	8	8	8	8	8	8	8	8	8	8	8	8	8
	9	9	9	9	9	9	9	9	9	9	9	9	9	9	9	9	9	9	9	9	9	9	9	9	9	9	9	9	9	9	9	9	9	9	9	9	9	9	9	9	9	9	9	9	9	9	9

（注）この解答用紙は実物を縮小してあります。Ｂ４用紙に139%拡大コピーすると、ほぼ実物大で使用できます。（タイトルと配点表は含みません）

推定配点		計
	一　問一～問三　各２点×７　問四～問八　各３点×５　問九　２点　問十　３点　問十一　各２点×４　二　問一～問三　各３点×３　問四，問五　各２点×２　問六　３点　問七　２点　問八　３点　三　問一，問二　各３点×２　問三～問五　各２点×４　問六　３点　問七　２点　問八　各３点×２　問九，問十　各２点×６	100点

２０２２年度　東京農業大学第三高等学校　第１回

英語解答用紙

評点	／100

受験番号			
0	0	0	0
1	1	1	1
2	2	2	2
3	3	3	3
4	4	4	4
5	5	5	5
6	6	6	6
7	7	7	7
8	8	8	8
9	9	9	9

氏名	

番号	①	②	③	④	⑤	⑥	⑦	⑧	⑨	⑩	⑪	⑫	⑬	⑭	⑮	⑯	⑰	⑱	⑲	⑳	㉑	㉒	㉓	㉔	㉕	㉖	㉗	㉘	㉙	㉚	㉛	㉜	㉝	㉞	㉟	㊱	㊲	㊳	㊴	㊵	㊶	㊷	㊸	㊹	㊺	㊻	㊼
解答欄	0	0	0	0	0	0	0	0	0	0	0	0	0	0	0	0	0	0	0	0	0	0	0	0	0	0	0	0	0	0	0	0	0	0	0	0	0	0	0	0	0	0	0	0	0	0	0
	1	1	1	1	1	1	1	1	1	1	1	1	1	1	1	1	1	1	1	1	1	1	1	1	1	1	1	1	1	1	1	1	1	1	1	1	1	1	1	1	1	1	1	1	1	1	1
	2	2	2	2	2	2	2	2	2	2	2	2	2	2	2	2	2	2	2	2	2	2	2	2	2	2	2	2	2	2	2	2	2	2	2	2	2	2	2	2	2	2	2	2	2	2	2
	3	3	3	3	3	3	3	3	3	3	3	3	3	3	3	3	3	3	3	3	3	3	3	3	3	3	3	3	3	3	3	3	3	3	3	3	3	3	3	3	3	3	3	3	3	3	3
	4	4	4	4	4	4	4	4	4	4	4	4	4	4	4	4	4	4	4	4	4	4	4	4	4	4	4	4	4	4	4	4	4	4	4	4	4	4	4	4	4	4	4	4	4	4	4
	5	5	5	5	5	5	5	5	5	5	5	5	5	5	5	5	5	5	5	5	5	5	5	5	5	5	5	5	5	5	5	5	5	5	5	5	5	5	5	5	5	5	5	5	5	5	5
	6	6	6	6	6	6	6	6	6	6	6	6	6	6	6	6	6	6	6	6	6	6	6	6	6	6	6	6	6	6	6	6	6	6	6	6	6	6	6	6	6	6	6	6	6	6	6
	7	7	7	7	7	7	7	7	7	7	7	7	7	7	7	7	7	7	7	7	7	7	7	7	7	7	7	7	7	7	7	7	7	7	7	7	7	7	7	7	7	7	7	7	7	7	7
	8	8	8	8	8	8	8	8	8	8	8	8	8	8	8	8	8	8	8	8	8	8	8	8	8	8	8	8	8	8	8	8	8	8	8	8	8	8	8	8	8	8	8	8	8	8	8
	9	9	9	9	9	9	9	9	9	9	9	9	9	9	9	9	9	9	9	9	9	9	9	9	9	9	9	9	9	9	9	9	9	9	9	9	9	9	9	9	9	9	9	9	9	9	9

（注）この解答用紙は実物を縮小してあります。Ｂ４用紙に139%拡大コピーすると、ほぼ実物大で使用できます。（タイトルと配点表は含みません）

推定配点		計
	1～3　各３点×13 4　問１～問３　各３点×３　問４～問６　各４点×３　問７　５点 5　各５点×７	100点

２０２２年度　東京農業大学第三高等学校　第１回

数学解答用紙

評点	／100

受験番号			
0	0	0	0
1	1	1	1
2	2	2	2
3	3	3	3
4	4	4	4
5	5	5	5
6	6	6	6
7	7	7	7
8	8	8	8
9	9	9	9

氏　名	

	1					2										3											4																				
番号	①	②	③	④	⑤	⑥	⑦	⑧	⑨	⑩	⑪	⑫	⑬	⑭	⑮	⑯	⑰	⑱	⑲	⑳	㉑	㉒	㉓	㉔	㉕	㉖	㉗	㉘	㉙	㉚	㉛	㉜	㉝	㉞	㉟	㊱	㊲	㊳	㊴	㊵	㊶	㊷	㊸	㊹	㊺	㊻	㊼
解答欄	0	0	0	0	0	0	0	0	0	0	0	0	0	0	0	0	0	0	0	0	0	0	0	0	0	0	0	0	0	0	0	0	0	0	0	0	0	0	0	0	0	0	0	0	0	0	0
	1	1	1	1	1	1	1	1	1	1	1	1	1	1	1	1	1	1	1	1	1	1	1	1	1	1	1	1	1	1	1	1	1	1	1	1	1	1	1	1	1	1	1	1	1	1	1
	2	2	2	2	2	2	2	2	2	2	2	2	2	2	2	2	2	2	2	2	2	2	2	2	2	2	2	2	2	2	2	2	2	2	2	2	2	2	2	2	2	2	2	2	2	2	2
	3	3	3	3	3	3	3	3	3	3	3	3	3	3	3	3	3	3	3	3	3	3	3	3	3	3	3	3	3	3	3	3	3	3	3	3	3	3	3	3	3	3	3	3	3	3	3
	4	4	4	4	4	4	4	4	4	4	4	4	4	4	4	4	4	4	4	4	4	4	4	4	4	4	4	4	4	4	4	4	4	4	4	4	4	4	4	4	4	4	4	4	4	4	4
	5	5	5	5	5	5	5	5	5	5	5	5	5	5	5	5	5	5	5	5	5	5	5	5	5	5	5	5	5	5	5	5	5	5	5	5	5	5	5	5	5	5	5	5	5	5	5
	6	6	6	6	6	6	6	6	6	6	6	6	6	6	6	6	6	6	6	6	6	6	6	6	6	6	6	6	6	6	6	6	6	6	6	6	6	6	6	6	6	6	6	6	6	6	6
	7	7	7	7	7	7	7	7	7	7	7	7	7	7	7	7	7	7	7	7	7	7	7	7	7	7	7	7	7	7	7	7	7	7	7	7	7	7	7	7	7	7	7	7	7	7	7
	8	8	8	8	8	8	8	8	8	8	8	8	8	8	8	8	8	8	8	8	8	8	8	8	8	8	8	8	8	8	8	8	8	8	8	8	8	8	8	8	8	8	8	8	8	8	8
	9	9	9	9	9	9	9	9	9	9	9	9	9	9	9	9	9	9	9	9	9	9	9	9	9	9	9	9	9	9	9	9	9	9	9	9	9	9	9	9	9	9	9	9	9	9	9

── 解答の仕方の注意 ──

数学の問題では，次の２通りの答え方がありますから注意しなさい。

(1) 解答群から選んで答える問題

答えを解答群から１つ選び解答カードにマークしなさい。

（例１） 5 + 3 = ［⑥］　　　　（⑥解答番号です）

解 答 群	1　2	2　4	3　6	4　8	5　10

例１の答えは８で解答群の 4 が正解ですから，解答カードの解答番号⑥の解答欄の 4 をぬりつぶして答えなさい。

(2) 解答群がなく，数値で答える問題

（例２） $\frac{1}{15}+\frac{3}{15}=$ ［$\frac{⑪}{⑨⑩}$］

例２の答えは $\frac{4}{15}$ です。解答群がありませんから

解答番号⑨の解答欄の 1
解答番号⑩の解答欄の 5
解答番号⑪の解答欄の 4
をそれぞれぬりつぶして答えなさい。

また ［⑯⑰］ のように ［　］ 内に解答番号⑯，⑰がある場合には，答えの数の十の位の数が⑯に，一の位の数が⑰に，それぞれ必ず１つ数字が入ります。

答えが分数になる場合は，必ず約分して答えなさい。

推定配点		計
	1 (1)～(3) 各４点×３　(4)，(5) 各５点×２ 2 (1)～(4) 各６点×４　(5) 各３点×２ 3，4 各６点×８	100点

二〇二二年度　東京農業大学第三高等学校　第一回

国語解答用紙

評点	／100

受験番号			
0	0	0	0
1	1	1	1
2	2	2	2
3	3	3	3
4	4	4	4
5	5	5	5
6	6	6	6
7	7	7	7
8	8	8	8
9	9	9	9

氏名	

解答欄

番号	①	②	③	④	⑤	⑥	⑦	⑧	⑨	⑩	⑪	⑫	⑬	⑭	⑮	⑯	⑰	⑱	⑲	⑳	㉑	㉒	㉓	㉔	㉕	㉖	㉗	㉘	㉙	㉚	㉛	㉜	㉝	㉞	㉟	㊱	㊲	㊳	㊴	㊵	㊶	㊷	㊸	㊹	㊺	㊻	㊼
	0	0	0	0	0	0	0	0	0	0	0	0	0	0	0	0	0	0	0	0	0	0	0	0	0	0	0	0	0	0	0	0	0	0	0	0	0	0	0	0	0	0	0	0	0	0	0
	1	1	1	1	1	1	1	1	1	1	1	1	1	1	1	1	1	1	1	1	1	1	1	1	1	1	1	1	1	1	1	1	1	1	1	1	1	1	1	1	1	1	1	1	1	1	1
	2	2	2	2	2	2	2	2	2	2	2	2	2	2	2	2	2	2	2	2	2	2	2	2	2	2	2	2	2	2	2	2	2	2	2	2	2	2	2	2	2	2	2	2	2	2	2
	3	3	3	3	3	3	3	3	3	3	3	3	3	3	3	3	3	3	3	3	3	3	3	3	3	3	3	3	3	3	3	3	3	3	3	3	3	3	3	3	3	3	3	3	3	3	3
	4	4	4	4	4	4	4	4	4	4	4	4	4	4	4	4	4	4	4	4	4	4	4	4	4	4	4	4	4	4	4	4	4	4	4	4	4	4	4	4	4	4	4	4	4	4	4
	5	5	5	5	5	5	5	5	5	5	5	5	5	5	5	5	5	5	5	5	5	5	5	5	5	5	5	5	5	5	5	5	5	5	5	5	5	5	5	5	5	5	5	5	5	5	5
	6	6	6	6	6	6	6	6	6	6	6	6	6	6	6	6	6	6	6	6	6	6	6	6	6	6	6	6	6	6	6	6	6	6	6	6	6	6	6	6	6	6	6	6	6	6	6
	7	7	7	7	7	7	7	7	7	7	7	7	7	7	7	7	7	7	7	7	7	7	7	7	7	7	7	7	7	7	7	7	7	7	7	7	7	7	7	7	7	7	7	7	7	7	7
	8	8	8	8	8	8	8	8	8	8	8	8	8	8	8	8	8	8	8	8	8	8	8	8	8	8	8	8	8	8	8	8	8	8	8	8	8	8	8	8	8	8	8	8	8	8	8
	9	9	9	9	9	9	9	9	9	9	9	9	9	9	9	9	9	9	9	9	9	9	9	9	9	9	9	9	9	9	9	9	9	9	9	9	9	9	9	9	9	9	9	9	9	9	9

（注）この解答用紙は実物を縮小してあります。Ｂ４用紙に139％拡大コピーすると、ほぼ実物大で使用できます。（タイトルと配点表は含みません）

推定配点		計
	一　問一　各２点×５　問二　３点　問三　２点　問四　３点　問五　２点　問六～問八　各３点×３　問九　各２点×５ 二　問一，問二　各３点×２　問三　４点　問四～問八　各３点×５　問九　４点　問十　各２点×５ 三　問一　２点　問二～問七　各３点×６　問八　２点	100点

２０２２年度　東京農業大学第三高等学校　第２回

英語解答用紙

評点	／100

受験番号			
0	0	0	0
1	1	1	1
2	2	2	2
3	3	3	3
4	4	4	4
5	5	5	5
6	6	6	6
7	7	7	7
8	8	8	8
9	9	9	9

氏名	

番号	①	②	③	④	⑤	⑥	⑦	⑧	⑨	⑩	⑪	⑫	⑬	⑭	⑮	⑯	⑰	⑱	⑲	⑳	㉑	㉒	㉓	㉔	㉕	㉖	㉗	㉘	㉙	㉚	㉛	㉜	㉝	㉞	㉟	㊱	㊲	㊳	㊴	㊵	㊶	㊷	㊸	㊹	㊺	㊻	㊼
解答欄	0	0	0	0	0	0	0	0	0	0	0	0	0	0	0	0	0	0	0	0	0	0	0	0	0	0	0	0	0	0	0	0	0	0	0	0	0	0	0	0	0	0	0	0	0	0	0
	1	1	1	1	1	1	1	1	1	1	1	1	1	1	1	1	1	1	1	1	1	1	1	1	1	1	1	1	1	1	1	1	1	1	1	1	1	1	1	1	1	1	1	1	1	1	1
	2	2	2	2	2	2	2	2	2	2	2	2	2	2	2	2	2	2	2	2	2	2	2	2	2	2	2	2	2	2	2	2	2	2	2	2	2	2	2	2	2	2	2	2	2	2	2
	3	3	3	3	3	3	3	3	3	3	3	3	3	3	3	3	3	3	3	3	3	3	3	3	3	3	3	3	3	3	3	3	3	3	3	3	3	3	3	3	3	3	3	3	3	3	3
	4	4	4	4	4	4	4	4	4	4	4	4	4	4	4	4	4	4	4	4	4	4	4	4	4	4	4	4	4	4	4	4	4	4	4	4	4	4	4	4	4	4	4	4	4	4	4
	5	5	5	5	5	5	5	5	5	5	5	5	5	5	5	5	5	5	5	5	5	5	5	5	5	5	5	5	5	5	5	5	5	5	5	5	5	5	5	5	5	5	5	5	5	5	5
	6	6	6	6	6	6	6	6	6	6	6	6	6	6	6	6	6	6	6	6	6	6	6	6	6	6	6	6	6	6	6	6	6	6	6	6	6	6	6	6	6	6	6	6	6	6	6
	7	7	7	7	7	7	7	7	7	7	7	7	7	7	7	7	7	7	7	7	7	7	7	7	7	7	7	7	7	7	7	7	7	7	7	7	7	7	7	7	7	7	7	7	7	7	7
	8	8	8	8	8	8	8	8	8	8	8	8	8	8	8	8	8	8	8	8	8	8	8	8	8	8	8	8	8	8	8	8	8	8	8	8	8	8	8	8	8	8	8	8	8	8	8
	9	9	9	9	9	9	9	9	9	9	9	9	9	9	9	9	9	9	9	9	9	9	9	9	9	9	9	9	9	9	9	9	9	9	9	9	9	9	9	9	9	9	9	9	9	9	9

（注）この解答用紙は実物を縮小してあります。Ｂ４用紙に139％拡大コピーすると、ほぼ実物大で使用できます。（タイトルと配点表は含みません）

推定配点		計
	1～3　各３点×13 4　問１～問３　各４点×３　問４～問６　各３点×３　問７　５点 5　各５点×７	100点

２０２２年度　東京農業大学第三高等学校　第２回

数学解答用紙

評点	／100

受験番号			
0	0	0	0
1	1	1	1
2	2	2	2
3	3	3	3
4	4	4	4
5	5	5	5
6	6	6	6
7	7	7	7
8	8	8	8
9	9	9	9

氏名	

	1					2														3								4																			
番号	①	②	③	④	⑤	⑥	⑦	⑧	⑨	⑩	⑪	⑫	⑬	⑭	⑮	⑯	⑰	⑱	⑲	⑳	㉑	㉒	㉓	㉔	㉕	㉖	㉗	㉘	㉙	㉚	㉛	㉜	㉝	㉞	㉟	㊱	㊲	㊳	㊴	㊵	㊶	㊷	㊸	㊹	㊺	㊻	㊼
解答欄	0	0	0	0	0	0	0	0	0	0	0	0	0	0	0	0	0	0	0	0	0	0	0	0	0	0	0	0	0	0	0	0	0	0	0	0	0	0	0	0	0	0	0	0	0	0	0
	1	1	1	1	1	1	1	1	1	1	1	1	1	1	1	1	1	1	1	1	1	1	1	1	1	1	1	1	1	1	1	1	1	1	1	1	1	1	1	1	1	1	1	1	1	1	1
	2	2	2	2	2	2	2	2	2	2	2	2	2	2	2	2	2	2	2	2	2	2	2	2	2	2	2	2	2	2	2	2	2	2	2	2	2	2	2	2	2	2	2	2	2	2	2
	3	3	3	3	3	3	3	3	3	3	3	3	3	3	3	3	3	3	3	3	3	3	3	3	3	3	3	3	3	3	3	3	3	3	3	3	3	3	3	3	3	3	3	3	3	3	3
	4	4	4	4	4	4	4	4	4	4	4	4	4	4	4	4	4	4	4	4	4	4	4	4	4	4	4	4	4	4	4	4	4	4	4	4	4	4	4	4	4	4	4	4	4	4	4
	5	5	5	5	5	5	5	5	5	5	5	5	5	5	5	5	5	5	5	5	5	5	5	5	5	5	5	5	5	5	5	5	5	5	5	5	5	5	5	5	5	5	5	5	5	5	5
	6	6	6	6	6	6	6	6	6	6	6	6	6	6	6	6	6	6	6	6	6	6	6	6	6	6	6	6	6	6	6	6	6	6	6	6	6	6	6	6	6	6	6	6	6	6	6
	7	7	7	7	7	7	7	7	7	7	7	7	7	7	7	7	7	7	7	7	7	7	7	7	7	7	7	7	7	7	7	7	7	7	7	7	7	7	7	7	7	7	7	7	7	7	7
	8	8	8	8	8	8	8	8	8	8	8	8	8	8	8	8	8	8	8	8	8	8	8	8	8	8	8	8	8	8	8	8	8	8	8	8	8	8	8	8	8	8	8	8	8	8	8
	9	9	9	9	9	9	9	9	9	9	9	9	9	9	9	9	9	9	9	9	9	9	9	9	9	9	9	9	9	9	9	9	9	9	9	9	9	9	9	9	9	9	9	9	9	9	9

―― 解答の仕方の注意 ――

数学の問題では，次の２通りの答え方がありますから注意しなさい。

(1) 解答群から選んで答える問題

答えを解答群から１つ選び解答カードにマークしなさい。

（例１） 5 + 3 = ⑥　　　　（⑥解答番号です）

解答群	① 2　② 4　③ 6　④ 8　⑤ 10

例１の答えは８で解答群の ④ が正解ですから，解答カードの解答番号⑥の解答欄の ④ をぬりつぶして答えなさい。

(2) 解答群がなく，数値で答える問題

（例２） $\frac{1}{15}+\frac{3}{15}=\frac{⑪}{⑨⑩}$

例２の答えは $\frac{4}{15}$ です。解答群がありませんから

解答番号⑨の解答欄の ①
解答番号⑩の解答欄の ⑤
解答番号⑪の解答欄の ④
をそれぞれぬりつぶして答えなさい。

また ⑯⑰ のように □ 内に解答番号⑯，⑰がある場合には，答えの数の十の位の数が⑯に，一の位の数が⑰に，それぞれ必ず１つ数字が入ります。

答えが分数になる場合は，必ず約分して答えなさい。

推定配点		計
	1 (1)〜(3)　各４点×３　(4)，(5)　各５点×２ 2〜4　各６点×13	100点

二〇二二年度　東京農業大学第三高等学校　第二回

国語解答用紙

評点
／100

受験番号			
0	0	0	0
1	1	1	1
2	2	2	2
3	3	3	3
4	4	4	4
5	5	5	5
6	6	6	6
7	7	7	7
8	8	8	8
9	9	9	9

氏名	

解答欄

番号	①	②	③	④	⑤	⑥	⑦	⑧	⑨	⑩	⑪	⑫	⑬	⑭	⑮	⑯	⑰	⑱	⑲	⑳	㉑	㉒	㉓	㉔	㉕	㉖	㉗	㉘	㉙	㉚	㉛	㉜	㉝	㉞	㉟	㊱	㊲	㊳	㊴	㊵	㊶	㊷	㊸	㊹	㊺	㊻	㊼
	0	0	0	0	0	0	0	0	0	0	0	0	0	0	0	0	0	0	0	0	0	0	0	0	0	0	0	0	0	0	0	0	0	0	0	0	0	0	0	0	0	0	0	0	0	0	0
	1	1	1	1	1	1	1	1	1	1	1	1	1	1	1	1	1	1	1	1	1	1	1	1	1	1	1	1	1	1	1	1	1	1	1	1	1	1	1	1	1	1	1	1	1	1	1
	2	2	2	2	2	2	2	2	2	2	2	2	2	2	2	2	2	2	2	2	2	2	2	2	2	2	2	2	2	2	2	2	2	2	2	2	2	2	2	2	2	2	2	2	2	2	2
	3	3	3	3	3	3	3	3	3	3	3	3	3	3	3	3	3	3	3	3	3	3	3	3	3	3	3	3	3	3	3	3	3	3	3	3	3	3	3	3	3	3	3	3	3	3	3
	4	4	4	4	4	4	4	4	4	4	4	4	4	4	4	4	4	4	4	4	4	4	4	4	4	4	4	4	4	4	4	4	4	4	4	4	4	4	4	4	4	4	4	4	4	4	4
	5	5	5	5	5	5	5	5	5	5	5	5	5	5	5	5	5	5	5	5	5	5	5	5	5	5	5	5	5	5	5	5	5	5	5	5	5	5	5	5	5	5	5	5	5	5	5
	6	6	6	6	6	6	6	6	6	6	6	6	6	6	6	6	6	6	6	6	6	6	6	6	6	6	6	6	6	6	6	6	6	6	6	6	6	6	6	6	6	6	6	6	6	6	6
	7	7	7	7	7	7	7	7	7	7	7	7	7	7	7	7	7	7	7	7	7	7	7	7	7	7	7	7	7	7	7	7	7	7	7	7	7	7	7	7	7	7	7	7	7	7	7
	8	8	8	8	8	8	8	8	8	8	8	8	8	8	8	8	8	8	8	8	8	8	8	8	8	8	8	8	8	8	8	8	8	8	8	8	8	8	8	8	8	8	8	8	8	8	8
	9	9	9	9	9	9	9	9	9	9	9	9	9	9	9	9	9	9	9	9	9	9	9	9	9	9	9	9	9	9	9	9	9	9	9	9	9	9	9	9	9	9	9	9	9	9	9

（注）この解答用紙は実物を縮小してあります。Ｂ４用紙に139％拡大コピーすると、ほぼ実物大で使用できます。（タイトルと配点表は含みません）

推定配点		計
	一　問一　各２点×５　問二　４点　問三　３点　問四　４点 問五，問六　各３点×２　問七　Ⅰ　４点　Ⅱ　２点　問八　各２点×２　問九　４点 問十　各２点×５　二　問一　３点　問二，問三　各４点×２　問四　３点 問五～問七　各４点×３　問八　３点　三　問一　３点　問二，問三　各２点×２ 問四，問五　各３点×２　問六　２点　問七　３点　問八　２点	100点

2021年度　東京農業大学第三高等学校　第1回

英語解答用紙

評点	／100

受験番号			
0	0	0	0
1	1	1	1
2	2	2	2
3	3	3	3
4	4	4	4
5	5	5	5
6	6	6	6
7	7	7	7
8	8	8	8
9	9	9	9

氏名	

解答欄

番号	1	2	3	4	5	6	7	8	9	10	11	12	13	14	15	16	17	18	19	20	21	22	23	24	25	26	27	28	29	30	31	32	33	34	35	36	37	38	39	40	41	42	43	44	45	46	47
	0	0	0	0	0	0	0	0	0	0	0	0	0	0	0	0	0	0	0	0	0	0	0	0	0	0	0	0	0	0	0	0	0	0	0	0	0	0	0	0	0	0	0	0	0	0	0
	1	1	1	1	1	1	1	1	1	1	1	1	1	1	1	1	1	1	1	1	1	1	1	1	1	1	1	1	1	1	1	1	1	1	1	1	1	1	1	1	1	1	1	1	1	1	1
	2	2	2	2	2	2	2	2	2	2	2	2	2	2	2	2	2	2	2	2	2	2	2	2	2	2	2	2	2	2	2	2	2	2	2	2	2	2	2	2	2	2	2	2	2	2	2
解	3	3	3	3	3	3	3	3	3	3	3	3	3	3	3	3	3	3	3	3	3	3	3	3	3	3	3	3	3	3	3	3	3	3	3	3	3	3	3	3	3	3	3	3	3	3	3
	4	4	4	4	4	4	4	4	4	4	4	4	4	4	4	4	4	4	4	4	4	4	4	4	4	4	4	4	4	4	4	4	4	4	4	4	4	4	4	4	4	4	4	4	4	4	4
答	5	5	5	5	5	5	5	5	5	5	5	5	5	5	5	5	5	5	5	5	5	5	5	5	5	5	5	5	5	5	5	5	5	5	5	5	5	5	5	5	5	5	5	5	5	5	5
欄	6	6	6	6	6	6	6	6	6	6	6	6	6	6	6	6	6	6	6	6	6	6	6	6	6	6	6	6	6	6	6	6	6	6	6	6	6	6	6	6	6	6	6	6	6	6	6
	7	7	7	7	7	7	7	7	7	7	7	7	7	7	7	7	7	7	7	7	7	7	7	7	7	7	7	7	7	7	7	7	7	7	7	7	7	7	7	7	7	7	7	7	7	7	7
	8	8	8	8	8	8	8	8	8	8	8	8	8	8	8	8	8	8	8	8	8	8	8	8	8	8	8	8	8	8	8	8	8	8	8	8	8	8	8	8	8	8	8	8	8	8	8
	9	9	9	9	9	9	9	9	9	9	9	9	9	9	9	9	9	9	9	9	9	9	9	9	9	9	9	9	9	9	9	9	9	9	9	9	9	9	9	9	9	9	9	9	9	9	9

(注)　この解答用紙は実物を縮小してあります。Ｂ４用紙に139％拡大コピーすると、ほぼ実物大で使用できます。（タイトルと配点表は含みません）

推定配点		計
	1～3　各３点×13 4　問１　４点　問２，問３　各３点×２　問４～問７　各４点×４ 5　各５点×７	100点

２０２１年度　　東京農業大学第三高等学校　第１回

数学解答用紙

評点	／100

受験番号			
0	0	0	0
1	1	1	1
2	2	2	2
3	3	3	3
4	4	4	4
5	5	5	5
6	6	6	6
7	7	7	7
8	8	8	8
9	9	9	9

氏名	

	1					2														3										4																	
番号	①	②	③	④	⑤	⑥	⑦	⑧	⑨	⑩	⑪	⑫	⑬	⑭	⑮	⑯	⑰	⑱	⑲	⑳	㉑	㉒	㉓	㉔	㉕	㉖	㉗	㉘	㉙	㉚	㉛	㉜	㉝	㉞	㉟	㊱	㊲	㊳	㊴	㊵	㊶	㊷	㊸	㊹	㊺	㊻	㊼
解答欄	0	0	0	0	0	0	0	0	0	0	0	0	0	0	0	0	0	0	0	0	0	0	0	0	0	0	0	0	0	0	0	0	0	0	0	0	0	0	0	0	0	0	0	0	0	0	0
	1	1	1	1	1	1	1	1	1	1	1	1	1	1	1	1	1	1	1	1	1	1	1	1	1	1	1	1	1	1	1	1	1	1	1	1	1	1	1	1	1	1	1	1	1	1	1
	2	2	2	2	2	2	2	2	2	2	2	2	2	2	2	2	2	2	2	2	2	2	2	2	2	2	2	2	2	2	2	2	2	2	2	2	2	2	2	2	2	2	2	2	2	2	2
	3	3	3	3	3	3	3	3	3	3	3	3	3	3	3	3	3	3	3	3	3	3	3	3	3	3	3	3	3	3	3	3	3	3	3	3	3	3	3	3	3	3	3	3	3	3	3
	4	4	4	4	4	4	4	4	4	4	4	4	4	4	4	4	4	4	4	4	4	4	4	4	4	4	4	4	4	4	4	4	4	4	4	4	4	4	4	4	4	4	4	4	4	4	4
	5	5	5	5	5	5	5	5	5	5	5	5	5	5	5	5	5	5	5	5	5	5	5	5	5	5	5	5	5	5	5	5	5	5	5	5	5	5	5	5	5	5	5	5	5	5	5
	6	6	6	6	6	6	6	6	6	6	6	6	6	6	6	6	6	6	6	6	6	6	6	6	6	6	6	6	6	6	6	6	6	6	6	6	6	6	6	6	6	6	6	6	6	6	6
	7	7	7	7	7	7	7	7	7	7	7	7	7	7	7	7	7	7	7	7	7	7	7	7	7	7	7	7	7	7	7	7	7	7	7	7	7	7	7	7	7	7	7	7	7	7	7
	8	8	8	8	8	8	8	8	8	8	8	8	8	8	8	8	8	8	8	8	8	8	8	8	8	8	8	8	8	8	8	8	8	8	8	8	8	8	8	8	8	8	8	8	8	8	8
	9	9	9	9	9	9	9	9	9	9	9	9	9	9	9	9	9	9	9	9	9	9	9	9	9	9	9	9	9	9	9	9	9	9	9	9	9	9	9	9	9	9	9	9	9	9	9

── 解答の仕方の注意 ──

数学の問題では，次の２通りの答え方がありますから注意しなさい。

(1) 解答群から選んで答える問題

答えを解答群から１つ選び解答カードにマークしなさい。

（例１） 5 + 3 = ［⑥］　　　　（⑥解答番号です）

解答群	1　2	2　4	3　6	4　8	5　10

例１の答えは８で解答群の 4 が正解ですから，解答カードの解答番号⑥の解答欄の 4 をぬりつぶして答えなさい。

(2) 解答群がなく，数値で答える問題

（例２） $\frac{1}{15}+\frac{3}{15}=$ ［⑪／⑨⑩］

例２の答えは $\frac{4}{15}$ です。解答群がありませんから

解答番号⑨の解答欄の 1
解答番号⑩の解答欄の 5
解答番号⑪の解答欄の 4
をそれぞれぬりつぶして答えなさい。

また［⑯⑰］のように［　］内に解答番号⑯，⑰がある場合には，答えの数の十の位の数が⑯に，一の位の数が⑰に，それぞれ必ず１つ数字が入ります。

答えが分数になる場合は，必ず約分して答えなさい。

推定配点		計
	1 各５点×５ 2 (1)，(2)　各５点×２　(3)　各２点×３　(4)，(5)　各６点×３ 3 (1)　５点　(2)～(4)　各６点×３ 4 各６点×３	100点

二〇二一年度　東京農業大学第三高等学校　第一回

国語解答用紙

評点	／100

受験番号			
0	0	0	0
1	1	1	1
2	2	2	2
3	3	3	3
4	4	4	4
5	5	5	5
6	6	6	6
7	7	7	7
8	8	8	8
9	9	9	9

氏名	

解答欄

番号	1	2	3	4	5	6	7	8	9	10	11	12	13	14	15	16	17	18	19	20	21	22	23	24	25	26	27	28	29	30	31	32	33	34	35	36	37	38	39	40	41	42	43	44	45	46	47
	0	0	0	0	0	0	0	0	0	0	0	0	0	0	0	0	0	0	0	0	0	0	0	0	0	0	0	0	0	0	0	0	0	0	0	0	0	0	0	0	0	0	0	0	0	0	0
	1	1	1	1	1	1	1	1	1	1	1	1	1	1	1	1	1	1	1	1	1	1	1	1	1	1	1	1	1	1	1	1	1	1	1	1	1	1	1	1	1	1	1	1	1	1	1
	2	2	2	2	2	2	2	2	2	2	2	2	2	2	2	2	2	2	2	2	2	2	2	2	2	2	2	2	2	2	2	2	2	2	2	2	2	2	2	2	2	2	2	2	2	2	2
	3	3	3	3	3	3	3	3	3	3	3	3	3	3	3	3	3	3	3	3	3	3	3	3	3	3	3	3	3	3	3	3	3	3	3	3	3	3	3	3	3	3	3	3	3	3	3
	4	4	4	4	4	4	4	4	4	4	4	4	4	4	4	4	4	4	4	4	4	4	4	4	4	4	4	4	4	4	4	4	4	4	4	4	4	4	4	4	4	4	4	4	4	4	4
	5	5	5	5	5	5	5	5	5	5	5	5	5	5	5	5	5	5	5	5	5	5	5	5	5	5	5	5	5	5	5	5	5	5	5	5	5	5	5	5	5	5	5	5	5	5	5
	6	6	6	6	6	6	6	6	6	6	6	6	6	6	6	6	6	6	6	6	6	6	6	6	6	6	6	6	6	6	6	6	6	6	6	6	6	6	6	6	6	6	6	6	6	6	6
	7	7	7	7	7	7	7	7	7	7	7	7	7	7	7	7	7	7	7	7	7	7	7	7	7	7	7	7	7	7	7	7	7	7	7	7	7	7	7	7	7	7	7	7	7	7	7
	8	8	8	8	8	8	8	8	8	8	8	8	8	8	8	8	8	8	8	8	8	8	8	8	8	8	8	8	8	8	8	8	8	8	8	8	8	8	8	8	8	8	8	8	8	8	8
	9	9	9	9	9	9	9	9	9	9	9	9	9	9	9	9	9	9	9	9	9	9	9	9	9	9	9	9	9	9	9	9	9	9	9	9	9	9	9	9	9	9	9	9	9	9	9

（注）この解答用紙は実物を縮小してあります。Ｂ４用紙に139％拡大コピーすると、ほぼ実物大で使用できます。（タイトルと配点表は含みません）

推定配点		計
	一　問一～問五　各３点×５　問六～問八　各４点×３　問九　各２点×５ 二　各４点×９ 三　各３点×９	100点

Memo

Memo